세계사
시간여행

세계사 시간여행

초판 1쇄 펴낸 날 2006. 4. 20

지은이 김익간 | 펴낸이 이광식
편집 곽종구 · 김지연 | 디자인 오경화 | 영업 박원용 · 조경자
펴낸곳 도서출판 가람기획 | 등록 제13-241(1990. 3. 24)
주소 (121-130)서울시 마포구 구수동 68-8 진영빌딩 4층
전화 (02)3275-2915~7 | 팩스 (02)3275-918
홈페이지 www.garambooks.co.kr | 전자우편 garam815@chollian.net

ISBN 89-8435-246-2 (03900)

ⓒ 김익간, 2006

서점에서 책을 살 수 없는 독자들을 위해 우편판매를 하고 있습니다.
수   협 093-62-112061 (예금주:이광식)
농   협 374-02-045616 (예금주:이광식)
국민은행 822-21-0090-623 (예금주:이광식)

10년 세계 여행 끝에 쓴 세계사

세계사
시간여행

한국인은 세계에 산다. 명실상부하게 세계에 살기 위해서는 어떻게 해야 하는가? 발로 세계를 누벼야 한다. 머리로 세계사를 생각해야 한다. 세계를 실
로 하나의 동네 정도로 인식할 수 있는 공간 감각을 가지고 있는 한국인들, 천년을 현실적인 시간으로 인식할 수 있는 시간 감각을 가지고 있는 한국인
들이야말로 세계의 주역이자 세계사의 주역이 될 수 있을 것이다.

김억간 지음

가람
기획

'세계사' 라고 하는 날줄은 '세계' 라고 하는 씨줄을 필요로 한다. 시간은 공간을 떠나서 존재할 수 없다.

나의 전공은 서양사다. 보통 서양사 전공자들이 세계사를 다룬다. 나는 10여 년에 걸쳐서 세계여행을 완성했다. 세계라고 하는 씨줄과 세계사라고 하는 날줄이 내 의식 속에서 짜여질 수 있었다. 대학에서 세계사를 강의하면서 그 씨줄과 날줄은 더욱 촘촘해졌다. 공간과 시간을 확보한 나는 세계사에 대한 이야기를 할 일말의 자신감을 가질 수 있었다.

이 책에 '세계사 시간여행' 이라는 제목을 붙이는 것은 당연했다. 내가 배낭을 메고 세계를 누비지 못했다면 나올 수 없었을 책이기 때문이다. '여행' 은 공간과 관련되며 '세계사' 와 '시간' 은 시간과 관련된다. 이 책은 순수한 의미에서 발과 머리의 합작품이다.

그러나 이 책은 시간에 중점을 두었다. 세계사에 대한 이야기를 많이 했다. 때문에 '세계사 시간여행' 이다. 시간과 관련된, '세계사' 와 '시간' 이 함께하고 있는 것이다. 앞으로 출간될 '세계사 공간여행' 에서는 배낭여행에 대한 이야기를 많이 할 것이다.

나는 이 책에서 '우리 나라' 라는 표현을 사용하지 않았다. '한국' 이라는 표현을 사용했던 이유는 객관성을 견지하고 싶었기 때문이다. 카이사르는 그의 저작에서 자신을 가리켜 '나' 라고 하지 않았다. '카이사르' 라고 했다.

이 책은 배낭여행을 떠나는 아들의 뒷모습을 걱정 어린 눈빛으로 지켜보셔야 했던 부모님께 전적으로 기인한다. 그리고 사회적 균형 감각이 떨어지는 제자를 거두어주신 학문의 아버지, 최영태 교수님께 전적으로

기인한다.

광주에 사는 한 친구가 있다. 이 친구가 일주일마다 한 번씩 부산에 간다. 사귀는 아가씨가 부산에 있기 때문이다. 왔다갔다하기가 너무 힘들다고 하소연을 해서 내가 러시아 이야기를 해줬다.

러시아를 여행했을 때 차로 4시간 정도 걸리는 거리는 아주 짧게 느껴졌다. 시베리아 횡단 열차를 타고 블라디보스토크에서 상트페테르부르크까지 여행하면 논스톱으로 7박 8일 정도가 걸린다. 러시아라고 하는 거대한 공간을 상정하게 되니까 차로 4시간 정도 걸리는 거리가 아주 짧게 느껴졌던 것이다. 바이칼 호수 근처에서 하차할 때였다. 2박 3일간을 여행한 다음이었다. 차장이 다 왔다고 해서 짐을 싼 다음 통로에 나와 있었는데 3시간을 더 갔다. 그러나 짜증이 나지 않았다. 그 3시간이 30분 정도로 느껴졌기 때문이다.

그런데 귀국하고 나자 얼마 지나지 않아서 차로 4시간 정도 걸리는 거리가 아주 길게 느껴졌다. 남한이라고 하는 작은 공간을 상정하게 되니까 차로 4시간 정도 걸리는 거리가 아주 길게 느껴졌던 것이다. 러시아 사람들은 러시아에서 살기 때문에 언제까지나 차로 4시간 정도 걸리는 거리를 짧게 느낄 것이다. '어떤 스케일의 공간에서 사는가?'는 이렇게 큰 차이를 가져온다.

한국인은 4시간이면 끝에서 끝까지 가버릴 수 있는 좁아터진 한반도에 사는가?

아니다. 한국인은 세계에 산다.

명실상부하게 세계에 살기 위해서는 어떻게 해야 하는가? 발로 세계를 누벼야 한다. 머리로 세계사를 생각해야 한다. 세계를 실로 하나의 동네 정도로 인식할 수 있는 공간 감각을 가지고 있는 한국인들, 천년을 현실적인 시간으로 인식할 수 있는 시간 감각을 가지고 있는 한국인들이야말로 세계의 주역이자 세계사의 주역이 될 수 있을 것이다.

2006년 2월 김억간

차례

1. 역법

역사를 왜 배워야 하는가? 너무 큰 질문은 말문을 막히게 한다. 아무래도 간접적인 답이 필요할 것 같다.

이집트 역법이 오늘날 우리에게 끼치는 영향에 대해 생각해봄으로써 역사를 배워야 하는 이유가 무엇인지 가늠해보자.

이집트에는 나일 강이 있다. 나일 강의 하류를 나일 델타 지역이라고 한다. 그리스 문자의 넷째 자모인 델타는 삼각형의 모양을 하고 있다. 강이 바다와 만나는 지점에는 보통 삼각주가 형성되지 않는가? 삼각주는 당연히 삼각형의 모양을 하고 있다. 나일 강은 지구에 있는 가장 긴 강들 중 하나로서 거대한 델타, 즉 거대한 삼각주를 가지고 있다.

한 역사가는 나일 강이 준 선물이 이집트라는 말을 남겼다. 나일 강이 없었다면 이집트 문명은 없었을 것이다. 나일 강의 덕택으로 농사가 잘되었다. 풍부한 농산물이 가져오는 부를 바탕으로 이집트 문명이 발달했다. 말하자면 지금 이집트에 가면 볼 수 있는 피라미드나 투탕카멘 왕의 황금 마스크 등은 나일 강이 준 선물이다. 그런데 나일 강은 해마다 특정한 시기에 범람한다는 특징을 가지고 있었다.

메소포타미아 지역, 그러니까 지금의 이라크 지역에는 유프라테스 강과 티그리스 강이 있다. 사실 '강들 사이의 땅'이라는 뜻을 가지고 있는 말이 메소포타미아다. 메소는 '한가운데'라는 뜻이고, 포타모스는 '강들'이라는 뜻이다. 알렉산더가 동방원정을 하면서 붙인 지명이라고 한다. 두 개의 강이 공급하는 풍부한 물은 농사가 잘되게 했을 것이다. 풍부한 농산물이 가져오는 부를 바탕으로 메소포타미아 문명도 발달했다.

이집트의 피라미드. 낙타위에서….　　　　　왕가의 계곡에 있는 투탕카멘 왕의 무덤—이집트, 룩소르.

　　하지만 이 강들은 불특정한 시기에 범람한다는 특징을 가지고 있었다. 그러니까 예측을 할 수 없는 것이다. 씨를 뿌려놓았는데 범람해버릴 수도 있고, 수확하려고 하는데 범람해버릴 수도 있다. 열심히 일한 것이 수포로 돌아가는 경험을 몇 번 하고 나면 사람들의 성격이 급해지고 거칠어지는 것은 당연지사다. 그래서 메소포타미아 쪽, 그러니까 중동 쪽 사람들의 성격이 급하고 거친 것이라는 주장도 있다. 일리 있는 이야기인 것이 한국도 비가 여름철에 집중적으로 오기 때문에 농부들의 마음이 항상 여유롭지만은 않다. 특히 수확철에 태풍이라도 올라치면 마음이 아주 다급해진다. 농사를 빨리 빨리 지어야 했기 때문에 '빨리 빨리' 라는 말을 곧잘 하게 되었고, 이런 배경 때문에 한국인들이 '빨리 빨리' 라는 말을 입에 달게 되었다고 주장하는 사람들도 있다.

　　아무 때나 범람했던 메소포타미아의 강들과는 달리 나일 강은 해마다 특정한 시기에 범람했다. 메소포타미아 지역보다 농사짓기가 편했던 것이다. 똑같이 무서운 사람 두 명이 있다고 했을 때 아무 때고 성질을 내는 사람은 성질내야 할 때만 성질내는 사람보다 더 무서운 법이다. 예전에 어떤 왕이 있었다. 자신이 신하들을 곧잘 죽이는 데도 불구하고 신하들이 자신을 별로 무서워하지 않는 것 같다고 한 신하에게 이야기를 했다. 그러자 그 신하는 신하들이 잘못했을 때만 분노를 터뜨렸기 때문이라고 하면서 아무 때나 분노를 터뜨리면서 신하들을 죽여보라고 말했다. 실제로 그렇게 하자 신하들은 극도로 왕을 두려워했다. 결국 그 조언을 했던 신하도 아무 잘못 없이 죽임을 당했다.

예측 가능한 범람은 그다지 두려운 것이 아니다. 때문에 이집트의 왕, 즉 파라오는 나일 강이 예년에 비해 더 심하게 범람했을 때 세금을 더 많이 거두었다. 범람이 심할수록 농사가 잘되었기 때문이다. 식물에게 필요한 양분이 골고루 공급되었을 것이다. 대신 파라오는 범람할 시기를 예측해서 농부들에게 알려줄 필요가 있었다.

시기를 예측하기 위해서는 무엇이 필요한가? 시간을 정확하게 예측하기 위해서는 시계가 필요하다. 물론 태양의 기울어짐을 통해 대충은 시간을 예측할 수 있다. 그러나 정확하게는 예측하지 못한다. 마찬가지로 1년 중 특정한 시기를 예측하기 위해서는 1년의 시계, 즉 달력이 필요하다. 기온의 차이를 통해서 대충 예측할 수는 있지만 정확하게는 예측할 수 없기 때문이다.

좋은 시계는 어떤 시계인가? 물론 롤렉스처럼 금으로 만들어진 시계가 좋은 시계일 수 있다. 그러나 역시 오차가 없는 시계, 그래서 몇 달, 몇 년이 지나도 시간이 정확한 시계가 좋은 시계다. 좋은 달력은 어떤 달력인가? 몇십 년, 몇백 년이 지나도 오차가 별로 나지 않는 달력이 좋은 달력이다. 파라오 주위에 있던 이집트의 지혜자들이 장구한 세월에 걸쳐 그런 좋은 달력을 만들었다.

이집트 인들은 시리우스 별자리가 동쪽 하늘에 나타나면 강이 범람한다는 것을 알게 되면서 원시적인 달력을 만들기 시작했다. 뭔가 법칙이 있다는 것을 알게 되었던 것이다. 30일을 한 달로 정했고, 1년을 12달로 정했다. 하지만 1년은 365일 아닌가? 5일의 오차가 발생했다. 이 오차를 없애기 위해서 연말에 5일을 끼워주었다. 하지만 1년은 정확히 365일이 아니다. 지금 계산해보면 1년은 365.2421949……일이다. 장구한 세월을 거치면서 이집트 인들은 0.25일의 오차를 발견한다. 0.2421949……는 약 0.25 아닌가?

1년이 365.25일이라는 것을 알게 된 이집트 인들은 다시 0.25일을 연말에 끼워주었다. 0.25일은 1/4일이다. 시간으로 따지면 6시간이다. 6시간을 연말에 끼워넣기는 힘들기 때문에 4년마다 한 번씩 하루를 연말에 끼워넣어 366일로 만들었다. 윤일을 넣어주는 것까지를 발견해서 한층 더 정교해진 달력을 이집트 인들이 사용하고 있었을 때 율리우스 카이사르라는 로마의 장군이 이집트를 정복한다.

율리우스 카이사르는 위대한 장군이었다. 카이사르를 영어로는 시저, 독일어로는 카이저, 러시아 어로는 차르라고 발음한다. 시저나 카이저나 차르는 황제를 뜻하는 보통명사다. 카이사르라는 고유명사가 서양에서 황제를 뜻하는 보통명사가 되어버린 것이다. 물론 카이사르라는 이름이 유명하게 된 데에는 율리우스 카이사르의 양아들, 옥타비아누스 카이사르의 역할도 크다. 그는 암살당한 율리우스 카이사르를 대신해서 실질적인 로마의 초대 황제로 등극했던 사람이다.

율리우스 카이사르는 지와 용을 겸비한 장군이었다. 《갈리아 전기》나 《내전기》와 같은 그의 저작들에 들어 있는 훌륭한 문장들을 통해 그의 지성을 엿볼 수 있다. 그런 그였기 때문에 이집트 달력의 우수성을 간파했을 것이다. 또한 그는 로마 제국의 실질적인 최고 통치자였다. 일반 사원이 보는 것의 두 배를 과장이 보고, 과장이 보는 것의 두 배를 부장이 보고, 부장이 보는 것의 두 배를 이사가 본다는 말이 있지 않은가? 제국의 실질적인 최고 통치자였기에 제국을 효과적으로 통치하는 데 이집트 달력이 얼마나 유용할 것인지를 간파했을 것이다.

당시 로마에는 로마 력이 있었다. 하지만 로마 력은 태음력이었기 때문에 오차가 심했다. 그나마 제국 전체에 통용되고 있지 못했다. 제국 전체에 통용되는 하나의 정확한 달력이 필요했다. 이집트 달력은 그 당시 세계에 존재했던 어떤 달력보다 정확했다.

이집트 력으로 로마 력을 대체했을 때 처음에는 실수가 있었다. B.C.

42년부터 B.C. 9년까지 윤일을 3년에 한 번씩 넣어버린 것이다. 외국에서 뭔가를 들여올 때는 시행착오가 많은 법이다. 이 문제는 양아들인 옥타비아누스 카이사르가 B.C. 6년부터 A.D. 4년까지 10년간 윤일을 넣지 않음으로써 바로잡는다. 그후 4년에 한 번씩 윤일을 넣기 시작했다. 지금부터 2,000여 년 전에 있었던 일이다. 이 달력을 율리우스 카이사르의 이름을 따서 율리우스 력이라고 한다. 2월에 윤일을 넣어주는 이유는 로마 력의 마지막 달이 이집트 력으로 2월에 해당했기 때문이다.

7월을 줄라이July라고 하는 이유는 율리우스 카이사르가 자신의 이름을 7월에 붙였기 때문이다. 율리우스이 생월이 7월이다. 율리우스를 영어로 하면 줄라이가 된다. 8월을 오거스트August라고 하는 이유는 율리우스 카이사르의 양아들인 옥타비아누스 카이사르도 자신의 이름을 8월에 붙였기 때문이다. 아우구스투스를 영어로 발음하면 오거스트가 된다. 원로원에서 옥타비아누스에게 준 '존엄자' 라는 뜻의 별명이 아우구스투스였다.

세월이 흘러 1,600여 년이 지났을 때 문제가 발생했다. 10일 정도의 오차가 생긴 것이다. 1년은 365.2421949……일 아닌가? 0.2421949…… 를 계산하기 편하게 0.25로 만들었던 것이 이집트 력이었다. 0.25에서 0.2421949……를 빼면 0.0078051……이 된다. 0.0078051……이 해마다 더해져서 1,600여 년이 지났을 때 10일 정도 날짜가 앞당겨져 있었던 것이다. 날짜를 정확하게 맞추어야 파종시기도 맞출 수 있고 부활절이라든지 크리스마스 같은 절기를 제때에 지킬 수 있을 것 아닌가? 10일 정도의 오차는 간과하기 힘든 오차였고, 시간이 흐를수록 커질 오차였다.

1,600여 년 전에는 서양에서 율리우스 카이사르가 가장 높은 사람이었지만, 지금부터 400여 년 전에는 교황이 가장 높은 사람이었다. 적어도 달력을 수정할 수 있는 권위를 가진 사람은 교황이었다. 당시 교황의 이름은 그레고리우스 13세였다. 그레고리우스 13세가 1582년 10월 5일의 다음날을 15일로 만들어버렸다. 10일이 사라져버렸다. 그래서 이 달

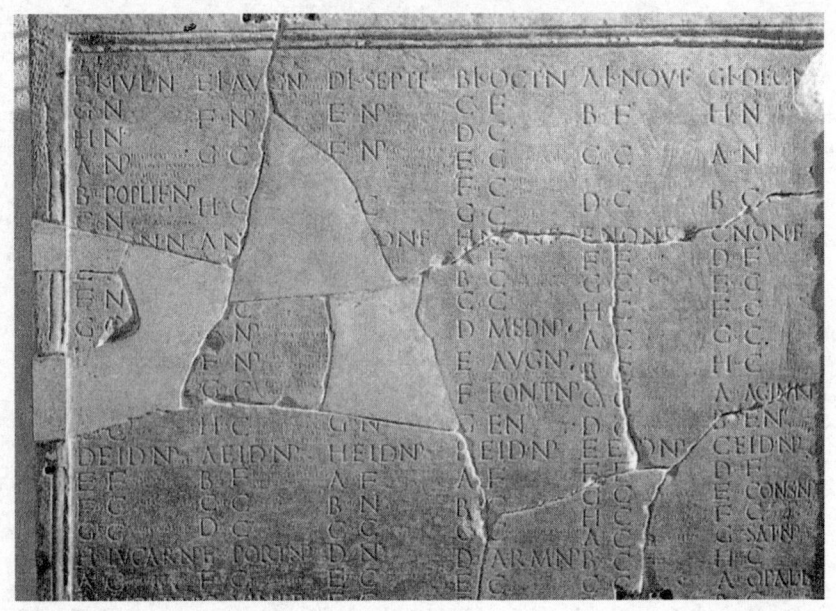

로마의 달력.

력을 그레고리 력이라고 한다.

　그레고리 력을 사용한 지 400여 년이 지났으니까 앞으로 1,200년 정도가 지나면 또 10일을 사라지게 해야 하는가? 그레고리우스 13세가 이미 조처를 취해놓았다. 4년에 한 번씩 윤일을 넣어준다는 법칙에는 변함이 없다. 그러니까 4로 나누어서 떨어지는 해에 윤일을 넣어준다. 그런데 윤일을 너무 많이 넣어줘서 날짜가 앞당겨졌던 것이니까 100년에 한 번씩 윤일을 넣어줘야 할 때 윤일을 넣어주지 않는다. 100으로 나누어서 떨어지는 해에 윤일을 넣어주지 않는 것이다. 365.25−365.24＝0.01 아닌가? 0.01을 상쇄하기 위해 100년에 한 번씩 윤일을 넣어주지 않는 것이다. 그런데 문제는 365.24 다음에 있는 소수점, 즉 0.0021949……이다. 이것을 처리하기 위해 0.0021949……를 0.0025로 만든 다음 400년에 한 번씩 윤일을 넣어준다. 0.0025는 0.01의 쿼터 아닌가? 그래서 400년에 한 번 윤일을 넣어주는 것이다.

서기 2000년은 4로 나누어서 떨어지니까 윤일이 들어가야 한다. 그런데 100으로 나누어도 떨어지니까 윤일을 넣어줘서는 안 된다. 그런데 400으로 나누어도 떨어지니까 윤일을 넣어줘야 한다. 2000년도 달력을 보면 2월이 29일이다.

2000년도 달력에 들어 있는 윤일에는 그레고리 력, 율리우스 력, 그리고 이집트 력으로 소급해 올라가는 역사가 들어 있다. 이처럼 역사는 면면히 이어지면서 아무리 사소해 보이는 것에도 영향을 미친다. 때문에 역사를 배워야 한다.

이 그레고리 력도 오차가 진히 없는 것은 아니다. 3,000년에 히루 정도 오차가 난다. 앞으로 2,600여 년 뒤에 하루를 사라지게 할 것인지 그대로 둘 것인지는 그때 사는 사람들이 고심할 문제다.

세계력에 대한 논의가 있었다. 1년을 4계로 나눈 다음 각 계절마다 세 달을 배정한다. 세 달 중 첫째 달을 31일로, 그 다음과 그 다음을 각각 30일로 한다. 이렇게 하면 1년은 364일이 된다. 마지막 하루는 연말세계휴일로 정해 연말에 넣어주고, 4년에 한 번씩 윤일을 넣어줘야 할 때는 6월 30일 다음에 넣어주자는 것이 골자였지만 여러 가지 이유로 실현되지는 못했다.

2. 기원

달력에 대한 이야기를 할 때 옥타비아누스가 B.C. 6년부터 A.D. 4년까지 10년간 윤일을 넣지 않았다는 이야기를 했었다. 물론 상식이지만 B.C.니 A.D.니 하는 것들에 대해서 알아볼 필요가 있을 것 같다. 역사적인 이야기를 할 때는 어떤 해에 누가 어떤 일을 했다는 식의 서술을 하지 않을 수 없다. 연도를 말할 때는 항상 B.C.나 A.D.를 연도 앞에 붙인다.

B.C.나 A.D.는 '기원'과 관련된다. '역사 연대를 계산하는 데 기준이 되는 최초의 해'가 기원이다. 시간에 시작이 있다면 구태여 기원을 정할 필요가 없다. 그 시작점이 자연히 기원이 될 것이기 때문이다. 시간에는 시작이 없기 때문에 시작점을 임의로 정해야 한다. 영원부터 영원까지 죽 흐르는 것이 시간이다. 시간이라고 하는 2차원의 선은 끝없이 이어지는 선이다.

임의로 정해야 하기 때문에 수많은 기원들이 있게 되었다. 사람들마다 시간의 시작점을 정하는 기준이 다르기 때문이다. 하지만 상당히 많은 사람들이 인정한 기원이 있다. 자신들만의 기원을 고집하던 사람들도 대세에 따를 수밖에 없어서 인정하게 된 기원이다. 거의 대부분의 서양 사람들이 인정한 기원이 오늘날 전세계 사람들에게 대체로 받아들여지고 있다. 그래서 이 기원을 서력기원이라고 한다.

서력기원을 풀어보면 '서양 역법 기원' 정도가 될 것이다. 한문은 상당히 편리해서 풀기와 압축이 자유롭다. 서력과 같은 생소한 단어가 나오면 퍼즐 풀듯이 해볼 수 있다. 서구, 서역, 서방 등등의 단어를 떠올리다가 서양이라는 단어를 떠올릴 수 있을 것이다. 역술, 역도, 역기, 역참

등등의 단어를 떠올리다가 역법이라는 단어를 떠올릴 수 있을 것이다. 연결해보면 서양 역법 기원이 된다. 풀기가 자유로운 것처럼 압축도 자유롭다. 서력기원을 압축해서 서기라고 한다.

지금부터 1,500여 년 전에, 그러니까 서기 525년경에 디오니시우스 엑시구스라는 사람이 교황으로부터 한 가지 명령을 받는다. 기원을 정해보라는 명령이었다. 교황이나 디오니시우스 엑시구스는 예수의 제자들이었다. 교황은 예수의 제자들 중의 한 명이었던 베드로의 계승자라고 여겨지지 않는가? 예수의 제자들이었기에 예수가 태어난 해를 기원으로 정했다.

교황이나 디오니시우스 엑시구스가 신봉하는 성경의 핵심은 예수다. 성경은 구약성경과 신약성경으로 이루어져 있다. 구약성경을 풀어보면 '구식 약속 성경' 정도가 될 것이다. 에덴 동산에서 하와가 먹지 말아야 할 과일을 먹고 났을 때 신은 한 가지 약속을 한다. 그것은 메시아가 나타나서 잘못된 것을 바로잡을 거라는 것이었다. 유태 인들은 그 약속을 믿었다. 드디어 예수가 나타나서 자신이 메시아라고 했다. 일부 유태 인들은 예수가 메시아라는 것을 믿었지만, 대다수 유태 인들은 믿지 않았다. 예수를 믿었던 소수의 유태 인들은 예수가 이제 자신들을 구원해줄 것이라고 믿었다. 그러나 예수는 다시 떠난다. 떠나면서 곧 다시 돌아오겠다는 약속을 했다. 그래서 이 약속을 신식 약속, 즉 신약이라고 한 것이다.

예를 들어보자. 한 예쁜 처녀에게 어떤 사람이 유학 가 있는 자기 아들의 사진을 보여주면서 다른 데 시집가지 말고 기다리면 아들과 결혼시켜주겠다고 약속했다. 그 약속을 믿고 기다렸더니 마침내 신랑 될 사람이 왔다. 그런데 그 신랑이 약혼만 하고는 다시 유학을 간 것이다. 그러면서 조금만 더 기다리면 돌아와서 결혼식을 올리겠다고 약속했다. 성경의 줄거리가 이와 비슷하다. 때문에 초점은 그 신랑 아니겠는가? 그 신랑이 바로 예수다. 때문에 예수가 태어난 해, 즉 구식 약속이 이루어진 해를 기원으로 삼았던 것이다.

물론 예수 이전에도 사람들이 살았고 역사가 있었다. 때문에 조금 복잡해졌다. 예수 이전의 연도를 말할 때는 B.C.라고 하고, 예수 이후의 연도를 말할 때는 A.D.라고 한다. 알파벳 다음에 점을 찍는 것은 약어라는 뜻 아닌가? B.C.는 Before Christ의 약어이고, A.D.는 Anno Domini의 약어이다. 크리스트는 '기름부음 받은 자'라는 뜻이다. 고대 이스라엘에는 왕이 될 사람에게 기름을 붓는 관습이 있었다. 노동자의 1년치 품삯에 해당하는 값진 향유를 머리에 부었다. 예수 그리스도라는 말은 왕 예수라는 뜻이다. 안노 도미니는 '우리 주 구세주 시대'라는 뜻의 말이다.

B.C.나 A.D.는 종교적인 냄새를 많이 풍긴다. 때문에 다른 종교를 가진 사람들은 거부감을 가질 수밖에 없다. 기독교와 십자군 전쟁을 벌였던 이슬람 교도들은 극도로 싫어할 것이고 불교도들도 그다지 좋아하지 않을 것이다. 그래서 B.C.E.와 C.E.를 요즘은 많이 쓴다. 전자는 Before Common Era의 약어이고, 후자는 Common Era의 약어이다. '통용 기원 이전'과 '통용 기원' 정도로 번역할 수 있을 것이다.

B.C.와 B.C.E.는 같은 말이다. 기원전도 같은 말이다. 사실은 통용 기원전이라고 해야 한다. 서력기원은 통용되는 기원이기 때문이다. 하지만 그냥 기원전이라고도 한다. 서기전이라는 말도 있지만 잘 쓰지 않는다. 주전이라고도 한다. 주는 예수를 가리킨다. A.D.와 C.E.는 같은 말이다. 기원도 같은 말이다. 사실은 통용 기원이라고 해야 한다. 서기도 같은 말이고 주후도 같은 말이다.

서력기원 외에 어떤 기원들이 있는가? 한국 사람들에게 의미가 있는 단군기원이 있다. 줄여서 단기라고 한다. 단군은 예수보다 오래 전의 사람이다. 단군은 B.C.E. 2333년에 왕으로 즉위했다.

불교도들에게 의미가 있는 기원은 불타기원이다. 줄여서 불기라고 한다. 불타는 붓다를 음역한 것이다. 붓다는 '깨달은 자'라는 의미의 말이다. 석가모니가 깨달은 뒤에 이제부터는 붓다라고 자신을 부르라고 했다. 붓다가 입멸한 해, 즉 죽은 해를 불교도들은 기원으로 삼았다.

이슬람 교도들은 마호메트가 태어난 해를 기원으로 삼은 것이 아니라 헤지라를 기원으로 삼았다. 마호메트가 메카에서 10년 정도 포교를 한 뒤에 신도 수가 100여 명 정도 되었을 때 박해를 받게 되자 메디나로 도망을 친다. 그 도망을 헤지라라고 했다. 헤지라는 '이탈·이주'를 뜻한다. 흔히 성천聖遷으로 번역된다. 마호메트는 메디나에서 크게 세력을 키운 다음 메카를 점령했고 이어 아라비아 반도를 점령했다. 헤지라는 서기 622년 7월 15일에 일어난 사건이었다.

예수나 단군이나 석가모니나 마호메트보다 내가 더 위대하다는 생각을 한다면 어떻게 해야 할까? 자신이 태어난 해를 기원으로 삼으면 될 것이다. 서기 1979년에 태어난 사람이라면 서기 1979년을 신기원으로 삼는 것이다. 북한은 김일성이 태어난 날, 즉 서기 1912년 4월 15일을 신기원으로 삼았다. 이날을 북한에서는 태양절이라고 한다. 북한이 내세우는 철학이 주체철학이기 때문에 북한만의 이 기원에 주체기원이라는 이름을 붙였다. 북한에서는 공문서에 서력기원과 주체기원을 병기하게 되어 있다. 공산주의의 시조라고 할 수 있는 마르크스가 태어난 해라든지 공산당 선언서를 발표한 해를 기원으로 삼을 수도 있었을 텐데 그렇게 하지 않고 김일성이 태어난 해를 기원으로 삼은 것을 보면 북한의 정치체제가 군주제적인 성격을 가지고 있다는 것을 알 수 있다.

사실 중국의 황제들이 이런 방식의 원조였다. 중국의 황제들은 자신들이 가장 높다고 생각했다. 자신들이 천자로 등극한 해를 기원으로 삼았다. 서양에는 황제 위에 교황도 있었고 교황 위에 예수도 있었지만, 동양에는 황제 위에 아무도 없었던 것이다. 황제들은 연호를 만들었다. 연호를 풀이하면 '연대 호칭' 정도가 될 것이다. 황제들이 새로 등극할 때마다 기원의 이름을 붙여야 했기 때문에 고유한 연호를 만들어야 했다. 한무제가 건원이라는 연호를 기원전 140년에 사용한 이후 2,051년 동안 도합 600여 개의 연호가 사용되었다. 얼마나 복잡한가? 이렇게 복잡하

이란의 자동차 번호판

니까 간단한 서기가 통용 기원이 된 것일 수 있다.

일본 천황도 스스로를 황제라고 생각하기 때문에 연호를 쓴다. 왕은 연호를 쓰지 못한다. 때문에 과거 조선의 왕들은 중국 황제의 연호를 사용해야 했다. 일본 여행을 갔을 때 JR패스를 이용했다. 기차를 일정한 기간 동안 마음대로 이용할 수 있는 표였다. 그 표에 16년 2월 6일부터 16년 2월 26일까지 사용 가능하다는 도장이 찍혀 있었다. 2004년이 아니라 16년이어서 처음에는 잘못된 것인가 했는데 알고 보니 그것이 지금의 천황이 즉위한 지 16년이 흘렀다는 의미였다.

디오니시우스 엑시구스가 기원을 만들 때 문제가 있었다. 예수가 태어난 해는 우리의 사고방식으로 한다면 0년이 되어야 한다. 그런데 서기를 만들 때, 그러니까 1,500여 년 전에는 0이라는 개념이 서양에 없었다. 0은 인도 사람들이 세계 최초로 만들었다. 이것을 아라비아 상인들이 서양에 전해주었다. 아라비아 숫자는 원래 인도 숫자다. 인도를 여행했을 때 처음으로 인도 숫자를 접할 수 있었다. 아라비아 숫자와 흡사했지만 약간 달랐다. 1,500여 년 전 서양에는 아라비아 숫자가 없었다. 로마 숫자가 있었다. ⅠⅡⅢ 이런 로마 숫자에 0이 있는가? 없다. 때문에 예수가 태어난 해는 0년이 아니라 1년이다.

친구가 6시부터 10까지 공부했다고 하면 우리는 '와! 공부 많이 했다'고 하면서 몇 시간 공부했는지를 알기 위해 7시부터 센다. 왜냐하면 0을 자동적으로 생각하기 때문이다. '7시, 8시, 9시, 10시, 4시간 공부했구나!' 한다. 그런데 옛날 서양 사람들은 6시부터 세어서 '6시, 7시, 8시, 9시, 10시, 5시간째까지 공부했구나!' 한다는 것이다. 전자는 기수의 개념이고 후자는 서수의 개념이다.

3. 역사의 핵심부품

　세계사의 깊은 바다로 들어가기 전에 준비운동을 했다. 이제는 얕은 물에서 가볍게 수영을 해보자.

　사람은 누구나 배운다. 더 나아가 학문한다. 배우지 않고 학문하지 않는 사람은 살아가기가 힘들다. 인류가 아직도 원시적인 상태에 있다면 배우거나 학문을 하지 않아도 상관없을 것이다. 그러나 인류는 수천 년에 걸쳐서 문명을 창조했다. 이 거대한 창조물을 유지하고 발전시켜 나가기 위해서는 고치는 재창조자들이 필요하고 새로운 것들을 만드는 창조자들이 필요하다.

　무엇인가를 고치는 재창조자가 되기 위해서는 어떻게 해야 하는가? 분석력을 확장시켜야 한다.

　이 세상에 있는 모든 것은 작은 부품들로 이루어져 있다. 라디오, 자동차, 컴퓨터는 물론이고, 사람의 몸도 세포라고 하는 백조 개 정도의 부품들로 이루어져 있다. 부품들의 조립에 의해 모든 것들이 존재하기 때문에 고치기 위해서는 어떤 부품에 이상이 있는지를 알아야 한다. 이상이 있는 부품을 알기 위해서는 분석해야 한다.

　'분석'은 '서로 얽혀 있는 것이나 복잡한 일을 여러 갈래로 풀어서 그 속의 개별적인 요소나 성질로 나누는 것'을 의미한다. 쉽게 말해서 라디오를 분석하는 것은 복잡한 라디오의 얽혀 있는 부품들을 가지런히 풀어놓는 것을 의미한다. 부품들을 풀어놓은 다음 고장 난 부품을 고치거나 교체한 후 다시 조립하는 것이 곧 고치는 것이다.

　일반적으로 자동차 수리공들은 자존심이 강하다. 그들의 자존심은 그들의 분석력에 기인한다. 의사들이 자동차 수리공들보다 더 큰 존경을 받는 이유는 자동차와는 비교할 수 없을 정도로 소중한 인체가 고장났을 때 그 인체를 분석한 다음 재조립해내기 때문이다. 자동차 수리공이나 의사나 고치는 사람들, 즉 재창조자들이다. 때문에 자동차 수리공이 되려면 자동차를 분해해봐야 하고 의사가 되려면 인체를 해부해봐야 한다.

무엇인가를 만드는 창조자가 되기 위해서는 어떻게 해야 하는가? 분석력을 고도로 확장시켜 '핵심부품'을 다룰 수 있어야 한다. 자동차를 창조하기 위해서는 2만 개가 넘는 부품들을 만들어야 한다. 2만 개가 넘는 부품들은 주로 철로 만들어야 한다. 철이라는 핵심부품을 다룰 수 없다면 자동차를 창조할 수 없다.

핵심부품은 블록 완구의 블록과 비슷하다. 블록 완구의 대명사는 레고다. 이 완구는 단순한 블록을 이용해서 원하는 모양을 마음대로 만들 수 있다는 특징을 가지고 있다. 이런 블록 완구와는 달리 흔히 프라 모델이라고 하는 조립완구는 부품들의 모양도 정해져 있고 완성품 모양도 정해져 있다. 블록 완구가 아이들 창의력 발달에 도움을 준다고 하는 것은 원하는 모양을 마음대로 만들 수 있는 블록 완구의 특징 때문이다. 이런 레고 블록처럼 핵심부품은 단순한 형태를 취하고 있으며 응용가능성이 무한하다.

줄기세포는 응용가능성이 무한한 블록, 즉 핵심부품이다. 시세포나 피부세포, 혹은 생식세포로 성장하기 전의 세포가 줄기세포다. 이 줄기세포를 시세포로 성장시켜 시기능에 문제가 있는 사람에게 이식할 수 있다. 또한 피부세포로 성장시켜 피부암에 걸린 사람에게 이식할 수도 있다. 줄기세포라는 핵심부품을 다룰 수 있게 되었기 때문에 동물들을 복제할 수 있는 것 아니겠는가? 재창조가 아니라 창조를 꿈꿀 수 있게 된 것이다.

재창조자나 창조자가 되기 위해서는 분석력을 확장시켜야 한다. 가능하다면 핵심부품을 다룰 수 있어야 한다. 결국 배우고 학문하는 것은 분석력을 확장시키는 것이다.

역사라는 학문을 하는 경우에도 분석력의 확장이 가능한가? 가능하다.

학문은 크게 자연과학과 정신과학으로 나누어진다. 자연이 부품들로 이루어져 있듯이 사회나 국가도 부품들로 이루어져 있다. 사회나 국가의 부품들은 가정이고 더 깊이 들어가면 일개인이다. 일개인을 더 분석해 들어가면 정신이 나온다. 정신을 더 깊이 분석해 들어가면 무엇이 나올까? 이런 것을 알려는 과학이 정신과학이다.

인간의 정신을 완벽하게 분석할 수 있다면 인간들이 엮어가는 이 세계가 어떻게 변해갈 것인지 예측할 수 있을 것이다. 가장 이상적인 사회를 만들 수도 있을 것이다. 역사학이나 심리학이나 사회학이나 법학 등은 결국 인간을 분석하는 학문이다.

인간의 정신을 분석해 들어간 정신과학자들은 '선'이라는 개념과 '악'이라는 개념을 분석해냈다. 인간이 선하다고 생각한 학자들과 그런 학자들의 이론을 받아들인 정치가들이 선이라는 핵심부품을 조립하여 자본주의에 입각한 사회를 창조했다. 인간이 선하니 적당히 경쟁하면서 어울려 잘살 수 있을 것이라고 생각한 것이다. 인간이 악하다고 생각한 학자들과 그런 학자들의 이론을 받아들인 정치가들이 악이라는 핵심부품을 조립하여 사회주의에 입각한 사회를 창조했다. 인간이 악하니 경쟁은 끝도 없이 계속될 것이고, 착취당하는 사람들은 끝없는 고통을 겪게 될 것이라고 생각했기 때문에 사유재산제도 자체를 부정했다.

열 길 물 속은 알아도 한 길 사람 속은 모른다고 했던가? 물 속을 알아보는 것은 자연과학의 영역이고, 사람 속을 알아보는 것은 정신과학의 영역일 것이다. 아직도 인간 정신의 최소단위가 확실히 선인지 악인지를 모르기 때문에, 그리고 더 작은 핵심부품이 무엇인지 모르기 때문에 인간사회는 계속해서 혼란스러운 것 아닐까? 자연과학보다 정신과학이 더 애매하고 어렵다.

애매하고 어려울지라도 인간의 정신을 분석해야 한다는 사실에는 변함이 없다. 인간의 정신을 구성하는 핵심부품을 알아야 인간들이 만드는 역사의 본질이 무엇인지 알 수 있을 것이고, 바람직한 역사를 창조할 수 있을 것이다. 인간의 정신, 결국 인간을 분석해보자.

티코를 타고 BMW와 경주를 했던 적이 있었다. 165킬로까지 밟았지만 소형차라 떨림이 심했다. 뭔가를 해야 할 것 같았다. 오른손을 편 다음 양미간에 위치시킨 후 앞쪽으로 서서히 이동시켰다. 마치 도사라도 된 듯 그렇게 했다. 안정감을 느낄 수 있었다!

이상하다 싶어서 손을 수평으로 하여 앞으로 내밀어보았다. 전혀 안정감을 느낄 수 없었다. 인간이 수직적이기 때문에 손을 수직으로 했을 때만 효과가 있었다는 사실을 나중에 알게 되었다. 수행하는 사람들이 합장을 하는 것도 두 손을 수직으로 세울 때 수직인 척추와 손이 평행을 이루면서 몸과 마음이 바로잡아지기 때문이다.

직각 식사라는 것이 있다. 군인들이 훈련을 받은 다음에 식사를 하다 보면 급하게 먹다가 체할 수 있다. 직각 식사를 하면 자연히 허리가 똑바로 펴지기 때문에 체할 확률이 줄어든다. 일본 사람들은 세로쓰기를 한다. 세로로 글을 쓸 때는 몸을 꼿꼿하게 세우고 글을 쓸 수밖에 없다. 그러나 가로쓰기를 하면 옆으로 비스듬히 누워서도 글을 쓸 수가 있다.

대개 의식을 못 하지만 인간의 특징은 수직적이라는 것이다. 역시 의식을 잘 못 하지만 인간이 수직의 상태를 유지하기란 보통 어려운 것이 아니다. 몇 시간만 서 있어도 상체의 몸무게를 받치고 있는 허리가 아파온다. 현대인들의 80% 이상이 허리에 문제가 있다고 하지 않는가? 또한 인간의 직립보행은 인간에게 치명적인 약점을 안겨주었다. 빨리 달릴 수 없다는 것은 치명적인 약점이다.

인간의 수직성은 하지만 위대한 장점들을 인간에게 안겨주었다. 손과 입을 자유롭게 사용할 수 있는 것은 직립의 선물이다. 손을 자유롭게 사용할 수 있기 때문에 도구를 만들어 사용할 수 있는 것이고, 입을 자유롭게 사용할 수 있기 때문에 언어생활을 할 수 있는 것이다. 도구가 있었기 때문에 약한 인간이지만 동물들을 제압할 수 있었고, 언어가 있었기 때문에 지식을 축적할 수 있었다는 것은 주지의 사실이다. 아무래도 직립과 밀접하게 연관된 자유로운 손과 입이 인간의 핵심부품일 것 같다는 생각이 든다.

비슷한 생각을 카를 마르크스도 했다. 마르크스는 역사와 인간을 구성하는 핵심부품이 도구라는 것을 간파했던 위대한 정신과학자였다. 마르크스의 생각은 이랬다. '사람이 최초로 만든 도구는 창이었을 것이다. 아무리 큰 짐승도 창으로 잘 꿰찌르면 쉽게 죽일 수 있었기 때문에 도구 없이 사냥했던 때보다 훨씬 쉽게 사냥을 할 수 있었다. 창이라는 도구를 가진 사람을 따라다니면 먹을 것을 쉽게 얻을 수 있었기 때문에 창을 가진 사람을 중심으로 무리가 만들어졌고, 그런 무리가 커진 결과 국가가 형성되었다. 농업혁명이 일어나면서 창의 지위를 토지가 대체했을 때 토지를 많이 가진 사람들이 큰소리를 쳤고, 산업혁명이 일어나면서 기계가 물건을 만들어내자 기계를 가진 사람들이 큰소리를 쳤다.' 마르크스는 도구의 발달에 의해 역사가 변천해왔다고 주장했다.

이런 마르크스의 주장은 설득력이 있다. 예전 영화를 보면 간혹 여자가 남자의 전화를 기다리느라 집 밖엘 나가지 못하는 장면이 나온다. 그러나 이제는 그런 장면이 영화에 나올 수가 없다. 왜냐하면 핸드폰이 완전히 일반화되었기 때문이다. 그런 장면이 요즘 영화에 나온다면 관객들은 대번에 '쟤는 핸드폰 살 돈도 없나?' 라고 할 것이다. 영화의 리얼리티가 반감된다. 이렇게 도구가 삶의 스토리를 바꿔버린다. 역사가 인류의 거대한 삶의 스토리라고 했을 때 도구가 역사를 바꾼다는 통찰은 적확하다.

도구의 원조는 창이었다. 창은 무기다. 요즘도 도구의 다른 말인 연장은 무기를 의미하는 은어로 통한다. 창이 점점 발달해서 미사일이 되었다. 도구의 꽃은 역시 예나 지금이나 무기다. 도구의 꽃을 가지고서 장사를 잘하는 나라가 바로 미국이다. 미국의 군산복합체는 미국을 움직이는 막후의 그림자라고 여겨질 정도로 막강하다. 미국에게 가장 많은 돈을 벌어주는 효자가 바로 군수산업이다. 때문에 미국은 자국의 경제가 어려우면 전쟁을 일으켜서 무기가 잘 팔리게 한다는 혐의를 받는다. 도구라는 핵심부품은 레고 블록처럼 단순하지만 응용가능성이 무한하다.

막스 베버라는 학자는 인간의 정신에 주목했다. 그는 도구라는 핵심부품의 반대위치에 있는 핵심부품으로 인간의 정신을 이야기했다. 베버의 생각은 이랬다. '인간에게 정신이 있기 때문에 인간들은 종교를 만들었다. 종교가 역사에 끼친 영향이 얼마나 컸는가? 십자군 전쟁은 기독교와 이슬람 교가 없었다면 일어나지 않았을 것이다. 십자군 전쟁이 있었기 때문에 유럽의 중세가 저물고 유럽의 근세가 시작되었다.'

이런 베버의 견해도 설득력이 있다. 《문명의 충돌》이라는 책은 이라크 전이 발발하기 전에 후세인이 인용하면서 유명해졌다. 그 책은 이데올로기로 양분되었던 세계가 저물고, 이제는 세계가 비슷한 문명, 내지 문화를 가진 블록들로 재편성되고 있다고 지적했다. 그 책의 저자는 문화의 핵심에 종교가 있다는 점을 통찰했다. 서방 사람들과 중동 사람들을 구분짓게 하는 가장 큰 요인이 종교라는 사실은 십자군 전쟁 때부터 증명된 사실이다. 후세인은 역사와 인간의 핵심부품인 정신, 내지 종교를 가지고 역사를 창조하려고 시도했던 것이다. 물론 그의 뜻대로 중동의 형제국가들이 움직여주지는 않았지만 말이다.

여기서 한 가지 사실을 알 수 있다. 정신과 종교가 연결된다는 것이다. 핵심부품인 정신이 종교라는 부품을 파생시켰다. 종교라는 부품은 또 어떤 부품과 연결될까? 연결되는 부품들을 많이 알면 알수록 역사와 인간에 대한 이해는 쉬워질 것이다.

사실 정신, 종교는 언어와 연결된다. 도구와 쌍을 이루는 것은 언어다. 도구는 손이 있기 때문에 있게 된 것이고, 언어는 입이 있기 때문에 있게 된 것 아닌가? 어떻게 언어와 정신, 종교가 연결되는지 좀더 구체적으로 살펴보자.

종교의 핵심은 신, 혹은 내세다. 신이나 내세는 눈에 보이지 않는다. 보이지 않는 어떤 실체를 정신을 사용하여 있는 것처럼 생각할 수 있는 능력이 인간에게 없었다면 보이지 않는 신이나 내세에 대한 관념을 가질 수 없었을 것이다. 신이나 내세를 보여줄 수 없기 때문에 고등종교들의 경우 언어에 의지했다. 예수, 석가모니, 마호메트 등은 많은 언어를 제자들에게 들려주었다. 그런 언어들은 집대성되어 경전이 되었다. 기독교의 성경, 불교의 불경, 이슬람 교의 코란 등은 대표적인 경전들이다. 기독교, 불교, 이슬람 교는 세계 3대 종교다. 성경이나 불경이나 코란을 빼고서 이들 종교를 이야기할 수 있겠는가? 이런 경전들의 영향으로 언어나 문자가 통일적으로 보급되었다. 루터의 신약성경을 통해 독일어가 통일되었고, 코란을 통해 아랍 어가 중동지방 전체의 언어가 되었다.

이렇듯 핵심부품은 많은 부품들을 파생시킨다. 꼬리에 꼬리를 물면서 부품들은 이어져간다. 이제부터 역사와 인간을 구성하는 일련의 부품들을 하나씩 살펴보자.

4. 역사를 구성하는 부품들(1)

　입과 손이라는 핵심부품에서 파생된 부품들을 정리해보았다. 지금부터 이 부품들 하나하나가 어떻게 연관되는지를 살펴보자. 너무 깊이 들어가기는 힘들다. 한 쌍 한 쌍이 모두 거대한 주제들이기 때문이다. '신과 인간', '제국주의와 민족주의', '좌파와 우파', '평등과 자유', '양과 음' 등은 그대로 두꺼운 책의 제목이 되기에 모자람이 없지 않은가? 깊이 들어가지 않기 때문에 이해하기가 쉽지 않을 수 있다. 일단 부품들에 대한 논의가 끝날 때까지 인내심을 발휘해보도록 하자.

　옆의 표는 네 부분으로 나누어져 있다. 먼저 굵은 선으로 구분되어진 첫 번째 부분을 살펴보면, 맨 처음 왼쪽 칸에 입이 있고 맨 마지막 왼쪽 칸에 수, 한자가 있다. 입과 수, 한자가 어떤 관련을 가지는가? 맨 처음 오른쪽 칸에 손이 있고 맨 마지막 오른쪽 칸에 외국어, 자국어가 있다. 손과 외국어, 자국어가 어떤 관련을 가지는가? 이러한 의문을 가지면서, 나무가 아니라 숲을 바라보면서, 무엇보다도 직관력을 발휘하면서 부품들의 연관성을 추적해보자.

입	손
머리	몸
하늘	땅
상위	하위
정신	육체
보이지 않는 것	보이는 것
추상	구상
비물질	물질

　입은 **머리**에 위치한다. 사람은 머리로써 **하늘**을 이고 있다. 하늘을 이

입	손	홉스	로크
머리	몸	좌파	우파
하늘	땅	코끼리	사자
상위	하위	가톨릭	프로테스탄트
정신	육체	진보	보수
보이지 않는 것	보이는 것	미래, 과거, 현재	
추상	구상	정지	운동
비물질	물질	이데올로기	실천
신	인간	베버	마르크스
내세	현세	정착	유목
피안	차안	점	선
유신론	무신론	시간	공간
일신론, 다신론, 범신론, 이신론, 무신론		농경민족	유목민족
경전	우상	초식동물	육식동물
비유(상징)	실체	농사	장사
언어	도구	농촌	도시
가상현실	현실	중심지	변방
간접	직접	정치	경제
증거	사실	농부	상인
법	주먹	평등	자유
영원	순간	의무	권리
불변	가변	집단	개인
완전	불완전	남자	여자
문자	언어(음성기호)	붓	칼
표의문자	표음문자	조선	일본
수, 한자	외국어, 자국어	육군	해·공군
신학, 철학, 순수과학, 응용과학		수비, 공격, 적극적 후퇴	
발견	발명	파워	스피드
분석	창조	인파이터	아웃파이터
관념론	유물론	유럽 여러 나라, 독일, 영·미	
믿음	이해(회의)	참호(성)·보병, 탱크(말), 군함·전투기(배)	
선험	경험	중동페이	더치페이
연역법	귀납법	돈	금
가설	실험	북한	남한
절대	상대	신세대	구세대
객관	주관	명분	실리
황제, 왕, 귀족, 평민(부르주아), 노예(프롤레타리아)		형법	민법
고대, 중세, 근대, 현대		도덕	법
보편	특수	유가, 법가, 도가	
제국	일국	수직	수평
제국주의	민족주의	리	기
통일	분열	표	리
중앙집권	지방분권	언	행
강한 주권	약한 주권	문	무
동양	서양	음악	미술
한	로마	서비스	상품
육지(대륙)	바다(해양)	브랜드 이미지	상품 가격
삶	죽음	양	음
차(말), 기차	배, 비행기	서론	본론
이상	현실	약속	이행
항심	항산	지혜	지식
상위욕구	하위욕구	햄릿	돈키호테
명예, 권력, 돈		충	효
군인	무사(용병)	사랑	자기애(무관심)
주나라 봉건제도	중세 유럽 봉건제도	높은 건물	낮은 건물
협객	조폭	중부, 북쪽, 남쪽	
성악-이타, 성악-이기, 성선-이기		…	…
사회주의, 파시즘, 자유주의(자본주의)			

고 있으면서 하늘을 자주 바라본다. 사람이 농사를 짓기 시작한 이래 사람들은 하늘에서 비가 적당한 시기에 적당하게 내려서 농사가 잘되길 바랐다. 비가 내리지 않으면 하늘에 비를 내려달라고 빌었다. 아마도 이런 이유로 사람들은 하늘에 하느님이 있다고 믿었을 것이다. 동서고금을 막론하고 인류는 하늘에 신이 있을 거라는 생각을 해왔다. 그런데 하늘은 **땅**보다 위에 있다. 입도 손보다 위에 있다. 입과 관련된 부품들을 **상위**에 속한다고 하고, 손과 관련된 부품들을 **하위**에 속한다고 하자. 상위에 속한다고 해서 더 가치 있다는 뜻은 아니다.

입과 언어와 정신과 종교가 연결되어 있다는 것은 이미 살펴봤지만 다시 한번 정리해보자. 입은 머리에 있고 **손**은 **몸**에 있다. '건강한 육체에 건강한 정신이 깃든다'는 말이 있다. 머리는 **정신**과 연결될 것이고 몸은 **육체**와 연결될 것이다. 정신이 있기 때문에 사람은 **보이지 않는 것**에 대한 생각을 할 수 있다. 보이지 않는 것은 **추상**적인 것이고 **비물질**이다. **보이는 것**은 **구상**적인 것이고 **물질**이다.

신	인간
내세	현세
피안	차안
유신론	무신론
일신론, 다신론, 범신론, 이신론,무신론	
경전	우상

보이지 않는 것에 대한 생각은 **신**과 **내세**에 대한 개념을 발생시켰다. 보이지 않는 신의 반대는 **인간**이며, 내세의 반대는 보이는 **현세**다. **피안**은 보이지 않으며, **차안**은 보인다. 옛날 사람들은 신이 존재한다고 강하게 믿었다. 오늘날에도 신의 은총을 생각하면서 자살특공대의 일원이 되는 사람들이 있다. 보이지 않는 세계를 너무 확실하게 믿기 때문에 보이는 세계를 중요하게 생각하지 않으면서 자신의 보이는 육체를 초개처럼 버린다. 아래의 땅보다는 위의 하늘을 중요하게 생각하는 이들의 촉발로 인해 전쟁들이 발발하며, 세계사의 물줄기가 요동치는 것 아닌가? 신에

대한 개념은 인간과 역사에 있어서 중요한 부품이다.

신의 존재를 확신하는 **유신론자**들의 반대편에는 무신론자들이 있다. 유신론과 **무신론** 사이에 **다신론**, **범신론**, **이신론**이 있다. 신에 대한 개념이 중요한 만큼 세분하여 살펴보자.

자살특공대의 일원이 되는 사람들은 주로 이슬람 교도들이다. 이

메누사의 머리—터키, 이스탄불.

슬람 교도들이 섬기는 신은 알라다. 알라는 유일신이다. 이슬람 교도들은 유신론자들이자 **일신론**자들이다. 보이지 않는 것을 확실하게 추구하는 일신론자들과 달리 보이는 것도 어느 정도 추구하는 사람들이 다신론자들이다. 일신론과 다신론만 비교하면, 다신론이 하위에 속하고 일신론이 상위에 속한다. 일신교의 반대는 다신교 아닌가?

터키 이스탄불에서 유구한 역사를 자랑하는 지하 물 저장소를 본 적이 있다. 성으로 둘러싸인 이스탄불이 공격받을 때를 대비해서 만든 지하 물 저장소였다. 기둥들이 많이 있었다. 한 기둥의 주춧돌이 메두사의 머리였는데, 거꾸로 처박혀 있었다. 일신론자들이었던 이슬람 교도들이 그리스를 점령했을 때 가져온 것이었다. 알다시피 그리스 인들은 다신론자들이었다. 그들에게는 신이 아니라 신들이 있었다. 그리스 신화에는 얼마나 많은 신들이 등장하는가? 메두사도 그 많은 신들 중의 하나였다.

다신론자들은 어느 정도 보이는 것을 추구한다. 보이지 않는 신을 정신으로만 이해하려고 하는 것이 아니라 눈으로도 보려고 한다. 그리스 인들이 '손'으로 망치나 정과 같은 '도구'를 사용하여 신들의 형상, 내지 **우상**을 조각하길 좋아했기 때문에 오늘날까지 멋진 조각품들이 많이 남아 있는 것이다. 반면 이슬람 사원에는 우상이 전혀 없다. 그냥 카펫만

깔려 있다. 일신론자들인 이슬람 교도들은 우상숭배를 경멸한다.

형상, 내지 우상의 사용 문제와 관련된 이견을 좁히지 못해서 그리스도 교가 서쪽과 동쪽으로 분열하였다. 숭배방식에 있어서 보이지 않는 것을 추구하는 것과 보이는 것을 추구하는 것의 차이는 참으로 크다. **경전**을 중요하게 여기는 것은 상위에 속하고, 형상, 내지 우상을 중요하게 여기는 것은 하위에 속한다. 서쪽의 교회가 그리스도 상이나 십자가 상 등을 숭배에 사용한 이유는 상대적으로 미개한 게르만 족을 개종시키는 데 이러한 것들이 효과적이었기 때문이다. **언어**에 익숙지 않은 사람들이 경전에 있는 언어를 통해 보이지 않는 것을 보기란 그리 쉽지 않다. 경전은 언어와 연결되며, 우상은 **도구**와 연결된다. 우상은 도구로써 만들어야 하지 않는가?

비유(상징)	실체
언어	도구
가상현실	현실
간접	직접
증거	사실
법	주먹

여기에서 인간이 보이지 않는 것을 생각하는 방법의 핵심을 간파할 수 있다. 보이지 않는 신을 생각하기 위해서 경전이나 우상을 이용했다. 경전이나 우상은 일종의 **비유**다. 비유의 사전적 의미는 '어떤 사물의 모양이나 상태 등을 좀더 효과적으로 표현하기 위하여 그것과 비슷한 다른 사물에 빗대어 표현함, 혹은 그 표현방법'이다.

처음으로 모스크바에 갔다고 해보자. 넓고 복잡한 모스크바를 한눈에 볼 수 없기 때문에 헤맬 수밖에 없다. 효과적으로 모스크바를 표현한 무엇인가, 모스크바를 한눈에 볼 수 있게 하는 무엇인가가 있다면 헤맬 필요가 없을 것이다. 모스크바와 비슷하게 표현했지만 한눈에 볼 수 있도록 만들어진 것은 바로 모스크바 지도다. 따라서 모스크바 지도는 모스크바의 비유다. 모스크바가 처음인 사람도 독도법에 능하다면, 즉 지도라는 비유에 익숙하다면 크렘린 궁이라든지 모스크바 대학이 어디에 있는지 어렵지 않게 알 수 있지 않겠는가?

언어의 기본이 되는 이름에 대해서 생각해보자. 외국어를 배울 때 문법은 무시한다 하더라도 단어는 많이 알아야 한다. 이름이 언어의 핵심이기 때문이다. 사물이나 사람에 붙인 이름은 명사다. 동작에 붙인 이름은 동사다. 음식을 먹는 동작을 포착하여 이름을 붙인 것이 '먹다'이다. '먹다'는 동사지만 달리 표현하면 동작의 이름이다. 때문에 언어의 핵심은 이름이다.

'이순신'은 임진왜란으로부터 조선을 지켜낸 명장의 이름이다. 실체인 이순신 장군은 이미 죽었다. 때문에 볼 수 없다. 효과적으로 이순신을 표현한 무엇인가, 이순신을 한눈에 볼 수 있게 하는 무엇인가가 필요하다. 그것은 '이순신'이라는 이름이다. 한눈에 볼 수 있게 효과적으로 표현한 것이 비유 아닌가? 이름은 비유다. '호랑이는 죽어서 가죽을 남기지만 사람은 죽어서 이름을 남긴다'는 말이 있다. 많은 업적을 이룬 사람의 경우 죽은 다음에 이름을 남긴다.

언어의 핵심인 이름은 결국 비유다. 따라서 언어나 문자는 비유며, 나아가 언어체계나 문자체계는 비유체계다. 국어, 영어, 수학, 한문 등을 잘하면 어떤 시험을 봐도 좋은 성과를 거둘 수 있다. 좋은 직장을 구할 수 있음은 물론이다. 국어, 영어, 수학, 한문은 언어체계다. 다시 말해 비유체계다. 공부의 왕도는 비유의 달인이 되는 것이다. 예수는 비유가 아니면 말하지 않았다고 한다. 비유의 탁월함을 알고 있었던 것이다.

비유에 익숙해지면 **현실**의 세계가 아닌 비유의 세계에서, 볼 수 없는 부분까지 볼 수 있게 되기 때문에 많은 것을 알 수 있게 된다. 비유의 세계는 **가상**의 세계, 사이버의 세계다. **직접** 경험해보지 않은 일도 책을 읽음으로써 **간접**적으로 경험해볼 수 있지 않는가? 요즘은 컴퓨터의 발달로 가상의 세계, 사이버의 세계가 더 확장되고 있다. 확장되고 있을 뿐이다. 인간이 정신을 사용하여 보이지 않는 것을 추구했을 때부터 가상의 세계는 존재했다. 때문에 동서고금을 막론하고 수많은 철학자들이 영화 〈매트릭스〉에서 이야기하고 있는 것과 비슷한 이야기를 해왔다. 시간과 공간을 초월할 수 있게 하는 열쇠가 바로 비유다.

오토바이를 타고가다가 사고를 당한 적이 있었다. 교차로에서 신호가 파란불로 바뀌었을 때 출발을 했는데 신호를 무시하고서 무리하게 교차로를 통과하려던 차에 옆구리를 받혔다. 다행이 세게 받히지는 않았다. 만약 비유의 중요성을 깊이 인식했다면 바로 옆차선에 있던 트럭의 차넘버를 사고가 난 직후에 외우거나 메모했을 것이다. 사고가 난 후 2, 3초가 지나자 어떤 상황이 벌어졌는지를 알 수 없게 되어버렸다. 신호도 바뀌어버렸고, 그 상황을 알고 있던 차들도 모두 제 갈길을 가버렸던 것이다. 어떤 상황이었는지를 알 수 없게 되었기 때문에 가해자가 오리발을 내밀어도 어쩔 도리가 없었다. 보이지 않는 상황을 한눈에 볼 수 있게 효과적으로 표현한 것, 즉 비유가 필요했다. 바로 옆차선에 있던 트럭의 차 번호를 외우거나 메모했다면, 경찰서에서 차 번호를 조회하여 트럭 운전자와 연락을 취할 수 있었을 것이고 증언을 확보할 수 있었을 것이다. 차 번호는 곧 차의 이름이다. 숫자로 된 이름인 것이다. 사람들도 숫자로 된 이름을 가지고 있다. 대표적인 것이 주민등록번호다. 학번도 숫자로 된 이름이다.

변호사나 검사나 판사들이 신봉하는 것이 '**증거**제일주의'다. 증거제일주의는 다른 말로 비유제일주의다. 증거는 곧 비유다. 역사의 본질은 기록이다. 기록도 비유다. 따라서 역사학자들이 신봉하는 것도 비유제일주의가 될 수밖에 없다. 모든 학문의 본질에는 비유가 있다.

"**주먹**은 가깝고 **법**은 멀다"는 말이 있다. 다툼을 주먹으로 해결하는 것은 쉽다. 그러나 말로 해결하거나 법으로 해결하는 것은 그리 쉽지 않다. 법으로 해결하기 위해서는 증거들, 즉 비유들이 필요하다. 말로 해결하기 위해서도 말이라는 비유를 잘 활용해야 한다. 때문에 변호사들은 말을 잘해야 한다. 동물들도 '주먹'은 사용한다. 그러나 비유체계인 언어나 법을 통해 문제를 해결할 수 있는 존재는 인간뿐이다. 손을 사용할 수 있는 능력보다 입을 사용할 수 있는 능력이 호모 사피엔스, 즉 지혜인과 좀더 가깝지 않을까? 주먹은 하위에 속하고 법은 상위에 속한다.

영원	순간
불변	가변
완전	불완전
문자	언어(음성기호)
표의문자	표음문자
수, 한자	외국어, 자국어

보이지 않는 세계는 **영원**하고 보이는 세계는 영원하지 않다. 아무리 긴 시간도 영원에 비하면 **순간**이 될 수밖에 없다. 보이지 않는 세계는 **불변**하지만 보이는 세계는 **변**한다. 사람은 영원하고 변하지 않는 세계, 즉 **완전**한 세계를 바란다. 때문에 비유를 남긴다. 비유는 시공을 초월하여 보이지 않는 세계에 존재하기 때문이다.

사람은 누구나 영원히 살기를 바란다. 죽을 날짜를 정하라고 한다면 정할 수 있는 사람이 아무도 없을 것이다. 부활될 것을 기대했기 때문에 파라오의 시체를 미라로 만들었던 것이다. 부활될 때를 위한 비유가 바로 미라였다. 보이지 않는 세계를 추구하는 인간은 누구나 미라, 즉 비유를 남긴다. 어떤 사람에게는 자식이 자신의 미라, 즉 비유다. 어떤 사람에게는 자신이 쓴 책이 미라, 즉 비유다.

경전에 있는 언어나 우상이나 비유라는 의미에서 동일하다. 압축의 정도에서 차이가 날 뿐이다. 고도로 압축되어 있을수록 고도의 상징성을 가진다. 신을 우상으로 비유하려면 나무나 돌이나 금속을 가공해야 하고 특정한 형태를 디자인해야 한다. 복잡하다. 그러나 신을 언어로 비유하려면 여호와, 알라와 같은 이름을 발음하거나 종이에 쓰면 된다. 간단하다. 비유의 압축도가 높은 것이다.

문자와 **언어**를 비교했을 땐 문자의 압축도가 높다. 여기서 말하는 언어는 '생각이나 느낌을 음성으로 전달하는 수단과 체계'라는 의미의 언

페루 나스카의 미라들—비가 오지 않아 보존됨. 머리카락이 인상적이다.

어다. 어떤 이야기를 말로 표현하기는 쉬울 수 있지만 글로 표현하기는 어렵다. 정제된 표현을 압축적으로 구사해야 하기 때문이다. 사람들이 연애편지에 잘 넘어가는 이유는 압축된 글들이 보이지 않는 부분을 많이 안고 있기 때문이다. 그런 보이지 않는 부분은 뭔가 있을 것 같은 느낌을 준다. 확실치는 않지만 뭔가 있을 것 같은 느낌에 인간은 약하다. 인간에게는 정신을 사용해 보이지 않는 것을 추구하는 특성이 있기 때문이다.

문자에는 **표의문자**와 **표음문자**가 있다. 당연히 표의문자의 압축도가 표음문자의 압축도보다 높다. **한자**는 글자 하나가 많은 의미를 나타내지 않는가? 표음문자에는 **자국어**와 **외국어**가 있다. 자국어와 외국어의 압축도는 거의 같다. 문제는 외국어는 생소하게 마련이라는 것이다. 생소하기 때문에 외국어를 접했을 때 뭔가 있을 것 같은 느낌을 더 많이 받는다. 한글로 된 상품명보다 외국어로 된 상품명이 많은 이유가 이것이다. 뭔가 있을 것 같은 느낌을 소비자들에게 주어야 브랜드 이미지를 제고할 수 있다는 생각에서 영어보다는 프랑스 어나 이탈리아 어, 스페인 어로 상품명을 짓거나, 심지어 사어인 라틴 어로 상품명을 짓기도 한다.

표의문자 안에 한자와 **수**가 있다. 어떤 사람이 한자를 많이 사용하면 왠지 유식해 보인다. 그냥 "고맙습니다"라고 하는 것보다 "결초보은 하겠습니다"라고 하면 뭔가 달라 보인다. '결초보은'이라는 사자성어가 보이지 않는 부분을 많이 안고 있기 때문이다. 구사하는 언어 자체가 고도로 압축되어 있는 비유이기 때문에 중국인들의 머리가 좋은 것 아닐까? 지혜인을 지혜롭게 하는 것의 핵심에 비유가 있다. 고대 중국에서 화약이나 나침반 등이 발명되지 않았는가?

수의 압축도는 가히 한자의 압축도를 능가한다. 수학이 없었다면 현대 과학도 없었을 것이다. 고도로 압축되어 있는 비유인 수에 익숙해지면 머리가 좋아진다. 많은 사람들이 수에 익숙했던 고대 그리스에서 철학이나 과학이 번창했던 것은 우연이 아니다. 피타고라스나 플라톤 등은 모두 수에 능통했다. 수는 보이지 않는 세계에 있는 비유체계들 중에서 최고의 자리에 있다. 훌륭한 비유일수록 고도로 압축적이기 때문에 시공을 완벽하게 초월한다. 수는 전세계적으로 통용되지 않는가? 시간이 많이 흐르면 언어는 변하지만 수는 변하지 않는다.

다시 앞으로 가서 범신론과 이신론에 대해 조금 더 살펴보자. 다신론 자들보다 더 보이는 것을 추구하는 사람들이 범신론자들이다. 그들은 보이는 자연이 곧 신이라는 생각을 한다. 범신론은 '자연과 신의 대립을 인정하지 않고, 일체의 자연은 곧 신이며, 신은 곧 일체의 자연이라고 생각하는 종교관'이다. 인도의 우파니샤드 사상이나 불교철학, 그리스 철학 등에 범신론이 녹아 있었다. 근대의 스피노자나, 괴테, 셸링 같은 철학자들이 범신론자들이었다고 할 수 있다. 범신론자들이 자연을 많이 탐구했다. 예를 들면 중세의 연금술사들의 정신적 배경에는 범신론이 있었다. 범신론과 초기 과학은 연관되어 있다.

힌두 교도 다신교라는 점을 생각해보면 인도의 우파니샤드 사상에 범신론이 녹아 있었다는 것이 어렵지 않게 이해된다. 다신론은 일신론보다 범신론에 가깝다. 그리스 철학에 범신론이 녹아 있었다는 것도 그리스인들이 다신론자들이었다는 것을 생각해보면 어렵지 않게 이해된다. 불교 철학에 범신론이 녹아 있다는 것은 불교는 기독교와 이슬람 교와는 달리 특별한 신을 숭배하지 않는다는 사실을 생각해보면 쉽게 이해된다. 대자연의 섭리를 강조하는 종교가 불교 아닌가? 어떻게 보면 불교는 무신론에 가깝다. 범신론은 무신론으로 취급되기도 한다.

이신론理神論자들은 범신론자들보다는 더 보이는 것을 추구하는 사람들이다. 이신론은 신의 존재와 진리의 근거를 인간 이성이 인식할 수 있는 자연적인 것에서 찾았다. 인간의 이성을 강조했던 것이다. 인간은 보이는 존재다. 보이지 않는 신에서 보이는 인간으로 내려왔음을 알 수 있다. 프랑스 대혁명 이후 과격파들은 구체제의 주요 부분이었던 가톨릭의 영향을 없애기 위해서 이성의 신을 내세웠다. 일신론과 이신론의 대결 양상이 펼쳐졌던 것이다.

이신론자들보다 더 보이는 것을 추구하는 사람들은 당연히 무신론자들이다.

5. 역사를 구성하는 부품들(2)

이제 표의 두 번째 부분을 살펴보자.

신학, 철학, 순수과학, 응용과학	
발견	발명
분석	창조
관념론	유물론

보이지 않는 신을 찾으려는 인간의 노력은 종교를 발생시켰다. 종교와 관련된 학문을 **신학**이라고 한다. 종교, 내지 신학이 상위에 속한다면 **철학**은 하위에 속할 것이다. '철학은 신학의 시녀' 라는 말이 있다. 그리스도 교가 로마의 국교가 된 이후 그리스 철학은 신학에 종속되어버렸다. 하지만 끊임없이 철학은 신학으로부터 벗어나려고 노력했고, 드디어 르네상스 기를 거치면서 독자적인 길을 걸을 수 있게 된다.

시간을 더 거슬러 올라가도 비슷한 모습이 나타난다. 고대에는 신관들이 지식을 독점했다. 그러나 역사가 진행되면서 철학자들이 지식의 중심에 서게 된다. 이집트나 메소포타미아에서는 신관들이 천문지식이나 수학지식 등을 독점했던 반면, 그리스에서는 신관이 아닌 사람들이 지식을 추구했다. 지혜를 사랑하는 사람, 즉 철학자로 일컬어진 이들은 모든 질문의 해답을 신에게로 돌리는 일신론자들이 아니었다. 다신론자, 혹은 범신론자들이었던 이들은 보이는 자연에서 해답을 찾으려고 했다. 철학의 아버지라고 일컬어지는 탈레스는 만물의 근원은 물이라고 했다. 그의 뒤를 이은 이오니아 학파의 철학자들은 만물의 근원이 흙, 또는 불이라고 했다.

과학은 철학보다 보이는 것을 더 많이 추구한다. 철학자들 중에는 피타고라스나 플라톤처럼 보이지 않는 것을 보다 더 많이 추구하여 종교적인 냄새를 많이 풍긴 철학자들이 있었던 반면, 아리스토텔레스처럼 보이는 것을 보다 더 많이 추구하여 자연을 탐구한 철학자들이 있었다. 그러나 어쨌든 모두 철학자들이었다. 역사가 더 진행되면서 철학으로부터 과학이 분화된다. 과학(science)이라는 말은 영국의 시인 제프리 초서가 최초로 썼던 말이다. 의미는 '온갖 종류의 지식'이었다. '알다'를 뜻하는 라틴 어에서 비롯된 말이었다. 처음에는 보이는 것만을 추구하는 과학이 주류 학문으로 취급받지 못했을 것이다. 하지만 오늘날은 과학이 주류 학문이 되었다. 모든 학문에 과학이라는 이름이 붙지 않는가? 사회과학, 인문과학, 생활과학 등 과학과 별로 관계없을 것 같은 학문에도 과학이라는 이름이 붙는다.

　갈릴레이는 과학자였다. 갈릴레이는 지구가 태양을 중심으로 돈다고 말했다. 하지만 종교가 그 주장을 철회할 것을 강요했다. 종교, 내지 신학은 상위에 속하고 과학은 하위에 속한다. 갈릴레이가 죽던 해에 태어난 뉴턴은 과학의 발전에 획을 그었다. 뉴턴 이전의 과학자들은 이론적이었다. 뉴턴 이후 실험을 하는 과학이 시작되었다. 뉴턴은 조그마한 기계라든지 프리즘 따위를 직접 만들어서 보여주었다. 그때까지만 해도 뭔가를 만든다는 것은 장인들의 몫이었지 과학자들의 몫이 아니었다. 과학자들은 **발견**만이 아니라 **발명**을 하기 시작했고, **분석**만이 아니라 **창조**를 하기 시작했다.

　종교, 내지 신학과 철학, 과학의 관계를 보다 명확히 알기 위해서 의학을 예로 들어보자. 서양의학은 과학적이다. 반면 동양의학은 철학적이다. 동양의학자들은 음양오행설과 같은 동양철학에 조예가 있어야 한다. 서양의학은 주로 보이는 몸에 초점을 맞추지만, 동양의학은 주로 보이지 않는 정신에 초점을 맞추기 때문이다. 종교적인 의학도 있는가? 치료자가 환자를 치료할 때 기도를 한다든지 주술을 행한다면, 그 치료자는 의학을 종교적인 것으로 생각하는 것이다. 과거는 물론이고 오늘날에도 종교적인 방식으로 치료를 하려는, 혹은 받으려는 사람들이 있다.

응용과학은 과학, 즉 **순수과학**보다 보이는 것을 더 많이 추구한다. 러시아나 중국 같은 나라들은 순수과학 분야에서 뛰어나다. 우주선도 쏘아 올릴 수 있는 나라들 아닌가? 하지만 응용과학 분야에서는 뛰어나지 못하다. 자본주의 국가들은 응용과학 분야에서 뛰어나다. 응용과학 분야가 뛰어나야 잘 팔릴 제품들을 만들 수 있다.

사회주의 국가들은 과학을 대단히 중요하게 여긴다. 그들이 신봉하는 **유물론**이 도구, 물질 등과 같은 부품들을 대단히 중요하게 여기는, 하위에 속하는 이론이기 때문이다. 유물론을 풀이하면 '유독 물질 이론' 정도가 될 것이다. 오직 물질을 중요하게 여기는 이론이 유물론이다. 유물론과 상반된 이론이 **관념론**일 것이다. 관념론은 정신적 존재를 본원적인 것으로 보는 이론이다.

유물론이 아무리 하위에 속하는 이론이라 할지라도 이론은 이론이다. 이론은 언어로 이루어질 수밖에 없지 않는가? 여기에서 순수과학과 응용과학의 차이가 발생한다. 기초과학이라고도 하는 순수과학은 보통 이론적이다. 기술과의 연계를 특별히 고려하지 않는다.

믿음	이해(회의)
선험	경험
연역법	귀납법
가설	실험
절대	상대
객관	주관
황제, 왕, 귀족, 평민(부르주아), 노예(프롤레타리아)	
고대, 중세, 근대, 현대	
보편	특수
제국	일국

종교는 **믿음**을 강조한다. 일신교의 신학자들에게 인간이 어떻게 만들어졌냐고 물어보면 신이 만들었다고 한다. 신은 누가 만들었냐고 물어보

면 원래부터 있었다고 한다. 잘 **이해**가 되지 않는다고 하면 믿으라고 한다. 종교의 본질은 믿음이다. 믿음의 반대는 의심, 내지 **회의**이다. 의심한 다음 납득하는 것이 이해하는 것 아닌가? 믿음은 상위에 속하고 이해는 하위에 속한다. '진정한 과학은 의심하기를 가르친다'는 말이 있다. 과학은 하위에 속하는 만큼 이해와 통한다.

신에 대한 관념을 인간이 가지고 있는 것은 태어날 때 신에 대한 관념을 **선험**적으로 가지고 태어나기 때문인가? 태어난 후 신에 대한 관념을 **경험**적으로 배우기 때문인가? 종교인들은 선험을 택할 것이다. 선험은 상위에 속하고 경험은 하위에 속한다. 과학은 하위에 속하는 만큼 경험을 중시한다.

경험은 **귀납법**과 연결될 수 있다. 귀납법은 개별적인 특수한 사실이나 원리를 통해 일반적인 사실이나 원리로 가는 방법이다. 다시 말해 여러 가지 것들을 관찰한 다음, 경험한 다음 결론을 도출하는 방법이다. 귀납법은 프랜시스 베이컨을 거쳐 존 스튜어트 밀에 의하여 자연과학 연구 방법으로 정식화되었다. 이에 반해 **연역법**은 일반적인 사실이나 원리를 통해 개별적인 특수한 사실이나 원리로 가는 방법이다. 다시 말해 미리 **가설**을 세운 다음 증명을 해나가는 방법이다. 뉴턴은 '나는 가설을 세우지 않는다'라고 말했다. 과학자인 만큼 선험보다는 경험, 연역법보다는 귀납법, 가설보다는 **실험**을 중시했던 것이다.

신을 일컬어 흔히 **절대**자라고 한다. 선험적인 진리를 연역적으로 좇는 사람들은 절대적인 진리를 발견하길 원한다. 절대적인 진리는 누가 보더라도 인정할 수 있는 **객관**적인 진리다. 절대와 객관이 상위에 속하고 **상대와 주관**이 하위에 속한다.

절대자를 꿈꾸는 인간들은 **황제**를 꿈꾸었다. 알렉산더, 카이사르, 칭기즈칸, 나폴레옹 등은 모두 황제를 꿈꾸었다. 황제는 종종 신격화되었다. 알렉산더나 카이사르, 칭기즈칸이나 나폴레옹이 황제를 꿈꾸지 않았다면 역사는 전혀 다른 방향으로 흘러갔을 것이다. 황제는 역사에 있어

중국 시안의 병마용—황제의 권력이 만든 것이다.

서 중요한 부품이다.

황제는 한자 문화권에서 사용하는 절대 권력자의 칭호다. 황제라는 칭호는 진시황이 만들었다. 서양 문화권에서 사용하는 절대 권력자의 칭호는 카이사르다. 율리우스 카이사르와 그의 양아들 옥타비아누스 카이사르가 절대 권력자들로서 위대했기 때문에 카이사르라는 고유명사가 보통명사화되었다. 칭호가 다를 뿐 뜻은 한 가지다. 둘 다 유일무이한 절대 권력자를 의미한다.

황제는 **보편**을 추구한다. 황제는 **왕**이 아니다. 왕은 보통 한 나라, 혹은 한 민족을 통치한다. 황제는 많은 나라와 많은 민족을 통치한다. 나라들과 민족들을 모두 다스려야 하는 황제는 보편을 추구할 수밖에 없다. 공통분모를 찾아야 다양한 나라들과 민족들을 통치할 수 있기 때문이다. 사람을 죽여서는 안 된다는 것은 공통분모가 될 수 있다. 살인을 해서는 안 된다는 것과 같은 보편적인 법들을 통해 많은 민족들을 공의롭게 다스리는 것은 보편을 추구하는 것 아닌가? 많은 민족들로 구성된 보편적인 나라는 **제국**이다. 황제가 다스리는 나라는 제국이다. 황제와 제국과 보편이 상위에 속하고, 왕과 **일국**—國과 **특수**가 하위에 속한다.

왕보다 하위에 속하는 계급은 **귀족**이다. 귀족이 어떤 영지를 다스리면서 사람들을 마구 죽이면 왕이 나서서 보편적인 법을 제시하며 살인을 자행하지 말 것을 종용할 것이다. 왕과 귀족을 비교할 때는 왕이 보편적이다.

무엇과 비교하느냐에 따라서 상위에 속했던 것이 하위에 속할 수 있고, 하위에 속했던 것이 상위에 속할 수 있다. 다신론과 범신론을 비교하면 다신론이 상위에 속하지만, 다신론과 일신론을 비교하면 다신론이 하위에 속한다. 유연하게 인간과 역사를 구성하는 부품들을 살펴볼 필요가 있다.

귀족보다 하위에 속하는 계급은 **평민**이다. 평민의 관심사는 대개 가족과 소유물에 국한된다. **근대**에 들어서면서 자본, 즉 돈이 흔해졌다. 그에 따라 평민이 분화되었다. 물질적인 부를 많이 쌓은 평민들은 **부르주아**들이 되었고, 그다지 많은 부를 쌓지 못한 평민들은 **프티 부르주아**들이 되었다. 소小기업주, 자영점포상인, 독립자영농민, 지식인, 공무원, 예술가 등이 흔히 소시민으로 번역되는 프티 부르주아들이다. 부르주아들이나 프티 부르주아들은 평민계급에서 비롯되었다.

평민보다 하위에 속하는 계급은 **노예**계급이다. **중세**시대의 유럽에 있었던 농노도 노예의 범주에 포함될 수 있다. 농노를 풀이하면 '농사 노예', 혹은 '농부 노예' 정도가 되지 않겠는가? 근대에 들어서면서 노예계급을 **프롤레타리아** 계급이 대체했다. 이들은 물질적인 소유물을 거의 가지고 있지 않기 때문에 자신들의 노동력을 팔아 생존한다. 이들은 노예들처럼 자신이나 자신의 가족의 생존에만 관심을 가질 수밖에 없다.

황제는 최상위에 속한다. 노예는 최하위에 속한다. 황제와 노예(프롤레타리아) 사이에 왕, 귀족, 평민(부르주아·프티 부르주아)이 있다. **고대**에는 황제와 왕의 대결이 많았다. 역사가 진행되면서 왕과 귀족의 대결이 많아진다. 근대로 넘어오면서 귀족과 평민의 대결이 격화된다. 프랑스 대혁명으로 대표되는 시민혁명은 귀족과 평민의 싸움에서 평민이 이긴 것에 해당한다. **현대**로 넘어오면서 평민과 노예의 대결이 대두되었다. 사회주의 혁명은 평민과 노예의 싸움에서 노예가 이긴 것에 해당한다. 사회주의 국가들은 로마 시대 노예 검투사였던 스파르타쿠스를 대단히 칭송한다. 스파르타쿠스는 검투사들을 규합하여 반란을 일으켰던 인물이었다. 독일 공산당의 전신이 스파르타쿠스 단이었다. 임거정(임꺽정)을 북한 사람들이 남한 사람들보다 더 좋아하지 않는가? 오늘날 황제는 없다. 왕도 유명무실하다. 근대를 거쳐 현대로 넘어오면서 하위가 강해졌기 때문이다. 그에 따라 평민은 부르주아나 프티 부르주아로 변했고, 노예는 프롤레타리아로 변했다.

제국주의	민족주의
통일	분열
중앙집권	지방분권
강한 주권	약한 주권
동양	서양
한	로마
육지(대륙)	바다(해양)
삶	죽음
차(말), 기차	배, 비행기

보편적인 국가, 즉 제국을 추구하는 것을 **제국주의**라고 한다. 이것의 반대는 **민족주의**다. 제국주의와 민족주의는 끊임없이 충돌해왔다. 수많은 독립 전쟁들은 사실상 제국주의와 민족주의의 싸움이었다. 오늘날에도 여전히 제국주의와 민족주의의 싸움이 벌어지고 있다. 오늘날 미국은 어떤 의미에서 제국주의를 추구하고 있다. 전세계적으로 통용되는 보편적인 기준을 만들고, 그 기준에 입각하여 세계가 하나가 되기를 바란다. 세계화를 추진하고 있지 않은가? 이런 제국주의에 여타 국가들은 반발한다. 흡수되지 않으려고 노력하는 것이다. 제국주의는 상위에 속하며 민족주의는 하위에 속한다.

왜 강한 나라들은 대부분 제국을 꿈꾸었는가? 전 지구적인 단일한 정부가 인류의 많은 문제들을 해결할 수 있기 때문이다. 세계 정부는 인류의 오랜 꿈이었다. 민족주의나 국가주의 때문에 수많은 전쟁들이 있어 온 것이 사실이다. 세계 정부가 만들어진다면 전쟁이 없어지지 않겠는가? 천하가 통일되었을 때 전쟁이 없는 태평성대가 온다. 로마 제국의 오현제 시대 약 200년간 전쟁이 없었다. 한 학자는 그때가 인류 역사상 가장 행복했던 시절이었다고 말했다. 한국은 불과 60년 전에 전쟁을 치렀다. 전쟁이 없는 기간이 불과 60여 년밖에 되지 않는데 전쟁이란 걸 잊은 분위기다. 몇백 년씩 전쟁이 없다면 얼마나 살 만하겠는가?

황제는 당연히 **통일**을 바랐을 것이다. 통일의 반대는 **분열**이다. 또한 황제는 **중앙집권**을 바랐을 것이다. 중앙집권의 반대는 **지방분권**이다. 중앙으로 집중된 권력을 가진 황제는 **강한 주권**을 가지고 있었다. 강한 주권을 향유했던 황제들은 **서양**보다 **동양**에 많았다. **한**나라의 황제들은 **로마**의 황제들보다 전제적이었다. 아우구스투스는 거의 황제였지만 또한 로마 시민이기도 했다. 로마 제국은 그의 소유물이 아니었다. 이집트만 그의 소유물이었다. 그러나 한무제의 소유물은 중국 그 자체였다.

이런 양상은 면면히 이어진다. 유럽의 절대주의 시대에 왕권이 상당히 강했다. 절대주의라는 말 자체가 그 점을 알려준다. 그러나 절대주의 시대의 왕들은 귀족들과 부르주아들 사이에서 과도기적으로 강한 권력을 유지했을 뿐이다. 시민혁명의 불길이 타오르자 그 권력의 약함을 드러낼 수밖에 없었다. 루이 16세는 단두대에 목이 잘렸다.

19세기의 유럽은 제국주의로 특징지워진다. 빅토리아 여왕은 영국의 왕이었고 동시에 인도 제국의 황제였다. 인도는 동양에 속한다. 동양과 황제, 내지 강한 주권이 어울린다는 것을 알 수 있다. 오늘날에도 마찬가지다. 영국에는 왕이 있다. 하지만 실질적인 권력은 의회에 있다. 이라크에는 왕이 없었다. 하지만 대통령에 불과했던 후세인은 강한 주권을 휘둘렀다. 이라크가 동양에 속하기 때문 아니겠는가? 역시 동양에 속하는 한국에도 제왕적 대통령들이 존재했다.

동양의 중심에는 중국이 있다. 중국의 뿌리는 한나라다. 동양의 한나라는 서양의 로마 제국과 같은 지위를 갖는다. 서양 문화의 많은 부분이 로마에서 비롯되었듯이 동양 문화의 많은 부분이 한나라에서 비롯되었다. 한문, 한족이라는 말 등에서 한나라의 영향을 알 수 있다.

로마 제국의 한가운데에는 지중해, 즉 **바다**가 있었다. 지중해라는 이름 자체가 로마 제국의 한가운데에 바다가 있었음을 드러낸다. 동양은 **대륙**적이고 서양은 **해양**적임을 알 수 있다.

육지는 **삶**과 연결되고 바다는 **죽음**과 연결된다. **배**를 타고 바다에 나가면 자연히 두려움을 느끼게 된다. 배가 전복되면 죽을 수밖에 없다. 김정일이 **기차**를 타고 10일이나 걸려 모스크바까지 갔던 이유는 기차는 육지로 가므로 안전하기 때문이다. 김정일은 **비행기**를 좋아하지 않는다. 비행기는 본질적으로 죽음과 관련되기 때문이다. 배나 비행기는 죽음과 관련되는 운송수단이다. **차**나 기차는 삶과 관련되는 운송수단이다.

차는 **말**을 의미하기도 한다. 오늘날의 자동차에 해당하는 것이 과거의 마차였다. 기차를 철마라고도 하지 않는가? 공항空港의 항은 항구港口의 항과 같은 항이다. 왜 같은 항을 쓰는가? 비행기든 배든 언젠가는 땅으로 올 수밖에 없기 때문이다. 영원히 바다에, 혹은 공중에 있을 수 있는 배나 비행기는 없다.

서양 사람들이 19세기에 동양을 점령했다. 지금도 실질적으로 세계를 지배하고 있다. 그 이유를 서양의 중심에 있는 바다에서 찾을 수 있지 않을까? 서양 사람들은 바다를 피할 수 없었다. 때문에 배와 친해야 했다. 배를 타고 지중해를 누비다가 아프리카를 돌아 동양으로 진출하였고, 대서양을 건너 아메리카 대륙으로 진출하였다. 죽음을 극복한 사람들은 당연히 강인했을 것이다.

6. 역사를 구성하는 부품들(3)

이제 표의 세 번째 부분을 살펴보자.

이상	현실
항심	항산
상위욕구	하위욕구
명예, 권력, 돈	
군인	무사(용병)
주나라 봉건제도	중세 유럽 봉건제도
협객	조폭

죽음을 생각하는 사람들은 **현실**적이 될 수밖에 없다. 현실의 반대는 **이상**이다. 살 만해야 이상을 추구할 수 있지 않는가? '**항산**恒産이 있어야 **항심**恒心이 있다' 는 말이 있다.

이상을 추구하는 사람들은 **상위욕구**를 추구하는 것이다. 상위욕구의 반대는 **하위욕구**다. 심리학에 욕구이론이라는 것이 있다. 먹고 사는 기본적인 것이 해결된 뒤에 정신적인 것을 추구하게 된다는 이론이다. 돈을 많이 벌고 나면 정치나 종교에 관심을 가지게 마련 아닌가?

상위욕구를 추구하는 사람들은 **명예**를 소중히 여긴다. 하위욕구를 추구하는 사람들은 **돈**을 소중히 여긴다. 명예를 추구하는 사람들과 돈을 추구하는 사람들 사이에 **권력**을 추구하는 사람들이 올 수 있을 것이다. 권력도 명예와 관련되지만, 권력자들은 쉽게 오명을 뒤집어쓰게 되는 것이 현실이기도 하다. 때문에 학처럼 명예롭게 살려고 하는 사람들은 권력을 추구하지 않는다.

명예를 먹고 사는 사람들 중에 **군인**이 있다. 상위에 군인이 속한다면 하위에 속하는 것은 무엇인가? **무사**다. 임진왜란이 일어났을 때 조선의 장수들은 모두 군인이었던 반면 일본의 장수들은 모두 무사였다. 사무라이였던 것이다. 군인의 무기는 국가에서 지급되는 반면 무사의 무기는 무사 스스로가 마련한다. 어떤 아들이 군대 가기 전에 어머니에게 군복도 사야 되고 총도 사야 되고 수류탄도 사야 되니까 돈을 달라고 한 다음에 그 돈으로 술을 마셨다는 우스갯소리가 있었다. 군인은 무사가 아니기 때문에 자신의 무기를 살 필요가 없다.

무사와 비슷한 것이 **용병**이다. 용병도 자신의 무기를 직접 마련한다. 용병을 풀이하면 '고용 병사' 정도가 될 것이다. 하위에 속하는 돈을 위해 고용되어 싸우는 병사가 용병이다. 하위에 속하는 서양에서는 로마 시대 때부터 용병의 활약이 두드러졌다. 흉노족, 즉 훈 족이 기승을 부릴 때 로마는 게르만 용병들을 많이 고용했다. 결국 용병들이 서로마 제국을 멸망시켰다. 용병 대장이었던 오도아케르가 서로마 제국의 두 살짜리 황제 로물루스를 폐위시키고 왕이 되었던 것이다. 흉노족을 서양에서는 훈Hun 족이라고 한다. 헝가리Hungary라는 국호에는 '훈 족의 나라' 라는 뜻이 들어 있다. 흉노족의 일파인 마자르 족이 동유럽에 세운 왕국이 헝가리 왕국이었다.

이후 유럽의 역사에 나타나는 중세 시대의 기사는 용병과 많은 부분이 닮아 있다. 주군에게 봉사하면 주군은 토지를 준다. 부동산을 준 것이다. 돈 받고 용병으로 고용된 것과 별반 다르지 않았다. **유럽의 봉건제도**의 특징 중 한 가지는 주군과 기사의 관계가 계약관계였다는 것이다. 오늘날 고용주와 고용인의 관계도 계약관계다. 때문에 고용계약서를 작성하는 것이다. 반면 중국 **주나라의 봉건제도**는 혈연관계에 기초해 있었다. 돈을 주고 용병을 고용한 것이 아니었다. 주나라의 봉건제도가 상위에 속한다면 유럽의 봉건제도는 하위에 속한다.

바티칸 시국에 가면 지금도 미켈란젤로가 디자인한 옷을 입고 서 있는 스위스 용병들을 볼 수 있다. 스위스 용병들이 배신을 잘 안하기로 유명

일본—일본 무사의 갑옷, 인형의 갑옷.

하기 때문에 스위스 용병들만을 쓴다고 한다. 영국은 네팔 국적의 용병인 구르카 군을 고용하고 있다. 네팔과 전쟁을 하면서 용맹한 네팔 병사들 때문에 애를 먹은 영국은 결국 네팔을 점령한 다음 그 우수한 병사들을 용병으로 고용하였다. 이렇듯 서양은 하위에 속하기 때문에 무사나 용병이 일반적이지만 동양은 상위에 속하기 때문에 군인이 일반적이다. 그럼 왜 동양에 속하는 일본에는 무사가 많았는가? 일본은 바다에 둘러싸인 섬나라다. 바다는 하위에 속하지 않는가? 일본은 하위에 속하기 때문에 하위에 속하는 무사가 많았던 것이다. 일본에 유럽과 비슷한 중세 시대가 있었던 것도 이런 맥락에서 이해할 수 있다. 중세 일본에는 주나라의 봉건제도보다는 서양의 봉건제도와 더 유사한 봉건제도가 있었다. 오늘날 일본 자위대의 병사들은 모두 직업 군인들이다.

조폭은 군인과 비슷한가? 아니면 무사와 비슷한가? 조폭이 가장 두려워하는 집단은 '검찰과 군' 이라는 말이 있다. 군인과 조폭은 상극이다. 조폭이 무사나 용병처럼 하위에 속하기 때문이다. 상위에 속하는 조폭을 **협객**이라고 할 수 있을지 모르겠다. 돈만 밝히는 조폭과는 달리 협객은 명예를 추구한다. 협객은 역사에 있어서 무시하기 힘든 부품이다. 특히 중국 역사에서 협객은 큰 역할을 했다. 유비, 관우, 장비도 사실 협객이었다. 명나라를 세운 주원장도 홍건적의 우두머리였다. 협객이었다.

성악—이타, 성악—이기, 성선—이기	
사회주의, 파시즘, 자유주의(자본주의)	
홉스	로크
좌파	우파
코끼리	사자
가톨릭	프로테스탄트

협객이나 군인처럼 명예를 추구하는 사람들은 어느 정도 이타적이다. 이타가 상위에 속한다면 이기는 하위에 속할 것이다. 이타적인 사람들은 인간을 선한 존재로 파악하는가? 악한 존재로 파악하는가? 즉, 성선설을 받아들이는가? 성악설을 받아들이는가? 반면 이기적인 사람들은 인간을 어떻게 이해하는가? 이 질문들은 상당히 복잡한 답을 요구한다. 그러나 반드시 짚고 넘어가야 할 중요한 문제들임에 틀림없다.

제2차세계대전 때 세계를 삼분했던 거대한 세 진영을 살펴봄으로써 이타와 이기, 그리고 성악설과 성선설의 상호 관계에 대한 실마리를 풀어보자. 독일·이탈리아·일본으로 구성된 **파시즘** 진영과, 서유럽·영국·미국으로 구성된 **자유주의** 진영, 그리고 소련과 중국으로 구성된 **사회주의** 진영이 그 세 진영이었다.

먼저 사회주의를 생각해보자. 사회주의 하면 떠오르는 학자인 마르크스는 역사를 계급투쟁의 연속으로 보았다. 투쟁을 종식시키기 위해서 사회주의 혁명이 필요하다고 역설했다. 비슷한 주장을 일찍이 토머스 **홉스**가 했다. 그는 "만인의 만인에 대한 투쟁"을 이야기했고, "사람은 사람에 대하여 이리"라고 했다. 사람이 투쟁을 하고 이리가 되는 이유는 자기의 이익을 끝없이 추구하기 때문이다. 계급간에 투쟁을 하는 이유도 각 계급이 끝없이 이기적이기 때문이다. 홉스는 인간들이 악하기 때문에, 즉 이기적이기 때문에 강력한 주권이 필요하다고 말했다. 강력한 주권자의 감독 하에 사람들은 타율적이지만 이기의 반대, 즉 이타의 방향으로 나아가야 한다고 말한 것이다. 마르크스도 프롤레타리아 독재가 필요하다고, 즉 강한 주권이 필요하다고 주장했다. 성악과 이타가 함께 가는 구조였다.

사회주의 진영과 연합하여 나치와 전쟁을 벌였던 자유주의 진영의 국가들은 **자본주의** 경제체제를 추구했다. 사회주의와 반대되는 자본주의를 생각해보자. 자본주의의 중심에 있는 부르주아지에 철학적 근거를 제공한 철학자로 흔히 존 로크가 언급된다. **로크**는 홉스와 비교되곤 한다.

로크는 인간이 하얀 백지와 같다고 말했다. 성선설도, 성악설도 아닌 성무선악설을 주장했다. 그러면서 그는 사람들이 어느 정도 이기적이 되어도 무방하다고 말했다. 먼저 자기의 이익을 추구한 다음 만족할 만한 수준에 도달하게 되면 다른 사람들의 이익에도 관심을 가지게 된다고 했다. 로크는 인간을 상당히 긍정적으로 보고 있었다. 끝없이 부를 축적하려고 하는 사람들이 많은 현실에 비추어볼 때, 로크의 인간에 대한 이해는 다분히 이상적이었다. 사실상 로크는 성선설을 말한 것이었다. 성선과 이기가 함께 가는 구조였다.

성악−이타와 **성선−이기**를 비교하면 구조가 정반대임을 알 수 있다. 상위에 속하는 것은 성악−이타이고, 하위에 속하는 것은 성선−이기이다. 이타가 상위에 속하고 이기가 하위에 속한다는 것은 이미 살펴봤다.

이제 파시즘을 생각해보자. 파시즘 가운데 가장 강력했던 나치즘은 게르만 민족의 이익만을 생각했다. 대학살을 불사할 정도로 이기적이었다. 나치즘은 인간이 원래 악한 존재라고, 즉 이기적인 존재라고 규정하였다. 사회다위니즘의 영향을 받아 약육강식과 적자생존을 당연한 것으로 여기는 나치즘이었기 때문에, 강한 국가가 약한 국가를 병합하는 것을 당연시했다. 성악과 이기가 함께 가는 구조였던 것이다. 사회주의의 성악과 자본주의의 이기가 결합되어 있었다. 나치의 공식 명칭이 '국가사회주의독일노동자당'이었다. 사회주의라는 용어를 사용했다는 점과 그럼에도 불구하고 대기업들의 활동을 장려했다는 점을 보면 사회주의와 자본주의의 사이에 나치즘, 더 나아가 파시즘이 올 수 있다는 것을 알 수 있다.

성악−이타는 육식동물들로부터 초식동물들을 보호할 수 있는, 역시 초식동물이지만 강력한 **코끼리**의 필요성을 이야기하는 것이다. 성선−이기는 초식동물들만 존재한다고 하는 것이다. **성악−이기**는 육식동물들만 존재한다고 전제한 다음 좀더 강한 육식동물들이 생존할 수 있도록 약육강식의 장을 보장해야 한다고 하는 것이다.

성악—이타의 비극은 코끼리 같은 주권자, 즉 진정한 의미의 황제가 존재하기 힘들다는 데에 있다. 소련은 세계 혁명을 꿈꾸었다. 그러나 진정한 제국이 되기 전에 붕괴되어버렸다. 소련의 최고 지도자들은 그 누구도 진정한 의미의 황제들이 아니었다. 진정한 의미의 황제는 진정한 의미의 제국에만 존재할 수 있다. 다른 나라들과 전쟁을 벌여야 하는 상황은 황제에게 어울리지 않는다. 초식동물인 코끼리가 아니라 육식동물인 **사자**였으니, 그 아래의 초식동물들은 더 고달프지 않았겠는가? 사회주의 체제가 파시즘 체제와 함께 전체주의라는 범주에 묶이곤 하는 이유가 바로 이것이다. 홉스는 강력한 주권의 필요성을 역설했다. 그는 코끼리를 원했던 것이다. 그러나 그런 코끼리는 실제로 존재할 수 없기 때문에 결과적으로 사자를 원한 것이 되었다. 코끼리를 원했다고 생각한 사람들은 홉스를 **좌파**적이라고 했고, 사자를 원했다고 생각한 사람들은 홉스를 **우파**적이라고 했다.

여기에서 자연스럽게 좌파와 우파에 대한 개념으로 넘어가자. 좌파·우파라는 말은 1792년 프랑스 국민의회에서 급진파가 의장을 기준으로 왼편을 차지하고 온건파가 오른편을 차지한 데서 비롯된 말이다. 좌파라는 말의 사전적 의미는 '어떤 단체나 정당 따위의 내부에서 진보적이거나 급진적인 경향을 지닌 파'다. 이 의미에서 보면 자본주의 경제체제를 옹호하는 사람도 좌파 인사가 될 수 있다. 예를 들어 소련이 붕괴되기 전에 소련에 살았던 어떤 사람이 자본주의적인 요소를 도입해야 한다고 주장했다면 그는 좌파 인사로 분류될 수 있다는 말이다. 진보적인 경향을 지녔기 때문이다.

좌파는 진보적이다. 앞으로 나아가길 바라는 좌파는 보이지 않는 미래를 생각한다. 보이지 않는 것은 상위에 속한다. 때문에 좌파는 상위에 속한다. 보이지 않는 것에 대해 정신을 사용하여 생각하다 보면 사회주의 경제체제가 이론적으로는 이상적인 제도라는 결론에 도달하게 된다. 빈부의 격차가 격심해지고 있는 중국의 현실을 생각해보면 모순이 심화되고 있다는 생각을 떨칠 수 없다. 중국이 좌파적인 것은 사실이지만 자본주의를 도입하여 우파적으로 변한 것 또한 사실이다. 중국의 여름은 대단히 무덥다. 40도 이상 기온이 올라가는 경우가 많다. 중국에 자본주의가 도입된 이래 중국의 경제는 비약적으로 발전했다. 그에 따라 에어컨이 빠른 속도로 보급되고 있다. 얼마나 많은 석탄과 석유가 에어컨을 돌리기 위해 소모되어야 할 것인지를 생각해보면 이건 아니라는 생각을 할 수밖에 없다. 좌파와 우파를 이렇게 정의할 수 있을 것이다. 미래를 생각하는, 즉 상위를 추구하는 파가 좌파이며 현재를 생각하는, 즉 하위를 추구하는 파가 우파이다.

기독교는 좌파적이다. 기독교는 상위에 속한다. 보이지 않는 예수를 강력한 주권자로 생각하면서 세계 정부가 도래하길 바란다. 이 세상에 있는 모든 나라들을 멸망시키는 마지막 전쟁인 아마겟돈 전쟁이 지난 다음 궁극적인 제국이 올 것이라고 믿는다. 원죄를 타고 난 인간은 원래 악한 존재이기 때문에 이타적이 되어야 한다고 가르친다. 좌파적 이념인 사회주의와 비슷하게도 성악—이타가 함께 가는 구조다.

기독교 내의 **가톨릭**과 **프로테스탄트** 중에서는 가톨릭이 더 좌파적이다. 종교개혁은 루터에 의해 시작되었지만 칼뱅에 의해 급격히 발전되었다. 칼뱅은 예정설로 유명하다. 칼뱅은 《그리스도 교 강요》에서 '우리는 예정을 하느님의 영원한 계획으로 정의하며, 그분은 예정에 의해 각 사람을 어떻게 대하실지 결정하신다. 하느님께서 사람들을 모두 같은 조건으로 창조하신 것이 아니라, 일부 사람들에게는 영생을, 다른 사람들에게는 영원한 벌을 미리 정하셨기 때문이다'라고 말했다. 이런 예정설을 받아들이는 기독교인은 자연히 자신이 하느님으로부터 영원한 벌이 아니라 영생을 예정받았다고 생각하게 된다. 이 교리는 유태 인의 선민사상과 비슷하다.

유태 인들은 자신들이 신에게 선택받은 만큼 자신들은 선하다고 생각한다. 성선은 이기와 연결되지 않는가? 때문에 유태 인들은 이기적으로 재산을 축적하는 것에 긍정적이다. 마찬가지로 예정설을 받아들이는 기독교인들도 자신들이 신에게 선택받은 만큼 선하다고 생각한다. 개신교도들 역시 재산을 축적하는 것에 긍정적이다. 부르주아지에게 철학적인 근거를 제공한 로크의 생각과 칼뱅의 예정설은 이런 면에서 비슷하다고 할 수 있다. 때문에 프로테스탄트는 가톨릭보다 하위에 속한다. 이런 맥락에서 보편성을 추구하는 가톨릭과 특수성을 추구하는 프로테스탄트를 이해할 수 있을 것이다. 가톨릭은 범세계적이지만 프로테스탄트는 보통 범국가적이다. 나치는 기독교의 교리를 비판했다. 성악—이타적인 가톨릭 교리도 비판했고, 성선—이기적인 프로테스탄트 교리도 비판했다. 하지만 가톨릭보다는 프로테스탄트와 가까웠다. 이기를 추구한다는 면에서 비슷했기 때문이다. 사람을 어떻게 보느냐보다는 무엇을 추구하느냐가 더 중요한 것일 수 있다.

진보	보수
미래, 과거, 현재	
정지	운동
이데올로기	실천
베버	마르크스

보통 지식인들은 좌파에 많이 경도된다. 머리를 많이 사용하기 때문이다. **현재**에 만족하지 못하는 사람들도 좌파에 많이 경도된다. 주로 **미래**를 생각하기 때문이다. 기득권을 가지고 있는 사람들은 현재에 만족하기 때문에 변화를 달가워하지 않는 **보수**주의자들이 된다. **과거**를 생각하는 사람들은 미래를 생각하는 사람들과 현재를 생각하는 사람들 사이에 위치한다. 과거를 생각하게 되면 자연히 미래를 생각하게 되지 않는가?

일반적으로 노동자들은 좌파적이다. 대개 현재에 만족하지 못하기 때문이다. 더욱이 좌파적인 지식인들의 도움을 받아 정신을 사용하여 현실에 대해 생각할 수 있게 되면 더욱 좌파적으로 변한다. 사용자들과 비교하여 너무 적게 이익을 분배받는다는 결론에 도달하게 된 노동자들이 줄기찬 투쟁을 하여 월급을 많이 받게 되면 그 다음에는 어떻게 되는가? **진보**가 완성되면 **정지**하게 된다. 진보주의자들이었던 사람들이 현재에 만족하게 되면 변화를 싫어하게 된다. 여기에 사회주의나 기독교의 비극이 있다.

　소련이 왜 붕괴되었는가? 사회주의 혁명의 완성과 함께 역사를 완성시켰다고 생각한 사회주의자들은 더 이상 변화의 필요성을 느끼지 못했다. 그러다 보니 계속 변화 발전하는 자유주의 진영에 밀린 것이다. 기독교도 마찬가지다. 기독교는 기원 4세기 경에 로마 제국의 국교가 되었다. 박해받던 사람들이 이제는 인정을 받게 된 것이다. 기독교 이념으로 제국이 다스려졌으니 기독교인들에게 있어서 그 시대는 얼마나 좋은 시절이었겠는가? 기독교인들의 관점에서 진보가 완성되었기 때문에 더 이상 진보할 필요가 없었던 것이다. 그래서 이후 천여 년 간 서양에 역사의 발전이 없는 시대가 펼쳐졌다. 역사가들은 그 시대를 가리켜 암흑시대라고 한다.

　좌파는 완벽한, 안정된, 정지된 사회를 꿈꾼다. 급변하는 것처럼 보이지만 결과적으로는 잘 변하지 않는다. 사회주의를 추구했던 나라들이 다시 그 전으로 돌아가지 않았는가? 반면 우파는 변하지 않는 것처럼 보이지만 서서히 변한다. 비슷한 맥락의 이런 말이 있다. '기자들이 잘 변할 것 같은데 잘 변하지 않고, 공무원들이 잘 변하지 않을 것 같은데 잘 변한다.' 기자들은 언어와 밀접하게 관련되기 때문에 상위에 속한다. 따라서 기본적으로 좌파적이며 진보적이다. 그러나 동시에 안정과 정지를 바란다. 보수주의자들이 현실에 안주하려고 하는 것보다 진보주의자들이 현실을 진보의 완성이라고 생각하는 것이 더 큰 문제가 될 수 있다. 기자들이나 지식인들이 현실을 진보의 완성이라고 생각하면서 변하지 않으려고 하면 역사가 정지해버릴 수 있기 때문이다. 보통 좌파적인 사람들이 **이데올로기**적이다. 이데올로기, 즉 이념의 반대는 **실천**일 것이다. 실천 없는 이데올로기는 위험할 수 있다.

이데올로기라는 말은 관념론으로 번역될 수도 있다. 관념론이 상위에 속하고 유물론이 하위에 속한다고 했다. 유물론을 이야기했던 철학자는 **마르크스**다. 마르크스에 의해 사회주의가 크게 발전했다. 유물론과 사회주의는 연결된다. 그런데 왜 유물론은 하위에 속하고 사회주의는 상위에 속하는가? 유물론이 결국 이론이기 때문에 본질적으로 상위적이라는 이야기를 앞에서 했다.

하위에 속하는 마르크스는 당연히 상위에 속하는 종교에 대해 부정적이었다. 유물론은 무신론과 연결된다. 그러나 사회주의는 상위에 속한다. 상위에는 일신론이 있지 않은가? 사회주의는 당연히 무신론과 연결되어야 하는데 왜 일신론과 연결되는가? 사회주의 국가들은 보통 일당 독재를 한다. 사회주의가 절대 선이고 최고의 정치체제이기 때문에 다른 정당들은 필요치 않다고 생각하는 것이다. 마치 일신교에서 다른 종교들을 철저히 배제하는 것과 비슷하다.

7. 역사를 구성하는 부품들(4)

이제 표의 네 번째 부분을 살펴보자.

정착	유목
점	선
시간	공간
농경민족	유목민족
초식동물	육식동물
농사	장사
농촌	도시
중심지	변방
정치	경제
농부	상인

　육지는 상위에 속하고 바다는 하위에 속한다고 했다. 육지가 주 활동 무대인 사람들은 **정착**하여 농사를 지었을 것이다. 반면 바다가 주 활동 무대인 사람들은 돌아다니면서 물고기를 잡았을 것이다. 돌아다니는 것을 무엇이라고 하는가?

　정착의 반대말은 방랑이다. '정처 없이 이곳저곳을 떠돌아다님'이 방랑放浪의 의미다. 랑浪에 있는 물 수 변은 방랑이 물, 나아가 바다와 연결될 수 있음을 알려준다. 그러나 방랑이라는 단어에는 정착하지 못하는 것에 대한 부정적인 뉘앙스가 들어 있다. 유랑流浪이라는 단어도 있지만 역시 부정적인 뉘앙스가 들어 있다. 부정적인 뉘앙스를 풍기지 않으면서 정착의 반대말로 쓰일 수 있는 단어가 필요하다. **유목**이라는 단어가 어떨까? 유목遊牧(nomadism)은 '거처를 정하지 않고 물과 목초를 따라 소·말 등의 가축을 몰고 다니며 하는 목축'을 의미한다. 하지만 영어

nomadism은 '유목'이라는 뜻과 '방랑'이라는 뜻을 함께 가지고 있다. nomadism의 번역어인 유목은 정착의 반대말로 쓰일 수 있다. 광의의 유목은 '돌아다니면서 삶을 영위하는 것' 정도로 정의될 수 있을 것이다.

사람들은 누구나 정착하길 원한다. **점**點이 되어 편하게 살기를 바란다. 그러나 바다가 삶의 터전이거나, 사막이나 초원이 삶의 터전인 사람들은 점으로 남아 있기가 힘들다. 끊임없이 움직이는 **선**線이 될 수밖에 없다. 바다나 사막, 초원에는 먹을 것과 마실 것이 부족하기 때문이다. 때문에 바다에서 반드시 필요한 것은 항구 도시이고, 사막이나 초원에서 반드시 필요한 것은 오아시스 도시이다.

'유목민에게는 **시간**이 없다'는 말이 있다. 유목민은 넓은 **공간**을 누비는 반면 시간에 대해서는 많은 생각을 하지 않는다. 정착민은 넓은 공간을 누비지 않는 대신 시간에 대해 많은 생각을 한다. 역사에 대한 관심은 시간에 대한 관념이 있어야 생긴다. 유목민은 공간에만 관심을 가졌기 때문에 그들의 역사를 많이 기록하지 못했다. 흉노족에 대한 정보는 그들의 침입을 받았던 정착민의 역사서에 단편적으로 남아 있을 뿐이다. 시간과 공간은 반대되는 개념일 수 있다.

정착민으로 이루어진 민족을 흔히 **농경민족**이라고 하고, 유목민으로 이루어진 민족을 흔히 **유목민족**이라고 한다. 동양과 서양을 막론하고 농경민족과 유목민족의 갈등은 역사에 있어서 중요한 요소였다. 진시황이 만리장성을 쌓은 것도 북쪽의 유목민족 때문이었다. 유목민족이었던 몽골 족과 만주 족은 만리장성을 넘어와 원나라와 청나라를 세웠다. 서로마 제국이 멸망한 것도 유목민족 때문이었다. 유목민족이었던 훈 족의 침입은 반半유목민족이었던 게르만 족의 이동을 초래했고, 게르만 족의 이동은 서로마 제국 멸망의 직접적인 원인이 되었다.

농경민족이 **초식동물**이라면 유목민족은 **육식동물**이다. 농경민족은 **농사**를 지어 곡식을 먹는다. 즉, 식물을 키워 영양을 얻는다. 그러나 유목민족은 식물이 아니라 동물, 즉 초식동물로부터 영양을 얻는다. 협의

가장 서쪽에 있는 만리장성의 모습이다.—중국, 자위관.

의 유목을 하면서 소·말 등으로부터 영양을 얻는다. 광의의 유목을 하면서 초식동물과 같은 농경민족으로부터 영양을 얻는다. 유목민족이 농경민족으로부터 영양을 얻을 때는 두 가지 방법이 동원된다. 직접적인 방법은 약탈이고 간접적인 방법은 **장사**이다.

장사, 즉 상업이 유목민족의, 농경민족으로부터 영양을 얻는 중요한 수단이라는 점을 생각해보면 상위에 **농사**가 속한다고 했을 때 하위에 **장사**가 속한다고 할 수 있을 것이다. 서양과 동양을 비교하면 서양이 더 유목적이다. 서양은 바다와 연결된다. 페니키아 사람들이 배를 타고 지중해를 누비며 장사를 했던 이래 **상인**들은 바다와 불가분의 관계에 있었다. 말이나 낙타를 이용하여 장사를 하는 것보다 배를 이용하여 장사를 하는 것이 더 효율적이기 때문이다. 기본적으로 상업적이었던 서양이 19세기에 동양으로 진출했던 것은 당연했다.

장사를 하는 사람들이 많이 모여 사는 곳은 **도시**다. 농사를 짓는 사람들이 많이 모여 사는 곳은 **농촌**이다. 농촌은 상위에 속하고 도시는 하위에 속한다. 왕도나 수도는 여기서 말하는 도시에 포함되지 않는다. 여기서 말하는 도시는 자연발생적으로 형성된 경제 도시다. 왕도나 수도는 정치 도시라고 할 수 있을 것이다. 정치 도시는 **중심지**에 있는 경우가 많고, 경제 도시는 **변방**에 있는 경우가 많다. 남한의 양대 도시인 서울과 부산은 사실 변방에 위치해 있다. 때문에 수도를 남한의 중심지라고 할 수 있는 대전 부근으로 옮기자는 주장이 계속해서 제기되는 것 아닌가? 만약 통일이 된다면 한반도 전체의 중심지로 수도를 옮겨야 할 것이다.

장사는 곧 상업이다. 상업이 잘되면 **경제**가 발전한다. 하위에 경제가 속하고 상위에 **정치**가 속힌디는 것을 알 수 있다 '정치가 잘되려면 경제가 죽어야 하고, 경제가 잘되려면 정치가 죽어야 한다'는 말이 있다. 정치와 경제는 본질적으로 상반된다. 정치인들은 사람들이 돌아다니는 것을 좋아하지 않는다. 어디에 누가 있는지를 확실히 알아야 세금을 잘 걸을 수 있을 것 아닌가? 상인들은 돌아다닌다. 때문에 권력자들은 돌아다니는 상인들보다 돌아다니지 않는 **농부**들을 좋아했다. '농자천하지대본'이라는 것이 무엇인가? 한곳에 정착해서 농사짓는 사람들이 많아야 정치가 잘된다는 말이다. 농부들도 상위에 속하는 사람들로서 경제인들보다는 정치인들을 좋아한다. 초식동물들이기 때문에 자신들을 보호해 줄 코끼리를 원하는 것이다.

평등	자유
의무	권리
집단	개인
남자	여자
붓	칼
조선	일본

상인들은 **자유**를 원한다. 자유롭게 장사하는 대로 놔두었으면 하는 생각을 한다. 룸 살롱을 하든 러브 호텔을 하든 간섭하지 않기를 바라지 않겠는가? 경제는 자유와 연결된다. 자유의 반대는 **평등**이다. 정치인들은 온 국민이 평등하게 잘살도록 해야 한다. 평등은 **의무**와 연결되고 자유

는 **권리**와 연결된다. 그런가 하면 자유는 **개인**과 연결된다. 개인주의자들은 자유롭기를 원한다. 개인의 반대는 **집단**이다. 정치인들은 집단을 강조한다. 독재자들일수록 집단을 강조한다. 집단의 가치를 위해서 희생되는 개인을 찬양한다.

남자보다는 **여자**가 더 개인적이다. 여자들은 집단을 그다지 좋아하지 않기 때문에 잘 뭉치지 않는다. 집단은 상위에 속하고 개인은 하위에 속한다고 했다. 따라서 남자는 상위에 속하고 여자는 하위에 속한다. 남자들이 주로 정치적이며 이데올로기적이고 이상적인 반면, 여자들은 대단히 현실적이다. 너무 이상적인 남자들이 연애에 실패하는 이유는 여자도 이상적일 거라고 착각하기 때문이다. 도구를 남자들이 잘 사용하기 때문에 하위에 속하는 도구가 남자와 연결된다고 생각할 수 있다. 하지만 도구는 여자와 연결된다. 영화 〈조폭 마누라〉에 보면 여자 두목이 나오는데 가위를 들고 나온다. **칼**처럼 사용하는 가위였다. 칼의 은어인 연장은 도구의 다른 말이다. 앞에서 말했지만 도구의 꽃은 무기다. 여자는 남자보다 약하기 때문에 도구에 의존해야 한다. 인간도 동물보다 약하기 때문에 도구에 의존했다.

한석봉은 **붓**을 들고 글을 썼고, 한석봉의 어머니는 칼을 들고 떡을 썰었다. 붓은 남자를 상징하고 칼은 여자를 상징한다. 칼은 죽음과 관련되고 붓은 삶과 관련된다. 살 만하니까 붓을 드는 것 아니겠는가? 생존을 책임져야 하는 한석봉의 어머니는 붓을 들 입장이 아니었던 것이다.

일본은 칼의 문화를 가지고 있었다. 때문에 일본의 문화는 여성적이었고, 지금도 그러하다. **조선**에는 붓으로 대표될 수 있는 문화가 있었다. 때문에 조선의 문화는 남성적이었다. 지금 영국의 왕은 여왕이다. 영국 사람들은 남왕보다 여왕이 나올 때 나라가 잘된다는 생각을 가지고 있다고 한다. 일본과 마찬가지로 영국에 여성적인 문화가 있기 때문 아닐까? 영국 역시 일본과 같은 섬나라다.

인간과 역사를 구성하는 부품들을 살펴볼 때 총체적으로 접근할 필요가 있다. 남자들이 도구를 잘 다룬다는 단편적인 사실을 생각하면서 도구와 남자를 연결시켜버리면 전체 체계가 뒤틀린다. 이런 식으로 생각하는 사람도 있을지 모른다. '영국은 의회정치가 발달했다. 의회정치가 발달하려면 의원들이 언어를 잘 구사해야 한다. 언어는 상위에 속한다. 때문에 영국은 상위에 속하는 국가다.' 영국이 상위에 속한다고 결론을 내리면 영국에서 하위에 속하는 과학이 발달했다는 사실, 영국 사람들이 배를 타고 바다를 누볐다는 사실, 영국에 사회주의 혁명이 없었다는 사실 등은 어떻게 설명할 것인가? 총체적으로 접근해야 한다.

육군	해 · 공군
수비, 공격, 적극적 후퇴	
파워	스피드
인파이터	아웃파이터
유럽 여러 나라, 독일, 영 · 미	
참호(성) · 보병, 탱크(말), 군함 · 전투기(배)	

일본은 칼을 높이 평가하는 나라인 만큼 오늘날에도 칼, 즉 도구에 지대한 관심을 가지고 있다. 도구는 곧 무기라고 했다. 일본의 2000년도 군사비 지출은 세계 2위였다. 배나 비행기에 돈을 많이 투입했기 때문 아니겠는가? 왜 일본은 배나 비행기에 집착하는가? 배나 비행기가 확실한 병기, 즉 무기, 다시 말해 도구이기 때문이다. 또한 일본은 해양 국가이기 때문이다. 제2차세계대전 때 일본 해군은 세계 최고 수준이었다. 현대 해군력의 핵심이라고 하는 **항공모함**을 제2차세계대전 때 이미 활용하고 있었다. 항공모함이 없었다면 진주만 공격을 감행하지 못했을 것이다.

제2차세계대전 때까지만 해도 **전함**이 해군력의 주력이었다. 그 이후 항공모함이 그 자리를 대신한다. 항공모함에서 중요한 것은 **항공기**다. 항공모함을 풀이하면 '항공기 모친 전함' 정도가 될 것이다. 항공기들을 싣고 다니는 전함인 것이다. 항공기가 없으면 의미가 없어진다. 배와 비행기는 같은 범주에 넣을 수 있다. **육군**과 **해 · 공군**은 대비되는 개념이다. 배와 비행기는 죽음과 관련되고, 차와 기차는 삶과 관련된다고 하지 않았는가?

배나 비행기는 **공격**을 위주로 하는 병기들이다. 항공모함의 큰 장점은 적국 가까이 가서 공격할 수 있다는 것이다. 이라크 전이 발발했을 때 미국은 항공모함을 이라크 근처로 이동시켰다. 해·공군력이 변변치 못했던 이라크는 미국 본토를 공격할 수 없었다. 본토 공격을 할 수 없는데 어떻게 전쟁에서 이길 수 있겠는가? 하위에 공격이 속하고 상위에 **수비**가 속한다. 공격이 성공하기 위해서는 **스피드**가 좋아야 한다. 항공모함이나 전투기는 얼마나 빠른가? 미국이 항공모함이나 전투기를 보유하고 있지 못했다면 이라크까지 이동하는 데 많은 시간이 걸렸을 것이다. 스피드와 대비되는 것은 **파워**다. 하위에 스피드가 속하고 상위에 파워가 속한다.

권투 선수에게 요구되는 것이 스피드와 파워다. 흔히 파워가 좋은 사람은 **인파이터**가 되고, 스피드가 좋은 사람은 **아웃파이터**가 된다. 아웃파이터는 빠른 스피드를 이용해 잘 피한다. 피한다는 것은 수비의 개념이 아니라 공격의 개념이다. 타이슨은 강했지만 잘 피할 줄 몰랐기 때문에 졌다. 피하는 것과 통하는 것이 **후퇴**다. 나폴레옹이 러시아를 공격했을 때 러시아 군은 후퇴하지 않았는가? 그때의 후퇴는 나폴레옹의 공격보다 더 하위적이었다.

미국은 세계 최대의 군사비 지출국답게 해·공군력이 막강하다. 미국은 북미 대륙에 속해 있지만 큰 섬이라고 봐야 한다. 왜냐하면 대서양과 태평양 사이에 있기 때문이다. 미국이나 일본처럼 섬나라이면서 해·공군력에 신경을 많이 쓰는 나라는 영국이다. 때문에 영국은 육군이 미미하다. 거의 해·공군만 있다고 보면 된다.

영국과 미국은 **유럽의 여러 나라**들과 상당히 다르다. **독일**이나 프랑스에서 유학하려면 그다지 많은 돈이 들지 않지만, 영국이나 미국에서 유학하려면 많은 돈이 든다. 비단 교육제도뿐만 아니라 많은 경우에 있어서

러시아 블라디보스토크의 전경.

영·미와 유럽은 차이가 난다. 여기서 말하는 유럽은 영국을 제외한 유럽이다. 프랑스나 독일, 러시아 등은 해양국가가 아니라 대륙국가다. 서구 세계만을 놓고 볼 때 유럽은 상위에 속하고 **영·미**는 하위에 속한다.

유럽만을 놓고 보면 바다와 면해 있는 네덜란드나 에스파냐, 포르투갈, 프랑스 등은 하위에 속하고, 독일, 폴란드, 러시아 등은 상위에 속한다. 바다와 적게 면해 있었기 때문에 상업이 발달하지 못했던 이런 나라들은 오랫동안 낙후된 지역으로 남아 있었다. 러시아는 바다를 얻기 위해서 많은 애를 썼다. 겨울에도 얼지 않는 부동항을 얻기 위해 계속해서 동쪽으로 간 끝에 도달한 곳이 지금의 블라디보스토크다. 나이팅게일로 유명한 크리미아 전쟁도 러시아가 부동항을 얻기 위해 남하했기 때문에 발생했다.

독일의 경우는 산업혁명을 거치면서 비로소 강한 나라로 변모하기 시작했다. 산업혁명은 도구의 혁명이었다. 기계로 물건을 만들게 된 것이다. 도구의 혁명은 운송수단의 혁명을 가져왔다. 그전까지는 육지에서의 운송수단이 고작해야 마차였다. 하지만 산업혁명 이후 기차가 등장했다. 육지에서도 자유로운 상업 활동, 즉 유목 활동을 할 수 있게 되었다. 활발한 상업은 많은 돈을 낳고 많은 돈은 부강한 나라를 낳는다. 독일은 그때 이후 강력한 나라가 되어 지금에 이르고 있다. 나폴레옹 시대의 프랑스는 하위에 속한 나라였다. 그때 독일은 신성로마제국의 허상에 빠져 있었다. 제국은 상위에 속하지 않는가? 결국 거의 천여 년 간 지속된 신성로마제국은 나폴레옹에 의해 막을 내려야 했다. 나폴레옹이 던진 충격

제2차세계대전 당시 활약한 소련군 탱크
—러시아, 블라디보스토크.

으로 상위에서 하위로 이동하기 시작했던 독일은 산업혁명을 거치면서 확실하게 하위에 속하는 나라로 변했다.

기차의 사촌은 자동차다. 차는 고대부터 있었다. 흔히 마차를 차라고 했다. 그러다가 자동차가 나왔다. 말 없이 스스로 다니는 차가 자동차다. 자동차를 전차戰車로 만든 것이 **탱크** 아니겠는가? 제2차 세계대전 초기에 독일이 승승장구했던 데는 탱크의 역할이 컸다. 그 전까지 탱크는 **보병**을 돕는 역할 이상을 수행하지 못했다. 그러나 독일은 탱크로만 편성된 부대를 만들어 전격전을 수행했다. 히틀러가 서유럽을 놀랄 만큼 빨리 굴복시켰던 것은 역사적으로 **말**이 수행했던 역할을 탱크가 대신하도록 했었기 때문이다. 독일은 흉노족이나 몽골 족이 말을 이용했던 것처럼 탱크를 이용했다.

빠른 탱크를 앞세운 독일의 공격에 서유럽 여러 나라들은 수비를 할 궁리만을 했다. 수비를 하는 사람들은 파워를 생각한다고 했다. 화약이 발명되기 전까지 강력한 수비의 수단은 **성**이었다. 현대판 성은 **참호**다. 참호는 음적인 성이라고 할 수 있을 것이다. 제1차세계대전 때 참호를 만들어서 재미를 본 프랑스는 제2차세계대전 때도 일종의 참호를 만들었다. 마지노 장군의 건의에 따라 이른바 마지노 선이 구축되었다. 공기 조절 장치와 주거 시설, 보급 창고까지 갖춘 마지노 선은 제1차세계대전 때의 참호를 업그레이드시킨 것이었다. 그러나 마지노 선은 쓸모없게 된다. 독일의 탱크 부대가 벨기에로 우회하여 프랑스를 공격했기 때문이었다.

유럽 내에서 독일을 무력화시킬 수 있는 나라는 없었다. 하위적인 탱크를 잡을 수 있는 것은 보다 더 하위적인 배와 비행기였다. 배와 비행기에서 앞섰던 영국과 미국, 특히 미국이 독일을 무력화시킬 수 있었다. 물론 독일도 영·미의 배와 비행기를 잡을 수 있는 신병기들을 만들었다. 잠수함이 대표적이다. 제2차세계대전 때까지 독일의 잠수함 건조기술은 세계 최고였다. 영국의

퇴역한 소련군 잠수함—러시아, 블라디보스토크.

전함들은 독일의 잠수함 때문에 고전을 면치 못했다. 비행기보다 진일보했다고 할 수 있는 미사일과 같은 신병기도 독일에서 최초로 만들어진다. 하지만 배와 비행기를 무제한으로 생산할 수 있었던 미국을 당해내기에는 역부족이었다.

중동 페이	더치 페이
돈	금
북한	남한
신세대	구세대
명분	실리

　이제 조금 가벼운 기타 부품들에 대해 살펴보도록 하자.
　배낭여행을 하다가 일본 사람들과 동행하는 경우가 있다. 일본 사람들은 **더치 페이**를 한다. 더치는 네덜란드를 가리킨다. 네덜란드는 영국보다 더 일찍 바다로 진출했던 해양국가다. 일본까지 가서 교역을 했다. 일본에는 난학이라는 것이 있었는데, 난학은 화란학의 준말이다. 화란은 홀랜드에서 비롯된 말로서 홀랜드는 네덜란드의 주 이름이다. 큰 주이기 때문에 네덜란드 대신 홀랜드라고도 한다. 일본은 네덜란드로부터 서양문물을 많이 받아들였다. 쇄국정책을 취할 때도 네덜란드와는 교역을 했다. 하위에 속하는 나라들로서 통하는 것이 있었기 때문 아니겠는가?

이집트의 룩소르.

바다는 죽음과 연결된다고 했다. 죽음을 생각하는 사람들은 현실적이다. 때문에 **돈**을 중요하게 생각한다. 유태 인들은 조국이 없었기 때문에 언제나 죽음의 위협에 노출되어 있었다. 그들은 돈을, 특히 상징성이 덜한 **금**을 중요하게 여겼다. 지금도 전세계 금의 상당 부분을 유태 인들이 가지고 있다. 유태 인들은 일본 사람들보다 더 확실하게 더치 페이를 한다. 유태 인들은 디스카운트를 확실하게 하기 때문에 배낭여행을 할 때 유태 인들만 따라다니면 바가지 쓸 일이 없다는 말이 있을 정도다.

이집트를 여행할 때 카이로에서 룩소르로 가는 버스에 탄 적이 있었다. 얼마쯤 갔을 때 남자들이 모두 내렸다. 부자로 보이는 집주인이 버스에 타고 있던 남자들 모두에게 저녁을 대접했던 것이다. 라마단이 시작되기 직전에 길손들에게 베푸는 후대였다. 이슬람 교도들이 금식을 하는 이유는 금식을 통해서 정신을 맑게 하기 위함이다. 어떤 종교든 금식에 대해서는 긍정적이다. 종교 자체가 상위에 속하기 때문이다. 이슬람 교는 고도로 정신적인 것을 추구하는 종교답게 아직도 엄격하게 금식을 지킨다. 이렇게 확실히 상위를 추구하는 이슬람 교도들이기 때문에 틀림없이 하위에 속하는 더치 페이를 경멸할 것이다. 전혀 모르는 사람들에게도 후대를 베푸는 그들인 것이다. 더치 페이의 반대말로 **중동 페이**가 어떨까?

그 버스 안에 있던 여자들은 남자들이 식사를 다하고 물담배를 피울 때까지 차 안에서 구경만 하고 있었다. 상위에 속하는 중동의 문화는 대단히 가부장적이다. 한 남자가 여러 명의 여자들을 거느릴 수도 있지 않는가? 내가 가부장적인 유교 문화에 익숙해 있기 때문이었을 것이다. 여자들이 구경만 하고 있는 것이 그렇게까지 이상해 보이지는 않았다. 유교는 오랜 세월 동안 동양을 지배했던 절대적인 이데올로기였다.

중동의 여러 나라와 **북한**은 상당히 친하다. 북한도 가부장적인 나라이기 때문이다. 권력세습이 인정되는 북한은 그 가부장적인 정도가 왕조국가의 그것과 비슷하다. **남한**과 일본을 비교했을 때 섬나라 일본보다는 남한이 상위에 속한다. 남한과 북한을 비교했을 때 남한보다는 대륙에 더 가까운 북한이 상위에 속한다. 상위에 속하는 북한은 철학적이기도 하다. 북한에는 주체철학이 있다.

남한의 **젊은 사람**들은 북한을 그다지 증오하지 않는다. 그러나 **나이든 사람**들은 북한을 적으로 생각한다. 대체로 젊은 사람들은 나이 든 사람들에 비해 이상적이다. 더욱이 급격한 경제발전이 낳은 경제적인 풍요는 젊은 사람들로 하여금 상위에 속하는 것들에 호감을 가지게 했다. 한국 사회에는 세대간의 현격한 견해 차이가 존재한다. 상위와 하위의 갈등이 존재하는 것이다.

거의 모든 것들을 상위와 하위로 나눌 수 있다. TV 토론 프로그램에서 다루어지는 쟁점들의 본질에는 '상위와 하위 중에 어떤 것을 택할 것인가?' 라는 질문이 들어 있다. '한국군을 이라크에 파견해야 하는가?' 라는 주제에 대해 토론한다고 해보자. 어떤 사람들은 파견해야 한다고 할 것이고 어떤 사람들은 파견하지 말아야 한다고 할 것이다.

파견 찬성 측은 하위에 속한다. 파견 반대 측은 상위에 속한다. 상위에 속하기 때문에 국가의 자존심 이야기나 전쟁의 **명분** 이야기 등을 하는 것이다. 방청석에 앉아 있던 어떤 대학생은 사람을 죽이는 군대를 파견하는 것이 인간으로서 합당한지에 대해서도 생각해봐야 한다고 할지 모른다. 그 대학생은 최상위에 속한 사람일 것이다. 더 철학적이고 더 이상적이기 때문이다. 이처럼 사회의 모든 갈등들은 결국 상위와 하위의 문제로 귀결된다.

계속해서 논의를 진행시켜 보자.

형법	민법
도덕	법
유가, 법가, 도가	
수직	수평
리	기
표	리
언	행
문	무
음악	미술
서비스	상품
브랜드 이미지	상품 가격
양	음
서론	본론
약속	이행
지혜	지식
햄릿	돈키호테
충	효
사랑	자기애(무관심)
높은 건물	낮은 물건
중부, 북쪽, 남쪽	
…	…

　형법이 상위에 속한다면 **민법**은 하위에 속할 것이다. 과거의 법은 거의 형법 위주였다. 그러나 근대로 넘어오면서 민법이 발달한다. 사회의 **수직**적인 관계 못지않게 **수평**적인 관계가 중요해졌기 때문이다. **도덕**이 상위에 속한다면 **법**은 하위에 속할 것이다. 보이지 않는 도덕을 통해 간접적으로 사회의 질서를 잡는 것에 대해 이야기하는 것이 **유가**이고, 보이는 법을 통해 직접적으로 사회의 질서를 잡는 것에 대해 이야기하는 것이 **법가**이다.

　도가는 어디에 위치하는가? 도가는 법가보다 하위에 위치한다. 유가와 법가, 도가의 관계를 잘 이해하기 위해서 사회주의, 파시즘, 자유주의에 대해 다시 한번 더 생각해보자. 유가는 대체로 인간을 선한 존재로 파악하면서 이타를 추구한다. 인간을 악한 존재로 파악하면서 이타를 추구하는 사회주의나 기독교 이념과는 약간 다르다. 하지만 이타를 추구한다는 점에서 비슷하다. 철학자나 종교가가 선호하는 사상체계들이다. 법가는 파시즘과 비슷하다. 둘 다 인간을 악한 존재로 파악하면서 이기를 추구한다. 군인이 선호하는 사상체계들이다. 부정적으로 이야기하자면 군대의 문화는 파쇼적이다. 긍정적으로 이야기하자면 군대의 군율은 아주 엄격하다. 죽음이 눈앞에 보여도 명령이 떨어지면 돌격을 해야 하는 것이 군인이다. 도가는 자유주의와 비슷하다. 상인들이 선호하는 사상체계다. 상인들은 자기들이 이기적으로 무엇인가를 추구할 때 그 어떤 제약도 받지 않길 원한다. 상인들은 도가적인 마인드를 가진 정치인들을 좋아할 것이다.

리理가 상위에 속한다면 **기**氣는 하위에 속할 것이다. **표**表가 상위에 속한다면 **리**裏는 하위에 속할 것이다. 실질적인 것을 중시하는 하위에 속하는 사람들은 겉치레에 별로 신경 쓰지 않는다. **언**言이 상위에 속한다면 **행**行은 하위에 속할 것이고, **문**文이 상위에 속한다면 **무**武는 하위에 속할 것이다. 언어가 상위에 속하지 않는가?

음악이 상위에 속한다면 **미술**은 하위에 속할 것이다. 음악은 보이지 않는다. 철학자들은 음악교육을 중시했다. 보이지 않는 것을 추구하는 철학자들이었기 때문에 음악 교육을 중시했던 것이다. 상위에 무형의 **서비스**가 속한다면 하위에 유형의 **상품**이 속할 것이고, 상위에 훌륭한 **브랜드 이미지**가 속한다면 하위에 저렴한 **가격**이 속할 것이다. 장사를 잘하려면 서비스와 상품, 브랜드 이미지와 가격에 대해 많은 고민을 해야 한다.

양陽이 상위에 속한다면 **음**陰은 하위에 속할 것이다. 남자가 상위에 속하고 여자가 하위에 속하지 않는가? **서론**이 상위에 속한다면 **본론**은 하위에 속한다. 서론은 남자와 비슷하고 본론은 여자와 비슷하다. 서론은 번뜩이는 아이디어로 충분하지만 본론은 치밀한 증명을 필요로 한다. 남자는 여자에게 생명의 씨만 제공하면 되지만 여자는 생명의 씨를 10개월 동안 키워야 하지 않는가? 상위에 **약속**이 속한다면 하위에 **이행**이 속한다. 약속은 미래에 속하고 이행은 현실에 속하기 때문이다. **지혜**는 상위에 속하고 **지식**은 하위에 속한다. 지식은 과거와 관련된다. 난로에 손을 댄 어린애가 난로에 손을 대면 뜨겁다는 사실을 알게 된 것은 지식을 얻은 것이다. 그런 지식을 바탕으로 다음에 난로에 손을 대지 않는 것은 지혜다. 지혜는 미래와 관련된다. 미래에 속하는 것은 상위에 속하는 것이라고 했다. 이런 맥락에서 계획을 잘하는 **햄릿**형 인간은 상위에 속하고 행동을 잘하는 **돈키호테**형 인간은 하위에 속한다.

상위에 **충**이 속한다면 하위에 **효**가 속할 것이다. 충은 보편적 개념이다. 효는 한 가정과 관련된 특수한 개념이다. **사랑**이 상위에 속한다면 **자기애**는 하위에 속한다. 자기만 사랑하면 다른 사람에게는 **무관심**하다. 사랑의 반대는 자기애나 무관심이다. 사랑은 보편적인 것과 관련된다. 나만이 아니라 가족 전체의 필요를 돌보는 것은 보편을 추구하는 것이다.

높은 건물이 상위에 속한다면 **낮은 건물**이 하위에 속할 것이다. 자존심 강한 권력자들은 보통 높고 화려한 건물들을 세운다. **북쪽**이 상위에 속하고 **남쪽**이 하위에 속한다. 북반구에는 육지가 많지만 남반구에는 바다가 많다.

이외에도 많은 것들을 상위와 하위로 구분지을 수 있다. 상위와 하위로 구분짓는 것은 조화를 추구하기 위함이다. 역사는 상위와 하위의 끊임없는 대결과 갈등의 장이었다. '바다를 지배하는 자가 세계를 지배 한다'는 말이 있다. 이 말은 상위보다 하위에 무게 중심을 두는 말이다. 과연 하위가 승리한 세계사였는가? 과연 그러한지는 앞으로 살펴볼 것이다. 확실한 것은 역사는 상위와 하위의 끊임없는 갈등으로 점철되었다는 사실이다. 이 사실을 직시해야 비로소 조화를 지향할 수 있다.

8. 농업혁명

>>> 농업혁명

지금부터 본론이 시작된다. 본론은 하위에 속한다고 했다. 현실은 때로 지루할 수 있다. 그러나 힘든 과정 없이 열매를 얻을 수는 없을 것이다. 이제 얕은 물에서 깊은 물로 들어가보자. 세계사의 깊은 바다가 펼쳐져 있다.

처음으로 중국을 여행했을 때 가졌던 의문은 유럽이나 호주, 북미를 여행했을 때는 가지지 못했던 독특한 의문이었다.

의문은 '이 많은 사람들이 다 무얼 먹고 사는가?' 였다. 중국에는 정말로 사람들이 많았다. 드넓은 기차역에 가득 차 있던 사람들은 한국의 명절 때 기차역에 있는 사람들처럼 많았다. 중국 유학생에게 명절 때는 어떠냐고 물어봤더니 기차를 탈 때 서서 타는 것은 기본이고, 어찌나 사람들이 많은지 발을 일단 들면 다시 놓을 수가 없을 정도라고 했다. 그런 많은 인구를 직접 보았을 때 맬서스의 문제의식과 비슷한 문제의식을 자연스레 가졌다. '이 많은 사람들이 다 무얼 먹고 사나? 입이 얼마나 무서운 것인가? 한 사람이 먹어치우는 양 곱하기 12억을 하면 도대체 어떤 수치가 나오나?'

기차를 타러 가는 중국인들, 너무 많았다—중국, 우루무치.

황허 강을 가로지르는 철교.

오래지 않아 의문은 풀렸다. 기차를 타고 중국 동부에서 서부로 며칠에 걸쳐서 여행을 했다. 가도 가도 끝이 나지 않는 것은 땅덩어리만이 아니었다. 황허 강도 끝이 없었다. 나중에 안 것이지만 황허 강은 티베트에서부터 시작된다. 황허 강의 혜택으로 사막이 되지 않은 대륙에서는 풍부한 농산물이 자라고 있었다. 농업이 얼마나 위대한 것인지를 알 수 있었다.

책에서 별 느낌 없이 보던 '농업혁명'이란 단어가 생생하고도 먹먹하게 다가왔다. 농업혁명을 신석기혁명이라고도 한다. 사람이 농사를 짓기 시작하면서 도구의 형태가 달라졌기 때문이다. 도구가 역사에 있어서 중요한 부품이기 때문에 도구의 형태를 가지고 흔히 시대를 구분한다. 돌로 만든 도구를 사용했던 석기 시대, 청동으로 만든 도구를 사용했던 청동기 시대, 철로 만든 도구를 사용했던 철기 시대로 구분한다. 이 시대구분법에 따르면 오늘날은 철기 시대다. 우리 주위에 있는 거의 모든 도구가 철로 이루어져 있지 않은가?

석기 시대를 다시 구석기 시대와 신석기 시대로 나눌 수 있다. 구석기는 곧 타제석기이고 신석기는 곧 마제석기이다. 타제석기는 한글로 뗀석기이고 마제석기는 간석기이다. 간석기가 뗀석기보다 더 예리했을 것이다. 칼도 갈면 예리해지지 않는가?

사냥을 해서 먹을 것을 구할 때는 뗀석기로 충분했다. 동물을 사냥할 때는 찌르기만 하면 되기 때문이다. 농사를 지어서 먹을 것을 구하기 시작하면서 간석기가 필요했다. 곡식을 수확할 때는 곡식을 베어야 하기 때문이다. 뗀석기를 찌르기 석기, 간석기를 베기 석기라고 할 수 있을 것이다. 뗀석기를 동물용 석기, 간석기를 식물용 석기라고 할 수도 있을 것이다.

식물이 농업의 핵심이다. 식물은 빛과 물, 양분을 먹고 산다. 식물은 이산화탄소도 먹지만, 이산화탄소는 지구상 어디에나 충분히 있는 것이니까 고려할 필요가 없다. 나일 강, 유프라테스·티그리스 강, 인더스 강, 황허 강 주변에서 농업이 시작됐다. 강은 물뿐만 아니라 풍부한 양분도 공급한다. 비가 오면 동물들의 분뇨 같은 것이 다 강으로 모인다. 또한 이런 강들이 위치한 위도는 풍부한 일조량을 보장해준다.

특히 강의 하류에서 농업이 활발하게 이루어졌다. 강의 하류는 수량이 풍부하기 때문에 비가 조금 많이 오면 쉽게 범람한다. 강의 범람은 농사에 해가 되지 않는가? 옛날에는 관개시설이 미미했다. 때문에 강이 범람하지 않는다면 강 옆의 그리 넓지 않은 땅에서만 농사를 지을 수 있었을 것이다. 강이 범람하면 넓은 면적의 땅에 물이 미친다. 그리고 지류들이 생긴다. 범람이 끝난 뒤에도 이런 지류들로 강물이 흘러든다. 자연히 그 지류들 옆의 땅에서도 농사를 지을 수 있는 것이다. 주지하듯이 나일 강은 주기적으로 범람했기 때문에 범람의 정도가 큰 해에 파라오는 세금을 더 많이 거둬들였다.

영어로 문화는 culture다. 동일한 어근의 cultivate에는 '갈다, 재배하다'와 같은 뜻이 있다. 농사를 지으려면 일단 땅을 간 다음 씨를 심어야한다. culture에는 문화가 농사를 짓는 것과 관련되어 있다는 생각이 담겨 있다. 과연 농업의 발달과 문화의 발달은 관계가 있는가?

유럽 여행을 하면서 10일간 머리를 안 감은 적이 있었다. 잠을 기차에서만 잤기 때문이다. 머리를 10일간 안 감은 상태에서 오페라 하우스 같은 곳에 가기는 힘들었다. 책을 보는 것은 고사하고 일기를 쓰는 것도 쉽지 않았다. 하위에 속하는 유목은 상위에 속하는 문화와 공존하기 힘들다.

농사를 지으면 정착할 수 있다. 돌아다니지 않아도 먹을 것을 얻을 수 있기 때문이다. 사람이 정착생활을 하면 몸도 잘 씻을 수 있고 깨끗한 옷도 입을 수 있다. 문화생활을 할 수 있는 여건이 조성되는 것이다. 인도의 인더스 강 유역에 가면 '모헨조다로'라는 유적지가 있다. 이 유적지에는 수세식 화장실 유적이 있다. 풍부한 물을 이용해서 몸을 씻는 것뿐만이 아니라 분뇨까지 처리했던 것이다. 불과 500여 년 전의 서양에서는 상상할 수도 없는 최첨단의 방식이었다. 500여 년 전 유럽의 도시에서 주로 사용된 분뇨 처리 방법은 창 밖으로 분뇨를 던지는 것이었다. 거리가 분뇨의 밭이었기 때문에 하이힐이 발명됐다. 남자가 여자를 건물 쪽으로 걷게 하는 에티켓도 불시에 날아오는 분뇨로부터 여자를 보호하기 위해서였다. 농업혁명이 일어났을 때부터 인더스 강 주변에서는 사람들이 농사를 짓기 시작했고, 그에 따라 문화가 고도로 발달했다는 사실을 증명해주는 유적이 바로 모헨조다로의 수세식 화장실 유적이다.

››› 도시혁명

유프라테스 강과 티그리스 강의 하류에서 인류 최초로 상당히 높은 수준의 문화, 내지 문명을 일으킨 사람들은 수메르 인이었다. 수메르 인은 '도시혁명'을 이루었다. 중앙집권적인 국가가 생기기 전에 상대적으로 하위에 속하는 도시가 생겼던 것이다. 왕이 사는 왕도와는 질적으로 다른 하위에 속하는 도시들에서 잉여 농산물이 거래되었다. 상업적인 요소가 중요한 부분을 차지하는 도시들이었다.

수메르 인은 도시혁명을 거치면서 서서히 상위를 향해 나아갔다. 상위에 속하는 언어생활을 활발하게 했고 급기야 문자를 만들었다. 문자는 언어보다 상위에 속한다고 했다. 수메르 인이 만든 문자를 '설형문자'라고 한다. 설楔은 쐐기를 뜻하는 한자다. 쐐기는 무엇인가? 나무나 쇠의 아래쪽을 위쪽보다 얇거나 뾰족하게 만든 것이 쐐기다. 동양의 최초의 문자는 갑골문자이고 서양의 최초의 문자는 쐐기문자이다.

쐐기 모양의 문자를 만든 이유는 문자를 만드는 재료와 관련된다. '수메르'라는 말의 뜻은 '갈대가 많은 땅'이다. 유프라테스 강과 티그리스 강 하류에는 돌이 아니라 침식작용에 의한 흙이 많았을 것이고, 그런 부드러운 흙에는 갈대들이 많았을 것이다. 흙으로 만든 점토판과 뾰족하게 자른 갈대가 문자 생활을 할 수 있게 하는 재료들이었다. 말하자면 타자가 아니라 압자를 했던 것이다. 뾰족한 갈대로 글자를 눌렀으니 수많은 쐐기 모양의 획들이 점토판에 나타났다.

문자가 일반화되자 문학이 등장했다. 〈길가메시 서사시(Epic of Gilgamesh)〉라는 인류 최초의 문학작품이 오늘날까지 전해진다. 보이지 않는 것을 추구했던, 영원을 꿈꾸었던 사람들이 문자를 이용한 예술작품을 미라로, 즉 비유로 남겼던 것이다.

고대의 문학작품은 흔히 시의 형태를 띤다. 서사시란 무엇인가? 풀이를 하자면 '서술 사건 시' 정도가 될 것이다. 사건을 서술하는 형식의 시다. 고대에는 문자를 기록하는 것이 오늘날처럼 용이하지 않았을 것이다. 따라서 이야기를 외워서 구전할 필요가 있었다. 외우기 위해서는 리드미컬해야 한다. 시에는 리듬이 있지 않는가?

12개의 점토판에는 '길가메시'라는 영웅이 나오고, 길가메시를 벌하기 위해 하늘에서 보내진 엔키두라는 야수적 자연인이 나온다. 길가메시와 엔키두는 처음에 싸웠지만 나중에 친구가 된다. 엔키두가 신들의 벌을 받아 죽자 길가메시는 불로초를 구하기 위해 여행을 떠난다. 마침내 불로초를 손에 넣지만 돌아오는 길에 목욕을 하던 중 바다뱀에게 빼앗기고 만다.

보이지 않는 것을 추구했던, 영원을 꿈꾸었던 사람들이 비유로 남긴 것이 〈길가메시 서사시〉였기 때문에 보이지 않는 신이나 현실에서는 보기 힘든 괴물이 나오는 것이다. 주제도 영원한 삶에 관한 것임을 알 수 있다. 오늘날에도 판타지 소설이나 판타지 영화가 많이 유행한다. 결국 보이지 않는 것을 추구하는 정신의 산물이기 때문에 본질적으로 문학을 포함한 모든 비유는 판타지라고 할 수 있다.

수메르 인은 지구라트라는 높은 건축물을 만들었다. 배낭여행을 하면

베르사유 궁의 전경(왼쪽 위), 성 베드로 성당(왼쪽 아래), 파리의 개선문(오른쪽).

서 보는 역사적인 건축물들은 거의 다 강력한 황제나 왕, 독재자가 만든 것이다. 만리장성, 베르사유 궁, 파리의 개선문 등은 진시황, 루이 14세, 나폴레옹이 없었다면 존재하지 않았을 것이다. 독재자의 대명사인 히틀러도 베를린 시내에 엄청난 규모의 건축물들을 지을 계획을 가지고 있었다. 교황도 최상위에 위치한다는 면에서 황제와 비슷하다. 교황을 풀이하면 '교회 황제'나 '종교 황제' 정도가 되지 않겠는가? 교황도 거대한 건축물을 좋아한다. 성 베드로 성당을 개축하기 위해 판매한 면죄부 때문에 종교개혁이 일어났다. 유럽 각지에 있는 거대한 대성당들은 또 어떤가?

상위에 속하는 권력자들은 상위에 속하는 하늘, 영원, 명예, 통일을 좋아한다. 하늘에 닿을 듯이 높은 건축물, 영원히 지속될 것 같은 건축물, 최고 권력자의 명예를 드높이는 건축물, 사람들의 마음을 통일시키는 건축물을 좋아한다. 상당한 수준의 상위에 도달한 수메르 인이었기 때문에

지구라트(왼쪽 위), 기자의 피라미드(왼쪽 아래), 피라미드 내부(오른쪽).

지구라트라는 거대한 건축물을 만들었던 것이다. 성경에 나오는 바벨탑도 지구라트와 관련된다. 수메르 인이 만들기 시작한 지구라트는 이후 메소포타미아 지역에서 계속해서 만들어졌다.

신바빌로니아의 네부카드네자르 2세는 삼림이 울창한 메디아에서 자란 아미티스 왕비가 평평하고 비도 잘 오지 않는 바빌론에 정을 붙이지 못하는 것을 보고 지구라트를 만들었다. 그리고 지구라트의 각 층에 식물을 심어 삼림에 뒤덮인 작은 산처럼 만들었다. 멀리서 보면 공중에 떠 있는 것처럼 보였기 때문에 공중 정원이라 불렸다. 너무 아름다웠기 때문에 알렉산더 대왕은 바빌론에서 죽고 싶다고 말했다. 공중 정원은 세계 7대 불가사의에 포함된다. 알렉산더가 동방을 정복하고 나자 그리스 인이 여행을 다녔다. 필론이라는 사람이 반드시 봐야 할 것 일곱 가지를 정했다. 피라미드, 공중 정원, 제우스 상, 아르테미스 신전, 마우솔로스 능묘, 크로이소스 거상, 파로스 등대가 세계 7대 불가사의이다.

불가사의하다고 여겨질 정도로 거대하고 위대한 건축물들은 분명히 최상위에 속하는 건축물들이다. 그런 건축물들을 만든 권력자들은 또한 얼마나 최상위에 속하는 사람들이었는가? 헤로도토스는 기자의 대大피라미드를 10만여 명이 3개월 교대로 20년에 걸쳐 건설했다고 했다. 이집트의 파라오가 신으로 여겨질 정도로 최상위에 속하는 권력자였기 때문에 가능한 일이었다. '파라오'라는 말은 '커다란 집'을 의미한다. 여기서 집이란 우주를 뜻한다. 우주宇宙라는 한자도 집이라는 뜻이다. 우주 그 자체란 말은 곧 신이란 이야기다. 파라오가 다스렸던 이집트는 제국보다도 상위에 있는 신국神國이었다.

››› 나일 강 지역과 메소포타미아

세계 지도에서 4대 문명의 발상지들을 확인해보면 나일 강과 유프라테스 · 티그리스 강의 사이가 비교적 가깝다는 것을 알 수 있다. 인더스 강은 좀 떨어져 있고, 황허 강은 아예 떨어져 있다. 비옥한 초승달(Fertile Crescent)이라는 말은 나일 강 지역과 메소포타미아 지역이 일찍이 하나의 범주로 포괄되었음을 알려준다. 유프라테스 · 티그리스 강에서부터 시작된 초승달은 요르단 강을 거쳐 나일 강에 이른다. 강들을 따라 비옥한 농토가 펼쳐졌다.

도시국가는 메소포타미아 지역에서 최초로 발생했지만, 더 상위에 속하는 중앙집권적인 국가는 나일 강 지역에서 최초로 발생한다. 이집트는 서쪽과 남쪽의 불모의 땅과, 북쪽과 동쪽의 지중해와 홍해로 둘러싸인 땅이다. 그다지 넓지 않은 천하였기 때문에 일찍이 기원전 3100년경 메네스 왕에 의해 천하 통일이 이루어졌다. 나일 강의 상류에 있던 상이집트가 하류에 있던 하이집트를 정복했다.

적당한 시기에 범람하는 나일 강은 천연 비료와 물을 풍부하게 공급해주었다. 당연히 이집트는 농업 이외의 것을 생각할 필요가 없었다. 상위

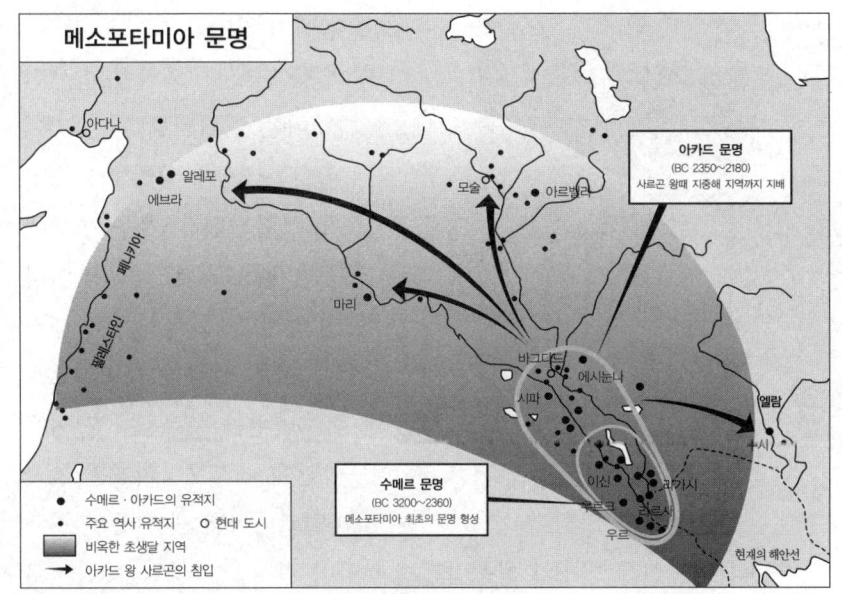

메소포타미아 문명

아카드 문명
(BC 2350~2180)
사르곤 왕때 지중해 지역까지 지배

수메르 문명
(BC 3200~2360)
메소포타미아 최초의 문명 형성

● 수메르·아카드의 유적지
● 주요 역사 유적지   ○ 현대 도시
▨ 비옥한 초생달 지역
→ 아카드 왕 사르곤의 침입

에 속하는 농업은 상위에 속하는 강한 주권과 연결되지 않는가? 파라오는 신으로 여겨졌다. 더욱이 범람하는 나일 강이 독이 아니라 약만 되게 하기 위해서 치수를 할 필요가 있었다. 치수를 하기 위해서는 강력한 권력이 필요하다. 고도로 상위를 추구했던 이집트에서 인간의 건축물 중 가장 거대한 건축물인 피라미드가 만들어진 것이나 내세를 위한 미라가 만들어진 것은 이해할 만하다.

이런 이집트와는 달리 메소포타미아 지역은 사방이 트여 있다. 넓은 천하는 쉽사리 통일되지 않는다. 또한 유프라테스 강과 티그리스 강은 나일 강처럼 예측 가능하게 범람하지 않았다. 사람들은 항상 홍수가 가져오는 죽음에 대해 걱정해야 했다. 삶은 상위에 속하고 죽음은 하위에 속하지 않는가? 이집트와 비교해서 메소포타미아는 하위에 속했다. 때문에 농업과 함께 상업도 행해졌다. 은화인 셰켈Shekel이 통용됐다. 도시국가들마다 섬기는 신이 달랐다. 이집트의 태양신과 같은 주신이 없었던 것이다. 사람들은 내세보다는 현세에 관심이 많았기 때문에 미라 같

함무라비 법전-프랑스, 루브르 박물관.

은 것을 남기지 않았다.

여러 가지 면에서 하위에 속했던 메소포타미아는 이집트보다 1,000여 년 뒤에 사르곤 1세에 의해 아카드라는 나라가 성립되면서 겨우 통일된다. 사르곤 1세는 '사계절의 왕'이라는 칭호를 얻지만 그 영광은 오래가지 못했다. 이후 함무라비 법전으로 유명한 함무라비는 사르곤 1세 이후 600여 년 만에 메소포타미아를 통일하고 고바빌로니아를 세웠다.

함무라비는 인류 최초의 성문법인 함무라비 법전을 만들었다. 문자로 된 성문법은 언어로 된 불문법보다 상위에 속할 것이다. 또한 함무라비는 마르둑을 최고신으로 정했다. 하위의 다신교적인 모습에서 상위의 일신교적인 모습으로 나아갔던 것이다. 그러나 함무라비가 죽자 고바빌로니아는 급격히 쇠퇴했다.

이후 등장하는 세력은 이집트와 히타이트다. 이집트는 고왕국 시대, 중왕국 시대를 거쳐 신왕국 시대에 접어들어 있었다. 고왕국 시대와 중왕국 시대 사이의 제1중간기는 잦은 원정에 이은 파라오 권력의 약화에 기인한다. 중왕국 시대와 신왕국 시대 사이의 제2중간기는 힉소스 인의 침략에 기인한다. 힉소스 인은 시리아에 터전을 잡고 있던 민족이었다. 그들은 전차를 앞세우고 쳐들어와 이집트를 점령했다. 메소포타미아 인은 바퀴를 가지고 전차를 만들 줄 알았지만, 이집트 인은 바퀴를 만들 줄 알면서도 전차를 만들 생각을 못 했다. 힉소스 인에 의해 시작된 100여 년 간의 제2중간기가 기원전 1580년에 끝나고 신왕국 시대가 펼쳐지자 전차의 위력을 절감했던 이집트 인은 전차를 적극 활용하여 유프라테스 강 상류까지 진출했다.

히타이트는 인도 유럽 어족에 속하는 언어를 사용하는 사람들이 만든 국가였다. 어족이란 말을 풀이하면 '언어 친족' 정도가 될 것이다. 비슷한 언어들은 같은 언어의 조상, 즉 공통기어共通基語를 가진다는 사실을 영국이 인도에 진출했던 18세기에 윌리엄 존스라는 사람이 알게 되었다. 산스크리트 어가 그리스 어나 라틴 어와 비슷하다는 것을 발견했던 것이다.

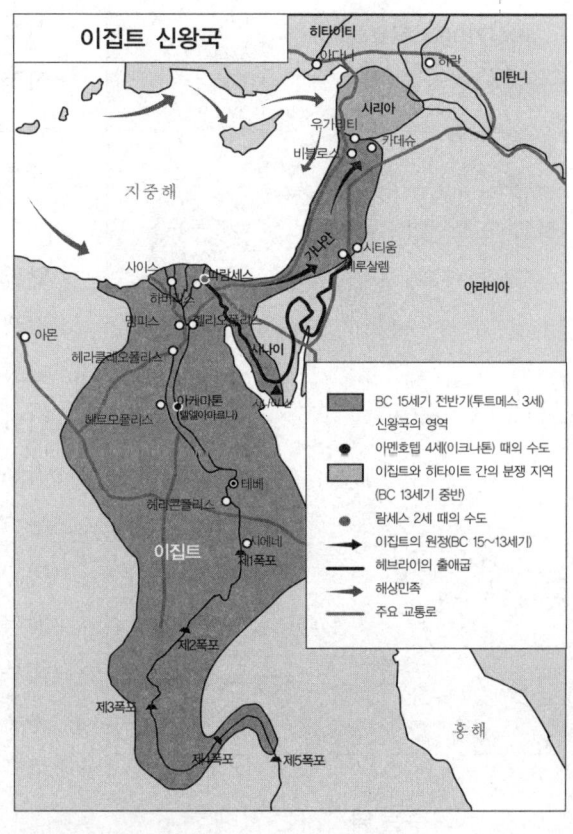

기원전 16세기에 인도의 원주민인 드라비다 족은 북쪽으로부터 온 이민족의 공격을 받아 정복당한다. 철기를 사용했던 이 이민족은 중앙아시아를 고향으로 하는 유목민족인 아리안 족이었다. 기원전 18세기부터 아리안 족은 인구증가와 농경의 발전으로 유목 생활을 접고 민족 대이동을 시작했다. 본격적으로 농경을 하려는 생각을 했던 것이다. 동쪽은 파미르 고원이 있었고 북쪽은 추웠기 때문에 서쪽과 남쪽으로 이동했다. 남쪽으로 간 사람들은 드라비다 족을 정복한 다음 갠지스 강 지역에 자리를 잡았다. 이때 인도의 카스트 제도가 만들어졌다. 일부는 소아시아를 거쳐 유럽 중심부에 이르렀다. 이들이 게르만 족의 원조가 되었다. 일부는 소아시아와 그 인근에 자리를 잡았다. 소아시아와 그 인근에 자리를 잡은 사람들이 세운 나라가 미탄니와 히타이트다. 후에 히타이트가 미탄니를 복속

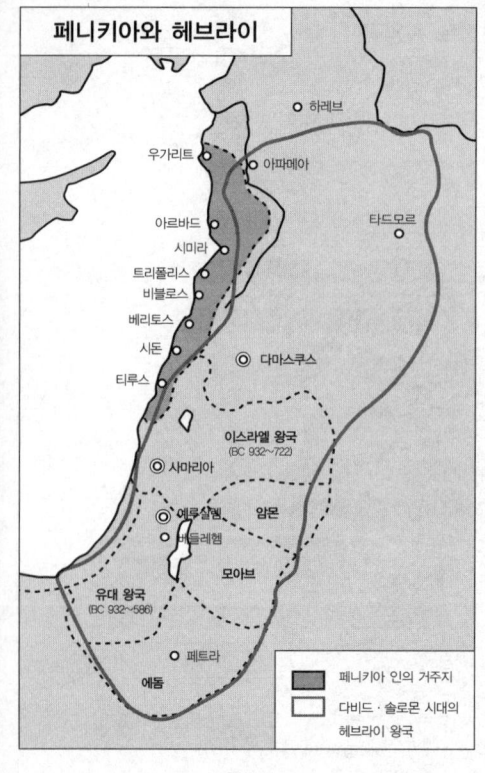

페니키아와 헤브라이

하레브

우가리트 ○ 아파메아

아르바드
시미라
트리폴리스
비블로스
베리토스
시돈
티루스

타드모르

다마스쿠스

이스라엘 왕국
(BC 932~722)

사마리아

예루살렘 암몬
베들레헴

모아브

유대 왕국
(BC 932~586)

페트라

애돔

■ 페니키아 인의 거주지
□ 다비드 · 솔로몬 시대의
   헤브라이 왕국

시켰다. 인도 유럽 어의 공통기어를 사용했을 아리안 족을 조상으로 두는 히타이트 인은 코카소이드, 즉 백색 인종이었다.

신왕국 시대의 이집트와 강철을 만드는 방법을 알게 된 히타이트가 전쟁을 벌인다. 히타이트에는 황금 왕좌보다 몇 배나 비쌌던 철 왕좌가 있었다. 시리아의 카데시에서 사상 최초의 대규모 전투인 '카데시 전투'가 발발했다. 결과는 무승부였다. 인류 역사상 최초의 평화조약이 맺어진 이후 히타이트와 이집트는 내부 갈등과 외부의 해상민족들 때문에 급격히 쇠퇴했다. 해상민족들이 누구였는지에 대해서 명확히 알려주는 역사서는 없다.

이런 상황에서 페니키아와 헤브라이도 역사를 엮어가고 있었다. 지금의 시리아와 레바논에 해당하는 지역에 우가리트, 티로스, 시돈, 비블로스, 베리토스 등 항구 도시들이 도시 연맹체를 이루어 해상무역을 하고 있었다. 이들을 총칭해서 페니키아라고 했다. 하위에 속하는 장사를 하는 페니키아였기 때문이었을 것이다. 도시 연맹체에서 상위에 속하는 국가로 나아가지 못했다. 새로운 도시들을 만들어가는 것이 해적들의 노략질에 대항할 수 있는 최선의 방법이었다. 북아프리카의 카르타고도 기원전 9세기에 건설한 페니키아의 식민시였다. 영국도 식민지를 많이 만들지 않았는가? 미국과 호주는 영국의 대표적인 식민지였다. 미국에 식민을 하였기 때문에 제1차세계대전과 제2차세계대전 때 미국의 도움으로 영국은 승전국이 될 수 있었다.

　페니키아 인은 이집트의 상형문자를 본떠 알파벳을 만들었다. 하위에 속하는 상업을 하기 위해서는 상위에 속하는 표의문자를 하위에 속하는 표음문자로 만들 필요가 있었다. 여러 지역의 사람들이 쉽게 배울 수 있는 간단한 문자가 필요했던 것이다.

　헤브라이는 유대 교의 신앙과 자신들의 역사를 기술한 구약성경을 남겼다. 구약성경은 상위에 속하는 경전이다. 유대 교를 모태로 하여 그리스도 교와 이슬람 교가 탄생했다. 헤브라이 인의 종교는 상위에 속하는 일신교였다. 그리스도 교와 이슬람 교도 일신교다. 오늘날까지 유대 인은 민족적 정체성을 간직하고 있다. 고도로 상위를 추구한 결과 시간의 공격을 견딘 것이다.

　이집트와 히타이트의 붕괴로 발생한 힘의 공백 상태를 끝낸 국가는 아시리아였다. 아시리아는 히타이트로부터 전수받은 철기 제작 기술을 바탕으로 정복사업을 펼쳤다. 전쟁의 신 아슈르를 섬겼던 아시리아는 기원전 639년에 역사상 최초로 비옥한 초승달 지역을 완전하게 통일했다. 이때 아시리아의 압박을 받은 스키타이 인이 몽골 초원을 거쳐 동아시아, 특히 한반도 남부에까지 온 것으로 일부 학자들은 추측한다. 신라의 금관에 등장하는 사슴뿔 장식이나 토기에서 스키타이의 흔적을 찾아볼 수 있기 때문이다. 스키타이 인은 지금의 아르메니아를 고향으로 하는 세계 최초의 기마 유목민족이었다. 말을 타는 유목민족이었기 때문에 극동까지 이동하는 것이 가능했을 것이다.

　아시리아는 통일의 대업을 완성한 지 30년도 안 되어서 바빌론과 메디아의 연합 공격에 멸망하고 만다. 아시리아의 역할을 대신한 것은 신바빌로니아였다. 아시리아의 공격에서 살아남았던 헤브라이의 일부마저 신바빌로니아에 의해 파괴되고 살아남은 자들은 바빌론으로 끌려갔다. 이것을 바빌론 유수라고 한다.

　신바빌로니아의 영화는 아시리아보다 더 짧았다. 오랜 기간 강대국들에 눌려 지내던 엘람이 페르시아로 국호를 바꾼 다음 비옥한 초승달 지역을 제패했다. 아리안 족의 후예였던 페르시아는 메디아와 함께 신바빌로니아를 무너뜨렸다. 페르시아는 당시의 사람들이 알고 있었던 세계 전부를 아우르는 제국이 되었다. 제국은 인더스 강 지역에서부터 이집트까지 펼쳐져 있었다. 명실상부한 황제는 전세계를 20개의 행정구역으로 나누고, 각 구역에 총독을 파견해 다스리게 함으로써 고도의 중앙집권을 꾀했다.

하위에 속했던 메소포타미아 문명이 이집트 문명을 복속시켰다는 사실과 다시금 더 하위에 속했다고 할 수 있는, 유목민족이었던 아리안 족의 후예에 의해 천하가 통일되었다는 사실은 상위와 하위의 대결에서 우위에 있는 것이 무엇인지에 대한 실마리를 제공한다.

9. 폴리스

>>> 에게 해 문명

히타이트나 이집트가 해적들의 괴롭힘으로 쇠퇴했다고 했다. 해적들이 어디에서 왔는지 확실히는 알 수 없지만 추측할 수는 있다. 히타이트와 이집트의 서북쪽에는 크레타 섬과 그리스 반도가 있다. 섬과 반도에 사는 사람들의 주 활동무대는 바다다. 바다는 유목과 관련되지 않는가? 유목민족이 영양을 얻는 방법에는 직접적인 약탈과 간접적인 장사가 있다고 했다. 직접적인 방법을 선호하면 해적이 되는 것이다.

그리스 반도보다는 크레타 섬이 문명의 발상지들인 메소포타미아 지역이나 나일 강 지역과 가깝다. 크레타 섬에서 꽃피었던 미노아 문명은 그리스 반도의 미케네 문명보다 시기적으로 앞선다. 미노아는 미노스 왕의 이름에서 비롯되었다. 미노스 왕의 권력은 교역을 통해 획득한 부에 기인했다. 일반 주민들의 생활은 유복했으며 여성의 지위도 상당했다. 여자 투우사나 여자 검투사가 있었다. 이집트나 메소포타미아 지역과 비교했을 때 하위에 속하는 문명이었음을 알 수 있다.

신화에 따르면 미노스 왕은 매년 아테네에서 일곱 명의 소년 소녀를 조달하여 자신이 만든 미궁 속에 넣었다. 자신의 괴물 아들인 미노타우로스로 하여금 잡아먹게 하기 위해서였다. 아테네는 그리스 반도에 있다. 크레타 섬에 비해 후진 지역이었던 그리스 반도는 크레타 섬에 속박되어 있었던 것이다.

기원전 2000년 무렵에 북쪽으로부터 아리안 족이 내려온다. 유목민족이었던 이들은 원주민인 펠라스기 족을 몰아내고 펠로폰네소스 반도에 여러 나라를 세웠다. 그리스 반도에서 비교적 평지가 많은 곳이 펠로폰네소스 반도다. 펠로폰네소스 반도에 있던 나라들 중 가장 강력한 나라가 미케네였다. 미케네를 중심으로 미케네 문명이 발달했다. 이 미케네 문명이 미노아 문명을 멸망시켰다. 신화에서는 테세우스가 미노타우로스를 죽이는 것으로 묘사되고 있다.

같은 편이 된 그리스 반도와 크레타 섬이 합세하여 소아시아의 지중해 연안에 위치한 도시 국가들과 치른 전쟁이 트로이 전쟁이다. 에게 해를 장악하기 위해서는 페니키아 인이 건설한 식민시들인 이들 도시 국가들을 복속시켜야 했다. 호메로스가 지은 〈일리아드와 오디세이아〉에 따르면 오디세우스의 목마를 이용한 계략의 성공으로 트로이는 함락되었다. 트로이가 함락될 때까지 10여 년 간의 이야기를 일리아드에서 다루고 있고, 그 이후 그리스 인의 귀환에 대한 이야기를 오디세이아에서 다루고 있다. 1870년에 슐리만이라는 사람에 의해 트로이 유적이 발굴되면서 이 신화적 이야기가 역사적 이야기였음이 밝혀졌다.

상위에 대한 하위의 승리였다. 하지만 에게 해를 아우른 그리스 인은 시간이 흐르면서 상위에 가까워져 갔다. 그 결과 하위에 속하는 도리아 인의 남하를 막아내지 못한다. 기원전 12세기부터 남하했던 도리아 인은 옛날 아리안 족이 그랬던 것처럼 농토가 비교적 많고 기후가 좋은 펠로폰네소스 반도를 차지했다. 스파르타는 도리아 인의 후예다. 내몰린 그리스 인은 펠로폰네소스 반도 바깥의 아티카 지역과 소아시아의 지중해 연안 지역으로 갔다. 소아시아의 지중해 연안 지역을 이오니아 지역이라고 부르기 시작한 것은 이 무렵부터다. 그리스 인의 한 종족인 이오니아 인이 많이 건너갔던 것이다.

아티카 지역과 이오니아 지역의 그리스 인은 하위에 속할 수밖에 없었다. 땅을 이용한 농사보다는 바다를 이용한 장사에 힘써야 했기 때문이다. 곡식을 심을 만한 토지와 토질을 확보할 수 없었다. 포도주와 올리브

유의 상품성에 눈을 뜬 그리스 인은 포도나무와 올리브 나무를 많이 심었다. 포도주와 올리브 유로 시작한 수출은 도자기와 무기의 수출로 이어졌다. 나중에는 조선업, 직물업, 금속 세공업 등이 발달했다. 한국도 국토의 70%가 산이기 때문에 수출을 하면서 살 수밖에 없지 않는가? 말하자면 아티카 지역과 이오니아 지역의 그리스 인들은 수출에 많이 의존할 수밖에 없었다.

그리스 인은 장사를 하기 위해서 배를 타고 돌아다녔다. 배 안의 공기는 수평적이다. 해군 장교들은 수병들을 함부로 대하지 않는다. 앙심을 품은 수병이 불시에 갑판에서 밀어버리면 죽을 수밖에 없기 때문이다. 총기 소지가 허용되는 미국에서는 사람들끼리 함부로 싸우거나 욕하지 않는다. 상대방이 총을 가지고 있을지 모른다는 생각을 하기 때문에 항상 조심하는 것이다.

배에서 일어나는 반란을 선상반란이라고 한다. 선상반란이 일어나면 심각해진다. 제1차세계대전이 끝나갈 무렵 독일에서 혁명이 일어났다. 킬 군항의 수병들이 선상반란을 일으킨 것이 사회 전체로 확대되었던 것이다. 독일의 패전이 확실시되는 시점에서 내려진, 전장으로 나가라는 명령은 수병들의 입장에서 봤을 때 개죽음을 당하라는 명령이나 다름없었다. 배에 존재하는 수평적 분위기가 수직적인 사회의 분위기를 뒤엎었을 때 강력한 호엔촐레른 왕조가 무너졌다.

상위에 속하는 것이 미래이고 하위에 속하는 것이 현재라고 했다. 농사는 어느 정도 수확량이 보장되기 때문에 미래를 기약할 수 있다. 그러나 배를 이용하는 장사나 고기잡이는 미래를 기약할 수 없다. 장사가 잘되어 큰 이익을 남길 수도 있지만 폭풍우에 배가 침몰할 수도 있지 않는가? 고기잡이도 마찬가지다. 고기를 많이 잡을 수도 있지만 전혀 못 잡을 수도 있다. 미래를 기약할 수 없기 때문에 배를 통해 얻는 수익은 일정한 비율에 따라 분배하는 것이 일반적이다. 예를 들면 선주가 40%를 가져가고, 선장이 20%를 가져가고, 선원들이 나머지 40%를 가져가는 것이다.

　주식회사도 이런 맥락에서 이해할 수 있다. 주식회사는 유럽 인이 대양을 누비며 무역을 하기 시작했을 때 등장했다. 성공했을 때의 이익도 엄청났지만 실패했을 때의 손해도 막심했기 때문에 많은 사람들이 주주가됨으로써 공동 선주가 되는 형식을 취했다. 이런 모습은 오늘날 그대로 남아 있다. 선주격인 주주들이 CEO를 정하고 선장격인 CEO는 사원들을 뽑는다. 미래가 보장된다면 주식회사를 차릴 필요가 없을 것이다. 미래가 불확실하기 때문에 위험을 분산시키기 위해서 주식회사를 차린다.

　하위에 속하는 장사, 돈, 배, 수평 등과 그리스 인은 연결되어 있었다. 한 가지가 더 있다. 그것은 도시다. 페니키아 인이 하위에 속하는 도시에서 살았던 것처럼 그리스 인도 하위에 속하는 도시에서 살았다. 그리스인이 살았던 도시를 폴리스라고 한다. 그리스 본토에는 200여 개 정도의 폴리스가 있었고, 이오니아를 포함하여 지중해 전역에 1,000여 개의 폴리스가 있었다. 아테네, 코린토스, 테베, 아르고스 등이 대표적인 폴리스였다. 아리스토텔레스는 인간을 정치적 동물이라고 했다. 여기서 정치적이라는 말의 본뜻은 '폴리스에서 거주하는' 이다. 대체 폴리스는 무엇이었는가?

>>> 귀족적인 평민들

　폴리스는 기본적으로 도시를 의미한다. 하지만 왕이 거하는 왕도와는 다르다. 왕도는 상위에 속하지만 폴리스는 하위에 속한다. 한 마디로 장사하는 사람들이 많이 모여 사는 도시가 폴리스다. 장사를 하는 사람들은 넓은 땅을 필요로 하지 않기 때문에 모여 산다. 돈 많은 사람들은 부촌을 만든 다음 모여 살지 않는가? 모여 살면 재산을 지키는 데 유리하다. 특히 아티카 지역이나 이오니아 지역에 자리를 잡은 그리스 인은 이민족과 도리아 인의 공격을 걱정하지 않을 수 없었다. 때문에 수비에 용

폴리스의 전경—그리스, 아테네의 아크로폴리스.

이한 곳, 이를테면 언덕과 같은 곳에 성벽을 구축하고 모여 살았다.

페니키아의 경우도 비슷했다. 페니키아 사람들은 도시에 모여 살았다. 하지만 도시의 규모가 폴리스보다 더 컸다. 그리고 도시에는 왕이 있었다. 말하자면 페니키아의 도시가 대기업이었다면 폴리스는 중소기업이었다. 페니키아에는 사장들이 별로 없었지만 폴리스에는 사장들이 많았다. 페니키아의 도시들은 수십 개에 불과했지만 폴리스는 수백 개였다. 오밀조밀한 지형이 큰 도시보다는 작은 도시가 형성되게 하는 데 일조했을 것이다.

붕어빵 장사를 하더라도 다른 사람 밑에 들어가서 월급쟁이 노릇은 하지 않으려는 사람들이 있다. 이런 사람들은 장사를 하는 집에서 자랐거나 장사를 해본 사람들일 가능성이 크다. 폴리스에 사는 사람들이 바로 그런 사람들이었다. 폴리스에 사는 사람들은 황제나 왕, 혹은 참주 등 강력한 권력을 가진 사람들을 아주 싫어했다. 참주는 '사실상의 왕'을 의미한다. 주인, 주군을 뜻하는 리디아 어에서 나온 말로서 비합법적으로 왕이 된 자를 뜻했다. 그리스에는 강력한 권력자가 될 것 같은 사람이 등장하면 그 사람을 추방시켜 10년간 국외에서 거하도록 하는 도편추방제(Ostracismos)가 있었다. 강력한 권력자가 될 것 같은 사람의 이름을 도자기 파편에 적어내는 제도였다. 6,000개 이상의 도자기 파편에 이름이 적힌 사람은 떠나야 했다.

황제와 왕이 싸우고, 왕과 귀족이 싸우고, 귀족과 평민이 싸우고, 평민과 노예가 싸운다고 했다. 그리스 인들이 왕을 싫어한 이유는 그리스인들이 귀족이었기 때문이다.

흔히 그리스 인이 민주주의의 원조라고 말한다. 민주주의는 데모크라시democracy의 역어다. 데모크라시는 데모스demos에서 유래했고 데모스는 평민과 구區를 의미했다. 아테네를 10개의 구로 나눈 다음 각 구에서 50명씩을 뽑아 500인회를 만든 것이다. 그전에는 유력한 가문 4개에서 100명씩을 뽑아 만든 400인회가 있었다. 유력한 가문 4개가 정치를 농단하는 귀족정이 펼쳐질 수밖에 없었다. 국회의원을 김씨에서 몇 명, 이씨에서 몇 명, 이런 식으로 뽑는다면 어떻게 되겠는가? 김씨가 가장 많기 때문에 김씨 성을 가진 사람만 대통령이 될 수 있을 것이다. 지역을 기준으로 의원을 뽑는 방식은 귀족정과 민주정을 가르는 중요한 획이었다.

때문에 민주주의를 '평민 주인 주의' 정도로 풀이하는 것은 타당하다. 평민이 국가의 주인이기 때문에 평민을 중심으로 한 정치가 이루어져야 한다는 사상이나, 그런 사상에 입각한 정치제도가 민주주의다. 이런 민주주의를 최초로 발달시킨 그리스 인을 왜 평민이 아니라 귀족이라고 하는 것인가?

폴리스의 평민들은 노예를 많이 소유하고 있었다. 기원전 430년경, 아티카의 전체 인구 31만 5,000여 명 중 약 11만 5,000여 명이 노예였다. 돈 많은 광산 채굴업자들 중에는 1,000여 명의 노예를 부리던 자도 있었다. 노예의 생산 활동에 힘입어 평민들은 거의 생산 활동에 종사하지 않았다. 오늘날의 평민과 고대 그리스의 평민은 분명 차이가 있다. 고대 그리스의 평민은 귀족적인 평민이었던 것이다.

주체적인 경제활동에 따른 성공은 자연스럽게 폴리스의 평민들을 무사로 만들었다. 사람은 누구나 자신의 소유물을 지키려고 한다. 평민들은 일차적으로 이민족으로부터 소유물을 지키길 원했고, 이차적으로 강력한 권력자로부터 소유물을 지키길 원했다. 경제적인 여유에 따른 시간적인 여유가 확보되자 평민들은 스스로 무기를 마련한 후 싸움 연습을 했다. 무사로 거듭난 평민은 확실히 귀족적이었다. 폴리스는 전사공동체적 성격을 확연하게 띠게 되었다.

무사로 거듭난 평민들은 충분히 강했는가? 강했다. 영화 〈글래디에이터〉를 보면 콜로세움에서 창과 방패를 든 검투사들과 전차들이 싸우는 장면이 나온다. 창과 방패를 든 검투사들이 뭉친 다음 방패로 자신들을 가리자 전차들이 마음대로 유린하지 못했다. 그리스의 무사들은 바로 그런 식으로 뭉쳤다. 그런 식으로 뭉치는 것을 팔랑크스phalanx 제라고 했다. 팔랑크스는 사각형을 의미하는 말로서, 중장보병으로 구성된 방진밀집대方陣密集隊를 뜻하는 말이었다. 종횡 8열, 내지 10열로 사각형 밀집대형을 이룬 보병들은 각자의 방패로 화살이 들어올 틈 없이 앞과 뒤, 좌우, 그리고 위를 막았다. 일종의 거북, 혹은 탱크였다.

힘이 좋은 보병들이 오른쪽 앞에 위치했다. 팔랑크스 두 개가 맞붙었을 때는 시계 방향으로 빙글빙글 돌면서 서로를 밀었다. 그러다가 공포에 눌린 쪽의 전열이 붕괴되면 전열을 지킨 쪽이 쫓아가서 죽였다. 협동심이 중요한 덕목이 될 수밖에 없었을 것이다. 각자의 안전은 이웃 병사가 전열에서 자기 자리를 지킬 수 있는가 없는가에 달려 있었기 때문이다. 각 병사의 직경 90센티 정도의 방패는 자기의 좌반신과 함께 이웃 병사의 우반신을 막고 있었다. 가장 강력한 팔랑크스로 유명했던 폴리스는 스파르타였다. 스파르타에는 이런 격언이 있었다. "집으로 돌아올 때는 방패를 들고 와라. 못 들고 온다면 방패에 누워서 와라."

이런 식으로 그리스의 평민들은 무시 못 할 무사들이 되었다. 무시 못

할 무사는 곧 귀족을 의미한다. 귀족의 피 성분과 평민의 피 성분이 다른 것은 아니지 않는가? 결국 무사들이 귀족계급을 형성하는 것이다. 귀족계급은 기본적으로 유사시에 자기들이 피를 흘릴 수 있다는 것을 알고 있다.

오늘날도 피를 흘리는 것을 불사하는 사람들이 있다. 검사나 판사, 경찰, 정치인, 조폭 등은 피를 흘리는 사람들이다. 이탈리아에서는 검사나 판사가 마피아에게 종종 암살당한다. 정치인들도 정적에 의해서, 혹은 적국에 의해서 암살당할 수 있는 기본적인 위험을 예상할 수밖에 없다.

피를 흘리는 사람들은 극소수다. 땀을 흘리는 사람들이 사회의 대부분을 차지한다. 이들은 주로 생산 활동에 종사한다. 피를 흘리는 사람과 땀을 흘리는 사람의 차이는 크다. 땀을 흘리는 사람이 피를 흘리는 사람을 이기기는 힘들다. 때문에 평민이 귀족을 이기기는 힘든 것이다. 평민이 귀족을 이기려면 고대 폴리스의 평민들처럼 귀족적인 평민이 되어야 한다. 피를 흘리는 것을 불사하는 사람들로 거듭나야 한다.

귀족적인 평민들이 새로운 무사들이 되어 기존의 무사들을 몰아내는 경우는 역사에서 드물지 않게 발생했다. 신흥 귀족계급이 등장하는 것이다. 프랑스 대혁명을 이런 맥락에서 이해할 수 있다. 루이 14세 때부터 시작된 귀족들에 대한 순치는 귀족들로 하여금 그들 자신이 무사들이었음을 잊게 만들었다. 루이 14세는 베르사유 궁의 화려함으로 귀족들을 끌어들였다. 화려한 궁정에서 귀부인들과 어울리기 위해서 귀족들은 매너를 배워야 했다. 귀족들은 점차 세련되어갔고 점차 피를 흘릴 줄 모르는 사람들이 되어갔다.

반대로 프랑스의 평민들은 귀족적으로 변해갔다. 평민들 가운데 장사를 통해 돈을 많이 번 사람들은 부르주아가 되었다. 장사를 하기 위해서는 경쟁해야 한다. 경쟁이 심해지면 남을 죽여야 내가 사는 지경에까지 이르게 마련이다. 땀을 흘리다가 피를 흘리는 쪽으로 쉽사리 갈 수 있는 사람들이 장사를 하는 사람들이다. 장사는 약탈과 종이 한 장 차이라고 하지 않았는가? 피를 흘리는 사람들이 된 부르주아들이 선동하고, 부르주아는 아니지만 부르주아를 꿈꾸는 프티 부르주아들이 동조한 결과 발생한 것이 프랑스 대혁명이었다.

프랑스 국민 전체가 귀족적인 평민이 된 것에서 프랑스 대혁명 이후 프랑스가 유럽을 휩쓸 수 있었던 것의 요인을 찾을 수 있다. 물론 나폴레옹의 군 지휘관으로서의 천재적인 능력도 간과할 수 없다. 그렇지만 한 사람의 능력만으로 역사가 움직일 수는 없는 것이다. 프랑스 국민 전체가 귀족적인 평민이 되지 못했다면, 유럽 여러 나라에 있었던 귀족들의 연합 공세를 이겨내고 오히려 제압하기는 힘들었을 것이다. 자원입대하는 프랑스 국민들이 많았다. 이런 귀족적 평민들로 이루어진 국민 군대는 유럽의 다른 나라들에는 없던 새로운 형태의 군대였다. 이때 고조된 프랑스의 민족주의는 프랑스 국민 전체가 귀족적 평민이 된 것과 관련된다. 프랑스 국민에 의해 유럽 여러 나라의 귀족들이 제거된 것은 신흥 무사계급에 의해 기존 무사계급이 몰락한 것의 또 다른 형태였다.

프랑스의 민족주의는 유럽 여러 나라의 민족주의를 자극했다. 특히 독일의 민족주의를 자극했다. 독일의 민족주의는 제1차세계대전과 제2차 세계대전을 일으키는 원동력이 되었다. 극단적인 민족주의인 나치즘이 등장하기까지 했다. 나치스트들은 독일인의 선조는 아리안 족이라고 전제한 다음 우수한 아리안 족의 후예가 세계를 다스려야 한다고 주장했다. 많은 지역에 들어가 귀족이 된 아리안 족을 운운하는 것에는 보통의 독일인을 귀족적인 평민으로 거듭나게 하려는 저의가 깔려 있었다. 나치 하의 독일인들은 자신들을 귀족이라고 생각했을지 모른다. 독일인은 히틀러를 지지했고 히틀러의 대학살을 용인하는 태도까지 보였다. 독일 국민 전체가 귀족적인 평민이 되었기 때문에, 즉 피를 흘리는 사람들이 되었기 때문에 그다지 거부반응을 보이지 않았던 것이다.

프랑스 국민이나 독일 국민은 귀족적인 평민이었을지 모르지만, 폴리스의 귀족적 평민들보다는 수준이 낮았다. 폴리스의 귀족적 평민들도 한

때 참주를 세웠지만 그 폐해를 경험한 후 자신들 스스로 정치를 해나갔다. 프랑스 국민은 나폴레옹의 폐해를 경험했지만 다시 나폴레옹의 조카를 황제로 만들었다. 독일 국민도 제1차세계대전을 거치면서 강력한 권력을 가진 황제가 일으키는 폐해를 경험했지만 다시 히틀러에게 강력한 권력을 부여했다.

역사의 아버지라고 불리는 헤로도토스는 진짜 폴리스에는 아고라가 있다고 말했다. 아고라는 광장이다. 그리스 문화를 상당 부분 이어받은 로마에서는 광장을 포룸forum이라고 했다. 포럼이라는 말을 오늘날 쓰지 않는가? 포럼이라는 말은 포룸에서 나왔다. 오늘날 사용하는 포럼이라는 단어는 '공개토론회'를 의미한다. 고대 로마의 포룸이나 고대 폴리스의 아고라에서 공개토론이 주로 행해졌다.

다수의 귀족들이 스스로 정치를 하기 위해서는 토론을 해야 했을 것이다. 오늘날과 같은 커뮤니케이션 수단이 없었던 옛날에는 커뮤니케이션을 위해서 광장이 필수적이었다. 그리스·로마 문화를 뿌리로 삼고 있는 서양은 이런 광장에 큰 가치를 부여한다. 때문에 서양의 도시에는 항상 광장이 중심에 있다. 동양은 광장에 큰 가치를 부여하지 않는다. 중국에는 천안문 광장이 있다. 중국의 위정자들은 천안문 광장에 대한 좋지 않은 기억을 가지고 있을 것이다. 그곳에서 천안문 사태가 벌어졌기 때문이다. 한국에는 여의도 광장이 있었다. 지금은 그곳에 공원이 조성되어 있다.

건전한 데모는 토론의 연장선에 있다. 데모를 하는 사람들은 광장이 원래 공개토론 하던 곳임을 기억해야 한다. 사실 오늘날에는 광장이 없어도 된다. 신문이나 방송, 인터넷 등과 같은 커뮤니케이션 수단들이 많기 때문이다. 이런 수단들을 통해 여론이 형성된다. 여론 광장이라는 말이 있지 않은가?

귀족적인 평민들이 만든 정치제도, 아고라를 필요로 했던 정치제도가 민주주의다. 때문에 중우주의로 흐르지 않는 참된 민주주의를 꽃피우기 위해서는 귀족적인 평민들이 많아야 한다. 귀족적 민주주의를 민주주의라고 할 수 있고, 천민적 민주주의를 중우주의라고 할 수 있다. '노블리스 오블리제'라는 말이 있다. 귀하려면 의무를 다 해야 한다는 말이다. 여기서 말하는 의무는 피를 흘릴 의무다. 전쟁이 터졌을 때 외국으로 나가는 사람은 귀족적일 수 없다. 오히려 자발적으로 귀국하는 사람들이 귀족적인 사람들 아니겠는가? 이런 귀족적인 평민들이 많아야 민주주의가 잘된다.

미국은 총기 소유를 허용한다. 무기를 소유할 수 있는 것은 귀족적인 평민이 되는 지름길임을 알기 때문 아닐까? "보통 사람들이 총을 가질 수 없게 되면 악한 사람들만 총을 가지게 될 것이다"라는 말을 미국 사람들은 알고 있다.

하위에 속하는 장사, 돈, 무사, 귀족, 도구—무기, 공화제, 민주주의가 연결되고 있다는 것을 알 수 있다. 그리스 인은 하위를 충실히 다진 다음 상위를 추구했다. 돈만 번 것이 아니라 자존심과 명예, 공동체를 생각했던 것이다. 하위와 상위를 조화시켰기 때문에 귀족이 될 수 있었던 것이다. 황제와 왕, 평민과 노예 사이에 귀족이 있다.

10. 폴리스의 확대

>>> 페르시아 전쟁

지금도 그렇지만 과거에도 소아시아는 말썽이 많은 지역이었다. 오늘날 터키의 영토가 소아시아에 해당한다. 유럽과 아시아에 걸쳐 있기 때문에 아시아에 속할 수도 있고 유럽에 속할 수도 있다. 이라크 전이 발발했을 때 터키는 사실상 미국 편을 들었다. 지금의 터키는 친서방적이다. 페르시아가 당시 알려졌던 세계 거의 대부분을 다스리고 있었을 때도 이 지역의 일부 사람들, 즉 이오니아 사람들은 친서방적이었다.

페르시아 왕들의 무덤—이란, 쉬라즈.

페르시아는 일찍이 키루스 대왕 시대에 리디아와 이오니아를 정복한 적이 있었다. 그후 이오니아의 폴리스들은 하나 둘씩 페르시아의 지배에서 벗어났다. 페르시아는 다시 이오니아를 정복하여 지중해 무역을 독점할 필요를 느꼈다. 이미 페니키아는 복속시킨 상태였다.

페르시아의 다리우스는 이오니아 정복을 위해 새 수도 파르사를 건설하기 시작했다. 그의 아들인 크세르크세스에 의해 완성된 파르사는 후에 그리스 인에 의해 페르시아의 도시라는 뜻의 페르세 폴리스로 불리게 된다. 이오니아의 폴리스들은 폴리스의 특성상 서로 분열되어 있었기 때문에 손쉽게 정복할 수 있었다. 이오니아 지방에서도 요충지에 자리 잡고

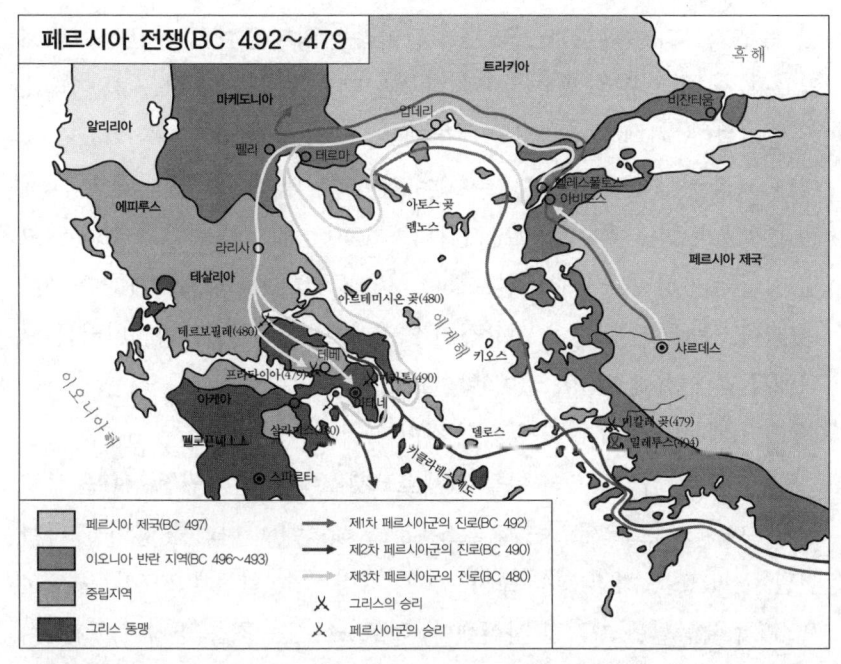

페르시아 전쟁(BC 492~479

있었던 밀레투스를 600척의 함선으로 공격하여 함락시키자 이내 이오니아 지방 전체가 페르시아의 손에 떨어졌다.

다리우스는 내친 김에 그리스 본토를 복속시킬 생각을 했다. 기원전 492년 헬레스폰토스에 집결한 페르시아의 육군과 해군은 그리스를 향해 진군하기 시작했다. 육군은 마케도니아를 유린했고 해군은 타소스 섬을 정복했다. 풍전등화와 같던 그리스를 구한 것은 하늘이었다. 아테네를 향해 남하하던 페르시아 해군은 삼지창같이 생긴 반도를 지나가야 했다. 그곳은 아토스 곶이었는데 예로부터 풍랑이 심했다. 함선 300척이 파괴되었고, 병사 2만여 명이 몰살했다.

다리우스는 포기하지 않았다. 2년 만에 대규모의 다국적 연합군을 다시 그리스로 보낸다. 이번에는 사모스 섬에서 출발하여 아테네로 직진하는 해로를 택했다. 기원전 490년에 600척의 함선에 나누어 탄 페르시아의 대군은 아테네에서 동북쪽으로 40여 킬로 떨어진 마라톤 평원에 다다랐다. 스파르타는 제사가 열리는 기간이라는 핑계를 대며 원군을 보내지 않았다. 아테네 홀로 페르시아의 대군과 맞섰다. 배수의 진을 친 아테네가 승리한다. 아테네의 팔랑크스가 페르시아의 궁병과 기병을 이겼던 것이다. 페르시아 군의 피해는 6,400여 명이었는데 반해 아테네 군의 피해는 192명이었다. 이때 전령 필리피데스가 40여 킬로를 한번도 쉬지 않고 달려 아테네 시민들에게 승전보를 전하고 죽었다. 팔랑크스 제를 운용하던 그리스는 전투에 말을 이용하지 않았다고 하지 않았는가? 마라톤 평원에서 패배한 페르시아 군이 함선으로 철수하여 아테네를 직접 공략하려 했기 때문에 쉬지 않고 달렸던 것이다.

3차 전쟁은 다리우스의 아들 크세르크세스에 의해 기원전 480년 봄에 발발했다. 크세르크세스는 헬레스폰토스 해협에 배다리를 놓아 대군이 건널 수 있도록 하였으며, 보병 70만, 기병 8만, 함선 1,207척, 수송선 3,000척을 동원했고 직접 지휘했다. 헤로도토스는 최종 병력이 528만여 명에 이르렀다고 알려준다.

스파르타 군은 아티카의 관문인 테르모필라이의 좁은 산길에서 페르시아 군을 기다렸다. 스파르타도 이번에는 페르시아를 공동의 적으로 인식했던 것이다. 하지만 300명의 스파르타 정예병과 3,000여 명의 그리스 연합군은 우회하여 덮친 페르시아 군을 막아내지 못했다. 아테네를 이끌던 테미스토클레스는 저지선이 무너졌다는 소식을 전해듣고 여자와 노약자를 살라미스 섬으로 피난시킨다.

테미스토클레스는 일찍이 해군을 육성해두었다. 그전에는 그리스에 해군이 없었다. 상선을 이용해 장사만 할 줄 알았지 함선을 건조할 생각은 하지 못했던 것이다. 테미스토클레스는 살라미스 해협에서 페르시아 함대가 오기를 기다렸다. 수적으로 열세에 놓여 있을 때는 좁은 장소에서 싸워야 하는 법이다. 마라톤 전투 때처럼 배수의 진을 친 그리스는 11시간에 걸친 전투에서 승리했다.

페르시아를 물리치긴 했지만 페르시아의 위협은 여전히 남아 있었다.

폴리스들은 동맹을 결성했다. 이 동맹을 델로스 동맹이라고 한다. 델로스 섬에 있는 아폴로 신전의 금고에 각 폴리스들이 낸 군자금을 모아두었기 때문에 델로스 동맹이라고 했다. 맹주는 아테네였다. 아테네 해군의 활약이 승리의 결정적 요인이었음을 다른 폴리스들도 인정할 수밖에 없었던 것이다.

파르테논 신전—그리스, 아테네.

시간이 흐르면서 맹주의 힘은 점점 커져갔다. 기원전 454년에 아테네는 델로스 섬의 금고를 아테네로 옮겨버렸다. 폴리스들이 내는 정기적인 군자금은 이미 아테네에 바치는 조공으로 변해 있었다.

전성기의 아테네를 이끌던 지도자는 페리클레스였다. 그는 민주주의와 제국주의를 동시에 추구했다. 해군의 대두는 수병의 지위를 향상시켰고, 수병의 지위 상승은 사회의 민주화를 촉진시켰다. 페리클레스는 500인회의 의원들에게 급료를 지불했고, 시민 법정의 배심원들에게 수당을 지급했다. 돈이 없는 사람도 정치를 할 수 있게 된 것이니 민주화가 확대된 것이었다. 동시에 그는 델로스 동맹의 공금을 유용해 파르테논 신전을 지었다. 높은 건물은 상위에 속한다. 페리클레스는 상위의 제국주의를 추구했다.

수많은 폴리스들로 이루어진 그리스에 제국은 맞지 않는 옷이었다. 아테네의 제국주의는 주변 폴리스들을 자극했다. 특히 전통적으로 아테네와 라이벌 관계에 있던 스파르타를 자극했다. 급기야 스파르타와 아테네 사이에 전쟁이 발발한다. 펠로폰네소스 전쟁이었다. 기원전 430년 여름 페스트가 아테네를 급습하여 페리클레스마저 죽게 되자 전력이 비슷해진 두 폴리스는 지루한 전쟁을 계속했다. 스파르타는 페르시아의 해군을 이용하여 아테네의 보급선을 끊은 것을 기화로 승리를 쟁취하지만 상처뿐인 승리였다.

스파르타의 시대는 짧았다. 아테네보다 가혹하게 그리스를 좌지우지했던 스파르타에게 등을 돌린 폴리스들 중 하나인 테베에는 군사 영웅 에파미논다스가 있었다. 에파미논다스는 팔랑크스를 깰 수 있는 사선진斜線陣 전술을 구사했다. 팔랑크스는 오른쪽이 강하다. 사선진 전술은 약한 왼쪽을 공격하는 전술이었다. 테베가 새로운 강자로 부상했지만 에파미논다스의 전사를 계기로 급격히 약화된다.

››› 알렉산더 대왕

약화된 그리스를 통일한 것은 북쪽 변방의 마케도니아였다. 신흥 군사 강국으로 떠오른 마케도니아는 하위에 속한 나라였다. 페르시아가 그리스를 공격할 때 길목에 있었던 탓에 페르시아에 의해 철저히 유린당했던 마케도니아는 불행이 반복되지 않게 하기 위해 페르시아를 꺾어야 한다는 일념으로 문이 아니 무를 길렀던 것이다. 마케도니아의 귀족들을 통합한 필리포스 2세는 먼저 그리스를 장악했다. 그는 젊었을 때 테베에 볼모로 잡혀 있었던 만큼 그리스 사정에 밝았다. 손쉽게 그리스를 장악한 필리포스는 그러나 페르시아 원정을 준비하던 중 암살당하고 만다.

왕위와 함께 원대한 꿈을 물려받은 알렉산더는 반란을 도모한 테베와 아테네를 응징한 후 동방 원정길에 올랐다. 동방 원정대의 보병은 3만 명, 기병은 5,000명, 함선은 160척이었다. 식량은 10일분뿐이었다. 전투부대가 진군하면 보급부대가 뒤따르는 것이 보통이다. 식량을 10일분만 가지고 출정했다는 것은 보급부대가 변변치 못했거나 없었다는 것을 의미한다. 하위에 속하는 유목민족들이 전쟁을 치를 때는 먹는 것에 신경을 많이 쓰지 않는다. 몽골 군은 보급부대를 따로 두지 않았다. 몽골 군이 유럽까지 가는 동안 보급부대가 계속 따라갔다면 그 긴 보급선을

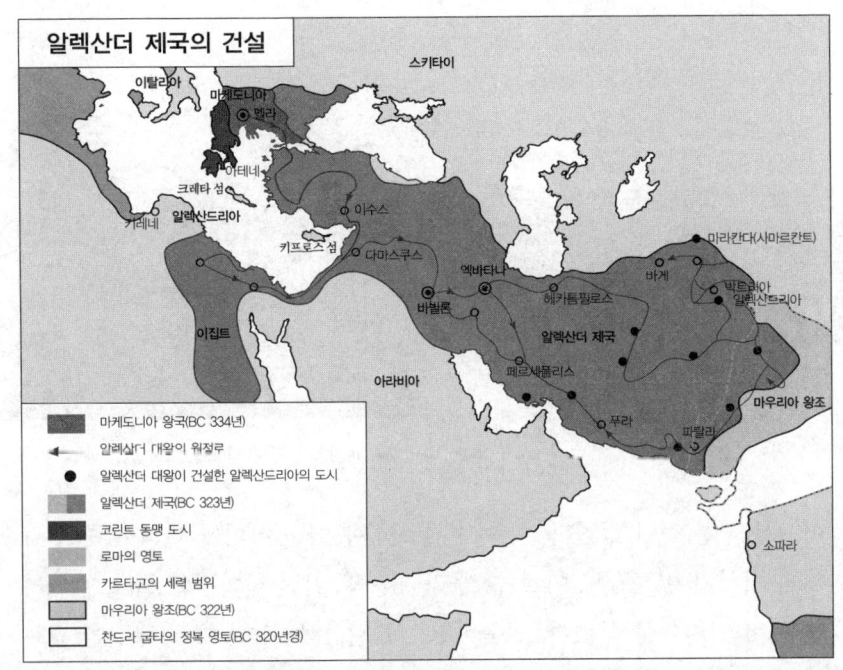

알렉산더 제국의 건설

이탈리아
마케도니아
펠라
스키타이
아테네
크레타 섬
이수스
키레네
알렉산드리아
키프로스 섬
다마스쿠스
엑바타나
마라칸다(사마르칸트)
바게
박트라아
알렉산드리아
바빌론
헤카톰필로스
알렉산더 제국
이집트
페르세폴리스
아라비아
푸라
마우리아 왕조
파탈리
소파라

- 마케도니아 왕국(BC 334년)
← 알렉산더 대왕이 워정루
● 알렉산더 대왕이 건설한 알렉산드리아의 도시
  알렉산더 제국(BC 323년)
  코린트 동맹 도시
  로마의 영토
  카르타고의 세력 범위
  마우리아 왕조(BC 322년)
  찬드라 굽타의 정복 영토(BC 320년경)

어떻게 유지할 수 있었겠는가? 몽골 군은 분유와 육포 등을 가지고 다니면서 먹는 문제를 해결했다. 알렉산더의 군대는 그런 면에서 분명 하위에 속하는 군대였고 때문에 유목적으로 인도 초입까지 갈 수 있었던 것이다.

최초의 전투는 헬레스폰토스 해협을 건넌 마케도니아 군이 지금의 터키 북서부에 있는 그라니코스 강에 도착했을 때 벌어졌다. 너무나 손쉽게 대승을 거두었는데, 마케도니아 군의 전사자는 34명이었고 페르시아 군의 전사자는 2만여 명이었다. 페르시아 군이 대패했다는 소문은 알렉산더로 하여금 소아시아 전역을 손쉽게 차지할 수 있게 했다.

알렉산더가 소아시아의 고르디온이라는 곳에 갔을 때 어떤 신관이 알렉산더에게 한 매듭을 풀어보라고 한다. 알렉산더는 풀어보다가 잘 안되자 칼로 베어버렸다. 이 에피소드는 보통 사마광과 관련된 에피소드와 콜롬버스와 관련된 에피소드와 함께 이야기된다. 사마광이 어렸을 때 한

인도 자이푸르의 코끼리들.　　　　　　　　　인도의 갠지스 강 주변 건물들.

아이를 구한 적이 있었다. 아주 큰 항아리에 어린 아이가 빠져서 죽을 위기에 처하자 어른들도 어쩔 줄 몰라 했지만 어린 사마광은 돌로 항아리를 깨버려 아이를 구했다. 콜롬버스는 달걀 끝을 약간 깨서 달걀을 세우지 않았는가? 이 사람들의 공통점은 자르거나 깨거나 훼손하는 것에 대해 인간이 가지고 있는 본질적인 두려움을 가지고 있지 않았거나 극복했다는 점이다. 깨는 것을 두려워하지 않아야 역사에 이름을 남길 수 있는 것인가? 알렉산더는 결국 자신의 삶까지 깨버렸다.

기원전 333년에 드디어 이수스에서 다리우스 3세와 알렉산더가 제대로 맞붙었다. 이수스 전투에서도 알렉산더가 승리했다. 알렉산더는 페르시아의 물자 보급로를 차단하고 지중해의 페르시아 함대를 격리시키기 위해 페니키아와 이집트로 남진했다. 이스라엘에서는 자신이 성경에 예언되어 있었다는 사실을 전해듣는다. 성경 다니엘서에는 큰 뿔을 가진 숫염소가 뿔 둘을 가진 수양을 죽이는 다니엘이 본 환상 이야기가 나온다. 알렉산더는 숫염소는 마케도니아이며 큰 뿔은 자신이라는 해석을 듣고서 유태 인을 잘 대해주었다고 한다. 기원전 332년에 이집트까지 정복하여 파라오라는 칭호를 받은 그는 메소포타미아로 진격했다.

다리우스는 가우가멜라 평원에서 알렉산더를 기다렸다. 그가 믿는 것

이집트, 알렉산드리아 해에서 본 시중해.

은 200대의 전차였다. 영화 〈글래디에이터〉에 보면 콜로세움에서 막시무스가 전차들을 상대할 때 보병들로 하여금 뭉치게 하여 일단 전차를 막은 다음 전차에서 떼어낸 말에 올라타 전차병들을 죽이는 장면이 나온다. 알렉산더가 가우가멜라 전투에서 구사했던 전술이 이와 비슷했다. 팔랑크스로 전차들을 막은 다음 기병들을 이용해서 무찔렀다. 다리우스는 코끼리 부대도 이용했다. 코끼리를 처음 본 마케도니아 군이 어금니에 낫을 달고서 미친 듯이 달려드는 코끼리들을 상대하기는 쉽지 않았을 것이다. 파워가 센 코끼리는 상위에 속한다. 파워는 약하지만 스피드가 좋은 말은 하위에 속한다. 하위가 승리했다. 가우가멜라 전투에서 승리한 마케도니아 군은 드디어 페르세폴리스에 입성했다.

페르시아를 멸망시킨 알렉산더는 동쪽으로 계속 나아가 인더스 강 유역에 이르렀다. 기원전 327년 인도 서북부 펀자브에 있던 탁실라와 제룸이라는 나라들을 제압하고, 라비 강변에서 10만에 이르는 인도 연합군마저 격파한 알렉산더는 현지 주민에게서 동쪽에 있는 큰 강, 지금의 갠지스 강이 바다로 흘러들어간다는 말을 전해 듣는다. 그는 세계의 끝이 얼마 남지 않았다고 생각했다. 지구가 둥글다는 생각을 못했던 시절이었던 것이다. 알렉산더는 세계 정복의 꿈을 완수하길 바랐다.

그러나 알렉산더는 인도를 정복하지 못했다. 부하들이 말을 듣지 않았다. 고향 떠난 지도 오래되었고, 인도의 무더위 또한 견디기 힘들 정도였다. 권력은 어디에서 비롯되는가? 마오쩌둥은 권력은 총구에서 나온다고 했지만, 이 말은 전기가 전기 콘센트에서 나온다는 말이나 다름없다. 권력은 권력자를 권력자로 인정하는 파워엘리트로부터 나온다.

유비는 지략이나 용력이 뛰어나지 못했지만 장비나 관우, 제갈량 등으로부터 인정을 받았기 때문에 권력을 얻을 수 있었다. 인도를 정복하려고 했던 알렉산더를 부하들, 특히 장교들이 인정하지 않았기 때문에 일시적이었지만 권력이 사라졌던 것이다. 어쩔 수 없이 마케도니아 군은 수사로 돌아왔다.

이후 인도는 서양인들에게 동양의 끝으로 여겨졌다. 불교가 동쪽으로 전래된 이후 동양인들에게 인도가 서양의 끝으로 여겨졌던 것과 비슷했다. 동양인들에게 서역은 보통 인도를 의미했다.

아리스토텔레스를 사사했던 알렉산더는 그리스 문화를 잘 알았을 것이고 폴리스의 중요성도 잘 알았을 것이다. 자신의 이름을 딴 알렉산드리아라는 도시, 즉 폴리스를 70여 개나 건설했다. 그리스 풍의 문화가 세계를 휩쓸었다는 것은 그리스 어가 국제어가 되었다는 사실이 증명한다. 국제어가 된 그리스 어를 코이네 어라고 한다. 코이네란 공용어라는 뜻이다. 상위에 속하는 언어의 통일은 알렉산더가 이룬 세계 제국이 명실상부했음을 알려준다.

제국을 건설한 알렉산더는 동양적으로 변해갔다. 서양보다 동양이 더 상위적이지 않은가? 페르시아의 황녀였던 스타데일라와 그 자신이 결혼했고, 80명의 고관과 1만 명 정도 되는 장병들을 페르시아 여자들과 결혼시켰다. 동양에 비해 서양의 우위를 지키고 싶어 했을 그리스 인의 입장에서는 그다지 기분 좋은 일이 아니었을 것이다. 브라질에는 인종차별 의식이 별로 없다. 백인끼리 결혼해도 흑인 아이가 태어날 수 있기 때문이다. 인종간의 결합이 낳은 결과다. 반면 남아프리카공화국에서는 예전에 백인과 흑인의 결혼뿐만이 아니라 백인과 흑인의 성관계까지도 금지하는 법이 있었다. 알렉산더의 결혼정책은 세계시민주의의 발생에 큰 기여를 했다. 어떤 면에서 제국의 동양화를 촉진시켰다.

알렉산더는 그리스 인으로 하여금 자신에게 프로스키에시스라고 하는 예를 표할 것을 요구했다. 프로스키에시스는 페르시아 인이 페르시아 왕

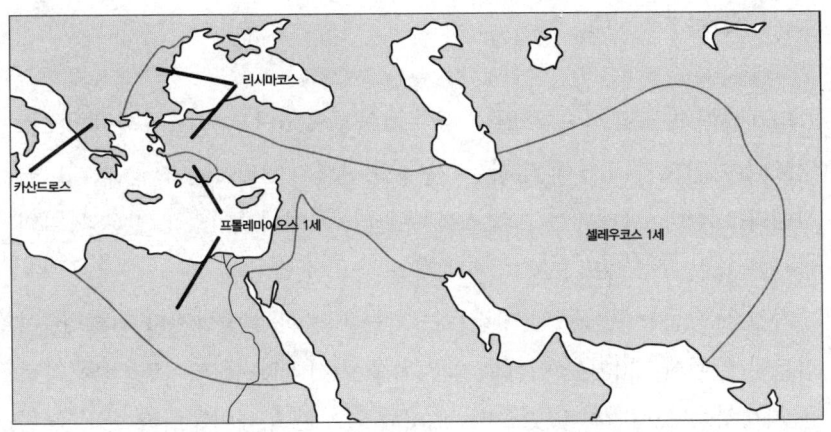

에게 표하는 특별한 예였다. 그리스 인은 이러한 동양적 예의 강요가 자신들을 노예로 취급하는 것이라고 느꼈기 때문에 불만을 품었다. 직언을 했던 파르메니오와 클레이토스는 알렉산더에게 죽임을 당했다. 클레이토스는 알렉산더의 생명의 은인이었음에도 죽임을 당했다.

불만이 있던 차에 알렉산더가 요절하자 장군들은 제국을 분할해버렸다. 알렉산더는 30세 정도에 결혼을 했다. 당연히 알렉산더가 죽었을 때 아들은 갓난아이에 불과했다. 강압적이었던 황제의 아들을, 더구나 갓난아이를 인정하기는 힘들었을 것이다. 카산드로스 장군이 마케도니아와 그리스를 차지했고, 리시마코스 장군이 소아시아와 트라키아를 차지했으며, 셀레우코스 장군이 시리아와 페르시아를 차지했고, 프톨레마이오스 장군이 이집트를 차지했다. 카산드로스 장군의 통치기간이 가장 짧았다. 기원전 285년에 리시마코스 장군이 마케도니아와 그리스를 차지해버린다. 결국 유럽과 아시아, 아프리카로 분할되었던 것이다. 부관들, 즉 디아도코이Diadochoi들의 50여 년에 걸친 피비린내나는 전쟁 끝의 분할이었다.

>>> 헬레니즘 시대

알렉산더가 페르시아를 멸망시킨 기원전 330년부터 프톨레마이오스 왕조의 이집트가 로마에 병합된 기원 30년까지 300여년 간을 헬레니즘 시대라고 한다. 헬레네는 그리스를 뜻한다. 헬레니즘이라는 말은 독일의 역사가 요한 구스타프 드로이젠이 처음 사용한 말이다.

가장 오랫동안 존속했던 이집트는 학문과 문화의 중심지가 되었다. 이 집트의 알렉산드리아는 아테네의 지위를 이어받았다. 70여만 권의 장서를 자랑하는 도서관이 있었으며, 도서관 옆에는 무세이온이라 불린 왕립 연구소가 있었다. 유클리드와 아르키메데스, 에라토스테네스 등은 모두 무세이온에서 연구했다. 무세이온에서 뮤지엄이라는 말이 나왔다.

기원전 3세기에 도서관장을 지낸 에라토스테네스는 지구의 둘레를 정확히 측정했다. 그는 도서관의 장서 가운데서 알렉산드리아의 정남쪽에 있는 시에네 읍내에서는 하지 정오에 수직으로 세운 막대기에 그림자가 생기지 않는다는 기록을 발견했다. 알렉산드리아에서 하지 정오에 똑같은 실험을 하여 그림자가 생기는 것을 관찰한 그는 태양은 지구에서 무한히 떨어진 곳에 있기 때문에 빛은 평행할 것이므로 알렉산드리아에서 그림자가 생기는 것은 지구가 둥글기 때문이라는 결론을 내렸다.

에라토스테네스는 시에네와 알렉산드리아의 두 개의 막대기가 지구의 중심부까지 뻗어 있다고 가정한 뒤 두 선 사이의 각도가 7도 12분임을 밝혀냈다. 알렉산드리아의 막대기와 막대기 그림자가 만드는 삼각형을 통하여 7도 12분을 도출해냈을 것이다. 알렉산드리아와 시에네의 거리는 5,000스타디아였다. 360도

알렉산드리아의 막대기와 막대기 그림자

를 7도 12분으로 나누면 약 50이다. X:5000=50:1 하면 X=250,000이
다. 25만 스타디아를 미터로 환산하면 약 4만 450킬로미터이다. 오늘날
의 계측치가 4만 킬로미터임을 생각하면 거의 정확했음을 알 수 있다.
경부고속도로의 거리가 428킬로미터이니까 대략 서울 부산 정도의 오차
가 난 것이다.

11. 로마(1)

>>> 로마 제국의 형성

이제 로마에 대해서 이야기할 차례다. 그리스 반도의 서쪽에는 이탈리아 반도가 있다. 늑대의 젖을 먹고 자란 로물루스가 나라를 세웠다는 건국설화에 따르면, 로마는 기원전 753년에 건국되었다. 기원전 8세기경에 이탈리아 반도의 북쪽에는 에트루리아 인이 살고 있었고, 남쪽에는 그리스 식민도시들에 그리스 인이 살고 있었다. 이런 식민도시들의 총칭이 마그나 그레키아Magna Grecia이다. 그리스를 라틴 어로 그레키아라고 했다. 보통 배낭여행객들은 이탈리아 남부에서 그리스를 향해 배를 타고 간다. 밤에 타면 아침에 도착하는 정도의 거리밖에 되지 않는다.

헤로도토스는 에트루리아 인이 소아시아에서 왔다고 알려준다. 기원전 1000년경에 그리스로 남하한 도리아 인처럼 에트루리아 인의 선조는 아리안 족일 가능성이 크다. 기원전 6세기경에 에트루리아의 지배를 받은 바 있는 로마는 왕정을 극히 혐오하게 되어 공화정을 정치제도로 채택하였다. 정치제도가 하위적이었음을 알 수 있다. 그리스에 대해 검토하면서 살펴보았지만 귀족적인 평민들이 엮어가는 민주주의가 하위 특유의 강력한 파워를 발휘한다. 로마 인은 마그나 그레키아를 통해 그리스의 정치제도를 받아들인 것에 더하여 대표들을 뽑아 아테네로 보내 민주정치의 현장을 견학하게까지 했다. 반도의 중심에 있던 로마는 상위의 북쪽보다는 하위의 남쪽, 상위의 육지보다는 하위의 바다를 택했던 것이다.

초기에는 귀족들이 원로원을 구성하여 공화정을 꾸려갔다. 원로원이라는 말에서 오늘날의 상원이라는 말이 나왔다. 상원, 하원으로 나누는 형태는 근대 서구에서 시민계급이 성장하여 의회에 진출할 때 기존의 귀족들의 의회와 새로이 부상하는 시민 대표들의 의회로 전체 의회를 나눈 것에 기인한다. 공화정은 초기에 언제나 상원, 혹은 귀족원으로 출발한다.

씨족장이나 전직 고위관료들로 이루어진 원로원의 권한은 막강했다. 두 명의 집정관을 뽑아 1년의 임기를 채우게 했다. 국가 비상사태 때는 집정관이 일시적으로 독재관이 되도록 하여 전권을 행사할 수 있게 했지만 그것도 6개월을 넘기지 못하도록 했다. 역시 왕은 상위에 속하고 귀족은 하위에 속한다. 철저히 왕이 출현하지 못하게 했다.

귀족과 평민을 비교하면 귀족이 상위에 속하고 평민은 하위에 속한다. 로마의 평민은 기원전 494년에 일종의 총파업을 감행했다. 평민 출신 군인들이 중심이 된 평민들은 성스러운 언덕에 모여 요구 조건을 제시했다. 팔랑크스 제를 운용하고 있던 로마였기 때문에 무력을 소유하고 있던 평민들의 요구 조건을 무시할 수 없었다. 자영농민들이었던 평민들은 자비로 팔랑크스의 일원이 된 무사들이었다. 피를 흘리는 귀족들이었던 것이다.

평민들은 하원, 즉 평민원인 평민회와 평민의 권익을 옹호하는 호민관(tribunus)을 둘 수 있게 되었다. 이후 12표법이라고 하는 로마 최초의 성문법을 만들었고, 집정관 중 한 명은 평민 출신에서 선출되도록 했다. 기원전 287년에는 마침내 호르텐시우스 법을 통해 평민회의 결의가 원로원의 인준 없이도 법률로서 발효되게 했다. 호르텐시우스 법이 발효된 지 10년 남짓 후에 로마는 이탈리아 반도를 완전히 통일할 수 있었다. 귀족적인 평민들의 역할이 얼마나 컸었는지를 알 수 있다.

로마는 정복한 이탈리아 주민들을 자신의 지배 하에 예속시키는 것이 아니라 동맹자로 받아들였다. 마그나 그레키아의 여러 도시들에 대해서 자치를 허용했다. 어떤 지역에서는 상층민에게 로마 시민권, 혹은 반反

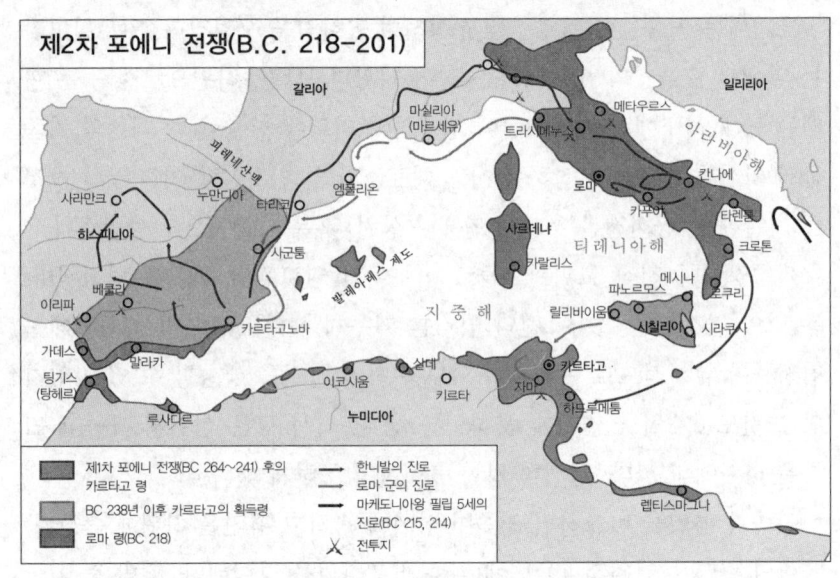

제2차 포에니 전쟁(B.C. 218-201)

로마 시민권을 부여했다. 폴리스 연합체를 구성하려 했던 것이다. 외부인에 대한 시민권 부여에 소극적이었던 아테네나 스파르타와 비교될 만하다. 뿌리가 튼튼해야 나무가 높이 자랄 수 있는 것 아닌가? 로마는 하위에서 곧바로 상위로 나아간 것이 아니라 하위를 두텁게 하는 데 충분한 공을 들였다.

지속적으로 하위를 추구했던 로마에는 자연히 귀족적인 평민들이 많았다. 귀족들은 많은 돈과 많은 땅을 원한다. 로마는 필연적으로 이탈리아 반도 밖으로 눈을 돌릴 수밖에 없었다. 로마의 정복 활동은 귀족적인 평민들을 중심으로 하는 전 국민적 지지 속에서 전개되었다. 삼면이 바다로 둘러싸인 반도에서 살았던 로마 사람들이었기 때문에 바다로 진출할 수밖에 없었다.

지중해 한가운데, 그리고 이탈리아 반도 바로 아래에 시칠리아 섬이 있었다. 문제는 시칠리아 섬 바로 아래에 북아프리카의 카르타고가 있었다는 것이다. 카르타고는 과거 페니키아의 식민시로서 서부 지중해를 장악하고 있었다.

시칠리아의 도시국가들은 전통의 카르타고에 붙을 것이냐, 신흥세력 로마에 붙을 것이냐를 두고 기로에 서 있었다. 시칠리아의 우두머리격인 시라쿠사는 카르타고를 택했고, 로마와 지리적으로 가까웠던 메시나는 로마를 택했다. 메시나의 구원 요청에 로마 원로원은 망설였으나 평민회는 과감히 참전을 결정했다. 반도의 통일을 이룬 지 불과 8년밖에 안 되었던 시점이었다. 기원전 264년이었다.

이렇게 하여 발생한 로마와 카르타고 사이의 3차에 걸친 100여 년 간의 전쟁을 포에니 전쟁이라고 한다. 포에니Poeni란 페니키아 인을 의미한다. 페니키아Phoenicia에서 h가 탈락된 것이다. 카르타고의 선조는 페니키아 인 아닌가? 그런가 하면 아프리카라는 말은 카르타고 주변이라는 뜻이다. 아프리 카르타고의 준말이다.

카르타고는 해상상업국가로서 하위에 속했다. 병사들도 용병들이었다. 에스파냐 출신의 보병들과 누미디아 출신의 기병들은 막강한 전투력과 용맹함을 갖추고 있었다. 해상무역으로 힘을 키워온 함대는 카르타고 해군력의 자랑이었다. 반면 로마는 농업국가였으며, 팔랑크스 제를 구사하는 육군국이었다. 이것만 놓고 보면 로마는 상위에 속한다. 그러나 로마의 경우는 이집트나 메소포타미아의 경우와는 달랐다. 노예가 아니라 자영농민들이 농사를 지었다. 상위의 왕, 혹은 귀족들이 아니라 하위의 귀족적 평민들에 의해 움직였던 로마였기 때문에 카르타고보다 하위에 속했다고 할 수 있는 것이다.

20여 년 간 시칠리아를 무대로 전개된 1차전에서 로마는 승리했다. 기원전 260년 시칠리아 북부에서 벌어진 해전에서 로마가 승리한 것은 큰 성과였다. 하위의 로마가 하위적 면모를 보여줬던 것이다. 해전의 중요성을 깨달은 로마는 해군을 육성하여 뒤이어 벌어지는 2차전에서의 대역전승의 발판을 마련한다. 로마는 막대한 배상금과 함께 시칠리아, 사르데냐, 코르시카를 얻었다.

카르타고의 하밀카르 장군은 에스파냐로 갔다. 에스파냐란 원래 '먼

나라' 라는 뜻으로 페니키아 인이 지은 이름이었다. 에스파냐는 피레네 산맥으로 유럽과 나누어져 있기 때문에 세력을 키우기에 좋은 곳이었다. 더구나 은광이 많았다. 스타크래프트 게임 식으로 말하면 하밀카르는 미네랄과 가스까지 있는 좋은 곳에 멀티를 했다. 하지만 기원전 228년 그는 그만 암살당하고 만다. 그의 사위인 하스드루발이 총독직을 이어받았지만 5년 뒤에 역시 암살당한다. 하밀카르의 아들 한니발이 로마 정복의 꿈을 이어받았다.

한니발이라는 이름의 뜻은 '바알의 은총을 입은' 이다. 페니키아 인의 후손인 카르타고 인은 페니키아 인의 신이었던 바알을 섬겼다. 바알 신은 성경에도 나온다. 9세였을 때 이미 로마에 대한 복수를 맹세한 한니발은 5개 국어를 구사할 수 있었으며 활을 잘 쏘았다고 한다.

기원전 218년 봄 마침내 원정길에 오른 한니발은 누구도 생각하지 못한 대담한 작전을 구사했다. 육로를 이용해 이베리아 반도에서 이탈리아까지 가기로 했던 것이다. 피레네 산맥과 알프스 산맥을 넘는 힘든 길이었다. 로마의 해군력이 비약적으로 성장해 있었고, 비장의 무기인 코끼리를 배에 태우기 어려웠기 때문이다. 한니발은 로마가 이탈리아 반도를 통일하기 직전에 로마 군을 괴롭힌 피로스의 코끼리 전술을 연구했었다. 오늘날의 알바니아 태생인 에피루스의 왕 피로스는 20마리의 코끼리들을 믿었지만 팔랑크스를 깨지 못했었다. 그런 피로스의 전철을 밟지 않겠다고 결심했을 한니발은 4만의 대군과 40마리의 코끼리를 이끌고 동쪽으로 향했다.

많은 병력을 알프스 산에서 잃긴 했지만 한니발의 기세는 꺾이지 않았다. 기원전 216년 이탈리아 남부의 칸나에에서 로마군 약 7만 명을 도륙했다. 한니발 군의 손실은 6,000여 명에 불과했다. 로마가 거의 손에 잡힐 듯하였다. 그러나 이후 13년 간 로마와 로마의 동맹시들은 계속하여 항전했다. 대부분의 도시들이 로마에 대한 충성을 버리지 않았다. 하위에 충실했던 로마였기 때문에 어려운 시기에 다른 도시들의 충성을 확보할 수 있었던 것이다.

　기원전 210년 로마의 청년 장군 스키피오는 에스파냐 원정군 사령관이 되어 에스파냐로 떠난다. 당시 스키피오의 나이는 스물다섯이었다. 스키피오는 자신의 우상이었던 한니발의 에스파냐를 5년 만에 정복하고 개선했다. 이어 그는 카르타고 본토를 공격했다. 1년간 카르타고를 유린하자 마침내 한니발도 카르타고로 올 수밖에 없었다. 자마 평원에서 만난 두 영웅은 숙명의 결전을 벌였다. 한니발의 코끼리들을 나팔 소리로 놀라게 한 스키피오는 동시에 수적으로 우세한 기병들을 이용해 한니발 군을 섬멸했다. 이렇게 하여 2차전도 막을 내린다. 스키피오는 원로원으로부터 '아프리카를 제압한 자' 라는 뜻의 아프리카누스라는 별명을 받았다.

　그후 반세기 만에 일어난 3차전은 카르타고의 급속한 부흥을 염려한 로마가 억지로 일으킨 전쟁이었다. 로마는 카르타고의 인접국인 누미디아를 부추겨 카르타고를 공격하게 했다. 카르타고는 전쟁 금지 조항을 어쩔 수 없이 어겼고, 로마는 기다렸다는 듯이 침공했다. 카르타고는 2년 동안 필사적인 방어전을 폈으나 마침내 멸망되었다. 로마의 정치가 카토는 사망할 때까지 거의 2년 동안 원로원에서 연설을 할 때마다 마지막에는 꼭 "델렌다 에스트 카르타고!"라고 말했는데 "카르타고는 반드시 멸망되어야 한다!"는 뜻이었다. 하위적 특성이 다분했던 카르타고였기 때문에 반세기 만에 위협적인 존재가 되어 있었던 것이다. 독일과 일본도 제2차세계대전 후 반세기 만에 다시 부강한 국가들이 되지 않았는가?

　카르타고는 하위적 특성이 많았지만 보다 더 하위적이었던 로마에게 졌다. 로마는 하위의 해군력을 활용했던 반면 카르타고의 한니발은 상위의 육전陸戰을 구사했다. 그리고 상위에 속하는 코끼리를 이용했다. 때문에 단기전에서는 승리할 수 있었다. 그러나 전쟁이 장기화되자 패배했다.

　포에니 전쟁이 벌어지고 있는 도중에 이미 로마는 동부의 마케도니아와 접전을 벌였다. 2차 포에니 전쟁에서 승리한 뒤 아무것도 거리낄 게 없어지자, 전면전에 나선 로마는 마케도니아를 멸망시켰고, 내친걸음에 시리아의 소아시아 영토마저 접수했다.

〉〉〉 로마 제국의 전성

바야흐로 로마는 상위의 제국을 향해 나아가기 시작했다. 귀족들은 정복지의 토지를 독점하면서 대토지 소유자가 되었다. 노예 노동을 기반으로 한 라티푼디움이 등장했다. 로마의 귀족적인 평민들은 자영농민들이었다. 자영농민들이 라티푼디움에서 들어오는 값싼 농산물을 당해내기는 불가능했다. 미국이나 호주 등지에서 들어오는 값싼 농산물을 한국 농부들이 당해내지 못하는 것과 마찬가지다.

물질적 토대가 없는 평민이 귀족적인 평민이 되기는 힘들다. 귀족적인 평민들은 천민적인 평민들로 전락했다. 토지를 팔고 무산자가 되어 로마 시로 흘러들어오는 사람들이 늘어났다. 무산시민이라는 뜻의 프롤레타리아라는 말은 이때 생겨났다. 천민적 평민들로 충당되는 로마 군대가 예전처럼 강할 수는 없었다.

문제를 간파한 사람은 기원전 133년에 스물아홉의 나이로 호민관에 선출된 티베리우스 그라쿠스였다. 티베리우스는 토지 소유 상한선을 정했고, 토지 분배 위원회를 구성하여 무산시민들에게 토지를 추첨하여 분배했다. 호민관에 재입후보한 그를 죽이기로 마음먹은 원로원의 귀족들은 폭도들을 사주하여 티베리우스를 암살했다.

그의 뒤를 이은 사람은 그의 동생 가이우스 그라쿠스였다. 가이우스는 곡물을 아주 싼 가격에 무산시민들에게 공급했다. 처음에는 시장가격의 반값이었으나 나중에는 무상이었다. 귀족들의 원성을 살 수밖에 없었다. 원로원은 가이우스 지지세력을 숙청하기 시작했고, 결국 가이우스는 자살했다.

개혁의 실패는 귀족적 평민들의 몰락과 그에 따른 군사력의 몰락에 부채질을 했다. 사회구성원들이 나약해지면 조폭들이 기승을 부리게 마련이다. 이스라엘을 여행했을 때 앳된 여자가 기관총을 들고 가는 것을 보았다. 여군이었을 것이다. 이스라엘과 같은 사회에서 조폭들이 감히 설칠 수 있겠는가? 로마 시민들이 나약해지자 강성한 갈리아 인과 게르만 인이 계속 침입해왔고, 북아프리카에서는 누미디아가 반란을 일으켰다. 조폭들이 두려워하는 조직들 중 하나가 군軍이다. 군은 가장 확실하게 폭력을 관리할 수 있으며 행사할 수 있는 조직이다. 조폭들을 정리한 군을 이끈 사람은 마리우스였다.

누미디아의 반란을 진압함으로써 국민적 명성을 얻은 마리우스는 무산시민 출신의 지원병들로 직업군대를 편성했다. 병사들은 16년이나 복무해야 했지만 퇴역하면 퇴직금으로 토지를 받을 수 있었다. 무산시민 출신 병사들은 수준이 높지 못했다. 마리우스 개인에게 충성을 바쳤다. 이런 사병들 덕택에 마리우스는 네 차례나 연속해서 집정관에 선출되었다. 기원전 91년 로마의 동맹시들이 반란을 일으켰을 때 마리우스는 부하였던 술라에게 밀려난다. 술라는 종신독재관에 취임하여 그의 전임자처럼 군사독재를 실시했다.

술라가 마리우스의 부하였듯이 폼페이우스는 술라의 부하였다. 술라가 죽자 폼페이우스가 술라의 지위를 이어받는 듯했다. 폼페이우스는 기원전 76년 에스파냐에서 일어난 반란을 4년 만에 진압하고 로마로 개선했다. 하지만 집정관에 오를 수 있는 법적 연령에 미치지 못했다. 그리고 강력한 경쟁자가 있었다. 크라수스는 원래부터 부유한 가문 출신이었는데, 술라 시대에 숙청된 사람들의 재산을 사들여 로마 최대의 부자가 된 인물이었다.

이 두 사람은 협동하여 스파르타쿠스의 반란을 진압했다. 기원전 73년 검투사들이 트라키아 출신의 스파르타쿠스를 지도자로 삼아 반란을 일으켰다. 이때 크라수스는 에스파냐에 가 있던 폼페이우스를 대신해서 반란군과 싸웠다. 자신의 돈으로 용병들을 고용했던 것이다. 에스파냐에서 돌아오던 폼페이우스도 스파르타쿠스의 잔당을 소탕했다. 이 전공으로 폼페이우스와 크라수스는 기원전 70년에 함께 집정관에 올랐다. 그러나 이들 두 사람의 지지 기반은 여전히 약했다. 한 사람이 더 필요했다. 율리우스 카이사르는 우직한 폼페이우스에게 없는 뛰어난 판단력과 영민함을 가지고 있었다. 그는 폼페이우스와 크라수스를 끌어들여 삼두정치라고 불리게 되는 3인 권력 시대를 열었다.

카이사르의 정치적 야망을 알아차린 원로원이 그를 갈리아 총독으로 임명했을 때 카이사르는 기꺼이 총독직을 수락했다. 그는 순식간에 휘하 장교들을 장악했고 탁월한 전술 운용 능력과 리더십을 발휘했다. 2년 만에 로마 군은 갈리아의 부족들을 라인 강 너머로 몰아내는 데 성공했고, 이어 벨가이 인과 베네티 인을 정복했다. 로마 군은 기원전 55년 영국 해협을 건너 브리타니아까지 공략했다. 카이사르의 성과가 로마에 전해지자 그의 인기는 높아졌다.

크라수스가 군기마저 빼앗기는 치욕스런 참패를 당하면서 전사하자 원로원은 기원전 52년에 폼페이우스를 단독집정관에 앉혀 카이사르를 배제하려 했다. 기원전 49년에 갈리아와 로마의 경계선인 루비콘 강에 이른 카이사르는 군대를 거느린 채 개선하면 안 된다는 로마의 법에 따를 것인지 말 것인지를 결정해야 했다. 그는 군대를 거느리고 루비콘 강을 건너면서 "주사위는 던져졌다"라고 말했다.

8년 동안이나 갈리아의 오지에서 숱한 전투 경험을 쌓은 카이사르와 그의 군대를 막을 수 있는 세력은 로마에 없었다. 원로원 의원들과 폼페이우스는 그리스로 도망쳤다. 카이사르의 군대는 6주 만에 에스파냐로 진군하여 폼페이우스의 세력을 꺾었다. 기원전 48년 카이사르는 그리스도 침공했다. 폼페이우스는 이집트로 다시 도망쳤다. 이집트의 지배자는 카이사르의 환심을 사기 위해 폼페이우스를 살해했다.

이집트에서 카이사르는 클레오파트라 7세를 만난다. 클레오파트라는 카이사르와의 사랑을 이용해 동생 프톨레마이오스 13세 대신 이집트의 여왕이 되었다. 이집트의 프톨레마이오스 왕조는 근친결혼을 많이 하기로 유명했다. 클레오파트라는 동생과 결혼을 한 상태였다. 피부 색깔이 비교적 검었던 이집트 사람들에 비해 그리스에서 온 프톨레마이오스 장군에 의해 개창된 프톨레마이오스 왕조의 사람들은 피부 색깔이 희었다. 클레오파트라의 피부는 희었다고 전해진다.

그렇지 않아도 집정관에 만족하지 못했던 카이사르가 클레오파트라를 보면서 황제를 꿈꾸었을 것이다. 자신의 여자는 이집트의 여왕으로서 신으로 추앙받고 있었던 반면 자신은 그렇지 못했던 것이다. 동쪽은 서쪽보다 더 상위에 속한다고 하지 않았는가? 로마보다 동쪽에 있었던 이집트에서는 최고 권력자가 신으로 추앙되는 것이 자연스러웠다. 카이사르는 황제를 꿈꾸었다. 이름에 연연했다. 이름이란 비유라고 했고 비유는 상위에 존재한다고 했다. 로마는 이미 실질적인 제국이 되어 있었다. 제국에는 황제가 있는 법 아닌가? 어떻게 보면 자연스러운 꿈이었다.

그러나 공화제에 최고의 가치를 부여하고 있던 원로원 의원들은 카이사르의 꿈을 불온한 것으로 여겼다. 의원들이 직접 카이사르를 칼로 살해하는 사건이 벌어졌다. 카이사르의 죽음은 군대를 장악하고 있던 그의 부관 안토니우스에게 뜻하지 않은 권력을 가져다주었다. 안토니우스는 카이사르의 기병 대장이었던 레피두스와 손을 잡았다. 여기에 카이사르의 상속인 옥타비아누스가 끼어들었다. 옥타비아누스, 안토니우스, 레피두스는 제2의 삼두정치를 펼친다. 안토니우스는 제국의 동부, 레피두스는 북아프리카, 즉 제국의 남부, 옥타비아누스는 제국의 서부를 맡았다. 제국의 서쪽을 차지한 카이사르가 삼두정치에서 마지막까지 남았듯이, 제국의 서쪽을 차지한 옥타비아누스가 결국 최후의 승자가 된다. 서쪽은 동쪽보다 하위에 속하며 하위는 보통 상위를 이기지 않는가?

기원전 36년 옥타비아누스는 레피두스의 군대를 설득해서 자기편으로 만드는 데 성공했다. 손발을 제거당한 레피두스는 자연히 도태되었다. 안토니우스는 이집트로 가서 클레오파트라를 만나 그의 상관이 그랬던

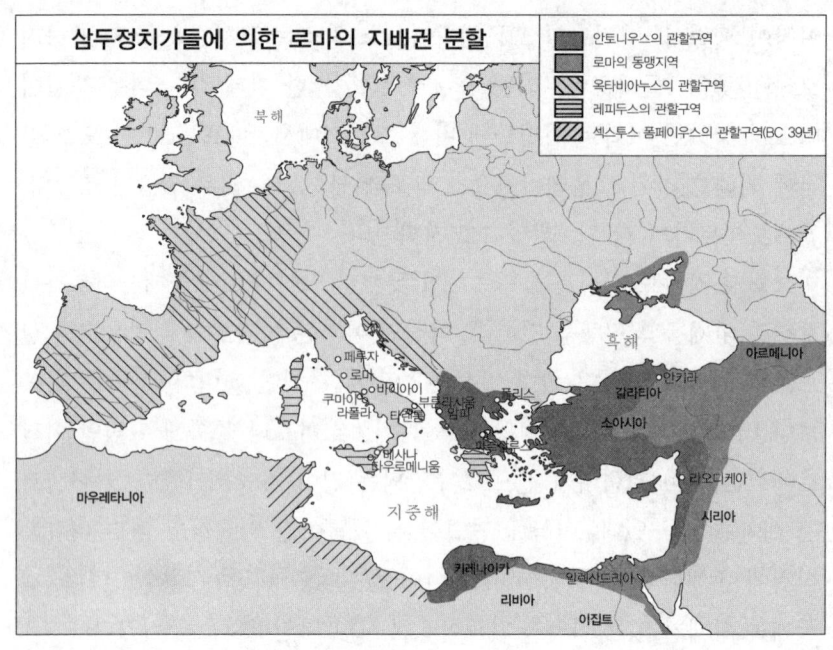

삼두정치가들에 의한 로마의 지배권 분할

- 안토니우스의 관할구역
- 로마의 동맹지역
- 옥타비아누스의 관할구역
- 레피두스의 관할구역
- 섹스투스 폼페이우스의 관할구역(BC 39년)

것처럼 클레오파트라에게 빠졌다. 제국의 동부는 제국의 노른자였다. 그는 자신의 여자에게 시리아를 떼어주는 등 파행을 일삼았다. 로마 시민들은 분노했고 급기야 옥타비아누스는 선전포고를 했다. 기원전 31년 양측은 그리스 부근의 악티움에서 해전을 벌였다. 악티움 해전에서 어이없이 패배한 안토니우스와 클레오파트라는 자살을 택했다.

알렉산더가 동방 정복을 완성한 것과 같은 서른셋의 나이에 옥타비아누스는 세계제국 로마의 일인자가 되었다. 그는 양아버지의 전철을 밟지 않았다. 이름에 연연하지 않았다. 황제라는 이름을 원치 않은 그에게 원로원은 '최고시민'이라는 뜻의 프린켑스라는 직함을 헌정했고, 아울러 아우구스투스라는 존칭을 바쳤다. 프린켑스에서 프린스가 나왔다. 세월이 흐른 뒤 카이사르가 황제를 뜻하는 보통명사가 된 것은 거의 옥타비아누스 때문이다.

12. 로마(2)

>>> **역사 파동표**

서양의 로마 제국은 동양의 한나라와 함께 중요한 정점이다. 레오폴트 폰 랑케는 "모든 고대의 역사는 마치 한 호수에 흘러들어가는 강물과 같이 로마의 역사 속으로 흘러들어가며, 모든 근대의 역사는 로마의 역사로부터 다시 흘러나온다"라고 말했다. 이 시점에서 이른바 '역사파동표'에 대해서 생각해볼 필요가 있다. 역사파동표는 세계사의 흐름을 도식적으로 나타낸 표다.

"너무 단정적으로 말하지 말라" 혹은 "너무 도식적으로 말하지 말라"와 같은 말들을 많이 들어왔기 때문에 단정을 내리거나 도식화하는 것이 꺼려지는 것이 사실이다. 하지만 말 자체도 하나의 단정이며 도식 아닐까?

'사랑'이라는 단어가 있다. 남자와 여자가 깊이 사귀다 보면 여자가 남자에게, 남자는 여자에게 사랑한다는 말을 하게 된다. 그러나 두 사람의 사랑의 감정은 똑같을 수 없다. 남자의 감정이 더 깊을 수 있는가 하면 여자의 감정이 더 간절할 수 있다. 그럼에도 불구하고 사랑이라는 말 하나가 단정적으로 쓰여진다.

여자가 남자에게 자신을 사랑하는지를 물었을 때 남자가 사랑한다고 말을 하면 여자는 남자가 자신을 목숨을 다해 사랑하고 있다고 생각할 수 있다. 하지만 그 말을 한 남자는 여자를 단지 껴안고 싶은 감정을 사랑이라고 생각할지 모른다. 단정을 내리는 것은 이렇기 때문에 위험하다.

도가도비상도道可道非常道라는 말은 도를 도라고 말하는 순간 도가 아니라는 말이다. 너무나도 위대한 개념을 하나의 말로 단정할 때 그 위대한 개념이 손상을 입게 된다는 말이다. 일리 있다. 누군가를 사랑하는 마음도 복합적인 것이며 위대한 것이다. 이런 거대한 개념을 '사랑'이라는 말로써 단정적으로 표현하는 것이니 위험하지 않을 수 있겠는가? 하지만 위험하다고 하여 사랑한다는 말을 전혀 안 할 수는 없다. 단정이 수많은 오해의 근원일 수 있음을 인식하여 노자는 말을 아꼈겠지만 말 자체를 전혀 안 할 수는 없지 않는가?

사랑이라는 말을 문자로 표현하면 '사랑'으로 표기된다. 종이 위에 씌어진 '사랑'이라는 글자는 하나의 도식이다. 도식圖式은 '사물의 구조나 관계 혹은 변화 상태 등을 일정한 양식으로 나타낸 그림'을 의미한다. 다른 사람을 그리워하고 좋아하는 애틋한 감정을 '사랑'이라는 그림의 형태로 단순화시켜 설명하고 있는 것이다. 문자가 본질상 그림이기 때문에 서예가 존재한다.

말 자체가 단정이며 문자가 도식이라면 단정과 도식은 분명 불가피한 것이다. "행간을 읽으라"는 말은 말과 글의 상대적 가치를 인식하여 그 말이나 글이 단정하고 있는 원래의 개념이 무엇인지를 알려고 하라는 말이다. 결국 단정과 도식을 적극적으로 받아들이라는 말이다. 말이나 글을 발하는 사람이나 말이나 글을 수용하는 사람 모두 단정과 도식의 한계를 잘 인식하면서 말이나 글을 사용해야 할 것이다.

이런 의미에서 거대한 역사를 단정적으로 도식적으로, 즉 비유적으로 표현한 다음의 역사파동표는 유용할 수 있다.

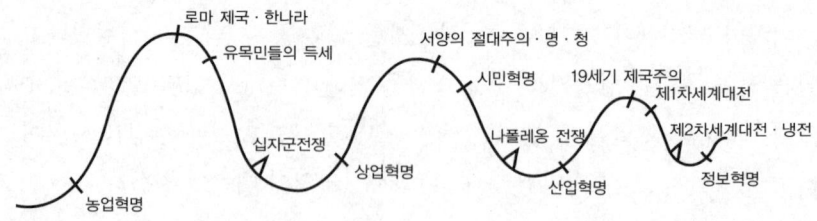

세계사는 이런 모양으로 흘러왔다고 말할 수 있다. 첫 번째 정점이 로마 제국 시대와 한나라 시대에 해당한다. 두 번째 정점은 서양의 절대주의 시대와 동양의 명·청 시대에 해당한다. 첫 번째 정점에 이르는 상승선의 길이가 두 번째 정점에 이르는 상승선의 길이보다 긴 것은 로마 제국이나 한나라가 형성될 때까지의 시간이 서양의 절대 왕조나 명나라·청나라가 형성될 때까지의 시간보다 길었음을 나타낸다. 세 번째 정점은 19세기의 제국주의 시대에 해당한다. 이때 동양의 일본도 제국주의를 추구했다. 19세기의 제국주의라는 말에는 일본의 제국주의도 포함된다. 세 번째 정점에 이르는 상승선의 길이는 더 짧다. 역사 변화의 속도가 점점 더 빨라지고 있는 것이다. 선이 끝나는 지점은 당연히 현재다.

　첫 번째 상승이 시작되는 부근에서 농업혁명이 일어났다. 하위의 물질적 혁명에 의해서 물질이 풍부해지자 그 힘에 의해 역사는 상위로 나아가기 시작했다. 드디어 제국이 형성되어 상위가 완성된다. 서양의 로마 제국과 동양의 한나라가 형성되었다. 로마 제국과 한나라가 각각 서양과 동양의 뿌리에 해당한다는 점을 앞에서 언급했다. 상체만 너무 발달하면 하체가 부실해지지 않는가? 역사파동표의 곡선은 하강하기 시작한다.

　두 번째 상승이 시작되는 부근에서 상업혁명이 일어났다. 상업혁명의 힘에 의해 서양에 절대주의가 형성된다. 하지만 절대주의가 반드시 서양에만 국한된다고 볼 수는 없다. 서양의 절대주의 시대의 대표적 왕인 루이 14세는 청나라의 강희제와 곧잘 비교된다. 청나라 때 중국의 인구는 비약적으로 늘어났고, 영토는 오늘날 중국의 영토만큼 늘어났다. 청나라는 역대 중국 왕조들에 비해 오래 지속되었다. 그런가 하면 상업혁명 때부터 일본은 세계사의 흐름에 편승했다. 청나라가 창건되기 이전에 이미 일본은 포르투갈과 무역을 하였고, 그 결과 조총을 만들 줄 알게 되었다. 그 조총으로 일본을 거의 통일한 사람이 오다 노부나가였고, 그의 휘하에 있던 장수가 도요토미 히데요시였다. 도요토미 히데요시가 임진왜란을 일으키지 않았는가? 도요토미 히데요시는 조선뿐만 아니라 명나라,

더 나아가 인도까지 정벌하려고 했다. 하위의 풍요로움을 바탕으로 상위를 추구했던 것이다. 세계사의 흐름은 서양과 동양을 관통하고 있음을 염두에 둘 필요가 있다. 프랑스에 절대주의가 형성되기 이전에 에스파냐와 영국에 절대주의가 형성되어 있었다. 앞으로 구체적으로 살펴보겠지만 명나라 황제들의 권력은 아주 강력했다. 오늘날 볼 수 있는 만리장성은 거의 명나라 때 만들어진 것이다. 서양의 절대주의 시대와 동양의 명·청 시대를 같은 범주에 놓을 필요가 있다.

세 번째 상승이 시작되는 부근에서 산업혁명이 일어났다. 산업혁명의 힘에 의해 19세기의 제국주의가 형성된다. 협의의 제국주의는 19세기의 제국주의를 가리킨다. 상업혁명 때부터 밀리기 시작한 동양은 이 때 서양에 완전히 먹힌다. 주로 서양 열강이 제국주의를 추구했다. 중국이 힘을 발휘하지 못하는 틈에 일본이 서양을 본받아 제국주의를 구가했다. 일본은 제2차세계대전 때 인도까지는 못 갔지만 결국 인도 바로 옆에 있는 버마, 즉 미얀마까지 갔다.

네 번째 상승이 시작되는 부근에서 정보혁명이 일어났다. 미국은 지금 세계 유일의 초강대국이다. 미국은 인류 역사상 최초로 전 지구적인 제국을 만들려는 꿈을 꾸고 있다. 컴퓨터로 돈을 가장 많이 버는 나라가 미국 아닌가? 빌 게이츠는 세계 제일의 부자다. 정보혁명으로 하위가 건실해진 미국을 소련은 따라갈 수 없었고 결국 붕괴되고 말았다. 빌 게이츠가 컴퓨터로 돈을 벌기 시작하기 전부터 소련은 하위가 부실했다. 상위를 고도로 추구한 사회주의 국가가 소련이었다.

>>> 로마 제국의 쇠망

역사파동표의 첫 번째 정점에 해당하는 로마 제국 시대를 살펴보고 있다. 로마 제국 시대 중에서도 정점에 해당하는 시대를 살펴보도록 하자. 달이 차면 기운다. 로마 제국의 정점에 대해서 살펴본 다음 로마가 어떻게 쇠퇴해갔는지를 살펴보자.

약관의 나이에 로마 중앙정치의 거물이 되었고, 삼십대 초에 사실상의 황제가 된 옥타비아누스는 45년간 집권했다. 그는 기원 14년 유일하게 이루지 못한 꿈인 게르마니아 정복을 포기하라는 유서를 남기고 죽었다. 일흔여섯 살까지 살았지만 자식은 딸 하나뿐이었다. 당연히 후계자 문제가 대두될 수밖에 없었다. 기원 4년 그는 아내 리비아가 데리고 온, 전 남편의 아들 티베리우스를 양자로 삼았다.

쉰다섯에 제위에 오른 티베리우스는 얼마간 통치를 한 뒤 얼마 안 가 친위대장 세야누스에게 정치를 맡긴 채 카프리 섬으로 들어가 은거했다. 세야누스는 전횡을 일삼다가 죽었다. 티베리우스는 칼리굴라라는 별명으로 더 많이 알려져 있는 가이우스를 후계자로 지명했다. 가이우스는 티베리우스의 조카의 아들이었다. 가이우스는 황제가 되었지만 정신질환에 걸려버린다. 그의 숙부로서 제위를 이은 클라우디우스 때 정치가 어느 정도 안정되었다. 10여 년의 짧은 통치기간 동안 정치를 잘했던 그도 아내 아그리피나에 의해 암살당했다. 아그리피나의 아들이 네로였다.

네로는 폭군의 대명사 아닌가? 기원 68년 참다못한 군대와 원로원은 네로로 하여금 자살을 택하도록 했다. 네로의 죽음은 다시금 로마의 제위 계승 문제가 뜨거운 감자가 되게 했다. 그전까지의 황제들은 카이사르의 혈통과 클라우디우스의 혈통을 지니고 있었다. 네로가 죽은 이듬해인 기원 69년은 무려 네 명의 황제가 등장한 탓에 '네 황제의 해'라고 불린다.

혼란을 수습한 사람은 베스파시아누스였다. 평민 출신 황제답게 성실하고 검소한 인물이었다. 베스파시아누스의 뒤를 이어 아들들인 티투스, 도미티아누스가 황제가 되었다. 티투스에 의해 이스라엘이 완전히 멸망되었다. 도미티아누스는 기원 88년에 일어난 사투르니누스의 반란 때문에 수많은 귀족들을 처형했다. 결국 원로원의 하수인에 의해 궁전에서 암살되었다.

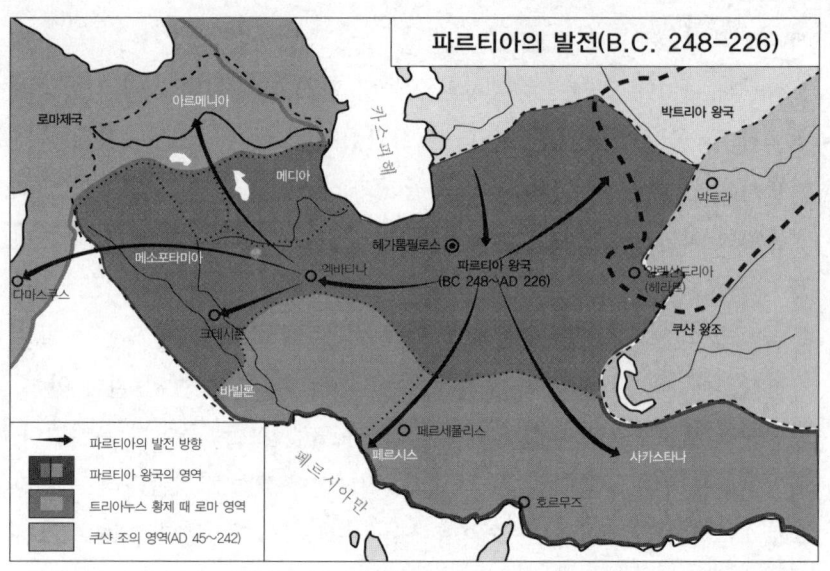

또다시 황제의 혈통이 단절되자 원로원은 원만한 성품의 노인 의원인 네르바를 황제로 앉혔다. 네르바는 성실하고 유능한 군인인 트라야누스를 양자로 삼아 제위를 물려주었다. 트라야누스는 페르시아 만까지 파르티아를 몰아냈다. 파르티아는 기원전 248년경 파르니 족의 아르사케스가 셀레우코스 왕조의 태수를 살해하고 세운 왕국이었다. 셀레우코스 왕조의 개조는 알렉산더 대왕의 부장들 중 하나였던 셀레우코스 1세였다. 이란 고원 동북부의 파르티아가 파르니 족의 본거지였다. 중국에서는 파르티아를 안식安息국이라고 했는데, 안식은 아르사케스의 음역이었다. 트라야누스에게 밀려 페르시아 만까지 후퇴해야 했지만 파르티아는 멸망되지 않았다. 결국 3세기 초반 사산 조 페르시아에 의해 멸망될 때까지 로마를 끊임없이 괴롭혔다. 파르티아에서 파르티잔이라는 말이 유래했다. 트라야누스는 파르티아 원정을 마치고 돌아오는 도중 소아시아에서 그만 죽고 만다.

트라야누스의 뒤를 이은 사람은 하드리아누스였다. 그는 일반 병사와 똑같이 먹고 잤다. 그는 파르티아 정벌에 대한 미련을 완전히 포기했으며, 브리타니아 섬을 완전히 정복하겠다는 로마의 오랜 꿈도 버렸다. 칼레도니아, 즉 스코틀랜드와의 경계선에 길이 120여 킬로미터의 장성을 쌓았다. 이것을 하드리아누스 장성이라고 부르는데, 오늘날까지 남아 있다. 이 장성이 아니었다면 중세 시대를 거쳐 오늘날까지 이르는 잉글랜드와 스코틀랜드의 구분은 없었을 것이다. 성이란 무엇인가? 성은 수비의 핵심이다. 수비는 상위에 속한다. 로마 제국이 상위에 도달했기 때문에 수비에만 힘을 쓰는 모습을 보여주기 시작한 것이다.

그의 뒤를 이은 사람은 온화한 성품의 안토니누스 피우스였다. 대부호이면서도 검소했던 황제였다. 그는 23년 동안 제국을 별 탈 없이 이끌었다. 이 황제는 브리타니아에 길이 70여 킬로미터의 장성을 하드리아누스 장성보다 100여 킬로미터 북쪽에 쌓았다. 안토니누스 피우스의 후계자는 마르쿠스 아우렐리우스였다. 그는 전쟁터의 막사에서 《명상록》을 썼던 스토아 학파의 철학자이기도 했다. 그는 게르만 족이 대규모로 침략해 들어왔을 때 그것을 북벌의 기회로 받아들였다. 하지만 전장에서 그만 병사하고 만다.

네르바에서 마르쿠스 아우렐리우스까지 100년에 가까운 시대를 흔히 '5현제 시대'라고 한다. 다섯 명의 현명한 황제가 연이어 다스렸다는 말이다. '로마에 의한 평화'라는 의미의 팍스 로마나라는 말을 낳은 시대였다. 아우구스투스 때부터 마르쿠스 아우렐리우스 때까지의 200여 년간을 인류 역사상 가장 살기 좋았던 때라고 어떤 역사가는 말했다. 이 200여 년 간이 역사파동표의 첫 번째 정점에 해당한다.

마르쿠스 아우렐리우스는 5현제 중 유일하게 아들을 낳은 황제였다. 이어져 온 양자 상속제를 무시하고 자신의 친자식에게 제위를 물려주었다. 영화 〈글래디에이터〉에 보면 마르크스 아우렐리우스와 그의 아들 코모두스가 나온다. 제위를 계승한 코모두스는 공포정치를 펼쳤고 얼마 못가 친위대장에게 살해되었다. 네로의 뒤를 이은 베스파시아누스의 역할을 했던 사람은 아프리카 출신의 세베루스였다. 세베루스는 브리타니아에서 반란이 일어나자 브리타니아를 완전히 정복하려 했다. 그러나 요크에서 전사하고 만다. 세베루스의 아들은 카라칼라였다. 알렉산더 대왕의 계승자를 자처하던 그는 동방 정벌을 계획하지만 실행에 옮기지도 못하고 살해되었다. 카라칼라 이후 기원 235년부터 284년까지 50여 년 동안 무려 26명의 황제들이 명멸했다. 이른바 '군인황제시대'였다.

혼란을 수습한 사람은 디오클레티아누스였다. 그는 제국을 분할했다. 기원 286년 그는 동료인 막시미아누스를 서방 황제로 삼고 자신은 동방 황제가 된다. 동쪽이 항상 상위에 속하지 않는가? 정제 두 명 밑에 두 명의 부제도 두었다. 정제의 정식 명칭은 아우구스투스였고, 부제의 정식 명칭은 카이사르였다. 디오클레티아누스의 부제는 갈레리우스였고 막시미아누스의 부제는 콘스탄티우스였다. 디오클레티아누스는 동방 정제답게 자신이 신의 대리인이라고 선언했고, 의장과 예식도 페르시아 풍으로 바꾸었다. 비로소 로마 황제는 이집트의 파라오나 중국의 천자 같은 절대 권력에 도달했던 것이다. 그러나 제국은 4등분이 되어 있었다.

디오클레티아누스는 기원 305년 갑자기 고향인 달마티아의 해변으로 은거해버렸다. 막시미아누스마저 곧장 그의 뒤를 따라 은거해버렸다. 부제 두 명이 정제에 오르는 것은 별 문제가 없었다. 그러나 다음 부제 두 명을 임명하는 데 문제가 발생했다. 콘스탄티우스의 아들 콘스탄티누스가 우여곡절 끝에 서방 부제가 되었다. 서열이 가장 낮은 콘스탄티우스의 아들이었기에 서러움을 많이 당했다. 기원 306년 아버지 콘스탄티우스가 브리타니아 원정 중에 사망하자 서방 정제로 추대되었다. 하지만 동방 정제 갈레리우스가 별도로 서방 정제와 부제를 임명해버린다. 기원 311년 갈레리우스가 병사하자 콘스탄티누스는 그 이듬해 로마를 정복하고 뒤이어 기원 324년 동방 정제 리키니우스마저 죽이고 40년 만에 다시 로마 제국의 단독 황제에 올랐다. 항상 하위가 상위를 이기지 않는가? 서쪽은 하위에 속한다.

콘스탄티누스는 고도로 상위를 추구한 황제로서 당연히 동쪽을 동경했다. 유럽과 아시아의 중간에 있던 비잔티움으로 천도했다. 비잔티움은 콘스탄티노폴리스, 즉 콘스탄티노플이라고 불리게 된다. 상위를 추구한 황제였기에 종교적이었다. 디오클레티아누스도 종교적이었다. 그래서 그리스도 교를 박해했다. 자신이 주피터의 화신이라고 선언했던 그는 기원 303년 칙령을 내려 기독교도들을 대량 학살했다. 반면 콘스탄티누스는 그리스도 교를 공인했다. 서방 정제가 된 이듬해 밀라노 칙령을 내려 그리스도 교를 공인했다.

상위를 추구한 황제였기에 그리스도 교가 둘로 나뉘는 것을 원치 않았을 것이다. 아타나시우스 파와 아리우스 파가 서로 대립하자 콘스탄티누스는 니케아 공의회를 열었다. 한 달간의 격론 끝에 승리한 쪽은 아타나시우스 파였다. 아타나시우스 파는 아리우스 파보다 상위에 속했다. 아리우스는 예수가 인간이라고 한 반면 아타나시우스는 예수가 신이라고 주장했다. 이른바 삼위일체설을 주장했다. 인간보다 신이 상위에 위치하지 않는가? 상위의 제국에 상위의 아타나시우스 파가 더 적합했는지 모른다.

콘스탄티누스가 죽자 로마 제국은 걷잡을 수 없이 무너져갔다. 그후로도 150여 년 간 존속했지만, 하이에나들에게 공격당하는 늙은 사자 꼴이었다. 중앙아시아로부터 훈 족이 침략해오자 다뉴브 강 하류에 살던 게르만 족의 일파인 서고트 족은 로마 제국으로 이동했다. 기원 378년 로마는 서고트 족에게 대패했다. 황제인 발렌티아누스마저 전사한다. 새 황제가 된 테오도시우스는 서고트 족을 회유하여 평화를 유지했다. 그가 죽은 뒤 제국은 다시 동서로 나뉘었다. 동방 제국이나 서방 제국이나 모두 실권은 황제에게 있지 않고 이민족 출신의 장군들에게 있었다. 속주들이 거의 다 독립한 서방 제국보다는 동방 제국의 형편이 나았다. 서방 제국의 장군 오도아케르는 선배인 오레스테스 장군이 자기 아들을 황제로 옹립하자 오레스테스를 죽이고 황제를 폐위시켜버린다. 이렇게 해서 기원 476년 서로마 제국은 멸망했다. 로마 제국의 멸망이었다.

13. 한나라

>>> **한나라의 성립**

로마 제국에 대해서는 살펴봤다. 이제 동양의 로마 제국인 한나라가 어떤 과정을 거쳐 형성되었는지를 살펴보자.

중국 민족이 최초의 조상으로 받드는 이는 황제黃帝다. 절대 권력자를 뜻하는 황제皇帝와는 다르다. 사람 이름이다. 황허 강 중류의 평원 지대인 중원을 정복했고, 문자와 역법, 화폐, 수레 등을 보급했다. 황제 이전에 신농씨, 복희씨, 수인씨가 있었다. 이들은 각각 농경과 수렵술을 발명했고 불을 발명했다. 이들을 삼황三皇이라 하고, 황제와 그의 뒤를 잇는 전욱, 제곡, 요, 순을 오제五帝라고 한다. 학자들은 대체로 삼황은 신화적인 인물들로 보고 오제는 실존 인물들로 본다.

공자는 요와 순이 통치했던 시대를 높이 평가했다. '요순 시대'는 태평성대를 의미한다. 요 임금은 백성들 사이에 신망이 높은 순을 발탁하여 왕위를 넘겼는데, 이것을 선양이라고 한다. 왕조의 세습이 이루어질 만큼 강한 권력이 존재하지 못했던 것이다. 이순신 장군의 형의 이름은 이요신이다. 요·순 임금에서 각각 한 자씩 따온 것이다. 이순신 장군의 동생의 이름은 이우신이다. 순 임금 다음에 등극한 임금이 우 임금이었다.

선양을 통해 등극한 우 임금은 역사 무대에 정식으로 등장하는 고대국가인 하夏나라를 세웠다. 하나라는 대략 기원전 2000년에서 기원전 1500년 무렵까지 470여 년 간 존재했다고 문헌상으로만 전해진다. 공자가 편찬한 《시경》에 따르면 하나라는 지금의 뤄양 근방에 자리잡고 있던

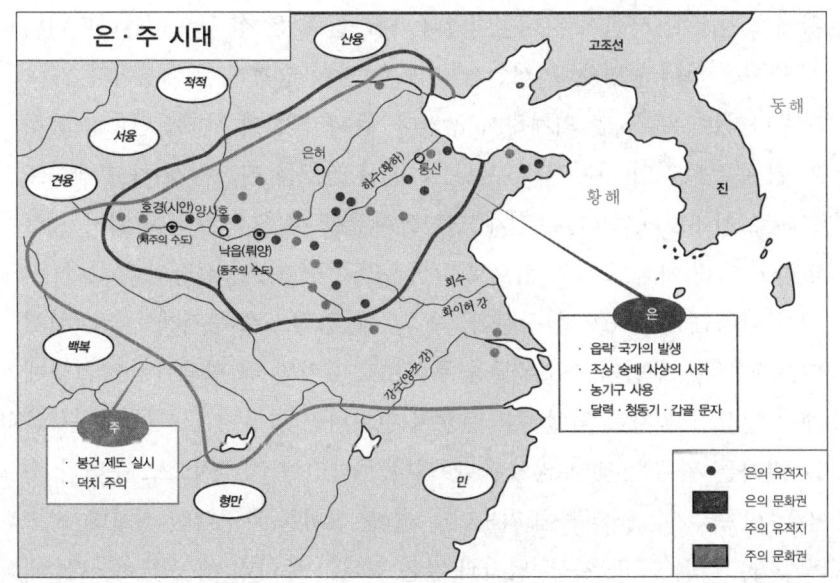

국가였으며, 사姒씨 성의 씨족을 중심으로 하는 국가였다. 우 임금은 왕위를 자신의 아들에게 물려주었다.

기원전 1500년 무렵 상족商族에 의해 하나라는 멸망된다. 상족은 은殷나라를 세웠는데, 은나라는 유물로 실증되는 중국 최초의 국가다. 문자가 씌어져 있는 갑골은 은허殷墟에서 발견되는 은나라의 유물이다. 사슴, 양, 돼지, 소 등의 뼈가 사용되었고, 나중에는 거북의 등껍질이 사용되었다. 갑골문 기록에 따르면, 은나라는 강씨 성의 씨족 포로 300여 명을 한꺼번에 제물로 바친 일도 있었다. 은나라의 강성함이 어느 정도였는지를 짐작할 수 있게 한다.

주족周族은 은나라 말기인 기원전 12세기 무렵에 은나라의 서쪽에서 세력을 키워가던 씨족이었다. 이를 경계한 은나라의 주왕은 주족의 문왕을 서백西伯으로 삼아 서쪽 변방을 지키게 했다. 하지만 문왕은 도읍을 동쪽 풍豐으로 옮긴 뒤 은나라를 압박하기 시작했다. 문왕이 병사하자 그의 아들 무왕이 은나라를 멸망시키고 기원전 1121년에 주나라를 세웠다. 문왕에게 등용된 사람이 강태공이었다. 나라를 잃은 상족은 떠돌아다니면서 장사를 하여 연명했다. 상인商人이라는 말이 생기게 된 배경이다.

주나라는 무력에만 의지하지 않았다. 은나라의 옛 지배집단을 회유하기 위해 은나라의 왕자인 녹부祿父에게 옛 영토를 다스리게 하고 제사도 그대로 지내도록 했다. 봉건제도를 실시했던 것이다. 무왕이 갑자기 사망하고 어린 아들이 왕위에 오르자 삼촌인 주공周公이 섭정이 되었다. 이때 주나라는 급속도로 성장한다. 주공은 본격적으로 봉건제도를 실시했다. 은나라는 주변의 약소국들을 무력으로 제압한 뒤 평상시에는 그들에게서 필요한 물자를 약탈하고 전쟁이 일어나면 그들의 군사를 동원했을 뿐 별다른 관계는 맺지 않았다. 그러나 주나라는 적극적으로 주변의 수많은 씨족국가들을 휘하에 거느리려 했다. 상위를 추구했던 것이다.

공작, 후작, 백작, 자작, 남작과 같은 작위가 주나라 때 만들어졌다. 제후들이 정기적으로 지역 특산물을 바치는 조공朝貢도 주나라 때 시작되었다. 특히 주나라는 제후국들과 혈연적인 관계를 맺었다. 혈연에 기초한 주나라의 봉건제도를 종법宗法 봉건제도라고 한다. 주나라 초기의 제후국들은 100개가 넘었는데, 그 가운데 주나라 왕실의 성인 희姬씨의 제후국들이 삼분의 일 이상이었다. 주나라 때 천자에 대한 개념이 구체화되었다. 천자를 받드는 제후들은 북극성 주변을 도는 별들처럼 한가운데 있는 천자를 섬겨야 한다는 사상이 종법 질서의 기초였다. 유가는 법가보다 상위에 위치한다고 했다. 공자는 주나라의 상위적인 종법 질서를 이상적인 것으로 여겼다.

시간이 흐르면서 혈연관계에 대한 개념이 희박해지자 막강한 경제력과 군사력을 축적한 제후국들이 생겨나기 시작했다. 하위의 도전이 시작되었던 것이다. 중원 바깥 지역의 이민족들의 하위적 도전까지 더해졌다. 기원전 770년 주나라의 수도를 호경鎬京, 즉 지금의 시안(西安) 부근에서 낙읍, 즉 지금의 뤄양 부근으로 옮긴 일을 계기로 하여 춘추 전국 시대가 펼쳐진다. 춘추라는 말은 공자가 편찬한 역사서인 《춘추》에서 비

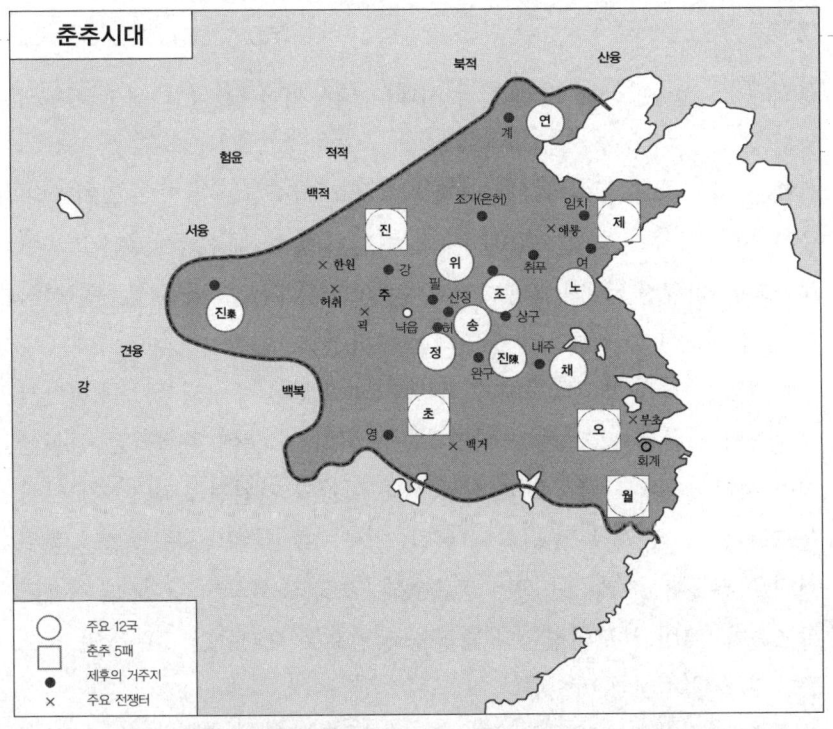

춘추시대

북적 　　　　산융

함윤　　적적　　　　　　계　　　연

　　　　백적　　　조가(은허)　　임치
　　　　　　　　　　　　　×애릉　　제
서융
　×한원　　　강　　　위　　　취무　여
　　×　　　　필　산정　조　　　　　노
진룡　허취　주　ㅎ　상구
　×　　낙읍　송
견융　　　　　정　진채　채
　　　　　　　원구　내주
강　　백북　　초　　　　　　　오　×부초
　　　　영　　　　　　　　　　　　회계
　　　　　백거　　　　　　　　월

○ 주요 12국
□ 춘추 5패
● 제후의 거주지
× 주요 전쟁터

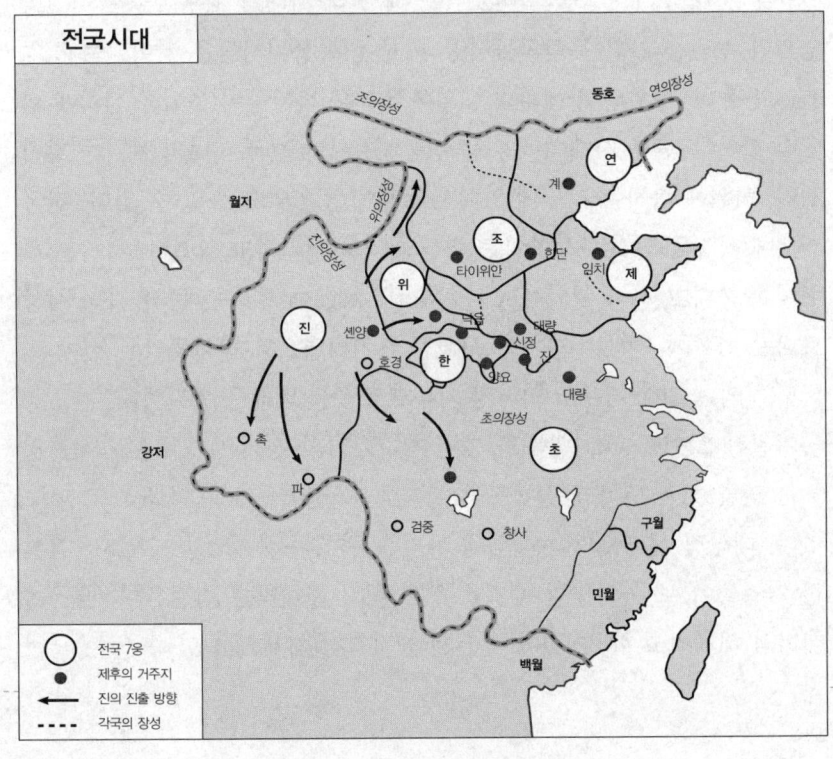

전국시대

　　　　　조의장성　　동호　연의장성
월지
　　　　　　　　계　　　연
　　　　　　　　조
　　　위　타이위안　한단
진　셴양　　낙읍　대량　제　임치
　　　호경　한　시정
　　　　　　　언요　대량
강저　　　　　초의장성
　　촉　　　　　　　초
　　파
　　검중　창사　　　구월
　　　　　　　　　민월
　　　　　백월

○ 전국 7웅
● 제후의 거주지
→ 진의 진출 방향
--- 각국의 장성

롯되었고, 전국이라는 말은 전국 시대의 역사서인 《전국책》에서 비롯되었다.

춘추 전국 시대는 약 550년간 지속된 중국 역사상 최장의 분열기였다. 춘추 시대는 주의 동천東遷에서부터 가장 강력한 제후국이었던 진晉이 분열되는 기원전 5세기 중반까지이며, 전국 시대는 그때부터 중원 서쪽의 강국 진秦이 중국 대륙을 통일하는 기원전 221년까지이다.

재미있는 것은 제후국들이 이름밖에 남지 않은 주나라를 보호하면서 주나라의 전통을 잇기 위해 애썼다는 것이다. 덕분에 주나라는 사실상 힘이 사라졌음에도 불구하고 전국 시대 말기인 기원전 250년까지 사직을 보존할 수 있었다. 주나라는 동천 전인 서주 시대와 동천 후인 동주 시대를 통틀어 850여 년 동안 존속했다. 중국 역사상 가장 오래 지속된 왕조였다. 로마가 무너졌지만 교황을 정점으로 오랫동안 로마적인 요소들이 존속했던 것과 비슷했다.

춘추 시대의 제후국들과 비교했을 때 전국 시대의 제후국들은 사실상 영토와 주권을 가진 독립국들이었다. 때문에 통치자들은 왕이라는 칭호를 사용했다. 상위의 황제와의 대결에서 하위의 왕들이 우위를 점하게 되었던 것이다. 춘추 시대의 무기는 청동제였지만 전국 시대의 무기는 철제였다. 하위에 속하는 도구에 있어서도 발전이 있었음을 알 수 있다. 전국 시대에 신흥국 진秦은 서쪽의 광대한 지역을 장악하고 있었다. 서쪽은 하위에 속한다고 하지 않았는가? 주나라의 제도에 뿌리를 둔 유가적 사상보다는 하위에 속하는 법가의 사상을 통치이념으로 받아들였던 진이 결국 최후의 승리를 거두고 역사상 처음으로 중국 대륙을 통일했다.

기원전 221년 중국 대륙을 통일한 진나라의 정政은 황제皇帝라는 칭호를 만들었나. 또한 군현제도를 실시했다. 전국을 36개의 군으로 나누었다. 대리점 체제보다는 직영점 체제를 선호하는 기업들이 있다. 건실한 기업들이 보통 직영점 체제를 선호한다. 진나라는 건실했다. 때문에 대리점 체제라고 할 수 있는 봉건제를 직영점 체제라고 할 수 있는 군현제로 대체했던 것이다. 시황제는 도량형과 화폐를 통일했으며, 문자도 전서체篆書體로 통일했다. 차바퀴의 폭도 통일했다. 옛날에는 바퀴에 고무가 대어져 있지 않았기 때문에 돌길에 홈이 파졌다. 나라들마다 바퀴 폭이 달라서 이 나라에서 움직이던 차가 다른 나라에 가면 무용지물이 되었다. 길에 나 있는 홈에 바퀴를 넣고서 운행을 해야 했기 때문이다. 통일은 상위에 속한다고 했다. 분서갱유도 이런 맥락에서 이해할 수 있다. 법가 이외의 모든 사상들을 용납하지 않았다. 사상마저 통일하려 했던 것이다. 그런가 하면

명대에 다시 축성된 만리장성.

시황제는 대부분의 성들을 파괴했다. 대신 북방에 있던 성들을 보수하여 연결했다. 이렇게 해서 생긴 것이 만리장성이다. 성은 상위에 속하지 않는가? 시황제는 철저하게 상위를 추구했다.

급속하게 상위를 추구한 진나라였기 때문에 기원전 210년 지방 순례 중이던 시황제가 병으로 급사하자 나라의 근간이 흔들렸다. 진나라와 당당히 맞섰던 초나라의 후예들이 반란을 일으켰다. 초나라 귀족 출신 항량은 초나라 왕족을 옹립하고 반란군을 조직했다. 항량의 뒤를 이은 항우가 기원전 206년에 진나라를 멸망시켰다. 그러나 다크호스 유방을 꺾지 못했다. 유방은 미천한 가문 출신이었다. 귀족 가문 출신의 항우에 비해 하위에 속하는 사람이었다. 하위가 역시 상위를 이겼던 것이다. 항우는 사면초가를 들어야 했다.

기원전 202년에 유방은 한나라를 건국했다. 한고조가 된 유방은 군국제郡國制를 시행했다. 진시황의 군현제와 주나라의 봉건제를 섞어놓은 것이 군국제다. 중앙은 군현제로 직접 통치했고, 지방은 봉건제로 간접 통치했다.

한고조를 괴롭힌 가시는 북쪽의 유목민이었던 흉노족이었다. 흉노족의 영웅 묵돌선우의 책략에 빠져 포로가 될 뻔 했던 고조는 매년 대량의 조공을 바침으로써 평화를 유지하는 차선책을 택했다. 이런 관계가 한무제 때 역전된다.

무제는 건원이라는 연호를 최초로 사용했고 역법을 정비했다. 매년 달력을 만들어 주변국들에게 하사했다. 유가의 사상을 통치이념으로 확립했다. 이후 유학은 2,000여 년 동안 동양을 지배한다. 무제는 소금과 철, 술을 국가에서 전매하는 제도를 시행했다. 상인들에게 세금을 걷는 것보다 더 큰 이익이 보장되었기 때문이다. 나중에는 균수법均輸法을 실시하여 상인들 대신 정부가 직접 물품의 구입과 운송을 맡았다. 국가가 물류를 독점했던 것이다. 상위를 고도로 추구한 무제였기 때문에 하위에 속하는 상인들의 이익을 빼앗았다. 상위를 추구한 진시황도 상인들을 새로 개척한 남방으로 강제 이주시켰었다. 그때 이후 중국의 남방이 경제적으로 풍요로워졌다. 상인들의 활발한 활동 덕택이었다. 상위를 추구하는 통치자는 자연히 하위에 속하는 상인들의 활동을 억제하게 된다. 상위에 속하는 사회주의 정권이 들어서는 것을 상인들은 싫어할 수밖에 없다.

이렇게 내치에 힘을 쏟은 무제는 드디어 외치에 주의를 기울인다. 무제는 흉노족을 굴복시키길 원했다. 이이제이의 전략을 구사하기 위해 서쪽에 있는 월지국으로 장건을 보냈다. 월지月氏라고 부르는 유목민족이 지금의 중국 서북쪽 지역에서 세력을 떨치고 있었다. 중국 사서에는 우지禹氏 · 월지月氏 등으로 기록되어 있으나 그 정확한 원음은 밝혀지지 않았다. 나라이름을 의미하는 氏는 지로 읽는다.

장건은 월지국에 도달하기 전에 그만 흉노족에 잡혀서 10여 년을 허송

해야 했다. 그동안 월지국이 흉노족의 공격을 피해 중앙아시아로 옮겨 대월지국을 세운 사실을 알게 된다. 황허 강 상류 유역에는 월지족의 잔존세력이 남아 있었다. 이들을 소월지小月氏라고 했다. 탈출에 성공하여 대월지국에 결국 도달했지만 대월지국은 흉노족에게 복수하려는 생각을 하지 않았다. 비옥한 땅에서 잘살고 있었던 것이다. 참전을 설득하는 데 실패한 장건은 피가 나오도록 빨리 달린다는 한혈마汗血馬에 대한 정보만을 가지고 돌아왔다. 피땀을 흘리면서도 지치지 않고 하루에 천리를 달리는 말이라고 하여 한혈마라고 했다는 설도 있다. 그런가 하면 피 같은 땀을 흘린다고 하여 한혈마라고 했다는 설도 있다. 하여튼 장건의 정보 덕택에 한혈마를 수입할 수 있었던 무제는 결국 흉노족을 몽골 초원 너머로 쫓아낼 수 있었다. 무제는 말을 타기 편하도록 하기 위해 바지를 도입한 최초의 황제였다. 장건의 공으로 실크로드가 만들어졌다.

흉노족이 본격적으로 중앙아시아로 이동하자 그곳에 자리 잡고 있던 대월지국의 부족들이 남쪽으로 밀려났다. 인도로 들어간 대월지국의 부족들이 쿠샨 왕조를 열었다. 그런가 하면 서쪽으로 계속 진출한 흉노족의 한 갈래는 소아시아와 발칸 반도 북부를 거쳐 중부 유럽에까지 이르렀다. 흉노족의 압박을 받은 게르만 족은 서로마 제국으로 이동했다. 결국 서로마 제국이 게르만 족에 의해 멸망되었다.

흉노족은 편자를 알고 있었고 재갈을 말에 물릴 줄 알았다. 말을 타고 장거리 여행을 할 수 있었던 것이다. 유라시아 대륙 북쪽의 초원지대는 말을 타고 이동하기에 편한 평지다. 평평한 초원지대를 말을 타고 이동하여 거의 서쪽 끝에 이르렀던 것이다.

이 시점에서 농경민과 유목민의 관계에 대한 공간적인 이해를 할 필요가 있다. 서쪽의 로마 제국과 동쪽의 한나라는 농경민들의 터전이었다. 농업혁명 이후 상위로 나아가던 역사는 로마 제국과 한나라를 낳았다. 농업이 없었다면 제국들은 없었을 것이다. 로마 제국과 한나라가 무너진 이후에도 로마 제국과 한나라가 차지했던 지역은 여전히 농경민들의 터전으로서 역할을 다했다. 서양의 중심부와 동양의 중심부는 거대한 자석과도 같았다. 사람들은 먹을 것이 있는 곳으로 모이게 마련이다. 서양의 중심부와 동양의 중심부 이외의 지역에 살았던 사람들은 거의 유목민이었다. 거대한 자석이 두 개 있고 그사이에 쇳가루가 뿌려져 있으면 어떤 모양이 될까? 아마도 이런 모양이 될 것이다.

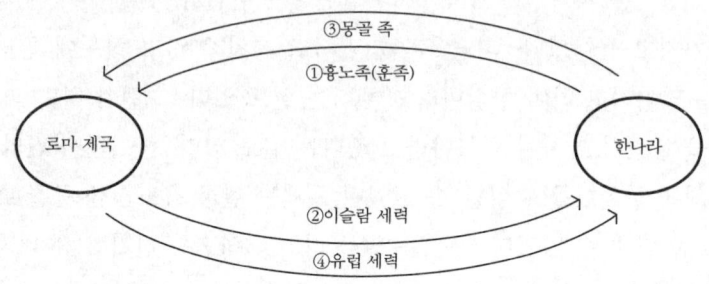

동쪽은 서쪽과 비교했을 때 상위에 속한다고 했다. 같은 제국이라도 로마 제국보다 한나라가 더 상위적이었다. 어떤 면에서 더 강력했다. 한 무제가 북쪽의 흉노족을 치자 흉노족은 서쪽으로 이동하여 로마 제국을 직접 공격하였다. 또한 게르만 족으로 하여금 로마로 이동하게 하여 로마 제국을 간접 공격하였다.

거대한 두 자석 사이에 형성된 쇳가루의 띠는 크게 네 개였다. 최초로 형성된 띠는 북쪽의 유목민, 즉 흉노족이었다. 두 번째로 형성된 띠는 앞으로 살펴보겠지만 남쪽의 유목민, 즉 이슬람 세력이었다. 북쪽의 유목민은 주로 말을 이용해 육상으로 다녔지만, 남쪽의 유목민은 주로 배를 이용해 해상으로 다녔다. 이슬람 세력은 주로 배를 이용했다. 제1 육상 유목민과 제1 해상 유목민이라고 명명할 수 있다. 제2 육상 유목민은 몽골 족이었다. 역시 말을 이용해 북쪽 초원지대를 누볐다. 제2 해상 유목민은 유럽 세력이었다. 유럽 세력 역시 배를 타고 동양과 서양을 아울렀다. 제1 육상·해상 유목민과 비교했을 때 제2 육상·해상 유목민은 그 활동영역이 광대했다. 육상 유목민의 활약 기간은 짧았던 반면, 해상 유목민의 활약 기간은 길었다.

육상 유목민은 단일한 민족이 중심이 되었기 때문에 흉노족, 혹은 몽골 족이라고 표현할 수 있지만, 해상 유목민은 여러 민족들이 중첩적으로 긴 기간 동안 활동했기 때문에 이슬람 세력, 혹은 유럽 세력이라고 표현해야 한다. 주로 북쪽에서 활동한 육상 유목민은 주로 남쪽에서 활동한 해상 유목민보다 상위에 속한다. 때문에 육상 유목민은 서양에도 영향을 끼쳤지만 동양에 더 많은 영향을 끼쳤으며, 해상 유목민은 동양에도 영향을 끼쳤지만 서양에 더 많은 영향을 끼쳤다. 북쪽과 동양이 상위에 속하고 남쪽과 서양이 하위에 속하지 않는가?

유목민이 활약했던 이유는 동양과 서양 사이에 빈 공간이 있었기 때문이다. 그러나 시간이 지나면서 그런 공간들은 서서히 사라져갔다. 동양과 서양을 이어주던 유목민의 역할이 필요 없게 되었을 때 동양과 서양이 대면하게 되었다. 제2 해상 유목민의 활약은 기원 1929년에 끝났다. 이렇게 말할 수 있는 이유는 무엇인가? 이 질문에 대한 답은 뒤로 미루기로 하자.

14. 제1 육상 유목민

››› 흉노족과 인도

역사파동표의 첫 번째 정점에 있던 로마 제국과 한나라의 안정성을 심각하게 흔든 세력인 흉노족을 제1 육상 유목민이라고 명명했다. 제1 육상 유목민이 세계사에 끼친 광범위한 영향에 대해 살펴보자.

유라시아 대륙의 북동쪽에 살았던 흉노족이 대륙을 휘젓게 된 것은 한무제로 대표되는 한나라의 강력함 때문이었다. 한나라와 같은 강력한 세력이 존재하지 않는 곳을 원했던 흉노족은 처음에 서쪽으로 나아갔다. 하지만 흉노족의 진출은 서쪽에 국한되지 않았다. 한무제에 의해 깨어진 벌통의 성난 벌들 같던 흉노족은 유라시아 대륙 전체를 종횡무진 누볐다.

유라시아 대륙의 남쪽 중앙 부분에 있는 인도가 받은 영향을 검토해 보는 것은 의미가 있다. 인도는 흉노족의 영향을 비교적 일찍부터 받았다. 인도는 전통적으로 이민족의 침입에 취약했다. 일찍이 아리아 인의 침입으로 인해 카스트 제도가 만들어지지 않았는가? 인도 최초의 통일 제국인 마우리아 제국도 알렉산더 대왕의 침입으로 인해 만들어졌다. 알렉산더의 침입에 대비해 인도의 힘을 결집시킨 찬드라굽타는 알렉산더가 그냥 물러가자 인도 역사상 최초로 형성된 상위의 통합된 힘을 상위의 통합된 제국을 만드는 데 이용했다.

마우리아 제국은 기원전 324년에서 기원전 187년까지 불과 140년 정도 존속했다. 비슷한 시기의 로마 제국과 한나라에 비하면 수명이 극히 짧았음을 알 수 있다. 인도 역사에서 200년 이상 지속한 왕조는 없다. 이

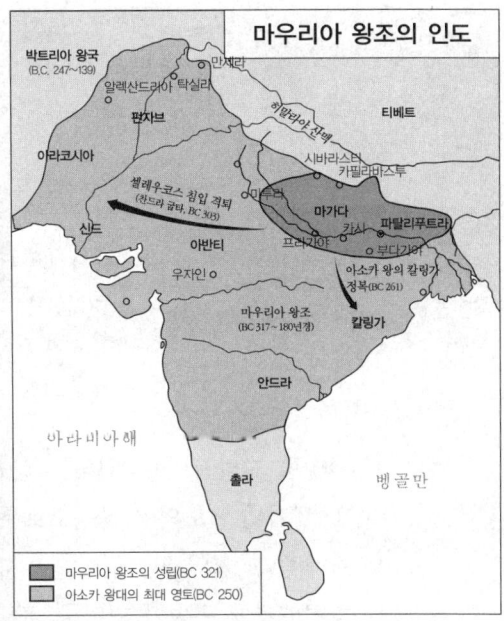

마우리아 왕조의 인도

박트리아 왕국
(B.C. 247~139)

알렉산드리아 탁실라

만제라

판자브

히말라야 산맥

티베트

아라코시아

시바라스티
카필라바스투

신드

셀레우코스 침입 격퇴
(찬드라 굽타, BC 3(5)

마가다

카시 파탈리푸트라

프라야가

부다가야

아소카 왕의 칼링가
정복(BC 261)

아반티

우자인

마우리아 왕조
(BC 317~180년경)

칼링가

안드라

아라비아해

아소카 왕대의 최대 영토(BC 250)

촐라

뱅골만

■ 마우리아 왕조의 성립(BC 321)
□ 아소카 왕대의 최대 영토(BC 250)

힌두교 성자들의 모습(위), 인도 델리의 레드포트(아래).

러한 인도의 분열상은 어떻게 설명될 수 있을까?

인도의 중부에는 데칸 고원이 자리잡고 있다. 때문에 일찍부터 해안을 중심으로 많은 소국들이 형성되어 있었다. 남인도까지 지배한 제국이 드문 것도 이런 맥락에서 이해할 수 있다. 중국 대륙의 가운데에 있는 중원은 중국 대륙을 상위적 대륙이 되게 하는 데 이바지했고, 인도 대륙의 가운데에 있는 데칸 고원은 인도 대륙을 하위적 대륙이 되게 하는 데 이바지했다. 본질적인 점은 아마도 인도의 삼면이 바다라는 점일 것이다. 바다는 하위에 속한다.

인도의 대표적인 종교는 힌두 교다. 인도印度는 인디아India를 음역한 것이다. 인디아는 힌두Hindu라는 말과 관련된다. 힌두 교란 결국 인도교를 의미한다. 인도 사람들의 삶의 방식 그 자체와 힌두 교는 동의어일 수 있다. 이런 힌두 교의 제일의 특징은 하위의 다신교라는 점이다. 때문

아소카 왕과 관련이 있는 산치 대탑—인도, 산치.

에 이슬람 교와 같은 상위의 일신교와 물과 기름처럼 대립할 수밖에 없다. 13세기에 인도의 서북쪽으로부터 이슬람 교도들이 침입하여 북인도를 지배했다. 자연스럽게 이슬람 교는 지배층의 종교가 되었고, 힌두 교는 피지배층의 종교가 되었다. 두 종교 사이의 갈등은 세월의 공격에도 전혀 흔들리지 않았다. 제2차세계대전 후 인도로부터 파키스탄이 분리 독립했을 때 그것이 증명되었다. 지금도 인도와 파키스탄은 핵무기 경쟁을 하고 있다.

이렇듯 지리적인 요인이나 종교적인 요인 등에 의해 통합보다는 분열이 자연스러운 하위적 대륙이 된 인도였기 때문에 이민족의 침입에 취약했고, 가끔 등장하는 통일 왕조의 수명도 짧았다. 그리고 통일 왕조의 시작과 끝도 분명하지 않았다. 중국의 경우처럼 이전 왕조가 멸망하고 새 왕조가 들어서는 과정이 명백하지 않았던 것이다.

마우리아 왕조의 창건자 찬드라굽타의 손자인 아소카 왕은 불교에 깊이 귀의했던 인물로서 군대 지휘관들을 종교 사절단으로 만들어 비폭력과 자비에 의한 정치를 펼쳤다. 아소카 왕은 불교를 세계 종교로 확립한 군주가 되었다. 덕분에 당시 북인도에서만 발달했던 불교는 인도의 지배적인 종교가 되었고 해외에까지 전파되었다. 상위에 속하는 종교의 힘을 빌려 제국을 통치하려고 했음을 알 수 있다. 그러나 아소카 왕이 죽고 나

파르티아와 박트리아

자 얼마 지나지 않아 제국은 여러 개의 나라들로 분열되었다.

마우리아 왕조를 이어 숭가 왕조가 등장했고, 다시 칸바 왕조가 등장했다. 그러나 마우리아 왕조 때의 강력함에는 미치지 못했다. 숭가 왕조와 칸바 왕조는 전력을 다해 그리스 계 민족의 남하를 저지해야 했다. 알렉산더 대왕의 동방 원정 때 아예 인도의 서북부에 눌러앉은 그리스 인들은 그리스 계 민족을 이루었고, 급기야 박트리아라는 그리스 계 나라까지 만들었다. 이 나라는 일찍이 아소카 왕 시절부터 발흥하고 있었다. 쉽게 말해서 박트리아는 지금의 아프가니스탄 지역을 차지하고 있었다. 지금의 이란 지역은 파르티아가 차지하고 있었다.

기원전 2세기에 급격한 민족 이동이 일어나면서 이 지역의 세력 판도가 크게 변하게 된다. 한나라에 밀린 흉노족이 본격적으로 중앙아시아로 이동하자 그곳에 자리잡고 있던 대월지국의 부족들이 다시 남쪽으로 이동했다. 급기야 지금의 아프가니스탄 지역을 차지하고 있던 박트리아를 멸망시켰다. 중국 역사가들에 따르면 월지족은 휴밀休密, 귀상貴霜, 쌍미雙靡, 힐돈肸頓, 도밀都密 다섯 부족으로 나뉜다. 이들 다섯 부족이 기원전 135년경에 박트리아를 다섯 개로 분할해버렸다. 이후 귀상족이 나머지 네 부족을 정복했다. 이 귀상을 서양에서는 쿠샨이라고 했다. 쿠샨 왕

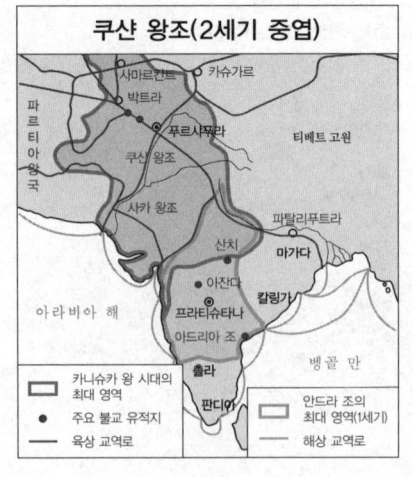

쿠산 왕조(2세기 중엽)

조가 펼쳐지게 된다. 쿠산 왕조는 인도에까지 세력을 뻗쳤다. 중국에서는 쿠산 왕조를 계속해서 대월지국으로 불렀다.

쿠산 왕조는 기원 2세기 중반 카니슈카 왕 시대에 전성기를 맞이한다. 카니슈카 왕은 동쪽으로 갠지스 강 유역까지 세력을 넓혔으며, 남인도의 상당 부분까지 지배하여 거의 통일 왕조에 맞먹는 강대한 지역을 구축했다. 그는 상위의 제국을 경영하기 위해 상위의 종교의 도움도 받았다. 제2의 아소카라고도 불리는 그는 불교의 여러 종파들을 통합하고 교리를 통일하기 위해 카슈미르에서 최초의 불교 회의를 개최했다. 그 결과로 생겨난 대승불교의 교리는 후에 중국과 한반도, 일본에까지 전해진다. 쿠산 왕조의 수도였던 페스와르가 있던 간다라 지방은 동서 문명이 혼합되는 중심지였다. 한국이나 일본의 불교 미술에 간다라 양식이 나타나지 않는가?

아소카 왕 시절의 불교는 소승불교였다. 소승불교에서는 부처 역시 하나의 인간으로 본다. 부처를 성불한 인간, 즉 인간의 궁극적 단계인 열반에 도달한 인간으로 본다. 불교는 원래 이런 무신론적 사상을 바탕으로 하고 있었다. 그러나 개인적 수양만 강조하는 무신론으로 교세를 확장시키기는 어려웠을 것이다. 따라서 부처를 신의 화신으로 섬기는 대승불교가 발달하게 된 것이다. 말하자면 소승불교는 하위적이며 대승불교는 상위적이다.

제국으로 나아가던 쿠산 왕조는 하지만 3세기 초반 파르티아를 정복한 사산 조 페르시아에게 멸망당한다. 이후 인도는 약 100년 동안 수많은 소국들로 분열되었다가 굽타 왕조에 의해 통일된다. 찬드라굽타 1세

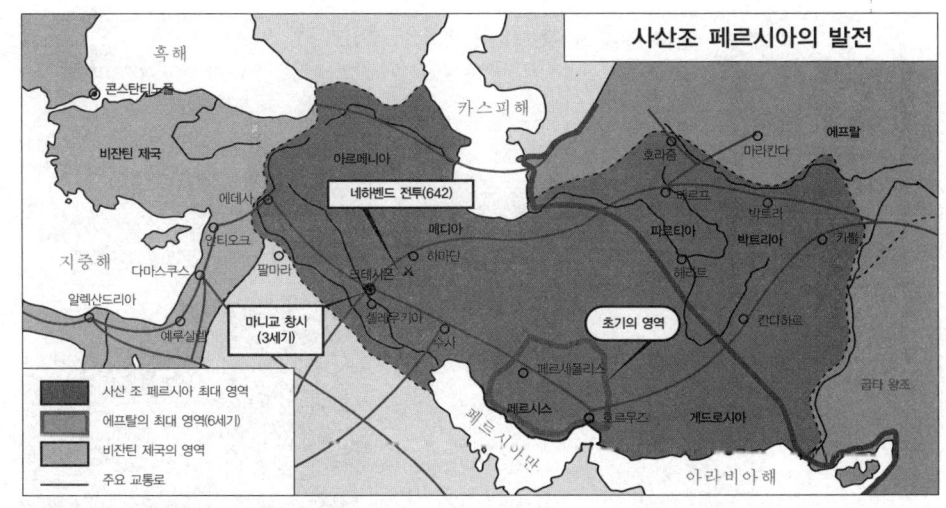

는 기원 320년에 굽타 왕조를 열었다. 제국을 건설하기를 원했던 그는
'왕 중의 왕'을 뜻하는 마하라자 드히라자maharaja dhiraja라는 칭호를
사용했다. 황제를 꿈꾸었던 것이다.

굽타 왕조를 반석에 올려놓은 사람은 찬드라굽타 1세의 아들인 사무
드라굽타였다. 그는 활발한 정복 활동으로 북인도를 완전히 장악했다.
직접적인 지배를 받지 않았던 남인도와 데칸 고원 지방의 소국들도 그에
게 조공을 바쳤다. 사무드라굽타에 뒤이어 찬드라굽타 2세, 쿠마라굽타
등 유능한 군주들이 계속 출현했다. 찬드라굽타 2세는 오랜 숙적이었던
사카 족을 완전히 복속시켰고, 쿠마라굽타는 인도를 직접 침입한 흉노족
을 물리쳐 흉노족이 인도로 남하하는 것을 막았다.

흉노의 남하를 간신히 막은 굽타 제국은 이후 100여 년 간 계속해서
잦은 전쟁에 시달렸다. 결국 5세기 중반 이후 급격히 쇠퇴한다. 이어진
100여 년 간의 혼란을 정리한 사람은 바르다나 가문의 하르샤였다. 그는
카슈미르, 네팔, 발라비 등 여러 나라를 정복하여 북인도를 평정했다. 하
지만 바르다나 왕조도 하르샤가 암살당하면서 급격히 몰락했다.

굽타 왕조 시절 인도의 수학과 천문학은 세계 최고의 수준이었다. 인

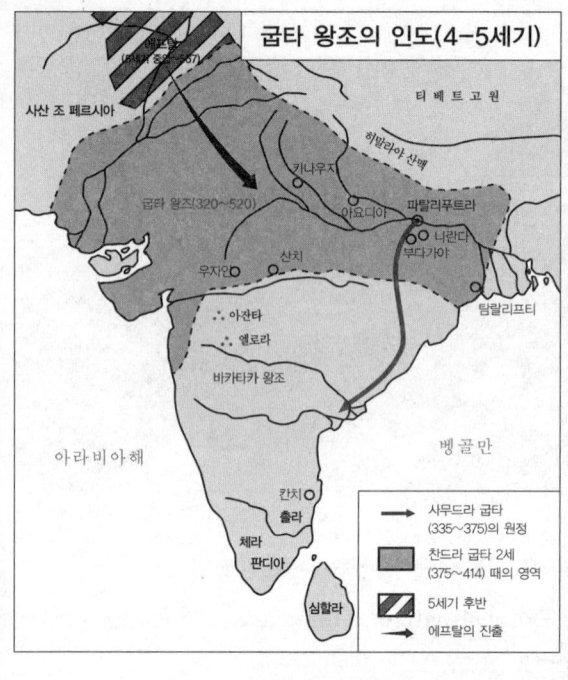

굽타 왕조의 인도(4-5세기)

에프탈
(파괴 중심~507)
사산 조 페르시아
티베트 고원
히말라야 산맥
카나우지
굽타 왕조(320~520)
아요디아
파탈리푸트라
산치
나란다
부다가야
우자인
아잔타
엘로라
탐랄리프티
바카타카 왕조
아라비아해
벵골 만
칸치
촐라
체라
판디아
심할라

→ 사무드라 굽타
(335~375)의 원정
■ 찬드라 굽타 2세
(375~414) 때의 영역
▨ 5세기 후반
→ 에프탈의 진출

인도 서부에 있는 불교석굴인 아잔타 석굴(상).
아잔타와 더불어 가장 유명한 인도의 엘로라 석굴 사원,
돌산 하나를 통째로 깎아낸 것이다(중).
중국 3대 석굴의 하나인 둔황 석굴(하).

도 인들은 세계 최초로 0의 개념을 발견했는가 하면, 십진법도 일상적으로 사용하고 있었다. 간다라 양식 덕분에 불상의 조각이 자유로워지자 종교미술도 크게 성행했다. 동서양의 양식과 기법이 혼합되어 독특한 예술이 만개했다. 그 상당 부분은 흉노족과 이슬람 세력에 의해 파괴되었지만, 아잔타와 엘로라를 비롯한 여러 지역의 석굴 사원들은 오늘날까지 전해지고 있다. 중국의 둔황 석굴이나 그외의 많은 석굴들은 굽타 왕조 시대 인도의 영향을 받은 것들이다. 굽타 왕조 시대가 인도에서 불교가 성행한 마지막 시대였다. 불교는 점차 동쪽으로 옮겨갔다.

거시적으로 보았을 때 흉노족으로 인해 야기된 어지러운 상황을 정리하려는 노력이 쿠샨 왕조나 굽타 왕조를 등장시켰다. 굽타 왕조 시절은

고대 인도의 르네상스 기라고 평가받기도 한다. 르네상스라는 말은 문예 부흥과 관련된 말이다. 어느 정도의 안정이 보장되지 않았다면 상위에 속하는 문화가 발달하기 어려웠을 것이다. 인도와 마찬가지로 유럽의 경우에도 흉노족으로 인해 야기된 어지러운 상황을 정리하려는 노력은 프랑크 왕국을 등장시켰다. 안정된 프랑크 왕국은 '카롤링거 르네상스'라는 말을 낳았다. 상위에 속하는 문화가 발달했던 것이다.

>>> 흉노족과 유럽

유라시아 대륙의 서쪽 부분에 있는 유럽이 흉노족으로부터 받은 영향을 검토할 차례다. 서양에서는 흉노족이 훈 족으로 불린다는 점은 앞에서 이야기했다. 훈 족의 서진은 게르만 족으로 하여금 그들의 고향을 등지게 했다. '게르만'은 로마 인들이 제국의 북쪽에 살던 민족들을 총칭하여 부르던 이름이었다. 중국이 주변 민족들을 오랑캐라고 부르던 것과 마찬가지다. 다뉴브 강 연안에 살던 서고트 족은 기원 375년에 가해진 훈 족의 공격을 피해 이동을 시작하여 결국 이베리아 반도에서 서고트 왕국을 세웠다. 도미노 게임과 비슷한 연쇄적 이동이 이루어졌다. 엘베 강 유역에 살던 반달족은 북아프리카로 건너갔으며, 흑해 연안에 살던 동고트 족은 이탈리아 반도로 들어갔다. 반달족과 동향인 롬바르드 족은 6세기 후반에 이탈리아 반도로 이동한다. 지금의 벨기에와 독일 북부에 살던 앵글 족과 색슨 족, 유트 족은 브리타니아로 건너갔다. 앵글은 나중에 잉글랜드라는 말의 어원이 된다. 이들의 공통점은 문자가 없었다는 것과 반농반목의 생활을 하고 있었다는 것 정도였다. 하위에 속해 있었던 만큼 통합되어 있지 않았다.

지금의 프랑스인 갈리아 지방은 기원전 1세기에 카이사르에게 정복된 이래로 수백 년 동안 로마의 속주였다. 풍요로운 땅이었던 만큼 로마의 특별 관리를 받았던 곳으로서, 로마 제국이 멸망될 때는 거의 로마나 다름없었다. 갈리아 지방으로도 게르만 족이 이동했다. 갈리아 북부에 부르군트 족과 프랑크 족이 자리를 잡았다. 갈리아 남부는 무주공산이나 다름없었다. 갈리아 북부를 지배하는 자가 갈리아 전체의 주인이 될 것은 분명했다. 그런데 부르군트 족이 훈 족의 공격을 받아 멸망한다. 프랑크 왕국이 서유럽의 중심부인 갈리아를 차지하게 되면서 점차 힘의 중심이 되어갔다.

프랑크 왕국을 건국한 사람은 클로비스였다. 그는 로마의 장군 시아그리우스를 물리친 다음 알라만 족을 내쫓고 갈리아의 중부와 알프스 이북을 손에 넣었다. 갈리아의 서남부 아키텐 지역의 툴루즈 왕국만 무너뜨리면 갈리아 지방 전체를 차지할 수 있게 되었을 때 클로비스는 간접적인 공격방법을 택했다. 기원 496년 그는 세례를 받고 로마 가톨릭으로 개종했다. 이때는 로마 가톨릭이 아타나시우스의 교리를 받아들인 다음이었다. 당시 게르만 족 대부분은 아리우스의 교리를 받아들이고 있었다. 로마 가톨릭의 입장에서 보았을 때 게르만 족은 사이비 기독교인들이었다.

아리우스 파 주교인 울필라스의 선교활동으로 인해 게르만 족이 아리우스의 교리를 받아들이게 되었었다. 그리스도 교 신자이자 로마 인인 어머니와 이교도인 고트 족 아버지 사이에서 태어난 울필라스는 콘스탄티노플에서 아리우스 파의 열렬한 옹호자였던 콘스탄티노플 총대주교 에우세비오에 의해 주교로 서품되어 고트 지방으로 보내졌었다. 기원 4세기 경 고트 족은 아리우스 파 기독교를 받아들였고, 결국 게르만 족 전체에 아리우스 파 기독교가 스며들게 되었다.

툴루즈 왕국의 지배층은 서고트 족이었다. 서고트 족의 종교는 아리우스 파 기독교였다. 때문에 클로비스의 아타나시우스 파 기독교, 즉 로마 가톨릭으로의 개종은 지배층과 피지배층을 확실하게 분열시키는 효과를 낳았다. 아키텐의 주교와 원주민들이 합세하여 서고트 족 지배자들을 배척할 때 클로비스가 서고트 족 지배자들을 쉽게 아키텐 지역에서 쫓아낼 수 있었던 것이다.

이처럼 프랑크 왕국은 상위에 속하는 종교를 적절히 이용하여 상위에 속하는 통일을 이루어낼 수 있었다. 이단이라고 규정된 아리우스 파를 따르지 않았기 때문에 당시 세속적인 권력을 어느 정도 가지기 시작한 로마 교황과도 돈독한 관계를 유지할 수 있었다. 역사적으로 보았을 때 초대 교황은 레오 1세다. 종교적 권위를 세속적 권력으로 연결시키는 일은 어렵지 않다. 둘 다 상위에 존재하기 때문이다. 더욱이 레오 1세는 훈족의 왕 아틸라를 스스로 물러나게 할 만큼 외교적 수완이 대단한 인물이었다.

기원 451년 아틸라가 이끄는 훈 족이 로마를 직접 침략했을 때 사람들은 아틸라를 '신의 채찍'이라고 불렀다. 아틸라는 지금도 서양인의 생각 속에서 마왕으로 통한다. 그는 독일 중세의 서사시 〈니벨룽겐의 노래〉에 에첼이라는 이름으로 등장하기도 한다. 에첼의 아내가 되는 여주인공 크림힐트는 죽은 연인 지그프리트의 복수를 위해 자신이 부르군트 족 출신임에도 불구하고 부르군트 왕족을 몰살시킨다. 실제로 부르군트 족은 훈족에게 멸망당했다.

클로비스가 세운 왕조를 메로빙거 왕조라고 한다. 클로비스의 아버지가 메로비스였다. 프랑크 왕국을 다스렸던 왕조는 두 개였다. 메로빙거 왕조를 뒤이은 왕조가 카롤링거 왕조였다. 카롤링거 왕조가 개창된 배경에 대해서 살펴보자.

중동 지역에서 발흥한 이슬람 세력이 지중해를 건너 에스파냐에 진출한다. 기원 711년 서고트 왕국을 멸망시키고, 이후 20년 동안 에스파냐를 식민지로 만드는 작업이 끝나자 에스파냐 총독은 피레네 산맥을 넘기로 결정했다. 산맥 너머에는 250여 년 전 클로비스가 개창한 메로빙거 왕조의 프랑크 왕국이 있었다. 이슬람 군은 아키텐을 손쉽게 접수하고 왕국의 심장부로 거침없이 나아갔다. 위기에서 나라를 구한 사람은 당시 왕국의 행정을 맡고 있던 재상, 즉 궁재宮宰 카를 마르텔이었다. 프랑스

중서부의 투르에서 기원 732년 이슬람 군과 프랑크 군은 맞붙었다. 승리는 프랑크 군의 것이었다.

투르에서 마르텔이 구해낸 것은 프랑크 왕국만이 아니라 그리스도 교 문명권 전체였다. 이슬람 세력이 유럽 전체를 휩쓸고 나면 로마 교황의 존속은 불가능했을 것이다. 위기가 지나간 다음에 로마 교황은 마르텔에게 힘을 실어주었다. 클로비스에게 힘을 실어주었던 사람도 로마 교황이었다. 하지만 마르텔이 아니라 그의 아들 피핀이 751년에 카롤링거 왕조를 연다. 물론 카롤링거는 그의 아버지의 이름에서 따온 것이었다. 카를을 라틴 어로 하면 카롤루스가 된다.

교황 자카리아스는 피핀의 쿠데타를 전적으로 지지했다. 왜냐하면 그도 쿠데타를 감행했기 때문이다. 그는 비잔틴 제국 황제의 종교적 지존성에 도전했다. 프랑크 왕국은 왕국이었지 제국이 아니었다. 프랑크 왕국 위에 비잔틴 제국이 있었고 제국의 정점에는 황제가 있었다. 최상위에 존재하는 황제답게 황제는 정치적인 권력과 함께 종교적인 권력까지 가지고 있었다.

비잔틴 제국은 동로마 제국의 다른 이름이다. 동로마 제국이라는 이름보다는 비잔틴 제국이라는 이름이 더 널리 사용된다. 수도인 콘스탄티노플의 옛 이름이 비잔티움인데서 나온 이름이다. 동로마 제국이 유럽 신흥 왕국들과 경쟁하는 수준으로 전락했기 때문에 격하해서 비잔틴 제국이라고 하는 것이다. 그럼에도 불구하고 기원 800년까지 유럽에서 감히 황제를 칭하는 왕은 없었다. 비잔틴 제국이 로마 제국의 정통성을 이어간다는 생각들을 많은 사람들이 하고 있었다. 그런 황제에게 로마 교황이 도전했던 것이다.

기원 726년 비잔틴 제국의 황제 레오 3세는 우상 숭배를 금지하는 성상파괴령을 내렸다. 원래 성상은 다신교적인 것이지 일신교적인 것이 아니다. 그런데도 그리스도 교에서 성상이 발달한 것에는 여러 가지 이유가 있다. 한 가지는 헬레니즘 문화의 영향이다. 그리스 인들은 신들의 모습을 조각했다. 불교의 경우에도 초기에는 불상이 없었다. 부처를 굳이 표현해야 할 때는 발자국이나 빈 의자 등을 이용했다. 알렉산더의 동방 원정으로 헬레니즘 세계가 성립되자 그 영향을 받아 비로소 불상이 제작되기 시작했다.

　성상파괴령을 로마 교황은 받아들이기 어려웠다. 이교도들에게 포교를 하기 위해서는 성상이 절실하게 필요했던 것이다. 730년 로마 교황은 성상파괴령에 반발했다. 이에 레오 3세는 즉시 로마 교황에게 위임한 종교적 관할권을 인정하지 않는다고 선포했다. 이를 계기로 로마 가톨릭과 동방 정교가 분리되었다. 동방 정교는 이후 주도권을 지닌 세력에 따라 그리스 정교, 러시아 정교 등으로 불리게 된다.

　비잔틴 제국 황제의 보호를 받지 못하게 되자 곧바로 로마 교황에게 위기가 찾아왔다. 751년에 롬바르드 족은 라벤나 지역을 점령하고 로마를 노렸다. 마침 피핀의 쿠데타 승인 요청이 있자 교황은 피핀의 쿠데타를 승인해주는 대가로 로마를 위협하던 롬바르드 족을 격퇴해줄 것을 피핀에게 요청했다. 피핀은 롬바르드 족을 두 차례에 걸쳐 물리쳤고, 전리품으로 얻은 라벤나 지역을 교황에게 희사함으로써 로마 교황령이 시작되게 했다. 이렇게 해서 생겨난 교황령은 19세기까지 존속하다가 1870년에 이탈리아 국가에 환수되지만 다시금 1929년에 바티칸 시국이라는 이름으로 복구된다.

　카롤링거 왕조의 프랑크 왕국과 로마 교황은 궁합이 잘 맞았다. 찰떡 궁합은 옥동자를 낳았다. 피핀의 아들 샤를마뉴는 800년 12월 25일에 로마의 성탄절 미사에 참석했다가 로마 교황으로부터 로마 제국 황제의 관을 받는다. 476년 서로마 제국이 멸망한 이래 300여 년 만에 다시 서로마 제국의 황제가 탄생한 것이었다. 샤를마뉴는 비잔틴 제국의 황제와 같이 되고 싶었을 것이다. 그는 분명 상위를 추구하는 사람이었다. 그는 많은 정복 활동을 하였으며, 정복이 성공할 때마다 피정복지에 교구를 설치했다. 정치적 통합만이 아니라 종교적 통합도 이룩하고자 했다. 샤를마뉴는 황제가 된 다음 비잔틴 제국의 여제였던 이레네에게 청혼을 했다. 원래 이레네는 비잔틴 제국의 황제 레오 4세의 황비였다. 죽은 남편을 이은 아들의 섭정이 되었다가 결국 797년에 아들을 유폐시키고 여제가 되었다. 샤를마뉴는 서로마와 동로마의 통합까지를 원했을지 모른다. 비잔틴 제국의 귀족들이 샤를마뉴와 이레네가 가까워지는 것을 원치 않았다. 결국 이레네는 유배되었고 얼마 지나지 않아 죽었다.

자신이 많이 배우지 못한 것을 한스럽게 여겼기 때문인지는 모르지만 샤를마뉴는 학문과 예술을 무척 존중하고 사랑했다. 그는 각 주교구와 수도원에 학교들을 설립했으며 수도에는 궁정 학교를 설립했다. '카롤링거 르네상스'라는 말이 나오게 된 배경이다. 문화가 발달할 수 있었다는 것은 그만큼 안정이 이루어졌다는 것 아닌가?

흉노족으로 인해 야기된 어지러움을 정리한 프랑크 왕국을 거치면서 게르만적인 요소와 로마적인 요소가 잘 융합되었다. 오늘날 유럽의 특성들이 이때 형성되기 시작했다. 로마가 서양인의 정신적 고향이지만, 오늘날 유럽을 이루고 있는 것에는 분명 로마적인 요소와 함께 게르만적인 요소가 있다. 동양은 어떠한가? 비슷한 시기에 중국에는 수나라와 당나라가 있었다. 흉노족으로 인해 야기된 어지러움이 수나라와 당나라를 거치면서 정리된다. 유럽과 비슷하게도 이때 오늘날 중국의 특성들이 형성되기 시작했다. 아마도 한족과 북방민족의 융합이 이루어졌기 때문일 것이다. 일부 중국인들은 이런 이유에서 자신들을 가리켜 당인唐人이라고 한다. 유럽에 있어서 프랑크 왕국의 지위와 중국에 있어서 수·당나라 지위는 비슷하다.

›››흉노족과 중국

유라시아 대륙의 동쪽 부분에 있는 중국이 흉노족으로부터 받은 영향을 검토할 차례다. 한나라가 강할 때 흉노족은 감히 중국을 넘보지 못했다. 하지만 한나라는 망했고, 중국은 위魏·오吳·촉蜀으로 나누어져 있었다.

위의 조조曹操는 후한의 헌제獻帝를 옹립하고 후한의 실질적인 지배자가 되어 양쯔 강 이북인 화북 지역 전체를 통일했다. 하지만 조조는 황제에 오르지 못했다. 조조가 죽은 해인 기원 220년 조조의 아들 조비曹조가 후한의 문을 닫고 위나

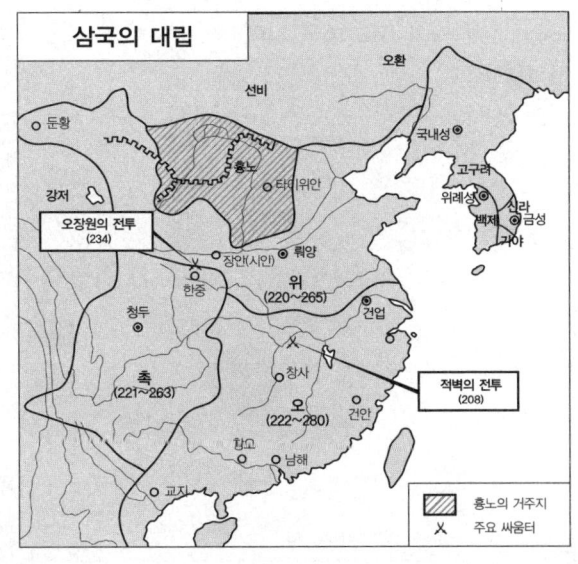

라 황제에 올랐다. 촉은 기원 263년에 위에 병합되었고, 오는 기원 280년에 위의 뒤를 이은 진晉에 의해 멸망되었다. 제갈량과 쌍벽을 이루었던 사마의司馬懿의 뒤를 이은 사마염司馬炎이 기원 265년 위의 원제元帝에게서 선양의 형식으로 제위를 물려받아 진을 세웠었다.

무제武帝가 된 사마염은 많은 황족들을 제후로 만들었다. 이것이 문제였다. 사마염이 죽고 나자 제후들이 '팔왕의 난'을 일으켰다. 한 왕이 흉노족을 이용하려 한 것이 화근이었다. 흉노족의 유연劉淵은 기다렸다는 듯이 군대를 몰고 와서 진을 접수하고 자신이 한나라의 뒤를 잇는다고 선포했다. 한고조의 화친책으로 흉노족은 한 황실과 통혼하였고, 따라서 유씨 성을 가지게 되었던 것이다. 결국 316년 진은 멸망했다.

이것은 시작이었다. 흉노족에 뒤이어 여러 북방민족들이 중원으로 진출하기 시작했다. 바야흐로 5호 16국 시대가 펼쳐졌다. 5호는 흉노족을 비롯한 선비족, 저족, 갈족, 강족을 뜻하고, 16국은 이들이 세운 13개의 나라와 한족이 세운 3개의 나라를 뜻한다. 흉노족에게 멸망당한 진의 귀족들은 강남으로 내려가 오나라의 도읍이었던 건업建業을 수도로 하여

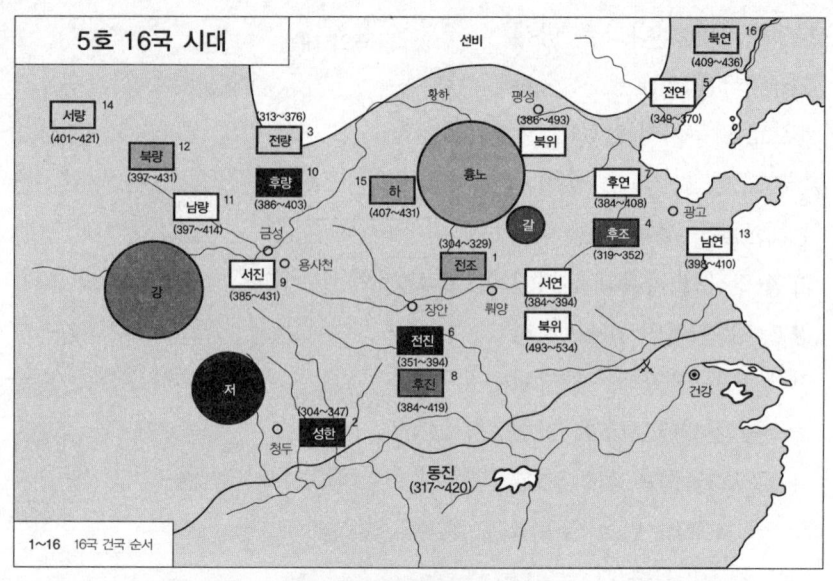

5호 16국 시대

선비

서량 14
(401~421)

북량 12
(397~431)

남량 11
(397~414)

전량 3
(313~376)

황하

평성

북위
(386~493)

북연 16
(409~436)

전연 5
(349~370)

후량 10
(386~403)

금성

용사천

하 15
(407~431)

흉노

갈

후연
(384~408)

광고

후조 4
(319~352)

남연 13
(398~410)

강

서진 9
(385~431)

장안

뤄양

조진 1
(304~329)

서연
(384~394)

북위
(493~534)

건강

저

(304~347)

청두

성한

전진 6
(351~394)

후진 8
(384~419)

동진
(317~420)

1~16 16국 건국 순서

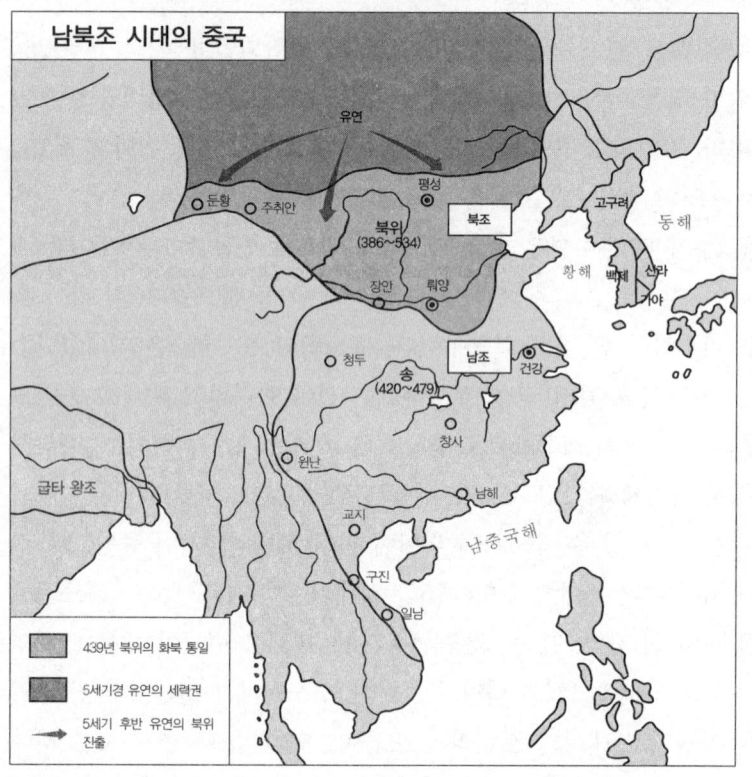

남북조 시대의 중국

유연

둔황

주취안

평성

북위
(386~534)

북조

고구려

동해

장안

뤄양

황해

백제

신라

가야

청두

송
(420~479)

남조

건강

급타 왕조

윈난

창사

교지

남해

남중국해

구진

일남

439년 북위의 화북 통일

5세기경 유연의 세력권

5세기 후반 유연의 북위
진출

156

새 나라를 열었다. 이때부터의 진을 동진東晉이라 하고 이전까지의 진을 서진西晉이라 한다.

　동진은 420년에 군벌 휘하에서 무공을 세운 무장 유유劉裕가 송宋을 건국했을 때 문을 닫았다. 이때의 송은 10세기에 건국되는 송과 다르다. 화북은 439년에 선비족의 척발씨拓跋氏가 세운 북위가 통일했다. 이때 100여 년 간 계속된 5호 16국 시대는 끝이 났고, 150여 년 간 계속될 남북조南北朝 시대가 시작되었다. 150여 년 동안 강남에는 송, 제, 양, 진 네 나라가 이어졌다. 이 네 나라와 그 전의 두 나라, 즉 오나라와 동진을 합쳐서 흔히 육조六朝라고 한다. 화북의 경우는 좀 달랐다. 북위가 동위와 서위로 분열되었고, 동위는 북제로, 서위는 북주로 이름이 바뀌었다.

　서쪽의 북주가 결국 화북을 통일했다. 서쪽이 하위 아닌가? 북주의 귀족 양견楊堅은 자기 딸을 황태자비로 만든 다음 황위를 이양받아 581년 손쉽게 수나라를 세웠다. 그리고 589년 강남의 마지막 나라인 진陳을 멸망시켜 370여 년 만에 중국 대륙을 재통일했다.

　수나라는 오랜만에 중국 대륙을 통일했기 때문에 많은 제도를 재정비해야 했다. 가장 눈에 띄는 것은 과거제도의 실시다. 587년 역사상 처음으로 실시된 과거제도는 20세기 초까지 1,500여 년 동안이나 중국의 기본적인 관리임용제도가 되었다. 강력한 권력이 없다면 시행이 불가능한 제도가 과거제도다. 상위의 왕은 하위의 귀족들을 견제하지 않으면 안 된다. 귀족들을 상위로 놓고 보면 평민들은 하위 아닌가? 평민들 가운데서 관리를 뽑는 제도가 과거제도다. 동일한 적을 가진 두 사람은 친구가 되는 법이다. 왕과 평민의 공동의 적은 귀족이다.

　수나라의 큰 골칫거리는 북방의 돌궐족이었다. 한무제 이후 계속된 토벌 및 동화 정책으로 흉노족은 사라졌지만 대신 돌궐족이 똬리를 틀고 있었다. 원래 돌궐족은 흉노족의 일파였다. 양견, 즉 수문제文帝는 탁월한 이간책을 써서 돌궐을 동돌궐과 서돌궐로 분리시켜 세력을 약화시켰다. 서돌궐은 중앙아시아로 이동했다. 흉노족을 서양에서는 훈 족이라고

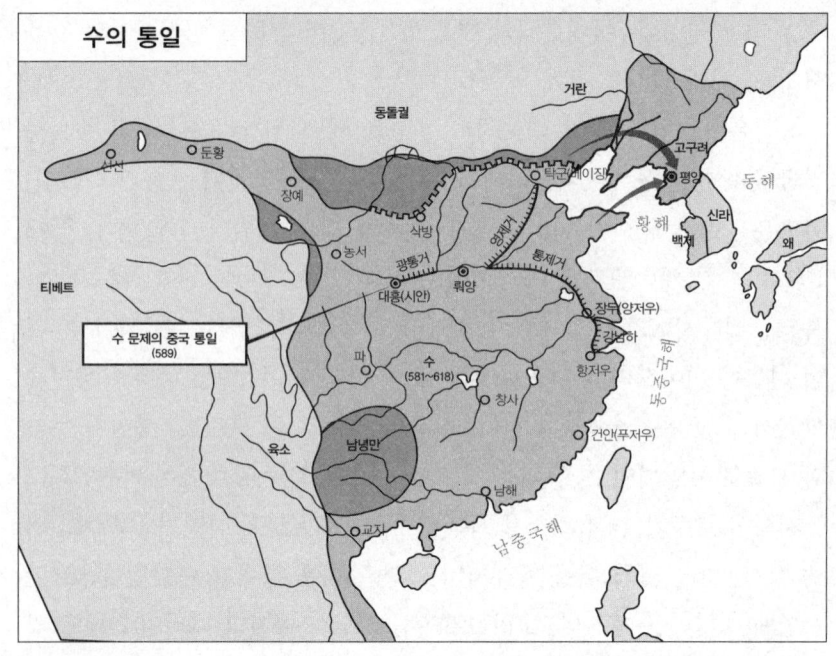

수의 통일

하듯이, 돌궐족을 서양에서는 투르크 족이라고 한다. 투르크메니스탄, 터키와 같은 국호에 투르크 족의 흔적이 남아 있다.

　문제의 뒤를 이은 양제煬帝가 만든 대운하는 진시황의 만리장성에 견줄 만하다. 610년에 완공된 대운하 덕분에 항저우에서 베이징까지 선박 운송이 가능해졌다. 쌀을 비롯한 강남의 풍부한 물자를 화북으로 수송할 수 있게 되었다. 남과 북을 연결하는 큰 업적이었다. 그러나 대운하 건설은 수나라의 에너지를 많이 소진시켰다. 그리고 뒤이은 양제의 고구려 원정은 수나라의 에너지를 완전히 소진시켰다. 탁월한 보급로인 대운하를 너무 믿은 것이 잘못이었다. 결국 양제는 부하의 손에 피살되었고 각지에서 반란이 일어났다. 지방 경비를 담당하던 이연李淵이 혼란을 잠재웠다. 당나라를 세웠다.

　이연은 수나라의 제도를 그대로 이어받았다. 이연은 수양제와 이종사촌 간이었다. 이연, 즉 고조의 뒤를 이은 당태종은 중국 역사상 손꼽히는 걸출한 군주로서 그의 재위 23년간은 '정관貞觀의 치治'로 불리는 당나라의 번영기였다. 정관은 연호다. 그는 주변 민족들을 복속시켰고 오늘날의 파키스탄 일대까지 세력을 넓혔다. 한무제 시절 장건에 의해 개척된 비단길은 당나라 때 본격적으로 사용되었다. 불교문화도 크게 진작되었다. 천태종, 화엄종, 삼론종, 법상종, 정토종, 진언종, 선종 등 후대에까지 영향을 미치는 불교 종파들이 이때 생겨났다. 더욱이 태종의 아들 고종 때 당나라는 고구려까지 멸망시킨다. 당나라는 명실상부한 동아시아의 패자가 되었다.

이상에서 흉노족으로 인해 야기된 어지러움이 정리되어가는 중국의 역사를 살펴보았다. 수나라와 당나라를 거치면서 북방민족들과 한족의 융합이 이루어진 점을 주목할 만하다.

인도의 쿠샨·굽타 왕조, 유럽의 프랑크 왕국, 그리고 중국의 수·당나라를 제1 육상 유목민과 관련지어 비슷한 맥락에서 파악하는 것은 유용할 수 있다.

15. 제1 해상 유목민(1)

—이슬람 세력(1)

››› 마호메트와 이슬람 교

이슬람 세력을 제1 해상 유목민이라고 명명했다. 이제 제1 해상 유목민과 제1 해상 유목민이 활약하던 시대의 세계에 대해서 살펴보자.

문명의 옛 고향 오리엔트에 변화의 바람이 일었다. 메소포타미아나 이집트가 아니라 아라비아 사막, 정확히 말해 사막의 오아시스에서 변화가 시작되었다. 메소포타미아나 이집트는 상위에 속하는 곳이다. 때문에 항상 큰 나라들이 존재했다. 사막과 아라비아 반도 주위의 바다는 하위에 속하며 유목민도 하위에 속한다.

기원 400년 무렵부터 600년 무렵까지 비잔틴 제국과 사산 조 페르시아가 대립했다. 중국에서 티베트, 네팔을 거쳐 인도까지 여행한 적이 있었다. 인도에서 파키스탄을 거쳐 이란, 이라크, 시리아, 터키를 거쳐 유럽으로 가고 싶었지만 문제가 되는 곳이 아프가니스탄과 이라크였다. 전쟁 중이거나 전운이 감돌고 있었던 것이다. 유라시아 대륙의 중심부인만큼 이 지역은 알렉산더 대왕 때부터 문제가 많은 곳이었다.

알렉산더에 의해 아케메네스 조 페르시아가 멸망된 이후 알렉산더의 부장이었던 셀레우코스가 이 지역을 차지했다. 곧 파르티아라는 나라가 들어섰고, 다시 파르티아는 사산 조 페르시아에 의해서 무너졌다. 아케메네스 조 페르시아와 사산 조 페르시아의 관계는 고조선과 조선의 관계와 비슷하다. 국호가 재사용된 것이다. 중국의 경우에는 더 빈번하게 국호가 재사용되었다. 주周라는 국호가 가장 많이 재사용된 국호들 중의 하나이다. 정통성의 확보를 위해 국호를 재사용하는 것이다. "고려를 건국한 사람들이 왜 국호를 고려라고 했겠느냐?"는 질문은 고구려의 역사를 가져가려고 하는 사람들에게 던질 만하다.

조로아스터 교의 등대. 사막의 대상들을 위해 불을 밝혔다. 이란, 이스파한―뱃사람에게만 등대가 필요한게 아니다.

비잔틴 제국과 사산 조 페르시아가 대립하고 있었기 때문에 비단길을 이용하기 힘들었던 유목민들은 바닷길을 이용했다. 배를 이동수단으로 삼는 해상 유목민의 활동이 서서히 활발해지기 시작했다. 오늘날 홍해와 지중해 사이에는 수에즈 운하가 있다. 옛날에는 낙타를 이용하여 지금 수에즈 운하가 있는 곳을 통과했을 것이다. 사실 낙타는 사막의 배였다. 사막에서 길을 찾기 위해서는 밤에 하늘을 봐야 했다. 별을 보면서 어디쯤인지를 가늠해야 했기 때문이다. 바다에서 길을 찾기 위해서도 밤에 하늘을 봐야 했다. 어느 나라 속담인지는 모르지만 "유능한 뱃사람에게는 나침반이 필요치 않다"는 속담이 있었다. 밤하늘을 보면서 바다와 사막을 건너 천신만고 끝에 교역의 중심지 콘스탄티노플에 도착한 상인들은 충분한 이익을 남겼을까? 충분한 이익을 남겼을 것이다. 홍해에 접한 도시들이 발달했던 사실이 상인들의 왕래가 빈번했음을 증명해주지 않는가? 상인은 충분한 이익이 남지 않는 곳에는 가지 않는다.

하위의 유목민들에게는 하위의 도시가 필요하다. 로마 제국 시절부터 제법 발달해 있었던 메카가 가장 크게 발달했다. 메카의 한 귀족 가문에서 마호메트가 태어났다. 마호메트를 원어로는 무하마드라고 한다. 권투 선수 알리는 무하마드를 존경하여 무하마드라는 이름을 자신의 이름으로 삼았다. 마호메트는 조실부모 하고 할아버지에게서, 다시 삼촌에게서 자랐다. 일찍 독립할 수밖에 없었던 그는 장사를 크게 하는 집에 들어갔

조로아스터 교의 사원. 1,500년간 타오르는 불이 있다. 새 모양은 아후라마즈다 상—이란, 야즈드.

다. 그 집 주인은 하디자라고 하는 과부였다. 40세이던 하디자가 25세의 마호메트에게 청혼했을 때 마호메트는 청혼을 받아들였다.

부의 올바른 분배를 위해서 마호메트와 하디자를 많은 사람들이 본받아야 한다고 농담처럼 말했던 사람이 있었다. 사십대의 과부가 이십대의 총각과 결혼한다. 연상의 아내의 지혜와 재산을 다 물려받은 연하의 남편이 사십대가 되면 아내는 세상을 떠날 것이다. 이제 사십대의 홀아비가 이십대의 처녀와 결혼한다. 연상의 남편의 지혜와 재산을 다 물려받은 연하의 아내가 사십대가 되면 남편은 세상을 떠날 것이다. 마호메트는 하디자가 죽고 난 얼마 뒤 사우다라는 과부와 결혼했고, 이어 겨우 6세이던 아이샤에게 청혼하여 3년 뒤에 결혼했다. 아이샤는 18세에 미망인이 되었다.

돈을 가질 만큼 가진 마호메트는 돈에 대한 미련을 버리고 조용히 명상을 하는 생활을 했다. 하위가 충족되었기에 마음 놓고 상위를 추구할 수 있었을 것이다. 전해지는 바에 따르면 마호메트가 40세 되던 해에 '히라' 라는 동굴에서 명상을 하던 중 가브리엘 천사로부터 계시를 받는다. 마호메트는 종교를 만들었다. 이슬람 교가 탄생하는 순간이었다. '이슬람' 은 아랍 어로 '복종' 을 의미하며, 이슬람 교도를 가리키는 '무슬림' 은 '복종하는 사람' 을 의미한다.

일찍이 그는 주변의 종교들에 많은 관심을 가졌었다. 하디자와 결혼하기 전 마호메트는 낙타몰이꾼으로 대상에 참가하여 북쪽 시리아 지방을 자주 왕래했다. 유대 교와 조로아스터 교, 그리고 그리스도 교에 대해 알게 되었을 것이다. 세 종교 모두 일신교라는 사실과 이슬람 교가 일신교라는 사실 사이에는 관련성이 있다.

마호메트가 만난 기독교도들은 아리우스 파 기독교도들이었다. 이단으로 규정되어 쫓겨난 아리우스 파는 후에 당나라까지 간다. 상인으로서 잔뼈가 굵은 마호메트는 다분히 하위적인 사람이었을 것이다. 그런 그였기에 하위적인 교리를 가진 아리우스 파의 교리에 별 거부감이 없었을지 모른다. 예수의 신성을 부정하는 아리우스 파와 비슷하게 마호메트는 예수를 단지 예언자라고 생각했다. 마호메트는 자신을 예수 다음에 등장한 예언자, 예언자들의 출현에 종지부를 찍는 마지막 예언자라고 했다.

초기에 이슬람 교를 받아들였던 아랍 인들은 하위의 유목민들이었다. 역사상 최초로 등장하는 아랍 인에 대한 아시리아의 기록을 보면 아랍 인은 낙타와 관련된 생활을 하고 있었던 사막 유목민이었다. 오늘날에도 유목생활을 하고 있는 베두윈을 대부분의 아랍 인들은 우러러본다. 때문에 일부 명문가에서는 자식을 한 해 정도 베두윈에게 보내 예절과 가치관을 배우게 한다. 이슬람 교의 단순한 하위적 교리는 하위적인 유목민들인 아랍 인들의 구미에 맞았을 것이다.

아랍 인들뿐만이 아니라 오랫동안 사산 조 페르시아와 비잔틴 제국 아래에서 고생했던 하위의 평민들에게도 하위적인 이슬람 교는 어렵지 않게 받아들일 만했다. 때문에 많은 사람들이 이슬람 교로 개종했다. 사실상 강제로 개종을 시킬 필요가 없었다. 세금 감면을 노리는 대량 개종을 막을 필요까지 있었다. '한 손에 칼, 한 손에 코란' 이라는 표현은 확산되는 이슬람 세력에 대한 위기감이 만들어낸 말일 수 있다.

하위적인 면이 많은 이슬람 교지만 분명 상위의 일신교다. 다신교와 비교했을 때는 더욱 상위적이다. 메카에 지금도 있는 카바 신전은 이슬람 교가 생기기 이전에도 있었다. 아랍 인들은 이슬람 교가 생기기 이전부터 카바 신전을 순례하고 있었다. 마호메트가 카바 신전에 있는 직육면체의 작고 검은 돌을 파괴하지 않은 것은 뿌리 깊은 다신교적 카바 신앙과 타협한 것이라는 주장을 하는 사람들도 있다. 이슬람 교가 위치하는 지점이 상위와 하위 사이에서 어느 정도에 해당하는지를 잘 생각해야한다. 아리우스 파가 상위와 하위 사이에서 위치하는 지점과 비슷할 수있을 것이다.

다신교적 전통이 파괴될 것을 걱정한 메카의 기득권층은 마호메트를 암살하려 했다. 10년간 100명 정도의 신도만을 모으는 데 만족해야 했던 마호메트는 622년 암살 음모를 피해 메카를 탈출해 메디나로 이동했다. 이것을 '헤지라'라고 한다는 것은 앞에서 언급했다. 마호메트는 이주민 집단과 메디나 현지 유력 가문들 간의 갈등을 해소하기 위해 여러 씨족들을 한데 묶어 움마라는 종교 공동체를 만들었다. 20년도 채 못 되는 기간에 이 움마가 제국이 된다.

>>> 이슬람 제국

움마가 제국이 되는 것을 보면서 마호메트는 죽는다. 마호메트가 죽었을 때 그의 뒤를 이을 후계자가 필요했다. 마호메트의 후계자를 칼리프라고 한다. 칼리프를 원어로는 할리파라고 한다. 후계자의 지위는 예언자가 아니라 예언자의 대리인이었다. 마지막 예언자라고 여겨진 마호메트가 죽었기 때문이다. 661년까지 네 명의 칼리프가 등장했는데, 이때까지를 정통 칼리프 시대라고 한다. 아직 최상위에 존재하는 황제가 존재하지 않았던 시대였다. 원로들이 칼리프를 추대하는 형식이었다.

초대 칼리프는 일찍 죽었고, 2대 칼리프와 3대 칼리프, 그리고 4대 칼리프는 모두 암살당했다. 4대 칼리프인 알리가 암살당한 일을 계기로 이슬람 교가 순니 파와 시아 파로 갈라졌다. 시아라는 말은 '당파'라는 말이다. 알리의 당파를 뜻한다. 알리는 마호메트의 사위로서 마호메트의 상속자였다. 때문에 초대 칼리프가 될 수 있었던 사람이었지만 4대 칼리프가 되었다. 2명의 칼리프가 암살당하고 나자 알리의 당파에 속한 사람들이, 예언자의 혈통을 이어받은 사람이 칼리프가 되어야 한다는 주장을 펼쳤다. 결국 알리는 칼리프가 되는 데 성공하지만 3대 칼리프의 암살 배후로 지목되어 암살당하고 만다.

순니 파는 하위적이고 시아 파는 상위적이다. 시아 파는 마호메트가 완전 무결한 존재였으며 신적 속성을 지닌 인간이었다고 주장했다. 그리고 그런 속성들이 마호메트의 딸 파티마와 파티마의 남편 알리, 그리고 그의 자손들에게 이어진다고 생각했다. 상위를 추구

알리가 코란에 도장을 찍었었다. 1,000년이 훨씬 넘은 코란—이란, 이스파한.

하는 사람들이 보통 신성이나 혈통을 강조한다.

오늘날 시아 파 무슬림이 국민의 대부분을 차지하는 국가가 이란이다. 1501년에 샤 이스마일이 지금의 이란 땅에 사파비 조를 세웠다. 백성들 대다수가 시아 파였으므로 이스마일은 시아 파를 사파비 조의 공식종교로 삼았다. 순니 파인 오스만 투르크 제국에 대항하기 위해서 순니 파에 반대하는 시아 파를 이용할 필요도 있었을 것이다. 순니 오스만 투르크와 시아 사파비 조 사이에 2세기 넘게 반목이 존재했다.

원래 페르시아 인은 조로아스터 교를 믿지 않았는가? 그런 그들이었기 때문에 아랍 인의 종교인 이슬람 교로 개종하긴 했지만 아랍 인보다 뭔가 뛰어나야 한다는 잠재의식을 가지고 있었을 수 있다. 민족의식의 발로가 시아 파였다는 주장을 펼치는 학자들도 있다. 샤 이스마일은 근대 페르시아, 즉 이란의 건설자로 간주된다. 오스만 투르크와 달리 사파비 조는 정복사업에 큰 관심을 가지지 않았다. 카자르 조와 팔레비 조를 거쳐 오늘날의 이란으로 그대로 이어졌다. 팔레비 왕조는 이슬람 신학자였던 호메이니에 의해 전복되었다.

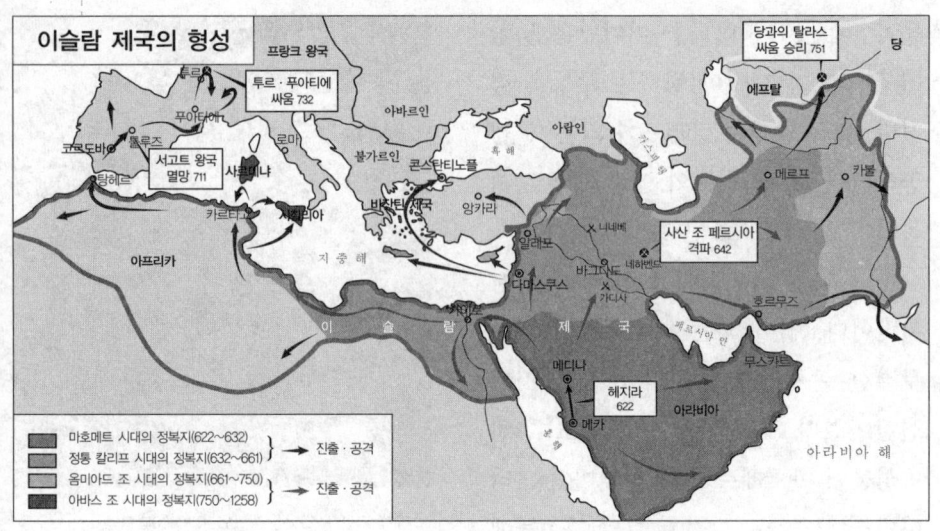

이슬람 제국의 형성

마호메트 시대의 정복지(622~632)
정통 칼리프 시대의 정복지(632~661)
옴미아드 조 시대의 정복지(661~750)
아바스 조 시대의 정복지(750~1258)
진출·공격
진출·공격

시아 파의 주류인 12이맘 파는 12번째 이맘인 무하마드 마하디가 어렸을 때 자손도 남기지 않고 사마라 시에서 사라지자 그가 숨은 무스타티르 mustatir 이맘, 또는 돌아올 것이 예상되는 문타자르muntazar 이맘이 되었다고 믿었다. 그가 언젠가 구세주(Mahdi)로서 돌아올 것을 기대하는 이 12이맘 파가 사파비 조에 의해서 국교로 공인되었다. 그 이후, 국왕은 숨은 이맘의 대리인으로, 신학자는 숨은 이맘의 대변인으로 여겨졌다. 이란에서의 신학자의 권위가 높을 수밖에 없는 이유이다. 이렇기 때문에 대신학자 호메이니가 세속적인 국왕을 물리칠 수 있었던 것이다. 시아 파의 이맘은 순니 파의 칼리프에 해당한다.

다시 앞으로 가자. 4대 칼리프인 알리가 암살당하자 그와 경쟁하던 시리아의 총독 무아위야가 칼리프에 올랐다. 그는 비대할 대로 비대해진 제국의 안정에 칼리프의 선출은 적합하지 않다고 생각하고서 자신의 아들인 야지드를 후계자로 지명했다. 칼리프가 세습되기 시작한 것이었다. 14명의 칼리프를 배출한 무아위야의 가문은 하나의 왕조로 간주된다. 우마이야 왕조였다.

우마이야 왕조는 인도와 접경할 정도로 커졌다. 북아프리카 지역도 손에 넣은 이슬람 군 앞에는 해협이 가로놓여 있었다. 지브롤터 해협이었다. 711년 이슬람 군 지휘자 타리크는 10여 킬로미터밖에 안 되는 해협을 건너 에스파냐의 서고트 왕국을 정복해버렸다. 그때 그 해협이 '타리크의 산'이라는 뜻의 '자발 알 타리크'로 명명되었다. 자발 알 타리크를 발음할 때 혀를 좀 굴리면 지브로올타리 비슷하게 되지 않는가?

이십 년 정도 뒤에 이슬람 군은 프랑크 군과 지금의 프랑스 중서부에 있는 투르에서 맞붙었다. 카를 마르텔에 대해서 앞에서 살펴보았다. 시기가 겹친다는 것을 알 수 있다. 어떤 세력이 흥망성쇠를 다 마친 다음에 다른 세력이 흥망성쇠를 시작한다면 시기가 겹치지 않겠지만 실제 역사에서는 보통 시기가 겹친다.

우마이야 왕조 다음에 압바스 왕조가 등장한다. 우마이야 왕조와 압바스 왕조의 관계는 그리스 제국과 로마, 진나라와 한나라, 그리고 수나라와 당나라의 관계와 상당히 비슷하다. 그러니까 우마이야 왕조가 끊임없이 정복활동을 했던 반면, 압바스 왕조는 줄기찬 정복활동을 지양하고 안정을 추구하면서 문화를 발달시켰다. 때문에 역사가들은 압바스 왕조를 진정한 이슬람 제국이라고 평한다. 우마이야 왕조의 수도는 시리아의 다마스커스였고, 압바스 왕조의 수도는 바그다드였다. 동쪽은 상위에 속한다고 하지 않았는가? 동쪽의 바그다드를 수도로 삼은 압바스 왕조는 상위에 속하는 제국이었다.

칼리프의 정식 칭호도 '하느님의 예언자의 대리인'으로부터 '하느님의 대리인'으로 바뀌었다. 칼리프의 또 다른 칭호는 '지상에 있는 하느님의 그림자'였다. 칼리프의 전제적 권력이 어느 정도였는지는 《아라비안 나이트》를 통해 엿볼 수 있다. 자신의 아내가 자신이 없는 틈에 흑인 노예와 정사를 나누는 것을 목격한 왕이 여자를 믿지 못하게 되어 매일 밤 새로운 처녀와 잠을 잔 후 다음날 아침에 죽이기를 3년간이나 계속하는 내용이 《아라비안 나이트》에 나온다. 압바스 조의 제5대 칼리프, 하룬 알 라쉬드가 《아라비안 나이트》의 실제 주인공이다. 물론 픽션이 가미되

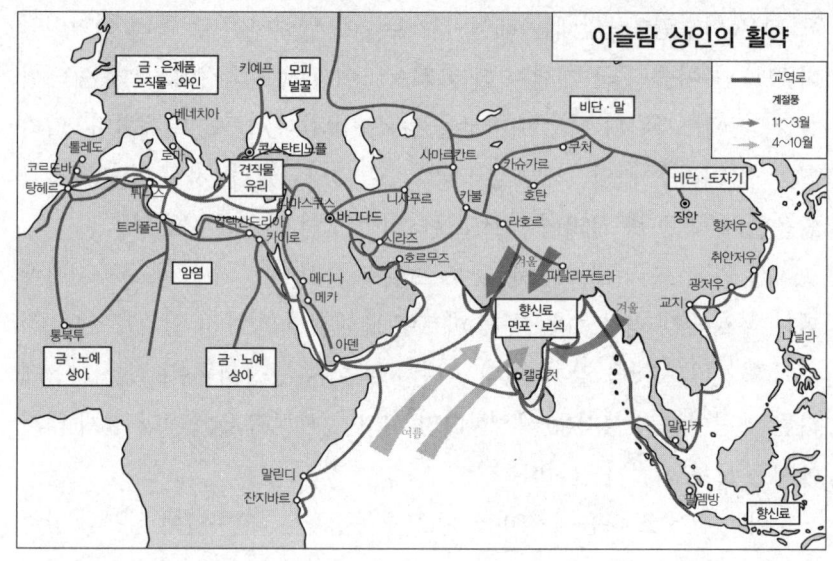

었겠지만 그렇다 할지라도 압바스 조의 칼리프가 최상위의 황제와 다를
바 없었음을 잘 보여준다.

압바스 제국 시절 문화와 과학, 예술은 화려하게 만개했다. 많은 그리
스·로마 고전들이 아랍 어로 번역되었다. 아라비아 숫자가 확립되었고,
0의 개념이 확립되었다. 대수학과 삼각법이 발달했고, 역학과 천문학, 연
금술과 화학이 발달했다. Alcohol(알코올), Alkali(알칼리), Chemistry(화
학), Algebra(대수), Almanac(역법), Alchemy(연금술), Sugar(설탕),
Cotton(목화) 등은 모두 아랍 어로부터 빌려온 차용어들이다.

무슬림 상인들은 아프리카 대륙으로, 그리고 인도 대륙을 건너 말레이
시아·인도네시아·필리핀에까지 이슬람 교를 확장시켰다.《삼국유사》
에 보면 기원 880년경 처용이 동해 바다에 나타났다는 기록이 나온다.
기록에 따르면 처용의 눈은 컸고 코는 높았다. 처용이 등장하는 9세기경
동아시아 해상교역은 중국 동부 해안의 양주를 중심으로 북쪽은 신라 해
상세력이 장악하고 있었고, 남쪽은 이슬람 상인들이 장악하고 있었다.
양주에는 신라인들이 모여 사는 신라방과 아랍 인들의 번방이 이웃해 있

었다. 이슬람 상인들이 한반도의 존재를 몰랐을 리 없다. 845년경에 편찬된 아랍 지리서《왕국과 도로 총람》에는 아랍 인들이 자연환경이 뛰어나고 금이 많이 나는 신라에 많이 정착했다는 기록이 나온다. 이슬람 세력은 한반도에까지 진출했던 것이다. 아프리카에서 극동에 이르기까지 유라시아 대륙의 남부를 거의 다 누볐던 이슬람 세력은 제1 해상 유목민이라고 명명하기에 부족함이 없다.

››› 이슬람 세력과 노르만 족

이슬람 세력은 북유럽으로는 진출하지 못했다. 서쪽의 프랑크 왕국과 동쪽의 비잔틴 제국 때문에 북유럽으로 나아가지 못했던 것이다. 하지만 북유럽의 배를 타는 민족들과 영향을 주고받을 수는 있었다. 바이킹 배로 유명한 노르만 인들이 배를 타고 내려와서 역시 배를 타는 이슬람 세력과 교역을 했다. 해상 유목민이라고 할 수 있는 노르만 인들이었기 때문에 제1 해상 유목민의 시대에 번성할 수 있었다.

스칸디나비아 반도 특히 스웨덴에서 수십만 개에 달하는 무슬림의 금화, 은화 및 동화가 발견되었다. 또한 볼가 강 연안을 따라 무슬림의 주조화가 발견되었다. 초기의 스웨덴 주화는 무슬림의 은화인 디르함 dirham의 무게에 바탕을 두고 있었다. 이러한 사실은 이슬람 세력이 북유럽 인들, 즉 노르만 인들과 활발하게 영향을 주고받았음을 알려준다.

하위의 추구 다음에는 보통 상위의 추구가 따른다. 활발한 유목 활동으로 하위의 확장을 이룬 노르만 인들은 나라들을 세웠다. 나라들을 만들 땅이 모자라면 자신들의 이동 경로 주변에 나라들을 세웠다. 이렇게 하다보니 게르만 족의 이동과 같은 대규모의 민족 이동이 일어났다. 노르만 족의 이동을 통해 영국과 러시아의 원형이 만들어지면서 비로소 유럽의 모습이 오늘날과 비슷해졌다.

이 당시의 유럽의 역사에 대해 간단하게 살펴보자. 샤를마뉴의 제위를

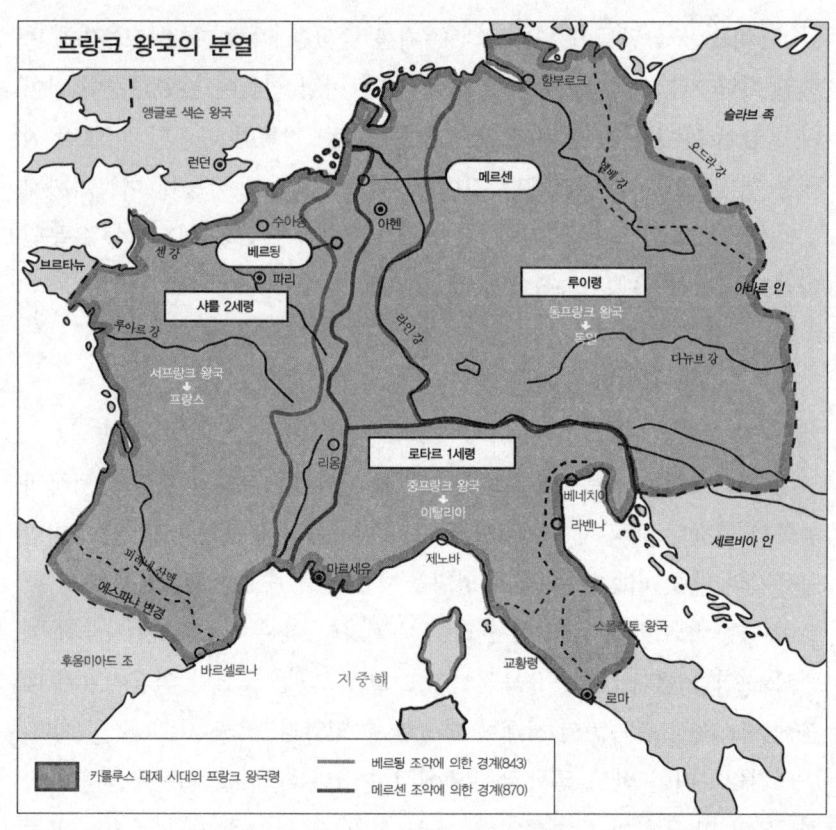

프랑크 왕국의 분열

앵글로 색슨 왕국 · 런던 · 함부르크 · 슬라브 족 · 오드라 강 · 메르센 · 수아송 · 아헨 · 센 강 · 브르타뉴 · 베르됭 · 파리 · 루이령 · 아바르 인 · 샤를 2세령 · 라인 강 · 동프랑크 왕국 · 루아르 강 · 서프랑크 왕국 · 프랑스 · 다뉴브 강 · 리옹 · 로타르 1세령 · 베네치아 · 중프랑크 왕국 · 라벤나 · 이탈리아 · 세르비아 인 · 피레네 산맥 · 제노바 · 에스파냐 변경 · 마르세유 · 스폴레토 왕국 · 후옴미아드 조 · 바르셀로나 · 지중해 · 교황령 · 로마

카롤루스 대제 시대의 프랑크 왕국령　　　베르됭 조약에 의한 경계(843)
메르센 조약에 의한 경계(870)

이은 루이 1세는 문제의 심각성을 깨달았다. 이슬람 세력은 끊임없이 에스파냐에서 치고 올라오려고 했고, 북쪽으로부터는 노르만 족이 대규모로 이동하기 시작했다. 그는 817년에 제국 계획령을 내려 영토를 세 아들에게 분할하기로 결정한다. 맏아들인 로테르에게 제위와 함께 본토를, 둘째 아들 피핀에게 아키텐을, 셋째 아들 루이에게 바이에른을 물려주기로 결정했다. 838년 피핀이 사망하자 아키텐은 재혼한 아내에게서 823년에 얻은 샤를의 몫이 되었다.

840년 루이 1세가 죽자 삼형제간에 전쟁이 벌어졌다. 두 동생이 연합하여 맏형과 맞섰다. 두 동생이 로테르를 굴복시킨 다음 조약을 맺는데, 이 조약이 유럽 최초의 조약인 베르됭 조약이다. 이 조약을 통해서 제국은 지금의 프랑스 서부인 서프랑크와 지금의 프랑스 동부와 이탈리아 북부인 중부 프랑크, 지금의 독일 서부인 동프랑크로 나뉘었다. 하지만 로테르가 죽고 나자 두 동생은 더 큰 욕심을 부렸다. 870년 체결된 메르센 조약의 결과 이탈리아 북부를 제외한 중부 프랑크가 완전히 분할되었다. 그 경계선은 라인 강이었다. 라인 강은 오늘날 프랑스와 독일의 경계선 아닌가? 메르센 조약을 통해 오늘날의 프랑스와 독일, 그리고 이탈리아의 원형이 드러났다. 프랑크의 전통을 가장 많이 물려받은 곳은 프랑스였다. 프랑크에서 프랑스라는 이름이 나왔다.

동프랑크는 서프랑크에 비하면 황무지나 다름없었다. 게다가 노르만 족의 이동에 따른 피해를 직접적으로 받는 지역이었다. 10세기 초반 카롤링거 왕조의 혈통이 끊어지자 동프랑크의 귀족들은 자기들끼리 새로운 지도자를 선출했다. 그렇게 해서 콘라트 1세가 왕위에 올랐다. 귀족들은 게르만의 옛 전통에 따라 부족연합체제를 유지했다. 콘라트의 뒤를 이은 하인리히 1세 이후로 왕위는 세습되었지만 권력이 강화된 것은 아니었다. 기본적인 하위가 확보되어야 상위가 유지될 수 있는 것 아닌가?

독일의 초대 국왕으로 간주되는 하인리히는 프랑스를 침략하여 로트링겐을 빼앗았다. 중국의 경우는 새 나라를 세우면 국호부터 만들지만 유럽의 경우는 그렇지 않다. 프랑스 역사가들은 프랑스가 정확히 언제 시작했는지에 관해서 한 가지로 답할 수 없다고 말한다. 이름에 연연하는 것은 상위적인 모습이다. 서양은 동양에 비해 하위적이었고 따라서 국호에 별다른 신경을 쓰지 않았다. 언제부터 언제까지가 동프랑크와 서프랑크인지, 언제부터 언제까지가 독일과 프랑스인지 명확하게 구분 짓기가 힘든 이유이다. 그때 그때 혼용할 필요가 있다.

대내적으로 왕권 강화에 성공한 하인리히는 작센 왕조의 토대를 튼튼히 했다. 그의 아들 오토 1세는 그 토대 위에서 가일층 상위를 추구했다. 당시는 노르만 족의 민족 이동이 절정에 달할 무렵이었다. 그는 데인 족과 마자르 족을 잘 방어했다. 데인 족은 노르만 족의 일파였고 마자르 족은 흉노 족의 일파였다. 제1 육상 유목민의 시대가 지나갔지만 아직도 그 후예, 즉 마자르 족이 영향을 끼치고 있었다. 뒤에 살펴보겠지만 제1 해상 유목민의 시대가 지나간 후에도 그 후예, 즉 오스만 투르크가 오랫동안 영향력을 행사한다.

961년 이탈리아에서 베렝가리오가 로마 황제를 자칭하자 교황 요한 12세는 오토에게 구원을 요청했다. 오토는 베렝가리오를 제압했고, 962년에 교황은 오토에게 황제의 직위를 수여했다. 신성로마제국이 탄생했다. 그의 아들 오토 2세가 제국 앞에 '로마'를 붙였고, 200여 년 뒤에 프리드리히 1세가 로마 제국 앞에 '신성'을 붙였다. 이름은 최상위에 속했지만 하위가 완전히 충족되지 않은 상태에서 추구된 신성로마제국은 속 빈 강정과도 같았다.

동프랑크와 그에 이은 신성로마제국 때문에 마자르 족은 더 이상 서진하지 못하고 눌러앉았다. 이렇게 해서 만들어진 나라가 헝가리다. 노르만 족은 더 이상 남진하지 못하고 동쪽이나 서쪽으로 방향을 틀었다. 노르만 족의 일파인 데인 족이 지금의 덴마크가 있는 자리에 덴마크를 만든 것이 남진하여 얻은 결과물의 다였다.

동쪽으로 진출한 노르만 족은 노브고로트 공국과 키예프 공국을 만들었다. 어떻게 해상 유목민인 노르만 인들이 바다가 없는 동쪽으로 갈 수 있었는가? 바다는 없었지만 강들이 많았다. 바이킹 배는 강에서 충분히 기동할 수 있었다. 노르만 인들은 자신들의 배를 타고 강 상류까지 갔다가 강이 없어지면 배를 이고 산을 넘었다. 오늘날의 해병들과 비슷하게 했던 것이다. 다시 강이 나오면 배를 탔다. 이런 식으로 하여 흑해에까지 이르렀다. 강이 끝나는 곳은 바다 아닌가? 바다 사람들이 다시 바다를 만났으니 좋아했을 것이다. 이들이 흑해를 가로질러 간 곳은 콘스탄티노플이었다. 주지하듯이 콘스탄티노플은 교역의 중심지였다.

이들이 개척한 길을 흔히 '모피의 길'이라고 한다. 비단이 교역의 주요 품목이 아니었다. 모피가 주요 교역 품목이었다. 추운 지역에 사는 짐

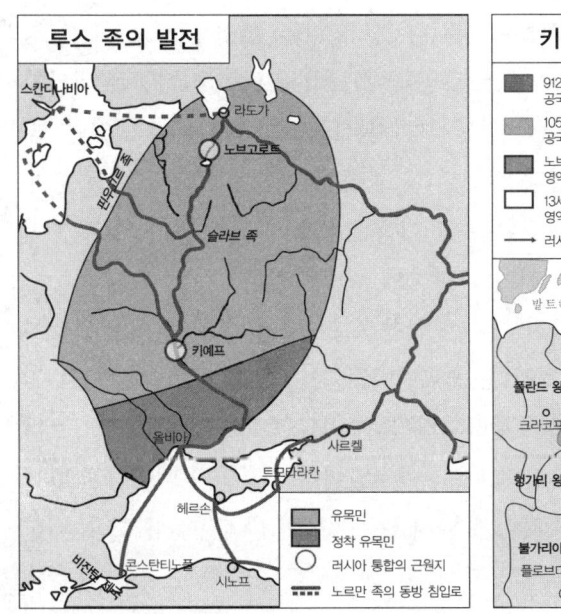

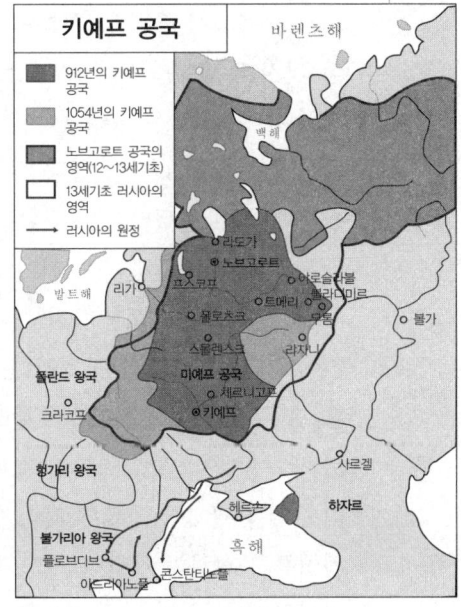

루스 족의 발전

스칸디나비아
라도가
노브고로트
슬라브 족
키예프
올비아
사르켈
트무타라칸
헤르손
콘스탄티노플
시노프
비잔틴

유목민
정착 유목민
○ 러시아 통합의 근원지
---- 노르만 족의 동방 침입로

키예프 공국

바렌츠해

912년의 키예프 공국
1054년의 키예프 공국
노브고로트 공국의 영역(12~13세기초)
13세기초 러시아의 영역
→ 러시아의 원정

백해
발트해
리가
모스쿠바
라도가
노브고로트
야로슬라블
트베리
블라디미르
폴로츠크
무롬
볼가
스몰렌스크
라잔
폴란드 왕국
미예프 공국
체르니고프
크라코프
키예프
헝가리 왕국
사르켈
헤르손
하자르
불가리아 왕국
플로브디프
흑해
아드리아노플
콘스탄티노플

승들의 털은 보온 효과가 탁월하다. 이들이 주로 이용한 강들 중의 하나
가 볼가 강이었다. 때문에 볼가 강 연안을 따라 무슬림의 돈이 발견되는
것이다. 당시 세계 통화, 즉 오늘날의 달러에 해당하는 돈은 제1 해상 유
목민, 즉 무슬림의 돈이었다.

콘스탄티노플과 관련을 맺었던 이들이기 때문에 로마 가톨릭이 아니
라 동방정교를 받아들였다. 이슬람 교를 받아들일 수도 있었다. 하위적
인 교리의 이슬람 교가 유목적인 노르만 인들에게 호소력이 있었지만,
술을 마시지 못하게 하는 교리는 추운 곳에 사는 이들에게 너무 가혹한
것이었다. 지금도 사우디아라비아에 거주하는 사람들은 술을 마시지 못
한다. 때문에 금주의 나라에서 시달린 이방인들은 비행기가 이륙하자마
자 와인과 맥주를 요구한다고 하지 않는가? 그러면 기장이 사우디아라
비아 영공을 통과하는 한 시간 반 동안 참아달라는 기내방송을 한다는
것이다. 이란을 여행했을 때도 술을 구경할 수 없었다.

유목민에게는 도시가 필요하다. '모피의 길', 즉 노르만 인들의 교통로가 된 강들 연안에 도시들이 생긴다. 그 도시들 중 유명한 도시들이 점점 커지게 되어 결국 노브고로트 공국이나 키예프 공국과 같은 나라가 되었다. 이런 작은 나라들이 점점 커져서 오늘날의 러시아가 되었다. 러시아는 루스Russ라는 말과 관련된다. 슬라브 인들은 노르만 인들을 루스 족이라고 불렀다. '노 젓는 사람' 이라는 뜻을 가진 말이다. 노르만 인들은 언제나 바이킹 배를 타고 다니면서 노를 저었다.

노르만 족에게 밀린 슬라브 족은 남쪽으로 이동하여 보헤미아, 크로아티아, 세르비아 등을 만들었다. 게르만 족이나 노르만 족이나 슬라브 족은 모두 아리안 인으로부터 갈라져나왔다. 따로 떨어져서 오래 살다보니까 생김새가 약간씩 달라진 것이다. 한국인이나 일본인이 비슷하게 생겼지만 생김새에서 미세한 차이가 나지 않는가? 서양 사람들은 그 미세한 차이를 간파하지 못한다.

서쪽으로 진출한 노르만 족은 북해로 흘러드는 프랑스의 강들을 타고 상류로 거슬러 올라가 약탈을 일삼았다. 대대적으로 약탈을 하였기 때문에 프랑스의 샤를 3세는 911년에 획기적인 해결책을 내놓을 수밖에 없었다. 샤를 3세는 아예 그들에게 봉토를 떼어주고 충성을 서약받았다. 그렇게 해서 프랑스 북부에 노르망디 공국이 새로이 생겼다. 노르망디 상륙 작전이 펼쳐졌던 곳이었다.

프랑스에 나라를 세운 노르만 족이 아직 확고한 정치권력이 존재하지 않은 브리타니아에 나라를 세우는 것은 쉬운 일이었다. 게르만 족의 대이동 때 브리타니아로 건너간 앵글 족과 색슨 족, 유트 족이 여러 개의 왕국들을 건설하고 독자적인 발전을 이룩했지만 아직 상위의 강력한 왕권은 출현하지 못하고 있었다. 5세기를 배경으로 한 아서 왕의 전설을 보면 그 점을 알 수 있다. 아서 왕의 전설에 등장하는 원탁으로부터 격의 없이 민주적으로 진행되는 회의라는 뜻의 원탁회의라는 말이 나왔지만, 원탁은 위계와 서열이 갖추어지지 못했음을 반증한다.

웨식스의 왕이었던 앨프레드는 웨식스를 침범하지 않기로 한 대가로

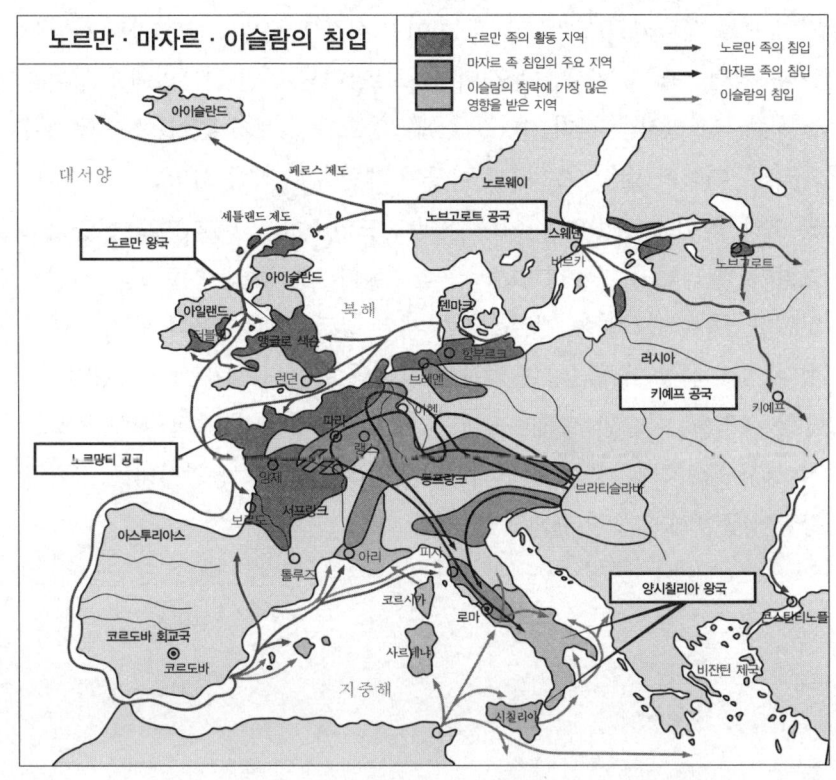

노르만 · 마자르 · 이슬람의 침입

데인 족에게 돈을 주었다. 데인 족은 웨식스를 놔둔 채 다른 왕국들을 침략했다. 웨식스는 번영할 수 있었다. 앨프레드는 런던까지 손에 넣은 다음 자신의 왕국을 잉글랜드라고 명명했다. 100여 년 이상 그런대로 유지되었던 평화를 깬 측은 잉글랜드였다. 1002년 잉글랜드의 왕 애설레드는 잉글랜드 내의 데인 족을 학살했다. 바로 이듬해 덴마크는 잉글랜드를 대대적으로 공격했다. 10여 년 간의 전쟁 끝에 1016년 스칸디나비아 국왕의 동생인 크누드가 잉글랜드를 정복했다. 이후 그는 20년 가까이 잉글랜드를 지배했고 나중에는 스칸디나비아 왕위까지 물려받는다.

크누드의 아들 하레크누드는 잉글랜드에 별 관심이 없었다. 스칸디나비아의 왕위만을 계승하려 했다. 이런 와중에 앨프레드 왕계의 에드워드가 왕으로 선출되었다. 에드워드는 어린 시절 노르망디에서 자란 사람이었다. 그런 까닭에 외사촌 동생이자 노르망디의 왕인 윌리엄에게 왕위를 물려주기로 밀약을 한다. 1066년 에드워드가 후계자 없이 죽자 문제가 터졌다. 웨식스 백작 고드윈의 아들인 해럴드가 귀족 회의인 위턴 회의를 통해 왕위에 올랐던 것이다. 잉글랜드의 왕은 그때까지도 선출되고 있었다. 윌리엄이 가만히 있을 리 만무했다. 윌리엄은 해럴드와 전쟁을 벌였다. 결국 승리하여 앵글로색슨 계의 왕조를 덴마크 계 왕조로 대체했다. 제1 해상 유목민이 활약하던 시대의 유럽에 대해서 살펴봤다. 이슬람 세력과, 이슬람 세력과 영향을 주고받은 노르만 족은 유럽을 하위적 상황에 처하게 했다. 본격적으로 펼쳐진 유럽의 봉건시대는 강력한 왕권이 존재하지 못한 결과였다.

16. 제1 해상 유목민(2)

―이슬람 세력(2)

>>> 이슬람 세력과 중국

제1 해상 유목민의 시대에 중국의 역사는 어떻게 전개되었는가? 하위가 우세한 세계사적 흐름 앞에 중국도 예외일 수 없었다. 당나라가 무너진 후 중국은 400여 년 만에 다시 분열기를 맞는다. 907년부터 960년까지 5대 10국 시대가 펼쳐진다. 중원의 다섯 왕조, 즉 후량·후당·후진·후한·후주를 5대라고 한다. 5국이라고 하지 않고 5대라고 하는 것은 맞교대하는 식으로 이어졌기 때문이다. 중원 이외의 지역에서 열 개의 나라들이 서로 공존하면서 각축을 벌였다. 그 열 개의 나라들을 가리켜 10국이라고 한다.

상위의 강력한 하나의 권력이 존재하지 못하면 하위의 강력하지 못한 수많은 권력들이 등장하게 마련이다. 당나라 초기에 변방에는 도호부都護府들이 있었다. 하지만 이민족들의 침입이 잦아지자 더욱 강력한 경비 체제가 필요했다. 결국 절도사節度使들이 변방을 지키게 되었다. 문제는 절도사의 권력을 제어할 방법이 없었다는 것이다. 변방의 절도사는 군사권만이 아니라 행정권과 재정권도 지니고 있어서 왕이나 다름없었다. 하위의 유목민이 자꾸 침입해오면 아무리 상위의 제국이라 할지라도 하위화될 수밖에 없는 이유가 바로 이것이다. 로마나 한나라가 분열된 것도 이런 이유 때문이었다. 노르만 족과 마자르 족, 그리고 이슬람 세력에게 포위되어 있던 유럽에 왕들이, 즉 군사권과 행정권, 재정권 등을 지니고 있는 권력자들이 많아질 수밖에 없었던 것도 바로 이런 이유 때문이었다.

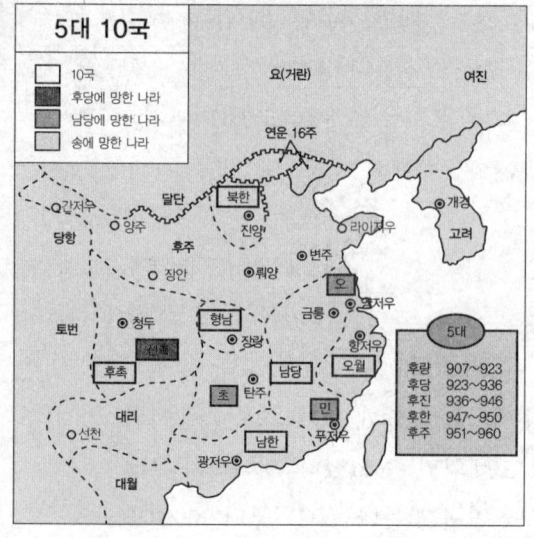

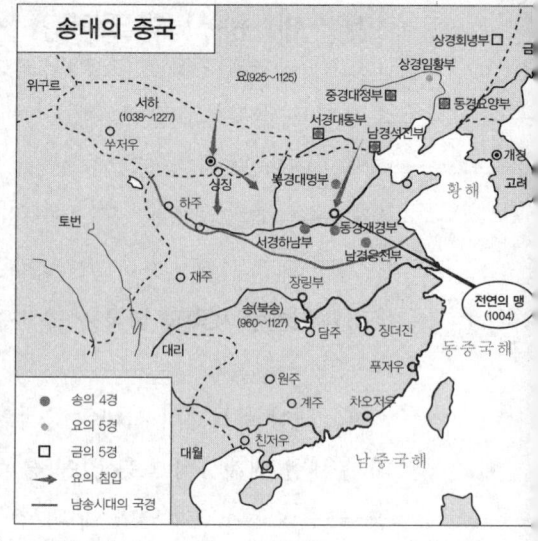

5대 10국 시대는 불과 50여 년 간이었다. 불과 50여 년 동안 수많은 나라들이 난립한 데서 알 수 있듯이 거의 대부분 정식 국가라기보다는 변질된 절도사인 번진藩鎭이었다. 마침내 후주의 절도사 조광윤이 송나라를 세운다. 강력한 중앙집권을 꿈꾸었던 조광윤은 문치에 입각한 군주 독재체제를 만들었다. 무보다는 문이 보다 더 상위적이다. 무를 소유한 귀족들은 5대 10국 시대를 거치면서 거의 몰락하고 없었다.

수나라 때부터 시행되어온 과거제가 문치주의를 떠받치는 기둥으로서 기능했다. 황제가 직접 시험을 주관하는 전시展試가 송나라 과거제의 특징이었다. 문치주의는 유학을 발달시켰다. 유학은 춘추 전국 시대에 기본 골격이 형성된 이래 당나라 때까지 명실상부한 국가 통치 이념으로 자리 잡지 못했다. 한나라 이래 중국의 역대 황제들은 유학을 지배 이념으로 삼으려고 애썼지만 황제 이외의 기득권층은 유학에 그다지 열렬한 반응을 보이지 않았다. 귀족세력이 크게 약화된 송나라 때 비로소 유학은 저변으로 퍼진다. 그래서 송나라 때의 유학을 송학이라고 한다. 그 전까지의 유학과는 달리 송학은 단순한 국가 통치 이념이 아니었다. 철학적 체계였다. 하위적 학문에서 상위적 학문으로 거듭났던 것이다.

우주의 본체를 태극으로 보고 음양설과 오행설을 세운 주돈이를 비롯해 소옹, 장재, 정호, 정이 등이 정초한 송학을 주희가 완성했다. 태극을 이로, 음양과 오행을 기로 보는 이기론과 일종의 수양론인 성리론을 집대성했다. 성리학 또는 주자학의 탄생이었다. 상위를 추구하는 송나라의 정신적 기틀이 완성되었던 것이다. 송나라의 정신적 기틀이었던 유학은 신성로마제국의 정신적 기틀이었던 로마 가톨릭과 비교될 만 하다. 이름뿐인 상위의 추구라는 면에서 송나라와 신성로마제국은 비슷했다.

송나라의 북쪽에는 거란족이 세운 요나라가 있었다. 거란족은 원래 돌궐과 위구르에 복속되어 있었다. 그러나 돌궐이 당나라에 의해 분열된 후 세력이 약해지자 916년에 대거란국을 세웠다가 936년에 요나라로 국호를 바꾸었다. 그 사이에 발해를 병합했으며, 나아가 중원 북동부의 비옥한 지대인 연운 16주를 획득했다. 송나라는 연운 16주를 빼앗기 위해 979년과 986년에 두 차례에 걸쳐 요나라에 도전했지만 패한 뒤 국경을 폐쇄하고 통상을 단절했다. 이에 요나라가 1004년 송나라의 카이펑(開封) 부근까지 침입했다. 치열한 공방전 끝에 송은 요의 형님 나라라는 명분을 얻기로 하고, 요는 형님 나라로부터 매년 10만 냥의 은과 20만 필의 비단을 얻기로 한다. 하위의 실리보다 상위의 명분에 집착하는 송나라의 모습을 이런 합의 내용을 통해서 엿볼 수 있다.

당시 거란족은 서방과 교류를 활발하게 하고 있었다. 일찍이 당나라 때부터 이슬람 세력과 중국은 교류를 했다. 751년에 이슬람 군과 당나라 군은 중앙아시아의 탈지트에서 전쟁을 벌였다. 이 전쟁을 계기로 중국의 제지술이 서쪽으로 전래되었다. 이후 실크로드 상의 도시들을 중개지로 하여 교류가 활발하게 전개되었을 것임은 거란이라는 이름이 널리 서양에까지 알려진 것을 통해 어렵지 않게 짐작할 수 있다. 홍콩 항공사의 이름인 캐세이Cathay는 중세 서양인들이 중국을 부르는 이름이었다. 서양 사람들은 거란을 캐세이라고 발음했던 것이다. 고려를 서양 사람들은 코

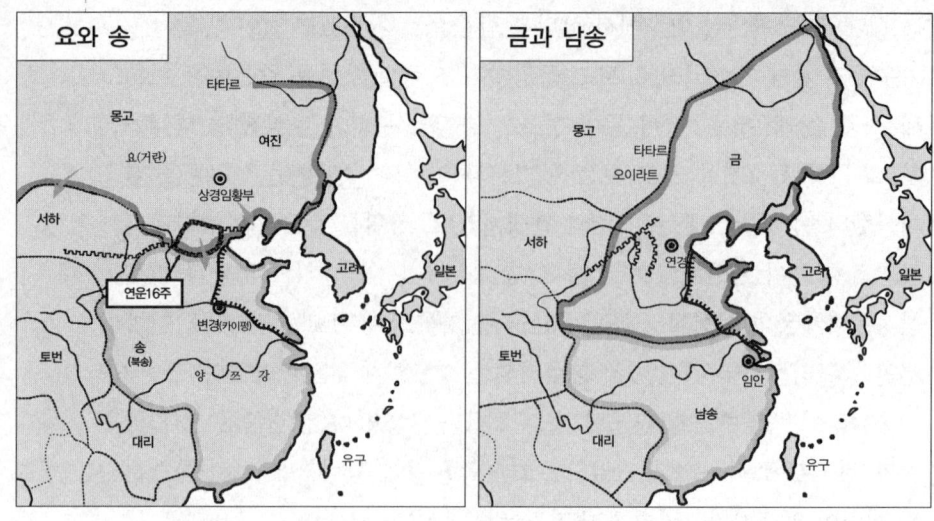

리아Korea라고 발음했다. 고려 시대 이슬람 상인들이 고려와 활발하게 교류했기 때문에 고려라는 이름이 널리 서양에까지 알려진 것 아니겠는 가?

교류가 확대되면 하위가 충족되고 하위가 충족되면 더 큰 욕심을 내게 마련이라는 것은 노르만 족에 대해 살피면서 이미 고려했다. 이 시기 거란족이나 이후 등장하는 여진족이 세력을 확장시킨 것도 이런 제1 해상 유목민과의 교류 확대가 가져다 준 하위의 확장과 무관치 않을 것이다. 거란족에 복속되었던 여진족이 힘을 얻기 시작했다. 여진족은 만주에서 반농반목 생활을 하던 민족이었다. 12세기 초반 요나라의 국세가 약해진 틈을 타서 아골타가 금나라를 세웠다. 송나라는 이이제이의 방법을 구사할 수 있게 되었다고 생각하며 좋아했다. 1125년 마침내 금나라와의 협공으로 요나라를 멸망시킬 수 있었다. 그러나 불과 2년 후인 1127년 금나라는 송의 수도 카이펑을 포위하고 황제와 황족을 모조리 포로로 잡아갔다. 이것을 '정강의 변'이라고 한다. 이때 일단 송나라는 망했다.

이후 황제의 아들 한 명과 대신들이 강남으로 도피하여 송을 재차 건국했다. 지금의 항저우가 수도였다. 이때부터를 남송이라고 하고 이전까지의 송을 북송이라고 한다. 남송은 168년간 존속한 북송과 비슷하게 153년간 존속하면서 북송의 체제와 문화적 전통을 그대로 유지했다. 영토는 북송의 사분의 일에 불과했다. 북송과 마찬가지로 남송은 이민족과의 전쟁에서 한번도 승리하지 못했다. 북송과 남송이 300년 이상 존속할 수 있었던 것은 이슬람 세력과 활발하게 무역을 했기 때문일 수 있다. 광저우, 항저우 등 항구 도시들이 크게 발달했다. 조선업, 제철업 등은 세계적인 수준이었다. 근대의 3대 발명품이라고 하는 화약, 나침반, 인쇄술이 모두 송대에 발명되었다. 송나라의 화약이나 나침반이 이슬람 상인들을 통해 서양으로 전해졌던 것이다. 송나라에서 세계 최초로 지폐가 사용되었다. 요나라나 금나라가 조공을 대가로 송나라를 완전히 멸망시키지 않은 데에는 다 이유가 있었던 것이다. 중국 대륙은 거시적으로 보았을 때 분열되어 있었다.

››› 이슬람 세력과 인도

인도는 제1 해상 유목민의 시대에 어떤 변화를 겪게 되는가? 굽타 제국이 붕괴된 후 12세기까지 인도는 하위에 속하는 대륙답게 분열되어 있었다. 그러나 남인도의 촐라 왕조는 주목할 만하다. 촐라는 일찍이 기원 1세기경 조그만 부족에서 출발했으나 성장을 거듭하여 10세기에서 12세기까지 약 300년간 전성기를 구가했다. 여러 속국들을 거느리는 남인도의 중심 세력이 되었다. 촐라의 라젠드라 1세는 11세기 초반 데칸 고원을 정복한 뒤 북진을 계속해 갠지스 강까지 진출하기도 했다. 이런 성공의 저변에는 활발한 해상 활동이 있었다. 남인도의 해상 무역은 서쪽으로는 아라비아와 지중해 세계, 동쪽으로는 동남아시아와 중국에 이르는 세계적인 규모였다. 남인도의 무역상들은 로마 제국 시절부터 로마에 후추와 향료, 진주, 보석 등을 수출했다. 8세기부터 시작된 이슬람 상인들과의 활발한 교류는 남인도를 더욱 부유하게 만들었을 것이다.

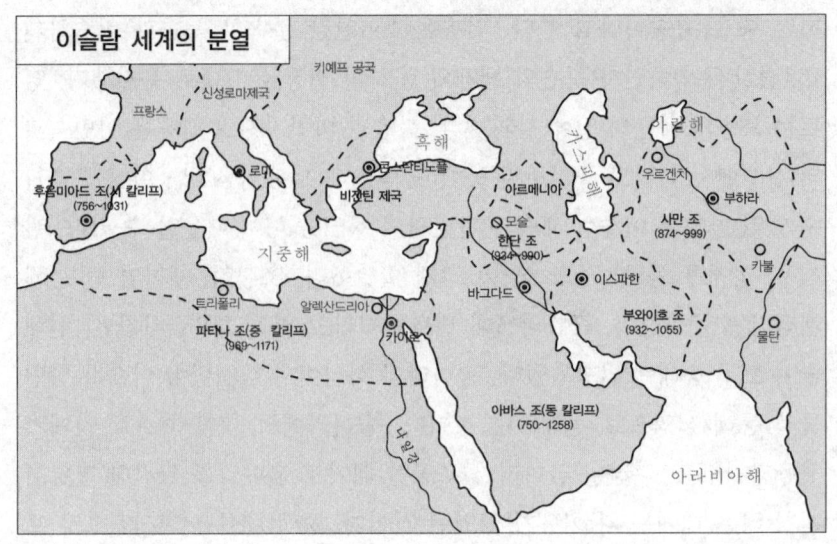

이슬람 세계의 분열

남인도는 이러했지만 북인도는 어떠했는가? 북인도의 상황을 알기 위해서는 압바스 제국의 역사가 어떻게 흘러갔는지를 좀더 살펴보아야 한다. 북인도는 중동 지역과 접해 있다. 때문에 중동의 역사와 얽혀 있다.

압바스 제국은 쇠망해갔다. 압바스 제국의 군대에 중앙아시아의 투르크 계 노예들이 많아지면서 쇠망이 시작되었다. 이들은 '소유된 자' 라는 뜻의 맘룩으로 불렸다. 이 맘룩 군은 제8대 칼리프 무타심의 통치 아래 도입되었다. 처음에는 칼리프에게 약이 되었지만, 이들이 그들의 힘을 자각하게 되자 나중에는 칼리프에게 독이 되었다. 861년에 이들은 개혁을 하려 했던 칼리프 무타와킬을 살해했다. 945년까지 압바스 칼리프의 옥좌는 맘룩들이 좌지우지했다. 로마 제국도 게르만 용병들에 의해 망하지 않았는가? 하위적인 특성을 잃게 된 상위의 제국은 말하자면 하체가 부실해진다. 용병들에 의지했다는 것과 더욱이 용병들의 농단이 오래 갔다는 것은 그만큼 하체가 부실했다는 증거다.

투르크 족은 수나라에 의해 서쪽으로 이동해야 했던 서돌궐족의 후예였다. 유의할 만한 점은 육상 유목민과 해상 유목민이 얽힌다는 사실이다. 육상 유목민이든 해상 유목민이든 이동하기 좋아하고 장사하기 좋아하는 유목민이었기 때문에 통하는 것이 있었다. 투르크 인들이 다분히 하위적인 이슬람 교를 받아들인 것도 이런 맥락에서 이해할 수 있다. 이슬람 세력과 투르크 인의 차이점은 이슬람 세력은 상위의 제국을 형성함으로써 하위의 유목민으로서의 기질을 상당히 잃어버린 반면, 투르크 인들은 아직 하위적이었고 따라서 강했다는 것이다.

시아 파에 속하는 부와이흐 가문을 중심으로 한 세력이 맘룩들을 쫓아낸다. 945년에 메소포타미아에 기근이 발생하자 이 가문의 아흐마드가 군을 동원하여 바그다드를 점령했다. 이때 맘룩들은 저항할 생각도 하지 않고 도망을 쳤다. 945년부터 1055년까지 이슬람 세계의 중심에 부와이흐 조가 있었다. 부와이흐 조가 칼리프를 허수아비로 만들었다. 하지만 부와이흐 조는 제국 전체에 힘을 뻗치지 못했다. 아랍 계, 페르시아 계, 투르크 계 군소 왕국들이 우후죽순처럼 등장했다. 지방군주들은 술탄 또는 아미르라는 칭호를 사용했다. 칼리프의 종주권은 인정했다. 술탄은 '권위'를 의미하는 말이었고, 아미르는 왕자, 사령관을 뜻하는 말이었다. 작은 규모의 국가를 다스리는 통치자를 보통 아미르라고 했다.

이러한 분열상은 셀주크 투르크에 의해 어느 정도 정리된다. 살죽의 영어 발음이 셀주크다. 살죽은 한 투르크 족 일파의 족장이었다. 살죽의 손자들인 투그릴 백과 차그릴 백이 1040년에 가즈니 조의 술탄 마수드로부터 결정적인 승리를 거두어 가즈니 조를 페르시아 국경 밖으로 밀어내 인도의 서북쪽에서만 명맥을 잇게 했다. 지금의 이란 지역에 가즈니 조가 성립되어 있었다. 가즈니 조는 지금의 아프가니스탄의 가즈니 지방의 지사이자 맘룩 출신 군인이었던 술탄 마흐무드가 만든 왕조였다. 결국 투그릴 백은 1055년 바그다드를 함락시켜 칼리프를 시아 파인 부와이흐 조가 통제하는 모순을 제거하고 순니 파인 셀주크 조의 보호 아래 두었다. 투그릴 백은 칼리프로부터 공식적으로 술탄 칭호를 받았다. 이로써 이슬람 세계의 동부는 200여 년의 분열 끝에 셀주크 조에 의해 통

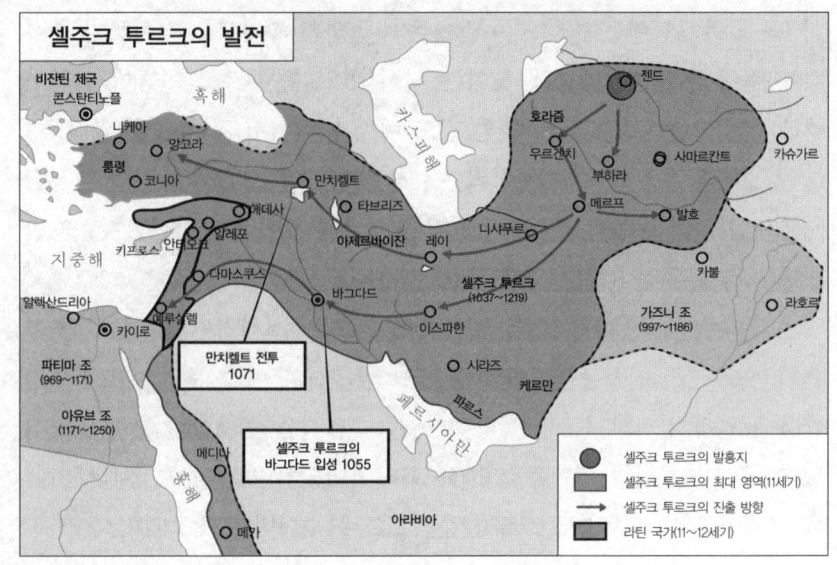

일되었다. 이때를 기점으로 투르크 인은 아랍 인과 페르시아 인과 더불어 중동의 3대 민족 가운데 하나가 된다.

인도의 서북쪽으로 밀려난 가즈니 조는 1150년에 구르 조에 의해 대체되었다. 가즈니 조의 영내에 구르 지방이 있었다. 이 지방을 다스리고 있던 세력이 가즈니 조를 무너뜨렸다. 구르 조의 무하마드는 인도를 완전히 정복하여 제국을 건설하려 했다. 가즈니 조의 마흐무드도 인도를 15차례 이상 침략했지만 완전히 정복할 생각을 하지는 못했다. 마침내 무하마드는 북인도를 손에 넣었다. 하지만 얼마 못 가 암살당하고 만다. 그 틈에 무하마드의 무장 쿠트부딘 아이바크가 술탄에 올랐다. 그는 원래 궁정 노예 출신이었다. 그래서 그의 왕조를 노예 왕조라고 한다. 노예 왕조는 1206년부터 1290년까지 지속되었다.

이후 노예 왕조는 할지 왕조에 의해 대체되었다. 할지 왕조는 다시 투글루크 왕조에 의해 대체되었고, 투글루크 왕조는 사이이드 왕조에 의해 대체되었다. 사이이드 왕조는 로디 왕조에 의해 대체되었다. 로디 왕조만 투르크 계가 아니었다. 아프간 계였다. 15세기 전반까지 200여 년 동

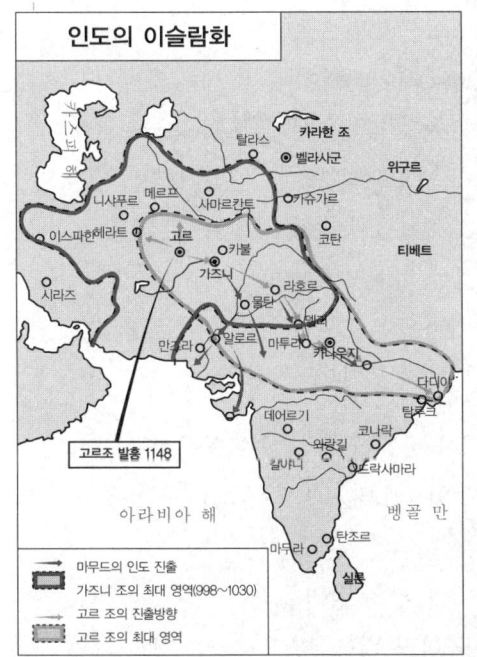

인도의 이슬람화

고르조 발흥 1148

→ 마무드의 인도 진출
▨ 가즈니 조의 최대 영역(998~1030)
⇒ 고르 조의 진출방향
▥ 고르 조의 최대 영역

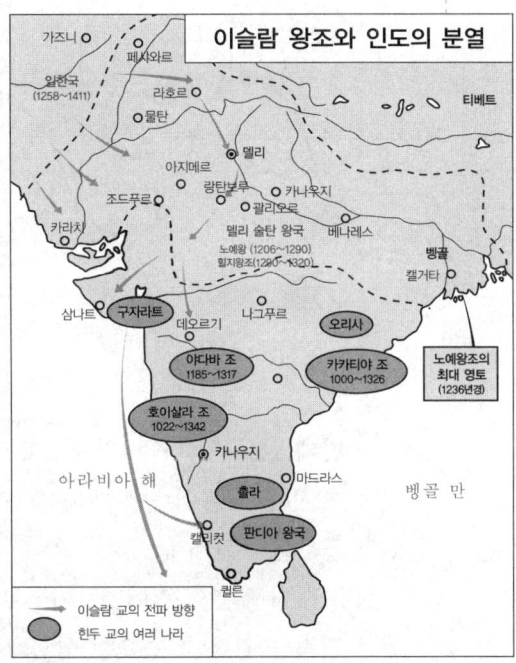

이슬람 왕조와 인도의 분열

일한국
(1258~1411)

델리 술탄 왕국
노예왕(1206~1290)
힐지왕조(1290~1320)

구자라트
야다바 조
1185~1317

오리사

카카티야 조
1000~1326

호이살라 조
1022~1342

촐라

판디야 왕국

노예왕조의
최대 영토
(1236년경)

→ 이슬람 교의 전파 방향
⬭ 힌두 교의 여러 나라

안 북인도를 장악했던 이상의 다섯 왕조를 총칭하여 델리 술탄 왕조라고
한다. 모두 델리를 중심으로 했던 왕조들이었기 때문에 델리 술탄 왕조
라고 한다. 노예 왕조도 델리 술탄 왕조에 포함된다. 델리 술탄 왕조는
남인도에는 진출하지 못했다. 남인도는 북인도보다 더 일찍 제1 해상 유
목민의 영향을 받아 상당히 강력해져 있었다고 하지 않았는가?

이상에서 제1 해상 유목민이 활약하던 시대의 세계에 대해 살펴봤다.
역사파동표의 곡선은 첫 번째 정점에서 계속 하강하고 있다. 첫 번째 정
점인 로마 제국과 한나라 이후 전개된 하위적인, 제1 육상 유목민과 제1
해상 유목민의 활약은 하위가 강조되는 세계사가 펼쳐지게 했다. 그런데
제1 해상 유목민의 활약이 거의 끝나갈 무렵 상위가 강조되는 역사, 즉
반동적인 역사가 펼쳐진다. 이런 반동적인 상승은 두 번째 하강 국면과
세 번째 하강 국면에서도 나타난다. 역사파동표 상에 그 세 반동들을 나
타내보면 이러하다.

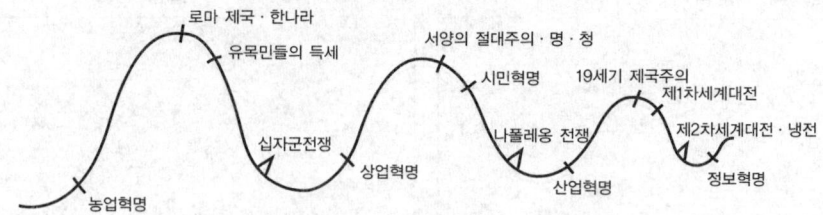

농업혁명 · 로마 제국 · 한나라 · 유목민들의 득세 · 십자군전쟁 · 상업혁명 · 서양의 절대주의 · 명 · 청 · 시민혁명 · 나폴레옹 전쟁 · 산업혁명 · 19세기 제국주의 · 제1차세계대전 · 제2차세계대전 · 냉전 · 정보혁명

>>> 십자군 전쟁

첫 번째 반동은 십자군 전쟁으로 인한 반동이었다. 이제 역사파동표의 첫 번째 반동적인 상승에 대해 살펴보자. 십자군 전쟁은 제1 해상 유목민과 불가분의 관계에 있다.

십자군 전쟁은 왜 일어났는가? 로마 교황은 상위를 추구한다. 중앙집권적 권력을 원한다. 종교는 상위에 속하지 않는가? 그러나 이 즈음 세속적인 면에 있어서는 물론이고 영적인 면에 있어서도 교황은 권력을 소유하고 있지 못했다. 영주들이 교회를 지배 수단의 하나로 여기고 자기들의 친척들을 주교나 사제로 임명하는 경우가 많았다. 이런 식으로 임명된 주교나 사제가 종교적으로 타락하지 않기란 힘들었을 것이다. 교리상 금지되어 있는 결혼까지 마음대로 하는 성직자도 있었고, 여러 여자와 동거하는 성직자도 있었다. 교황이 세속 군주의 힘을 빌리곤 했던 데서 비롯된 결과였다. 신성로마제국의 황제가 교황을 임명하고 해임하는 권리를 보유하고 있기까지 했다.

개혁이 필요하다고 생각한 일단의 사람들이 10세기 초에 프랑스의 클뤼니에 수도원을 연다. 수도원이란 무엇인가? 세속과 인연을 끊고 신앙에만 정진하기를 원하는 사람들이 스스로를 유폐시키는 곳이다. 이런 수도사들이었던 만큼 토지와 재산을 소유하지 않겠다고 공언했다. 대신 교권은 독립시키겠다는 의지를 표명했다. 종교계의 반응은 뜨거웠다. 클뤼니 수도원을 따르는 교단이 수백 개로 늘어났다. 마침내 이런 뜨거움에 힘입어 1059년 교황청에서는 로마 교황을 로마 귀족이나 신성로마제국 황제가 아닌 로마 추기경들이 선출한다는 결정을 내렸다.

11세기 후반 추기경들에 의해 교황으로 선출된 그레고리우스 7세는 클뤼니 수도원 출신이었다. 그는 성직자 임명권은 세속 군주를 포함한 어떠한 속인도 가질 수 없다고 공식적으로 선언했다. 그러나 신성로마제국 황제인 하인리히 4세는 밀라노 주교 선출에 관여했다. 그러자 교황은 황제를 파문했다. 교황의 강경한 태도에 신성로마제국의 영주들과 주교들은 크게 놀랐고 동요하기 시작했다. 이런 상황에서 그레고리우스가 황제의 파문을 위한 절차를 정하기 위해 독일 땅으로 출발했다는 소식을 접하게 된 하인리히는 가만히 앉아 있을 수 없었다. 1076년 겨울 독일로 오는 그레고리우스를 하인리히가 만난 곳은 알프스 북쪽의 카노사 성이었다. 그는 사흘 동안의 석고대죄 끝에 용서를 받고 돌아갔다. 이것을 '카노사의 굴욕'이라고 한다.

하인리히는 자신에게 등을 보였던 영주들을 응징하며 3년간을 보낸 후 로마로 가서 별도의 교황을 옹립했다. 그레고리우스는 프랑스로 도망갔고 거기서 죽었다. 이런 진통 끝에 결론이 내려졌다. 교회가 성직자를 임명할 수 있게 되었다. 물론 임명받은 성직자는 세속 군주에게 충성의 서약을 해야 했지만 사실상 교황의 승리였다. 이 타협안은 1122년 보름스 협약에 의해 공식적인 것이 되었다.

그레고리우스의 뒤를 이은 우르바누스 2세는 전임 교황이 닦아놓은 토대 위에서 영적인 권력만이 아니라 세속적인 권력도 추구했다. 비잔틴 제국 황제로부터 원군을 보내달라는 요청을 받게 된 교황은 1095년에 클레르몽 공의회를 열었다. 그리스도 교의 발상지이자 최대의 성지인 예루살렘이 이교도의 수중에 있는 것은 수치이고, 더욱이 이슬람 세력이 기독교도들의 성지 순례를 탄압하고 있음에도 조용히 있는 것은 더 큰 수치라고 선동했다. 그는 직접 프랑스 전역을 돌아다녔다. 순식간

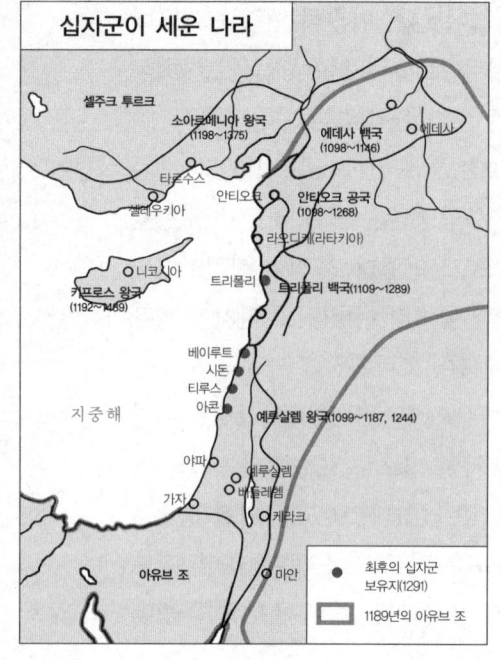

십자군이 세운 나라

에 모인 기사들과 농민들이 소위 십자군을 이루었다.

1096년 가을 원정길에 오른 십자군은 소아시아 서부의 니케아 왕국을 멸망시켰고, 예루살렘의 관문이라 할 안티오키아와 에데사를 점령했다. 1099년 여름 드디어 예루살렘에 입성했다. 예루살렘에 살았던 5만여 명의 이슬람 교도들 중 4만여 명이 학살되었다. 한 성직자는 잘려진 목과 팔다리가 산더미를 이루었다는 기록을 남겼다. 소아시아에서 팔레스타인 해안 지대 사이에 아르메니아 왕국, 안티오키아 왕국, 트리폴리 왕국, 예루살렘 왕국 등이 세워졌다. 처음이자 마지막 성공이었다. 이어진 십자군 원정들은 모두 실패했다. 셀주크 투르크가 약한 틈에 거둔 성공이었기에 셀주크 투르크가 정신을 차리고 방어를 하기 시작하자 십자군은 계속해서 패배의 쓴 잔을 마실 수밖에 없었다.

십자군 전쟁 전에 유럽은 안정되어 있었다. 속도는 느리지만 농업 생산력과 인구가 증가하고 있었다. 하위가 풍부해지면 상위를 추구하게 되지 않는가? 십자군이 동쪽으로 간 까닭은 동쪽이 상위에 속하기 때문이다. 유럽 인은 상위를 추구했던 것이다. 종교적인 열정도 상위에 속하고 새로운 땅에 대한 욕망도 상위에 속한다. 그러나 너무 빨리 상위를 추구했다. 역사파동표의 하강 곡선이 바닥을 치지 않은 시점이었다. 반동이었다.

십자군 전쟁의 급격한 실패는 역사파동표의 하강 곡선이 확실하게 바닥을 치도록 했다. 상위적인 것들이 패배했고 하위적인 것들이 승리했다. 상위에 속하는 교황권, 로마 가톨릭, 유럽의 통합성, 황제권 등은 가라앉았고, 하위에 속하는 도시, 상인 계층, 기사 계층 등은 부상했다.

4차 십자군 원정 때 베네치아 상인들은 병력 수송과 식량 공급의 대가로 십자군에게 콘스탄티노플을 점령해줄 것을 요구했다. 콘스탄티노플을 점령한 십자군은 라틴 제국을 세웠지만, 1261년 비잔틴 제국 황제의 반격을 받아 60여 년 만에 문을 닫았다. 베네치아 상인들은 이 기간 동안 동부 지중해의 교역을 독점하면서 부를 쌓았다.

영주에게 속한 무사라고 할 수 있는 기사는 영주에 비해 하위에 속한다. 이런 기사들이 십자군 전쟁에 많이 참가했었다. 십자군 전쟁이 끝나자 십자군 전쟁 때 만들어진 기사들의 조직이 기사단으로 변했다. 프랑스의 템플 기사단(튜턴 기사단)과 독일의 독일기사단이 유명하다. 독일기사단은 그리스도 교가 아직 전파되지 않은 동방으로 가서 원주민들을 개종시켰고 또한 지배했다. 이 독일기사단이 정복한 지방이 프로이센 지방이었다. 원래 지역명이었던 프로이센은 나중에 국호가 된다. 프로이센 지방에는 자신들을 프루사이Prusai라고 부르던 원주민들이 살고 있었다. 프루사이에서 프로이센이라는 말이 나왔다. 프로이센은 독일어식 발음이다. 프로이센의 영어식 발음은 프러시아다. 프로이센의 원주민들은 11세기에 폴란드의 지배를 받게 되자 자주 반란을 일으켜 폴란드를 괴롭혔다. 이에 폴란드의 영주 마조비아 공이 1226년 독일기사단을 불러들였던 것이다. 독일기사단이 없었다면 오늘날의 독일이 없었을 것이다.

이상에서 제1 해상 유목민인 이슬람 세력이 중국과 인도에 끼친 영향에 대해 살펴봤다. 역사파동표 상의 첫 번째 반동적인 상승인 십자군 전쟁도 이슬람 세력이 없었다면 일어나지 않았을 것이다.

17. 제2 육상 유목민

—몽골 족

>>> 몽골 족의 등장

이제 제2 육상 유목민에 대해 살펴볼 차례다. 제2 육상 유목민은 몽골족이다.

12세기 후반까지 몽골은 금나라의 지배 하에서 여러 부족으로 분열되어 있었다. 그러나 금나라가 약해지자 몽골 초원에도 통일의 기운이 일었다. 테무친이라는 사람이 등장했다. '철의 사나이'라는 의미의 이름이었다. 그의 또 다른 이름인 칭기즈칸은 샤먼에게 받은 것이었다. 칭기즈는 '빛의 신'을 뜻하고, 칸은 '왕'을 뜻한다. 신라 시대에 거서간, 마립간이 있었다. 간이 칸과 통한다. 임금의 금도 칸과 통한다.

테무친은 우선 자신의 부족인 보르지기드 족을 통합한 뒤 케레이트족의 왕칸, 자다란 족의 자무카 등과 동맹을 맺고 주변 부족들을 복속시켜 나갔다. 테무친이 순식간에 세력을 키우자 왕칸과 자무카가 등을 돌렸다. 고전 끝에 이들을 격파한 테무친은 몽골 초원에서 마지막 남은 나이만 족까지 격파하여 몽골 초원을 마침내 통일했다. 1206년 테무친은 쿠릴타이, 즉 몽골 족의 부족연맹회의에서 몽골 제국의 대칸으로 추대되었다.

칭기즈칸은 유목민 특유의 부족 연합체적 성격을 타파했다. 천호제라고 하는 십진법적인 군사조직제도로써 그렇게 했다. 병사 열 명이 모여 십호를 이룬다. 십호 열 개가 모여 백호를 이루고, 백호 열 개가 모여 천호를 이루고, 천호 열 개가 모여 만호를 이루는 것이다. 몽골 제국 전체에 천호가 총 95개 있었다고 한다. 몽골 군 전체의 병력은 10만 명 정도 였던 것이다. 그렇게 많은 병력이 아니라고 생각할 수 있으나 모두가 기 병들이었다. 몽골 족 기병 한 명은 말 일곱 마리 정도를 가지고 있었다. 말은 매일 달릴 수가 없다. 하루 달리고 나면 3일 정도 쉬어줘야 또 달릴 수 있다.

천호제를 공고히 한 장치가 케시크테이라고 불린 칭기즈칸의 친위부대 였다. 만호장이나 천호장의 자제들로 이루어진 이 부대는 사관학교 역할 을 했다. 그러나 케시크테이의 보다 더 중요한 기능은 따로 있었다. 칭기 즈칸은 케시크테이를 통해 만호장이나 천호장의 자제들을 볼모로 잡아두 었던 것이다. 가문을 중요하게 여기는 유목민의 특성을 교묘히 이용했음 을 알 수 있다. 전령 2명만 보내면 만호장을 소환할 수 있었다고 한다.

유목민은 초원이나 사막, 바다 등 열악한 자연환경에서 삶을 영위하기 때문에 가문을 중요하게 여긴다. 개인은 척박한 환경에서 생존하기가 힘 들다. 유력한 가문은 귀족 가문이 되고, 귀족 가문이 점점 커지면 왕가가 된다. 사우디아라비아 왕국은 알 사우드 가문이 세운 것이다. 알 사우드 가문이 점점 커져서 왕가가 되었다. '사우디'는 '사우드 가家의'라는 뜻 이다. 사우디아라비아에는 아라비아 '사막'이 있다.

칭기즈칸은 고도의 중앙집권을 꾀하는 천호제와 케시크테이를 이용해 하위적인 몽골 족을 상위적인 몽골 족으로 변모시켰다. 하위적인 힘들이 상위적으로 집중되었을 때 몽골 제국이 성립될 수 있었다. 이슬람 제국 도 하위적인 힘들이 이슬람 교를 통해 상위적으로 집중되었기 때문에 성 립될 수 있었다.

칭기즈칸은 중앙집권을 완성한 다음 북방의 오이라트와 키르기즈의 부족들을 정복하고 말머리를 서하로 돌렸다. 서하는 일찍이 북송에게서 조공을 받던 강국이었다. 칭기즈칸의 군대가 수도를 접수하기 직전 서하 는 조공을 바칠 것을 맹세했다. 칭기즈칸은 숙적이었던 금나라를 1211 년부터 공략하기 시작했다. 4년 만에 수도 연경, 즉 지금의 베이징을 함락시키자 금나라는 수도를 북송의 수도였던 카이펑으로 옮겼다. 금나라를 완전히 정복하려고 할 때쯤 칭기즈칸에게 정복된 나이만 족의 구추루크가 서쪽으로 도망가서 서요西遼의 왕위를 빼앗고 그 일대의 무역을 독점하고 있다는 것을 알게 된 칭기즈칸은 1218년 맹장 제베를 보내 서요를 멸망시킨다.

칭기즈칸은 내친김에 서요의 서쪽, 그러니까 중앙아시아에 있던 호라즘이라는 나라에 450명의 대상을 보냈다. 호라즘은 중앙아시아에서 등장한 셀주크 투르크가 압바스 제국의 심장부로 옮겨가자 새로이 중앙아시아 지역에 등장한 나라였다. 지금의 투르크메니스탄, 아프가니스탄, 이란을 아우르는 큰 나라였다. 호라즘 입장에서는 450명의 대상이 스파이들이라고 생각할 수밖에 없었다. 원래 칭기즈칸은 중국의 영토에만 관심을 가졌던 것이 아니었다. 중국이 세계 그 자체라고 생각했던 중국인들과 같은 우물 안 개구리가 아니었던 것이다. 450명이 모두 죽임을 당하자 1219년 칭기즈칸은 10만의 병력을 이끌고 호라즘을 침공했다. 호라즘의 병력은 40만 명 정도나 되었지만 칭기즈칸에게 궤멸당하고 만다. 제1 해상 유목민과 제2 육상 유목민의 승부에서 제2 육상 유목민이 승리했다. 호라즘은 신생국이긴 했지만 역사의 대세를 거스를 수 없었다. 바야흐로 제2 육상 유목민의 시대가 열리고 있었던 것이다.

1225년 호라즘 정복을 끝으로 일단 정복 사업을 중단하고 몽골로 귀환한 칭기즈칸은 방대한 영토를 아들들에게 나누어주었다. 맏아들 주치에게는 카스피 해 북쪽 킵차크 지역을 주었다. 가장 먼 곳이었다. 둘째 차가타이에게는 서요가 있던 비교적 가까운 지역을, 셋째 오고타이에게는 나이만 부족이 있던 더 가까운 지역을 주었다. 막내 툴루이에게 몽골 본토를 주었다. 몽골의 관습은 막내아들에게 많은 재산을 물려주는 것이었다. 유목민의 상속 방식이 보통 그러했다. 아들들은 성장하면 부모를 떠난다. 유목이라는 것이 이동을 본질로 하지 않는가? 큰아들이 제일 먼저 떠나고 둘째아들, 셋째아들 순으로 떠난다. 마지막으로 남은 막내아

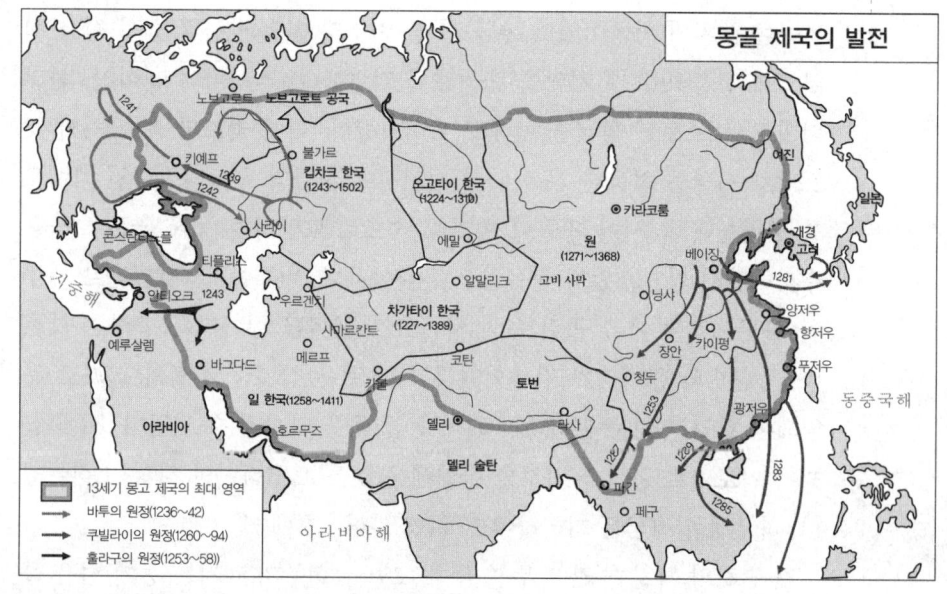

몽골 제국의 발전

13세기 몽고 제국의 최대 영역
바투의 원정(1236~42)
쿠빌라이의 원정(1260~94)
훌라구의 원정(1253~58))

들이 아버지의 땅을 물려받는 것이다. 동양과 달리 서양의 경우 자녀들이 비교적 이른 나이에 독립한다. 동양보다 서양이 하위적이라고 했다. 유목은 하위에 속하지 않는가? 일찍 독립하는 것과 유목적인 것, 그리고 하위는 통한다. 여하튼 이렇게 영토를 나누어준 칭기즈칸은 다시 정복 사업에 나섰다. 서하와 금을 정복하기 위해 나섰으나 1227년 뜻밖에 병사하고 만다.

칭기즈칸의 뒤를 이어 대칸에 오른 사람은 오고타이였다. 오고타이칸은 지금의 울란바토르 서쪽 지역에 해당하는 카라코룸을 제국의 수도로 정했다. 그 전에는 수도가 정해져 있지 않았었다. 도로망을 건설했고 예법과 의식을 정했으며, 화폐제도와 조세제도를 정비했다. 명실상부한 제국을 만들려고 했던 것이다. 오고타이칸은 1234년에 금나라를 완전히 멸망시켰다. 이때 몽골의 요청으로 남송이 금나라를 공격했다.

1235년 오고타이칸은 카라코룸에서 쿠릴타이를 열어 조카 바투로 하여금 20만 대군을 이끌고 서쪽으로 나아가게 했다. 바투는 칭기즈칸의 맏아들 주치의 아들이었다. 이듬해 봄 바투의 원정군은 볼가 강 상류 킵차크에 진출하여 그 지역을 순식간에 점령했다. 러시아의 리아잔, 블라디미르, 로스토프 공국을 차례로 쓰러뜨렸다. 이어 카스피 해 근처의 카프카스 지역을 정복한 다음 다시 서진하여 지금의 우크라이나인 키예프를 공략했다. 러시아 왕들이 헝가리 쪽으로 도망치자 몽골 군은 그들을 추격하면서 자연스럽게 동유럽으로 나아갔다. 바투는 군대를 둘로 나누어 북군으로 하여금 폴란드를, 남군으로 하여금 헝가리를 공략하게 했다. 폴란드와 헝가리가 정복되었다. 서유럽은 십자군 전쟁의 실패로 분열되어 있었기 때문에 하나가 되어 몽골 군을 막아낼 수 없었다. 서쪽 끝까지 가보기로 결심한 바투를 돌려세운 것은 오고타이의 사망 소식이었다. 바투의 원정군은 회군하여 1244년 카라코룸에 개선했다.

몇 년간의 치열한 권력 투쟁 끝에 1251년 바투의 지지를 등에 업은 툴루이 가문의 몽케가 대칸에 즉위했다. 오고타이와 차가타이 가문이 불만을 품고 제각기 독립하면서 제국은 분열되기 시작했다. 하위적인 유목민들이었기 때문에 후계자 문제로 갈등을 겪었다. 대칸은 쿠릴타이에서 선출되었다. 선출된다는 것은 권력의 승계가 하위적으로 이루어진다는 것을 의미한다. 대칸은 오늘날의 대통령, 특히 미국 대통령과 비슷했다. 후계자를 둘러싼 갈등이 심각하지 않았다면 몽골 제국은 오래 지속되었을지 모른다. 제국은 상위적인 것이나 몽골 제국은 하위적이었다. 모순이었다.

몽케칸은 남송을 완전히 정복하기를 바랐다. 먼저 남송의 주변국인 윈난의 대리국과 티베트를 정복했다. 그리고 동생 훌라구로 하여금 서쪽으로 나아가게 했다. 툴루이 가문만의 땅을 확보하려고 했던 것이다. 훌라구는 셀주크 투르크를 멸망시키고 일칸국을 세운다. 일il은 동지, 평화, 혹은 나라를 뜻하는 말이었다. 일칸은 훌라구가 세운 왕조의 군주를 가리키는 칭호이기도 했다. 호라즘이 칭기즈칸에 의해 유린되었을 때 몽골족에 의한 셀주크 투르크의 멸망과 셀주크 투르크의 보호 하에 있던 압바스 조의 멸망은 예고되었었다. 훌라구는 1258년 불과 수주간의 포위 끝에 바그다드를 점령하고 압바스 조 최후의 칼리프인 알무스타으심을 처형했다. 5세기 동안 지속되어온 순니 이슬람 세계의 통합과 단일성의 상징이었던 압바스 조가 종말을 고했던 것이다. 이후 몽골 군은 거침없이 이라크에서 시리아로, 다시 팔레스타인으로 진군했다. 다음 목적지는 이집트였다. 이때 이집트에는 맘룩 국이 있었다.

압바스 왕조가 약해졌을 때 많은 지방 정권들이 등장했었다. 이집트에는 파티마 조가 등장했었다. 파티마는 마호메트의 딸 아닌가? 파티마 조는 시아파 무슬림들이 세운 왕조였다. 파티마 조는 십자군 전쟁이 벌어질 때까지 존속했지만 그때쯤 서서히 붕괴되기 시작했다. 1092년 술탄 말리크가 죽고 나자 아들들이 권력투쟁을 벌였다. 압바스 조를 보호하고 있던 셀주크 투르크도 약화되어 있기는 마찬가지였다. 양대 이슬람 세력이 모두 약화된 상태였기에 1차 십자군은 시리아와 팔레스타인 지방을 비교적 쉽게 점령할 수 있었다. 시리아와 팔레스타인 지방은 메소포타미아를 중심으로 한 동쪽 이슬람 세력과 나일 강을 중심으로 한 서쪽 이슬람 세력의 완충지대였다. 권력이 강하게 미치지 못하는 곳이었다.

이런 완충지대에 뛰어들어 십자군을 상대한 사람이 이마드 알 딘 장기였다. 모술 지역에서 온 그는 알렙포를 손에 넣고 해안도시 에데사마저 1144년에 탈환하였다. 장기의 휘하에 있었던 쿠르드 족 출신 장수가 살라딘이었다. 1169년 파티마 조의 재상이 된 살라딘은 결국 파티마 조를 멸망시키고 이집트에 아이유브 조를 세웠다. 살라딘의 아버지가 아이유브 이븐 샤리였다. 살라딘은 이집트에 순니 신앙을 회복시켰다. 바그다드의 압바스 조 칼리프의 종주권을 공식 인정했다. 살라딘은 1187년 예루살렘을 탈환했다. 살라딘은 기독교도들이 했던 것과는 달리 기독교도들에게 자비를 베풀었다. 이런 이유로 그는 유럽 인들에게 두려움과 존경의 대상이 된다. 아이유브 조의 영토는 이집트 · 팔레스타인 · 시리아 · 모술, 그리고 북부 메소포타미아에 이르렀지만, 후계자들간의 분쟁으로 인해 13세기 중반부터 약화되기 시작했다. 결국 술탄 사리프가 고용했었던 맘룩들에 의해 정권이 탈취당하기에 이른다.

이런 과정을 거쳐 이집트의 맘룩 국이 몽골 군과 조우하게 되었던 것이다. 맘룩 국의 바이바르스가 노도와 같던 몽골 군의 기세에 제동을 걸었다. 1260년 9월, 팔레스타인의 아인잘루트 전투에서 몽골 선봉군에게 패배를 안겨주었다. 이후 맘룩의 세력은 크게 신장되었다. 바그다드 압바스 조의 멸망과 이베리아 반도의 이슬람 세력의 멸망은 카이로 · 다마스쿠스 · 알렙포를 이슬람 문명의 중심지가 되게 했다. 이슬람 사회는 그런대로 안정되었지만 맘룩들은 안정되지 못했다. 맘룩들은 권력이 세습되는 것을 바라지 않았다. 하위적이었던 것이다. 하위적이었기에 몽골 군을 막을 수 있었겠지만 안정기에는 그것이 문제가 되었다. 권력의 승계는 항상 잔혹한 폭력에 의해 이루어졌다. 맘룩 술탄들은 예외 없이 또다른 강력한 라이벌에 의해 제거되곤 했다.

이렇게 정통성에 있어서 취약했던 맘룩 술탄들은 칼리프의 권위를 절실히 필요로 했다. 맘룩국의 실질적인 창건자인 바이바르스는 압바스 가계의 한 왕자를 이집트로 데리고 왔었다. 그 왕자가 카이로에서 칼리프로 추대되었다. 이른바 카이로 압바스 칼리프 제의 시작이었다. 비록 괴뢰 칼리프였지만 이렇게 칼리프 제는 지속되었다. 256년간 18명의 칼리프가 이어진다. 이집트 맘룩 국은 후에 오스만 투르크에 의해 멸망되었다.

››› 쿠빌라이와 원元

다시 앞으로 가자. 몽케칸은 드디어 남송 공격을 개시했다. 그러나 중국 사천에서 1259년 그만 사망하고 만다. 몽케칸에 이어 대칸이 된 사람은 동생인 쿠빌라이였다. 쿠빌라이는 카라코룸의 막내 동생 아리크부카를 약 4년에 걸쳐 굴복시켜야 했고, 아리크부카를 도왔던 하이두와 도와를 30여 년에 걸쳐 굴복시켜야 했다. 하이두는 오고타이의 손자였고 도와는 차가타이의 고손자였다. 툴루이 가문의 재집권에 오고타이 가문과 차가타이 가문이 크게 반발했던 것이다.

몽골 제국의 내전이라고도 할 수 있는 '하이두의 난'은 본질적으로 몽골 제국이 유목제국으로 남기를 바라는 세력과 몽골 제국이 농경제국으로 나아가길 바라는 세력 간의 대결이었다. 쿠빌라이칸은 상위를 추구했고 명실상부한 제국을 만들려고 했다. 그는 명실상부한 제국이 되려면 유목적인 것만을 고집해서는 안 된다는 것을 알고 있었다. 유목의 반대는 정착이고 정착을 하려면 농사를 지어야 하지 않는가? 쿠빌라이는 즉위하자마자 원元이라는 중국식 국호를 만들어 사용했다. 자신의 이름도 바꿨다. 쿠빌라이칸이라는 몽골 식 이름을 세조라는 중국식 이름으로 바꿨다. 그런가 하면 지금의 베이징을 대도라고 명명했고, 겨울 수도로 삼았다. 카라코룸은 상도라고 명명했고 여름 수도로 삼았다. 중국에 제국의 수도를 두었던 것이다. 또한 중국식의 중앙집권적 관료제를 도입했다. 이러한 중국화는 무엇을 의미했는가? 상위화를 의미했으며 농경 제국화를 의미했다.

그러나 세조는 하위적인 요소를 완전히 없애지 못했다. 제국 내의 여러 민족들을 크게 네 등급으로 나누어 다스렸다. 1등급은 당연히 몽골족이었다. 2등급은 색목인이었다. 3등급은 한인이었다. 한인에는 강북에 살던 한족과 여진족, 거란족, 그리고 고려인이 포함되어 있었다. 유목적 특성을 조금이라도 가졌던 민족들을 3등급에 위치시켰던 것이다. 4등급은 남인이었다. 몽골 족에게 마지막까지 저항했던 남송의 한족이 남인이었다. 하위적인 인도에 존재하는 카스트 제도를 연상시키는 네 등급 아닌가? 진정한 제국에는 평등이 존재해야 한다. 코끼리와 같은 황제와 초식동물과 같은 인민들만 있어야 하는 것이다. 계급이 존재해서는 안 된다. 계급의 존재는 남인들의 불만을 샀다. 결국 남쪽 한족들의 반란을 막지 못해 원나라는 무너졌다. 후일 만주족이 세운 청나라는 이런 면에서 원나라보다는 상위적인 모습을 보여주었다. 한족을 관리로 등용하는 등

어느 정도 평등을 추구했다. 청나라는 300여 년 정도 지속했다.

색목인이 2등급이었다는 사실에서도 원나라의 하위적인 면을 엿볼 수 있다. 눈에 색깔이 있는 사람이라는 뜻의 말이 색목인 아닌가? 동양인의 눈에는 색깔이 없다. 서양인의 눈에 색깔이 있다. 색목인은 서양인을 가리키는 말이었다. 동양에 진출한 서양인의 주류는 이슬람 권 사람들이었다. 동양인의 관점에서는 이슬람 권 사람들도 눈에 색깔이 있는 서양인이었던 것이다. 몽골 족이 이들과 손을 잡은 이유는 무엇이었는가?

원나라는 경제를 중시했다. 역대 한족 왕조들과는 달리 상인들을 우대했다. 원나라는 지폐를 매개로 한 단일 통화 정책을 성공시켰다. 송나라 때 세계 최초로 지폐가 발행되었지만 원나라 때 실생활에 널리 사용되기 시작했다. 제국을 단일 경제권으로 만든 데에는 운하도 큰 역할을 했다. 원나라는 남송을 정복한 직후부터 새 운하 건설에 착수했다. 7세기 초에 수양제가 건설한 기존의 강남과 강북을 잇는 운하를 연장시켜 대도에 이르게 했다. 이 새로운 운하 건설로 인해 대도로부터 시작되는 초원의 길과 강남으로부터 시작되는 바다의 길이 연결되었다. 육상 유목민의 길과 해상 유목민의 길이 연결되었던 것이다. 경제에 도움을 주었던 것에는 운하 외에도 잠치라는 것이 있었다. 수도로부터 방사선처럼 뻗어나간 대공도大公道 상에 거의 40킬로미터마다 있었던 잠치는 상인이나 파발꾼 등에게 숙박과 역마 등을 제공해주었다.

이렇듯 원나라는 변형된 유목 활동에 힘썼다. 경제와 상업을 중시했던 것이다. 때문에 색목인을 필요로 했다. 색목인은 제1 해상 유목민의 후예로서 지리적인 감각도 뛰어났고 상업적인 감각도 뛰어났다. 또한 배와 바다에 대해서도 잘 알고 있었다. 제1 해상 유목민인 이슬람 세력의 전성기 때 제1 육상 유목민, 즉 흉노족의 후예라고 할 수 있는 투르크 족과 이슬람 세력이 관련되지 않았는가? 그것과 비슷하게 제2 육상 유목민인 몽골 족의 전성기 때 제1 해상 유목민의 후예라고 할 수 있는 색목인과 몽골 족이 관련되었던 것이다.

농경제국을 추구했지만 여전히 유목제국으로서의 마인드를 가지고 있었던 원나라였기에 동서 교류를 폭발적으로 증진시켰다. 물론 원나라와 적대적인 칸 국들이 있었지만 그런 칸 국들도 무역을 방해하지는 않았다. 무역은 유목 활동의 일종 아닌가? 오늘날 세계의 박물관들에 가보면 13세기 유물들이 많다. 13세기가 바로 원나라, 더 나아가 몽골 제국의 전성기였다. 제국을 만든 다음 경제보다는 정치를 우선시했다면 화려한 13세기는 불가능했을 것이다. 그러나 화려한 꽃이 오래 갈 수 없지 않는가? 하위의 공간을 얻은 대신 상위의 시간을 잃은 원나라, 그리고 몽골 제국은 갑작스럽게 진다.

자연스럽게 제2 육상 유목민과 관련된 동양, 중국의 역사에 대해서 살펴봤다. 이제 몽골 족과 관련된 인도의 역사에 대해서 살펴보자.

››› 몽골 족과 인도

몽골 족은 인도를 직접 침공하지는 않았다. 여러 가지 이유가 있었겠지만 아마도 인도의 더위가 추운 지방을 누비던 몽골 족에게는 극복하기 힘든 장애물이었을 것이다. 몽골 족은 오랜 시간이 지난 후에 간접적으로 인도에 영향을 끼친다.

중앙아시아에 자리잡고 있었던 차가타이칸 국은 문화적으로나 경제적으로 세 칸 국 중 가장 뒤떨어져 있었다. 거주민 대다수가 유목민이었기 때문에 통일이나 안정이 이루어지지 못했다. 통치자들이 이슬람 교를 받아들여 통일을 꾀했지만 여의치 않았다. 이런 상황에서 티무르가 등장하여 차가타이칸 국을 멸망시킨다. 티무르는 칭기즈칸의 11대손이었다. 인간 백정이라는 별명을 얻었을 정도로 무자비한 군주였던 그는 몽골적인 전통에 이슬람적인 윤리를 결합시켜 강력한 군대를 만들었다. 하위와 상위를 조화시켰던 것이다. 강력한 군대로써 러시아 내륙에서 북인도까지, 또 중국의 변경에서 시리아와 소아시아에까지 이르는 방대한 티무르 제

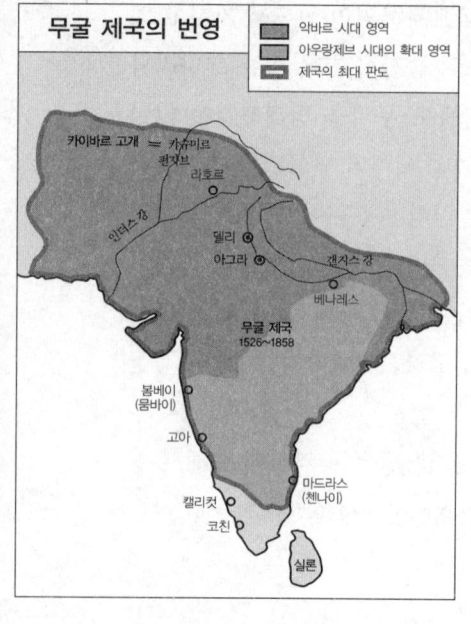

무굴 제국의 번영
- 악바르 시대 영역
- 아우랑제브 시대의 확대 영역
- 제국의 최대 판도

카이바르 고개 — 카슈미르
펀자브
라호르
인더스 강
델리
아그라
갠지스 강
베나레스
무굴 제국
1526~1858
봄베이
(뭄바이)
고아
마드라스
(첸나이)
캘리컷
코친
실론

국을 14세기 후반에 건설했다. 하위적인 차카타이칸 국에서 역시 상위적인 통일이 시작되었던 것이다. 티무르는 수도 사마르칸트를 위대한 건축물들로 채웠지만 그의 죽음 이후 제국의 영광은 급속히 사라졌다. 티무르는 원나라를 멸망시키고 들어선 명나라를 치기 위해 동쪽으로 가던 도중 죽고 말았다.

이후 티무르의 5대손인 바부르가 등장한다. 그의 어머니는 칭키즈칸의 15대손이었다. 1504년 바부르는 카불과 간다라를 점령했다. 차츰 세력을 키우던 그는 1513년 시선을 남쪽으로 돌렸다. 당시 북인도에는 델리 술탄 왕조인 로디 왕조가 있었지만, 로디 조의 마지막 술탄 이브라힘은 왕권을 마구 휘둘러 귀족들의 반감을 샀다. 불만을 품은 귀족들이 바부르에게 원병을 청했다. 바부르는 1526년 4월 21일에 델리에서 불과 50마일 떨어진 파니파트에서 이브라힘을 만났다. 바부르의 군대는 100마리의 코끼리로 무장한 이브라힘 군에 비해 미약했다. 하지만 기병대와 신식 포병대를 앞세워 승리를 거두었다. 역시 하위의 승리였다.

북인도의 귀족들은 바부르가 인도의 무더위 때문에 점령지를 그들 중의 한 사람에게 주고 물러갈 것이라고 생각했다. 그러나 바부르는 델리와 아그라를 점령한 다음 파드샤, 즉 황제임을 선언했다. 바부르가 만든 제국이 무굴 제국이다. 무굴이란 말은 몽골에서 비롯되었다. 사투리였던 것이다.

바부르의 아들 후마윤 때 제국이 흔들렸지만 후마윤의 아들 악바르 때 제국은 반석 위에 올려진다. 그는 13세 때 제위에 올랐다. 델리와 아그라

무굴 제국의 황제 샤자한이
그의 왕비를 위해 지은 타지마할
─신발 벗고 올라가야 함.

를 위협하는 라지푸트 족을 정복했고, 말년에는 데칸 고원 일부를 정복
했다. 1605년에 죽을 때까지 악바르는 북인도의 거의 대부분을 지배했
고, 데칸과 벵골 만, 아라비아 해에 이르는 대제국을 건설했다. 그는 이
슬람 교 신자들과 힌두 교 신자들을 동등하게 대했다. 코끼리와 같은 황
제를 꿈꾸었던 것이다. 악바르는 스스로를 반半신성시하였다. 그는 힌두
공주와 결혼하여 그의 자손들의 몸에 인도 인의 피가 흐르게 했다. 알렉
산더도 그랬지만 진정한 황제를 꿈꾸는 사람들은 피지배 계급과의 통혼
을 장려했다. 평등을 추구했다.

악바르의 아들 자한기르는 견실하게 제국을 이끌지 못했다. 제국은 약
화되었다. 그러나 그의 아들 샤자한은 무굴 제국을 다시 강화시켰다. 남
인도의 여러 세력들이 이탈하는 것을 막았고, 전대에 잃었던 간다라 지
방도 되찾았다. 상위적이었던 샤자한은 독실한 무슬림이었으며 특히 위
대한 건축가였다. 타지마할, 델리 성, 자마 마스지드, 그리고 아그라 성
등이 샤자한에 의해 건축되거나 재건축되었다. 타지마할은 왕비 뭄타즈
마할의 묘였다. 백색 대리석으로 지은 왕비의 묘가 마주 보이는 강 건너
편에 흑색 대리석으로 자신의 묘를 지으려고 했지만 아들 때문에 뜻을
이루지 못했다.

아버지를 유폐시킨 아우랑제브는 아버지보다도 더 독실한 무슬림이었
다. 그는 기도와 단식에 힘썼으며 힌두 교에 대해 적대적이었다. 전국 각

지의 힌두 사원들이 파괴되었다. 상위를 극단적으로 추구하면 문제가 발생하지 않는가? 아우랑제브 이후 무굴 제국은 힘을 잃기 시작했다. 무굴 제국은 분열되었고 제국이라고 하기에 부끄러울 만큼 축소된 채 명맥을 이어나갔다. 결국 무굴 제국은 공식적으로 영국에 의해 멸망된다. 영국은 제2 해상 유목민인 유럽 세력의 대표격이었다.

이상에서 제2 육상 유목민인 몽골 족이 인도에 끼친 영향에 대해 살펴봤다. 이제 몽골 족이 서양에 끼친 영향에 대해 살펴보자.

››› 몽골 족과 서양

유럽은 제1 육상 유목민의 영향을 직접적으로 받지 않았다. 세계 지도를 보면 유럽은 유라시아 대륙의 서쪽 끝 구석에 있다. 바투의 군대가 유럽을 휩쓸지 못한 것은 유럽이 너무 변방에 위치해 있었기 때문이다. 유럽이 중심에 가까웠다면 오고타이가 죽기 전에 휩쓸 수 있었을 것이다. 유럽의 일부였지만 유라시아 대륙의 중심부와 가까웠던 러시아는 몽골 족의 직접적인 영향을 받았다. 몽골 제국의 킵차크칸 국은 러시아의 공국들을 계속 지배했다. 러시아가 오랜 몽골 지배에서 벗어난 것은 15세기 후반의 일이다. 티무르의 시대와 바부르의 시대 사이 정도에 독립을 획득했다.

몽골 제국에 충성을 바치면서 세력을 얻었던 공국이 바로 모스크바 공국이다. 1472년 모스크바 공국의 대공 이반 3세는 비잔틴 제국 최후의 황제인 콘스탄티누스 11세의 조카딸 소피아와 결혼한 다음 자신이 비잔틴 제국 황제의 계승자임을 자처했다. 비잔틴 제국은 이미 1453년 오스만 투르크에 의해 멸망당했었다.

1261년 비잔틴 제국의 황제 미카일 8세는 십자군이 세운 라틴 제국을 간신히 물리치고 새로 팔라이올로구스 왕조를 열었었다. 그러나 과거의 영광을 재현할 수는 없었다. 수도인 콘스탄티노플 주변과 소아시아 서부, 그리고 그리스 반도 정도만을 지배하는 데 만족해야 했다. 게다가 베네치아와 제노바 등 이탈리아의 상인들에게 지중해 무역권을 빼앗긴 터라 황실의 재정은 형편없었다. 이런 상황에서 동쪽의 오스만 투르크가 압박을 가했다. 오스만 투르크는 1326년 소아시아를 점령하고 콘스탄티노플 바로 코앞에 있는 부르사를 수도로 삼는다.

제1 해상 유목민의 이 당시 후예는 오스만 투르크였다. 셀주크 투르크가 건국된 지 얼마 지나지 않은 때인 1071년 셀주크 투르크의 술탄 알프 아르슬란은 비잔틴 군과 전쟁을 벌였다. 비잔틴 제국의 황제 로마누스 디오게네스는 패배하여 포로가 되었다. 이 승리의 결과로 투르크 족이 소아시아의 새 주인이 되었으며, 소아시아는 기독교 세계에서 이슬람 세계로 편입되었다. 이들 소아시아의 투르크 족은 룸 셀주크로 일컬어지는 소국을 건설했다. 룸은 로마에서 비롯된 말로서 이슬람 문명권의 사람들에게 소아시아를 의미했다. 셀주크 투르크의 한 분파였지만 각지에 흩어진 셀주크 계 분파들 중에서 가장 유력한 분파가 바로 룸 셀주크였다. 룸 셀주크는 1077년부터 1307년까지 존속했다. 결국 일칸 국에 의해 멸망되었지만, 변방에 위치해 있었기 때문에 마지막까지 존속할 수 있었다.

셀주크 투르크가 몽골 족에 의해 멸망되었을 때 많은 투르크 계 부족들이 룸 셀주크로 이동했다. 이런 부족들 중 하나의 지도자가 에르토그릴이었다. 그는 룸 셀주크 조 말기에 술탄으로부터 영지를 받는다. 에르토그릴의 아들이 오스만이었다. 오스만을 아랍 어로는 오토만이라고 한다. 오스만 제국을 오토만 제국이라고도 하는 이유다. 오스만은 1288년부터 비잔틴 제국의 영토를 잠식하는 전략을 취했다. 오스만은 룸 셀주크가 망한 자리에 나타난 수많은 투르크 영주들 가운데 가장 미약한 존재였다. 하지만 그의 영지는 불과 100여 년 만에 아시아와 유럽에 걸친 제국으로 성장한다. 오스만 투르크는 제1차세계대전 때까지 650여 년간 지속했다.

오스만 투르크는 역시 하위적이었기에 제국으로 성장할 수 있었다. 이

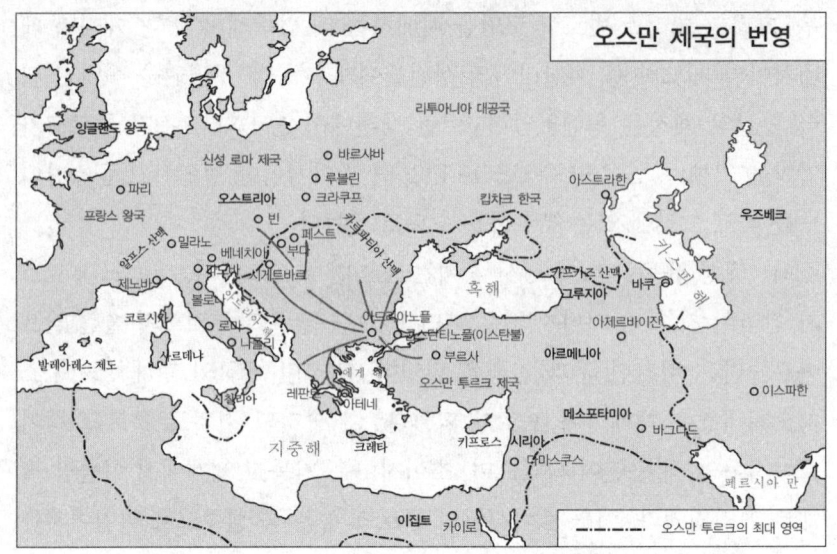

오스만 제국의 번영

슬람 세계의 서북쪽에 자리잡고 있었던 룸 셀주크는 몽골 족의 일칸 국에 의해 마지막에 멸망되었다. 룸 셀주크의 뒤를 이은 오스만 투르크는 바로 그런 지리적 이점을 이용해 몽골 족이 물러간 이후 세력을 키울 수 있었다. 서쪽과 북쪽은 하위에 속하지 않는가? 그런가 하면 몽골 족을 피해 많은 상인들과 장인들이 소아시아에 들어왔다. 상인들과 장인들이 많아지게 되자 상업이 발달했다. 상업 역시 하위에 속한다.

14세기 말에서 15세기 초까지 오스만 투르크는 코소보에서 세르비아를, 니코폴리스에서 우크라이나를, 바르나에서 불가리아를 각각 물리쳤다. 이어 비잔틴 제국의 텃밭인 그리스마저 점령했다. 완전히 고립된 비잔틴 제국은 오스만 투르크의 총공격에 1453년 마침내 무너졌다.

오스만 투르크에 의해 비잔틴 제국의 마지막 황제가 된 콘스탄티누스 11세의 조카딸 소피아와 결혼한 이반 3세는 황제를 자칭했다. 카이사르의 러시아 어식 발음은 차르다. 차르는 20세기 초 러시아 제국이 무너질 때까지 러시아 황제를 가리키는 공식 명칭이었다. 차르는 러시아 정교의 수장이기도 했다. 동방정교가 새로운 보금자리로 모스크바를 택했기 때문이며, 동방정교의 경우 황제가 교황도 겸했기 때문이다. 모스크바를 제3의 로마라고 하는 이유는 동방정교의 중심이 모스크바로 옮겨졌기 때문이다.

상위를 추구한 이반 3세는 1480년에 노브고로트 공국, 로스토프 공국 등 주요 공국들을 통합하였다. 그리고 마침내 킵차크칸 국을 멸망시켰다. 정치적인 독립이나 통일의 달성은 모두 상위에 속하지 않는가? 상위를 추구한 끝에 독립과 통일을 달성한 러시아는 이후 계속해서 상위를 추구한다. 몽골 족을 완전히 복속시키기 위해 동진을 시작한 러시아는 결국 태평양에 이르게 된다. 물론 나중에는 부동항을 찾으려는 목적이 부가되었지만, 동진을 시작한 초기에는 분명히 몽골 족을 복속시키려는 의도가 있었다.

시베리아에 말이 넘기 힘들 정도의 산맥, 즉 알프스 산맥 같은 산맥이 있었다면 러시아가 그 산맥까지만 영토를 확장시켰을지 모른다. 그러나 시베리아에는 그런 산맥이 없다. 시베리아 횡단 열차를 타고 블라디보스토크에서 상트페테르부르크까지 여행한 적이 있었다. 산맥은 물론이고 큰 산도 거의 볼 수가 없었다. 흑해와 카스피 해 사이의 카프카스 지역에 갔을 때 비로소 산들을 볼 수 있었다. 유라시아 대륙의 북쪽 초원 지대는 말하자면 한덩어리다. 서진을 하든 동진을 하든 한번 움직이기 시작하면 끝까지 가게 되는 곳이다. 몽골 족이 서진했던 것과 비슷하게 러시아가 동진을 했던 것이다.

유럽의 일부였지만 동쪽으로 나아간 러시아는, 즉 상위를 추구한 러시아는 점차 동양에 속하게 된다. 동양에서 온 몽골 족의 지배를 오랜 기간 받으면서 러시아가 동양적으로 변한 측면도 있을 것이다. 어떤 학자들은 차리즘의 전제적인 특성이 몽골 족으로부터 비롯된 것이라고 주장하기도 한다. 몽골 족의 통치 스타일을 본받았다는 것이다.

이상에서 제2 육상 유목민인 몽골 족이 서양에 끼친 영향에 대해 살펴보았다.

18. 제2 해상 유목민 1기

—서양 여러 나라의 성립

››› 중세의 가을

이제 제2 해상 유목민에 대해서 살펴보자. 유럽 세력이 제2 해상 유목민이다.

세계 지도를 보면 유럽은 유라시아 대륙의 서쪽 끝 구석에 있다. 바투의 군대가 유럽을 휘젓지 못한 것은 유럽이 너무 변방에 위치해 있었기 때문이다. 반면 유라시아 대륙의 중심에 자리잡고 있던 제1 해상 유목민, 즉 이슬람 세력은 몽골 군의 말발굽에 짓밟혔다. 이슬람 세력과 십자군 전쟁까지 치렀던 유럽 세력은 그 틈을 파고들었다. 변방에 위치했다는 단점을 장점으로 바꾸었던 유럽 세력은 제2 해상 유목민이 될 수 있었다. 변방에서 힘을 비축한 세력이 통일을 이루는 경우는 역사에서 어렵지 않게 찾을 수 있다.

제2 해상 유목민의 활약은 현대에까지 이어진다. 때문에 좀더 자세하게 살펴볼 필요가 있다. 자세하게 살피다 보면 복잡해지게 마련이다. 한 눈에 보기 힘든 것을 한 눈에 보게 하는 것이 비유 아닌가? 제2 해상 유목민에 대해 비유적으로 접근해보자.

커피 전문점에 관심이 있어서 '스타벅스' 본사에 전화를 걸어본 적이 있었다. '스타벅스'는 대리점을 내주지 않는다는 이야기를 들을 수 있었다. '스타벅스'는 직영체제로 운영되고 있는 것이다. 직영점들을 거느리는 방식은 상위적이다. 중앙집권적이기 때문이다. 춘추 전국 시대를 마감했던 진시황은 군현제를 도입함으로써 강력한 중앙집권을 구현했다.

그는 직영점들을 거느렸던 것이다. 로마 제국도 직영체제로 운영되었다. 그럼 유럽의 경우는 어떠했는가?

유럽에는 로마 제국이 무너진 이후 강력한 제국이 출현하지 못했다. 샤를마뉴와 오토에 의해 재등장한 로마 제국은 이름뿐이었다. 본사의 사장은 교황이었고, 각 점포 사장들은 각국의 왕들이었다. 직영체제로 운영될 경우 사장은 본사 사장 한 명뿐이다. 그러나 그렇지 않은 경우 사장들이 많이 존재하게 된다. 본사 사장 외에도 각 점포마다 사장이 있기 때문이다. 중세 유럽은 로마 제국과 비교해서 하위적이었다. 단, 십자군 전쟁 이후에 펼쳐지는 근대 유럽과 비교하면 상위적이었다.

본사의 사장이었던 교황은 브랜드를 빌려주고 로열티를 받았다. 교황이 빌려준 브랜드는 무엇이었는가? 종교였다. 브랜드, 즉 상표는 이름이다. 이름은 상징, 기호, 비유다. 이름은 상위에 존재한다. 종교도 상위에 존재한다. 구체적으로 로마 가톨릭이 내세운 이름은 무엇이었는가? 여호와, 혹은 야훼, 예수, 마리아 등이었다. 그러나 교황이 빌려준 브랜드가 이런 구체적인 이름들 중의 하나라고 하는 것은 너무 깊이 들어가는 것이다. 더욱이 로마 가톨릭은 삼위일체 교리를 받아들이지 않았는가? 구체적인 이름 한 가지를 이야기하기는 힘들다. 교황이 빌려준 브랜드는 로마 가톨릭이었다고 하는 것이 타당하다. 로마 가톨릭과 관련되어 있는 성경, 교리, 전통 등을 빌려준 것이었다.

이쯤 해서 구체적인 비유를 들어보자. 여기 '마리아' 라는 브랜드를 공유하는 미용실들이 있다. 본사 사장은 교황이며, 미용실 사장들은 각국의 왕들이다. 미용실들은 유럽의 여러 나라들이다. 왜 하필 미용실인가? 미용실의 중추는 사장이 아니라 미용사들이다. 미용사들은 사장보다 하위적이다. 하위적인 유럽의 각 나라에는 사장, 즉 왕을 견제하는 미용사들, 즉 시민들이 있었다. 이들까지를 설명하기 위해서 미용실 비유를 든 것이다.

'마리아' 미용 체인의 본사 직원들, 즉 성직자들은 미용실들로 하여금 로마 가톨릭이라는 간판을 달도록 하기 위해 많은 노력을 기울였다. 게르만 족의 대이동이 이루어졌을 때 행해졌던 대대적인 개종 권유는 바로 그런 노력이었다. 클로비스가 로마 가톨릭이라는 브랜드를 받아들여 프랑크 왕국을 세웠던 것은 유명한 성공 케이스였다. 본사 직원들은 지속적인 광고를 통해 미용실들의 영업이 잘되도록 했다. 성직자들은 민중들에게 세속 통치자가 신을 받들고 있는 이상 그 세속 통치자에게 충성을 다해야 한다는 설교를 반복적으로 했다. 반대급부가 있었다. 그것은 로열티였다. 로열티는 헌금을 통해 거두어 들여졌다. 교황은 유럽 제일의 부자가 되었다.

물론 처음에는 본사도 힘겹게 영업을 했지만 정상 궤도에 진입하자 본사의 파워는 아주 강력해졌다. 신성 로마 제국의 황제로 하여금 무릎을 꿇게 만들 정도였다. 신성 로마 제국의 황제는 미용실들을 여러 개 가지고 있는 사장 정도에 해당했다. 파문이라는 방식을 통해 브랜드를 사용하지 못하게 하자, 즉 간판을 내리게 하자 황제는 교황에게 약한 모습을 보여야 했다. 카노사에서 굴욕을 맛보아야 했다.

강력해진 본사는 경쟁 업체의 구역에 미용실을 열어 경쟁 업체의 구역 일부를 잠식하자고 미용실 사장들을 설득한다. 투자 유치는 성공적이었지만 사업은 성공적이지 못했다. 이슬람 세력으로부터 성지를 탈환하기 위해 십자군이 동쪽으로 나아갔지만 결국 성지 탈환에 실패했던 것이다. 대부분의 미용실 사장들은 투자금을 회수하지 못했다.

그러나 본사 사장의 말을 듣고 득을 본 미용실 사장들도 있었다. 1차 십자군이 예루살렘을 탈환했다는 소식을 듣고 가장 기뻐했던 사람들이 아마도 이베리아 반도 북부에 살던 사람들이었을 것이다. 원래 이슬람 세력이 에스파냐 전 지역을 정복했던 것이 아니었다. 카를 마르텔에게 패배한 이슬람 세력은 이베리아 반도 남부로 물러가서 코르도바를 중심으로 이슬람 식민지를 건설했었다. 북부에는 서고트 족의 후예들이 배수의 진을 치다시피 하면서 살았다. 북쪽 끝 산악 지대를 중심으로 아스투

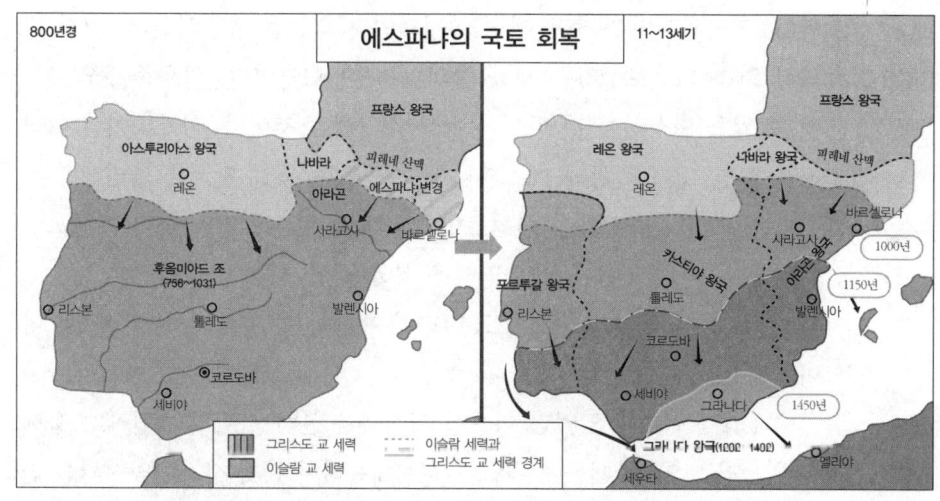

리아스라는 조그만 왕국이 세워졌다. 아스투리아스는 레온으로 확대 재편되었고, 레온에서 새로이 카스티야가 분리되어 나왔다. 동쪽에는 샤를마뉴가 설치한 에스파냐 변경주가 10세기부터 나바라 왕국으로 독립해 있었다. 이 나바라 왕국으로부터 아라곤 왕국이 분리되어 나왔다.

십자군 운동이 일어나기 전에 레콘키스타라는 국토 수복 운동이 이들 왕국들의 주도로 전개되었었다. 이런 와중에 동쪽에서 십자군의 승전보가 날아들었으니 얼마나 기뻤을 것인가? 점점 커진 카스티야와 아라곤이 다른 나라들을 통합했고, 카스티야에서 분리되어 나온 일파는 포르투갈 왕국을 세웠다. 13세기 후반에는 이슬람이 겨우 그라나다만 유지하게 된다. 레콘키스타를 성공적으로 완수할 수 있었던 데에는 제2 육상 유목민, 즉 몽골 족의 역할이 컸다. 십자군 전쟁에 의해서가 아니라 결국 몽골 족에 의해서 이슬람 세계의 심장부가 치명상을 입지 않았는가? 해상 활동을 통해 하위적인 부분을 유지해나가던 이베리아 반도의 이슬람 세력은 젖줄이 끊기는 것을 보아야만 했다.

마침내 그라나다마저 탈환하여 레콘키스타를 완성시킨 이베리아 반도의 왕들은 혈연관계의 구축에 힘쓴다. 피란 무엇인가? 상위에 속하는 것이다. 혈연관계의 구축은 전혀 이질적인 세력들을 융합시킨다. 가장 강력한 결속력을 보장하는 것들 중의 하나가 혈연이다. 외세를 물리치는 것, 통일을 달성하는 것 등도 상위를 추구하는 것이다. 카스티야와 아라곤은 혈연 맺기를 통해 에스파냐라고 불리는 통일 왕국을 출범시켰다. 이어 에스파냐의 왕가는 신성로마제국의 황가와 혈연을 맺어 제국으로 나아갔다. 이런 면에서 에스파냐는 몽골 족을 물리친 러시아와 비슷했다. 몽골 족을 물리친 러시아도 비잔틴 제국과 혈연을 맺어 제국으로 나아가지 않았는가?

이베리아 반도에 있었던 미용실 사장들은 본사 사장의 제안에 호응해 분명 득을 보았다. 때문에 에스파냐는 계속하여 본사 사장, 즉 교황을 인정했으며 로마 가톨릭이라는 브랜드를 좋아했다. 그러나 그밖의 사장들은 손해를 보았다. 때문에 교황의 권위를 인정할 수 없었으며, 로마 가톨릭이라는 브랜드에 대해서도 부정적일 수밖에 없었다. 로마 제국의 붕괴 이후 유지되어오던 비교적 상위적인 체제인 봉건제가, 즉 '마리아' 미용 체인이 균열하기 시작했다. 역사의 대세를 거스른 것의 결과였다.

서서히 국가들이 등장한다. 그 전에는 국가명이 중요하지 않았다. '어디에서 왔습니까?' 라고 물어보면 '나는 런던에서 왔습니다' 혹은 '나는 파리에서 왔습니다' 라고 말했다. 그런데 서서히 '나는 영국에서 왔습니다' 혹은 '나는 프랑스에서 왔습니다' 라고 말하게 되었다. 국가들이 부상한다는 것은 황제나 교황이 아니라 왕의 권력이 강력해진다는 것을 의미한다. 황제와 교황의 권위가 강했을 때는 왕 아래에 있는 귀족들의 권력도 어느 정도 강했다. 중세 시대는 귀족들의 시대이지 않았는가? 바야흐로 도래한 왕의 시대에 귀족들의 권력은 그만큼 축소되었고, 그와 반비례하여 평민들의 지위는 상승했다. 일부 평민들이 귀족적으로 변했다. 이때 부상한 귀족적인 평민들을 이른바 부르주아지라고 한다. 마르크스는 계급간의 투쟁이 역사의 중요한 부분이라고 말했다. 계급들이 투쟁할 때 '적의 적은 친구' 라는 원칙이 적용된다. 그러니까 왕과 대립하는 황제나 교황은 역시 왕과 대립하는 귀족과 친구가 되었고, 귀족과 대립하는 왕은 역시 귀족과 대립하는 부르주아지와 친구가 되었다.

교황의 영향 하에 있기는 하였지만 신성로마제국 황제의 영향 하에는 있지 않았던 영국과 프랑스가 강력해진다. 교황은 물론이고 황제의 영향까지 존재했던 신성로마제국 영역 내에서 강력한 국가들이 등장하기는 쉽지 않았다. 신성로마제국 영역 내에서는 영방국가들이 등장했다. 황제로부터 고급 재판권 · 관세 징수권 · 화폐 주조권 등을 얻은 지방 제후가 거의 독립국가로서의 주권을 행사한 영역을 일컫는 말이 영방이다. 신성로마제국 안에 있었던 스위스는 영방국가보다 독립국가가 되기를 원했다. 스위스는 일찍이 1291년부터 독립 운동을 시작했다. 스위스처럼 정치적인 자유를 원했던 지역들이 또 있었다. 북이탈리아나 주로 오늘날의 벨기에에 해당하는 플랑드르 지방, 그리고 북독일에서는 도시국가들이 등장했다.

››› 영국과 프랑스의 부상

먼저 영국과 프랑스에 대해서 살펴보자. 윌리엄 1세가 영국을 정복한 사실은 앞에서 살펴봤다. 이때부터 영국과 프랑스의 역사는 맞물리게 된다. 윌리엄의 아들 헨리 1세가 앙주 가문의 힘을 빌려 노르망디를 지키기 위해 노르망디 남쪽 지역을 영지로 가지고 있던 앙주 가문의 조프루아에게 딸인 마틸다를 시집보냈다. 14세의 남편과 26세의 과부의 결혼이었다. 헨리가 후사 없이 죽자 헨리의 조카 스티븐이 왕위를 물려받지만 노르망디의 마틸다가 바다를 건너 영국으로 와서 스티븐을 포로로 잡았다. 노르망디는 영국보다 작았지만 영국의 모국이었다. 윌리엄이 노르망디 출신이었던 것이다. 영국 귀족들은 몸을 사렸지만 런던 시민들은 마틸다의 고자세에 격분해 그녀의 대관식을 육탄으로 저지했다. 마틸다는 순순히 왕위를 포기하고 돌아갔다. 하지만 1154년 스티븐이 죽자 마틸다의 아들인 헨리 2세가 영국 왕이 되었다. 헨리 2세의 아버지인 조프루아가 투구에 금잔화 가지(plantagenista)를 꽂고 다녔기 때문에 이 왕조를 플랜테저넷 왕조라고 한다.

영국이 신흥 강국으로 발돋움하고 있었을 때 프랑스는 여전히 통일되지 못한 상태로 남아 있었다. 독일에서 카롤링거 왕조가 끊긴 것과 비슷하게 프랑스에서도 10세기 중반 카롤링거 왕조가 끊겼다. 유력한 귀족들이 적절히 돌아가면서 프랑스의 왕계를 잇고 있었다. 987년 파리 백작인 위그 카페가 자신의 아들에게 프랑스 왕위를 물려주었을 때 귀족들이 크게 반발하지 않은 이유는 왕위 자체에 별다른 의미가 없었기 때문이다. 아직까지 왕의 시대가 도래하지 않았던 것이다. 11세기까지 카페 왕조의 왕들은 파리와 오를레앙 일대의 지역만 영지로 소유하고 있었다. 그러나 1108년에 왕위에 오른 루이 6세는 아키텐 공작과 플랑드르 백작을 제압하여 아들 루이 7세에게 처음으로 왕좌다운 왕좌를 물려주었다.

루이 7세는 아키텐 공작의 상속녀인 에렐오노르와 결혼하였지만 아들을 낳지 못하자 이혼했다. 문제는 1152년에 그녀가 앙주 가문의 상속자와 재혼했다는 것이다. 그가 바로 2년 뒤에 영국에서 플랜태저넷 왕조를 열게 되는 헨리 2세였다. 헨리는 영국과 노르망디, 브르타뉴, 앙주에 아키텐까지 더함으로써 프랑스 서부를 다 소유하게 된다. 루이 7세는 세 번째 결혼에서 아들을 얻었고, 유력한 귀족들인 상파뉴 백작, 블루아 백작을 처남으로 두게 되었다. 이로써 프랑스 서부를 영국의 플랜태저넷 왕조가 소유하고, 나머지는 프랑스의 카페 왕조가 소유하는 형국이 되었다.

루이 7세의 아들 필리프 2세는 3차 십자군 원정에 헨리 2세의 아들인 리처드 1세와 함께 참가하기도 했다. 리처드 1세는 '사자왕'이라는 별명을 가졌던 전사였다. 10년밖에 재위하지 못한 리처드 1세를 계승한 동생, 존 1세는 1200년에 앙주 부근 푸아투의 한 지방인 앙굴렘을 소유하기 위해 그 지역의 상속녀인 이사벨라와 결혼했다. 하지만 그녀의 약혼자였던 드뤼지냥에게 아무런 보상도 하지 않았던 것이 문제가 되었다.

드뤼지냥은 프랑스의 왕 필리프 2세에게 고소했고 필리프는 존을 프랑스로 소환했다. 영국왕이기도 했지만 노르망디의 귀족이기도 했기 때문에 프랑스 왕에게 봉건적 의무를 다해야 했던 존이 필리프의 소환에 응하지 않자 필리프는 앙주를 몰수한다고 선언해버렸다. 격분한 존은 조카인 독일 황제 오토 4세와 연합하여 프랑스를 공격하지만 패하고 만다. 앙주에 이어서 노르망디도 자연히 프랑스로 넘어갔다.

프랑스 내의 영국 영토가 아키텐 일대로 축소되자 영국의 귀족들은 분노했다. 1215년 존은 귀족들의 요구 사항을 수락하는 문서인 마그나 카르타에 서명해야 했다. 마그나 카르타는 국왕이 귀족들의 동의 없이 마음대로 세금을 징수할 수 없다는 내용과 모든 자유인은 국왕이 아닌 법의 지배를 받는다는 내용을 담고 있었다. 서구 의회 민주주의의 출범을 알리는 문서로 간주되지만, 그것보다는 귀족들의, 봉건제를 강화하려는 노력의 일환으로 봐야 할 것이다. 왕의 권력이 너무 강해지는 것을 막고자 했던 것이다. 아직도 왕권은 그다지 강하지 못했다.

존의 아들 헨리 3세는 귀족들에게 휘둘렸다. 당시 귀족들의 대표는 시몽드 몽포르였다. 1265년 몽포르는 아예 귀족들에 의한 지배를 제도화하기 위해 귀족, 성직자, 도시 대표들로 이루어진 통치기구를 구성했다. 그러나 헨리 3세의 맏아들인 에드워드 1세가 군대를 일으켜 몽포르의 군대를 무찌르고 왕위를 되찾았다. 귀족들의 요구를 완전히 무시할 수 없었던 에드워드는 1295년에 모델 의회를 창설했다. 최초의 의회였기 때문에 모델이라는 말을 후에 역사가들이 붙인 것이다. 에드워드는 성직자들과 귀족들로만 의회를 구성할 때 발생할 수 있는 귀족들의 전횡을 염려하여 각 지방의 기사들과 시민 대표들과 하급 성직자들도 의회에 포함시켰다. 귀족원과 시민원을 둔 것이다. 상원과 하원이었다. 왕이 귀족들을 견제하기 위해서 평민들을 이용했던 것이다.

프랑스에서는 필리프 2세의 아들 루이 8세가 빨리 죽자 루이 9세가 왕위를 계승했다. 이때가 카페 왕조의 절정기였다. 경건했던 루이의 별명은 성왕聖王이었다. 루이는 남프랑스 일대를 프랑스 왕국에 통합시킴으로써 남프랑스가 북프랑스와 하나가 되게 하는 데 큰 역할을 했다. 영국과의 갈등도 일정 부분 해결했다. 1259년에 헨리 3세와 조약을 맺어 아키텐의 일부인 가스코뉴를 영국령으로 내주는 것과 동시에 헨리 3세에게서 충성의 서약을 받아냈다.

루이의 아들 필리프 3세는 툴루즈와 푸아투에 국부적으로 남아 있던 영국령을 하나씩 접수하여 프랑스 내의 영국령이 가스코뉴 하나밖에 남지 않도록 했다. 그의 동생 필리프 4세는 '미남왕'이라는 별명을 가진 왕이었다. 그는 그 별명에서 엿보이는 바처럼 오만하고 독선적이었다. 프랑스 내에서는 자신이 황제라고 선언하여 교황의 비위를 건드렸으며, 플랑드르와 아키텐의 영유권을 두고 영국의 에드워드 1세와 싸우기도 했다. 그런가 하면 1302년에 의회를 만들었다. 성직자, 귀족, 도시 대표 등 세 가지 신분으로 구성된 삼부회를 만들었다. 역시 귀족들을 견제하여 왕권을 강화하려는 의도였다.

왕권을 강화시킨 필리프 4세는 상위로 한걸음 더 나아갔다. 교황 보니파키우스 8세를 납치하여 이단자로 몰아 아나니의 교황 별장에 가두었다. 시민들의 도움으로 탈출하는 데 성공한 교황은 한 달 만에 화병으로 죽고 만다. 필리프는 프랑스 인 교황을 세웠고, 1309년 교황청마저 프로방스의 아비뇽으로 옮겼다. 이렇게 해서 시작된 아비뇽 교황청은 1423년까지 이어졌다. 이 시기를 '아비뇽 유수' 시기라고 한다. 유태 인들이 바빌론에 유배되었던 것에 빗댄 말이다. 교황권이 바닥에 떨어졌던 것이다.

필리프 4세의 아들들, 루이 10세, 필리프 5세, 샤를 4세의 재위를 다 합쳐도 14년에 불과했다. 그리고 이들은 모두 아들을 낳지 못했다. 300년이 넘도록 존속한 카페 왕조는 1328년 샤를 4세가 죽으면서 단절되었다. 샤를의 사촌형이자 필리프 4세의 조카인 필리프 6세가 새 왕조를 창건했다. 그는 발루아 백작이었으므로 이때부터의 프랑스 왕조를 발루아 왕조라고 부른다.

그런데 필리프 4세의 딸 이사벨라가 낳은 아들이 당시 영국의 왕 에드워드 3세였다. 때문에 에드워드 3세는 필리프 6세 못지않은 왕위 계승권을 가지고 있었다. 1330년에 에드워드가 스코틀랜드를 정복하기 위해 전쟁을 일으키자 필리프가 스코틀랜드를 지원했다. 안 그래도 불만이 많았던 에드워드는 플랑드르로 가서 프랑스의 왕을 칭해버린다. 마침 플랑드르 백작은 노동자와 수공업자들이 일으킨 폭동을 제대로 처리하지 못하고 있었다. 필리프는 마지막 남은 영국령인 아키텐의 가스코뉴까지 몰수한다고 선언했다. 이렇게 해서 벌어진 전쟁이 백년간 지속된 백년 전쟁이다.

　영국은 노르망디에서 아키텐에 이르는 프랑스 서부 영토를 거의 점령했다. 검은 갑옷을 즐겨 입어서 흑태자라고 불린 에드워드 3세의 맏아들이 프랑스 왕을 납치하기도 했다. 그러나 전쟁 후반기에 등장한 프랑스의 잔 다르크는 전세를 역전시켰다. 오를레앙 포위를 풀면서 전세를 반전시킨 프랑스는 1437년 파리를 탈환했다. 계속해서 영국 점령 하에 있던 성들과 도시들을 수복한 프랑스는 1452년 마침내 가스코뉴를 손에 넣었다.

　잔 다르크 덕분에 왕위에 오른 샤를 7세는 용병의 폐해를 막기 위해 참전 기사들을 위주로 상비군을 편성했다. 용병은 하위에 속하지 않는가? 상비군은 상위에 속한다. 백년 전쟁을 거치면서 프랑스 국왕의 권력이 강해졌던 것이다.

　영국은 백년 전쟁 이후 한 차례 더 진통을 겪어야 했다. 용병이 주로 활약한 프랑스와는 달리 영국의 경우는 귀족들이 사병을 동원했다. 때문에 귀족들의 발언권이 상당히 강해져 있었다. 에드워드 3세의 뒤를 이어 왕위에 오른 리처드 2세는 형인 흑태자가 일찍 죽은 것의 덕을 봤다. 그러나 리처드 2세는 귀족들을 무시하고 전제정치를 일삼다가 1399년 귀족들의 반란으로 폐위되었다. 이로써 플랜태저넷 왕조가 단절되었다. 랭커스터 가문의 헨리 4세가 왕위를 계승했다.

요크 가문의 사람들은 흑태자의 후손들이었다. 요크 가문이 1455년에 랭커스터 가문에 정식으로 도전장을 내밀었다. 6년 뒤에 드디어 헨리 6세를 폐위시키고 에드워드 4세를 즉위시켜 요크 왕조를 열었다. 하지만 랭커스터 가문도 가만히 있지 않았다. 이후 30여 년 동안 요크 가문과 랭커스터 가문이 전쟁을 벌인다. 두 가문 다 장미를 가문의 상징으로 삼고 있었기 때문에 이 전쟁을 장미 전쟁이라고 한다. 이 전쟁은 랭커스터 가문의 헨리 튜더가 리처드 3세를 죽이고 왕이 됨으로써 끝났다. 헨리 튜더의 어머니가 랭커스터 가문 출신이었고, 아버지는 리치먼드 백작인 에드먼드 튜더였다. 헨리 튜더는 튜더 왕조의 개조가 되었다. 헨리 튜더는 헨리 7세로 즉위했다. 헨리 7세의 왕권은 상당히 강력했다. 장미 전쟁을 통해 귀족들이 몰락했던 것이다.

››› 영방국가들의 등장

영국과 프랑스가 강한 왕권이 존재하는 국가로 거듭날 때 신성 로마 제국의 상황은 어떠했는가? 11세기 초반 오토 1세를 낳은 작센 왕조가 단절되고 잘리어 왕조가 들어섰다. 카노사의 굴욕을 겪은 하인리히 4세가 잘리어 왕조의 황제였다. 그의 아들 하인리히 5세는 1105년 아버지를 축출하고 황제가 되었다. 그가 1122년에 교황과 보름스 협약을 맺는다. 그러나 의욕적이었던 하인리히도 귀족들의 도전을 견뎌내지 못했다.

잘리어 왕조를 이은 왕조가 호엔슈타우펜 왕조다. 황제 프리드리히 1세는 효과적으로 귀족들을 제압했다. 시칠리아의 상속녀와 아들을 결혼시킴으로써 시칠리아도 얻었던 그는 강한 제국을 만들었지만 칠순에 가까운 나이로 3차 십자군 원정에 나섰다가 객지에서 죽었다. 그의 손자 프리드리히 2세는 벨펜 가문이 빼앗아간 황위를 다시 되찾았다. 벨펜 가문의 오토 4세는 숙부인 영국의 존과 함께 프랑스를 공격한 것의 책임을 지고 제위에서 물러났다. 존이 마그나 카르타에 서명했던 바로 그해에

프리드리히 2세는 오토를 몰아냈다. 교황과의 전쟁에서도 승리한 그는 중부 이탈리아와 시칠리아를 통합했다. 십자군 전쟁 이후 교황의 권위가 얼마나 심하게 실추되었는가를 보여주는 또 하나의 사실史實이다.

신성로마제국의 역대 황제들은 이탈리아에 많은 관심을 가졌다. 왜냐하면 로마 제국의 핵심이었던 로마가 이탈리아에 있었기 때문이다. 상위를 추구하는 황제들이었기에 로마라는 이름에 집착했다. 신성로마제국과 이탈리아의 관련성은 20세기까지 이어졌다. 비록 끝까지 가지는 못했지만 제1차세계대전 때 독일과 이탈리아는 동맹을 맺었다. 제2차세계대전 때도 독일과 이탈리아는 동맹을 맺었다. 제2차세계대전 때의 동맹은 끝까지 갔다.

강력했던 프리드리히 2세는 황제라는 사실을 지나치게 의식했다. 귀족들에게 자치권을 많이 부여했다. 1250년에 그가 죽자 황제권은 급속히 약화되었다. 황위를 물려받은 콘라트 4세는 귀족들의 등쌀에 밀려 시칠리아로 들어가 살다가 죽었다. 100여 년을 이어오던 호엔슈타우펜 왕조도 끝나자 본격적으로 영방국가들이 등장했다. 이후 약 20년 동안 독일은 황제가 존재하지 않는 대공위(Interregnum) 시대를 맞게 된다.

1273년 루돌프 1세가 대귀족들에 의해 황제로 뽑히면서 대공위 시대가 끝났다. 합스부르크 왕조의 출현이었다. 황제 선출권을 가진 제후들, 즉 선제후選帝侯들은 유력한 영방국가의 제후들과 대주교들이었다. 1356년 황금 도장이 찍힌 문서인 금인칙서가 만들어짐으로써 관습적으로 인정되어오던 선제후가 법으로 정해졌다. 최소한의 일관성을 유지하기 위함이었다. 마인츠, 트리어, 쾰른의 대주교 세 명과 작센 공, 팔츠 백, 브란덴부르크 변경백, 보헤미아 왕 네 명이 선제후들이라는 내용이 금인칙서에 명기되었다. 선제후들은 자기 영지에서 독립적인 사법권, 징세권, 화폐 주조권을 보장받았다. 영방국가가 공식적으로 인정받게 되었던 것이다.

십자군 전쟁 이후 성립된 국가들, 영국과 프랑스에 대해 살펴봤고 더 규모가 작은 신성로마제국 내의 영방국가들에 대해서도 살펴봤다. 이제 영방국가들보다 더 규모가 작은 도시국가들에 대해 살펴보자.

>>> 도시의 발달

　자급자족적인 장원경제 안에서도 생산성이 향상되어 이른바 잉여생산물이 발생했다. 잉여생산물의 거래를 통해 상업이 서서히 발달했다. 10세기 후반부터 11세기에 걸쳐 서유럽에 상인계층과 도시들이 생겨났다. 제1 해상 유목민의 시대를 지나면서 노르만 상인들이나 이슬람 상인들의 활동에 자극되어 교역의 규모를 확대시키던 서유럽의 상인들은 십자군 전쟁을 통해 교역로를 확보하게 되면서 교역의 규모를 급격하게 증대시켰다. 북이탈리아의 항구도시들인 베네치아, 제노바, 피사 등의 상인들은 서유럽 상인들의 선봉이었다. 이슬람 상인들과 경쟁하면서 지중해무역에 종사한 이들은 아시아에서 후추를 비롯한 향료, 비단 등을 들여와 이를 프랑스, 독일 등지에 팔았다.

　상인들은 보통 자신들의 부를 지키기 위해 성을 쌓는다. '성벽 속의 거주자'라는 뜻의 '부르주아'라는 말이 생긴 배경이다. Brug는 성을 의미했다. 이 시기 본격적으로 부르주아들, 즉 시민들이 등장했다. 하위적인 서양의 경우 시민이라는 말이 자연스럽지만 상위적인 동양의 경우 시민이라는 말보다는 국민이라는 말이 자연스럽다. 시민이라는 말은 하위적인 반면 국민이라는 말은 상위적이다. 도시보다 나라는 더 크고 집단적이며 보편적이다.

　상위를 추구한 에스파냐와는 달리 영국과 프랑스, 그리고 신

북이탈리아의 항구 도시 베네치아.

성로마제국의 영방국가들은 하위로 나아갔다. 말하자면 에스파냐는 교황이나 황제와 가까워지려고 했던 반면 영국, 프랑스, 신성로마제국의 영방국가들은 교황이나 황제로부터 멀어지려고 했다. 북이탈리아와 플랑드르 지방, 그리고 북독일의 도시국가들은 가장 확실하게 하위를 추구했다. 가장 확실하게 교황이나 황제로부터 멀어지려고 했다.

북이탈리아에는 지중해가 있었고 플랑드르 지방과 북독일에는 북해와 발트 해가 있었다. 독일, 프랑스, 영국 등과 같은 큰 세력들 사이에 위치해 있었기 때문에 강력한 정치권력으로부터 자유로울 수 있었다. 더 확실히 정치적 자유를 구축하기 위해 도시들은 도시 동맹을 결성했다. 북이탈리아 도시들의 동맹을 롬바르디아 동맹이라고 했고, 플랑드르 지방과 북독일 도시들의 동맹을 한자 동맹(Hanseatic League)이라고 했다. 한자 Hansa는 군집, 동맹을 의미하는 말이었다. 이들 도시 동맹은 강력한 힘을 발휘했다. 특히 한자 동맹은 자체의 법과 법정을 가지고 있었다. 자기 방위를 위한 용병, 특히 해군을 소유하고 있었다. 하나의 국가였다. 페르시아 전쟁에서 그리스의 도시 동맹이 페르시아 제국을 이기지 않았는가?

하위에 속하는 도시국가들의 정치체제는 당연히 하위에 속하는 공화제였다. 점차 시내의 수공업자들과 시 주변의 농민들도 정치에 참여했다. 그러나 과거의 그리스와 로마처럼 왕이나 다름없는 권력자들이 등장했다. 피렌체의 경우 1358년 대금융가였던 코시모 데 메디치가 쿠데타로 최고 권력자의 자리에 올랐다. 메디치 가문의 대두였다. 형식상 피렌체는 공화국이었으므로 코시모는 국부(Pater Patriae)라는 칭호에 만족해야 했다. 일단은 황제나 교황으로부터 벗어나는 것에 만족할 필요가 있었던 시대였다. 왕권이 강화되던 시대였던 것이다.

이들 도시국가들은 분명 자유로 특징지워질 수 있었다. '도시의 공기는 사람을 자유롭게 한다' 는 속담이 이때 생겨났다. 그러나 당시 시민들이 누린 자유는 상인들이나 수공업자들의 집단적 자유였다. 말하자면 상위적 자유였다. 시민들은 그들이 획득한 자유를 이용해 상당히 자유롭지 못한 조직이었던 길드를 만들었다. 먼저 상인들이 자치권을 얻어낸 다음 상인 길드를 조직하여 시정 운영을 장악했다. 시간이 흐른 뒤에 수공업자들이 직종별로 수공업 길드를 만들었다. 대상인들과 싸우면서 점차 시정에도 참가했다. 상인 길드와 비교했을 때 수공업 길드는 보다 상위적이었다. 수공업자들은 이동을 해야 하는 상인들과 달리 정착을 했다. 수공업자는 농부와 비슷한 면이 있다. 상위적인 동양에서는 때문에 사농공상이라고 하여 상인보다는 장인이, 장인보다는 농부가 인정받지 않았는가?

상위적인 수공업 길드는 일정한 과정을 마친 사람만이 수공업자가 될 수 있도록 함으로써 하위적인 자유를 구속했다. 수공업자인 주인(master)은 도제(apprentice)를 키우고 직인(journeyman)을 고용했다. 도제는 견습공이었으며, 직인은 일정한 도제 기간, 대개 7년을 마친 사람으로서 임금을 받고 생산에 종사하는 직공이었다. 기술을 연마한 직인이 길드가 정한 규격에 맞는 작품(masterpiece)을 만들어 심사에 통과하면 독립된 수공업자로서 길드의 일원이 될 자격을 얻었다. 길드는 주인과 직인, 도제 사이에 엄격한 신분적 관계가 유지되도록 했던 것만이 아니라, 원료·기술·규격을 규제했고, 가격이나 노동시간도 규제했다. 이런 배타적이고 폐쇄적인 성격 때문에 길드는 점차 경제의 자유로운 발전을 저해하는 장애물이 되었다.

오늘날에도 직종별로 협회들이 많이 있다. 과열 경쟁을 억제하면서 공동의 이익을 추구하는 순기능도 있지만, 협회가 정해놓은 규제들 때문에 자유로운 발전이 저해되는 역기능도 있다. 자유로운 경쟁이 보장되어야 발전이 가능한 것 아닌가? 물론 다수의 작은 번영이 소수의 큰 번영보다 더 가치 있을 수 있다. 다수의 작은 번영을 추구하는 사람들은 평등을 바라는 것이고, 소수의 큰 번영을 추구하는 사람들은 자유를 바라는 것이다. 결국 상위와 하위의 문제로 귀결된다.

>>> 대학의 발생

도시가 발달하면서 대학들이 생겨나기 시작했다. 영어 유니버시티 university는 라틴 어 우니베르시타스universitas에서 비롯되었다. 우니 베르시타스는 원래 '전체'라는 뜻으로서, 같은 목적을 위해 협동하는 집단, 즉 길드를 가리키는 말이었다. 학생들과 교사들의 길드였던 것이다. 볼로냐 대학은 법학자 이르네리우스의 명성을 좇아 유럽 각지에서 모여든 학생들이 조직한 길드였으며, 파리 대학은 신학자 아벨라르의 명성에 끌려 모여든 교사들이 만든 길드였다. 볼로냐 대학은 총장이 학생 중에서 선출되어 교사의 초빙, 강의 개설 등의 운영을 맡았던 반면, 파리 대학은 대학운영을 교사들이 맡았다. 볼로냐 대학은 파리 대학보다 더 하위적이었다고 할 수 있을 것이다. 볼로냐와 파리에 이어 영국의 옥스퍼드에도 대학이 설립되었다. 이후 13, 14, 15세기 동안에 유럽 각국에 수많은 대학들이 세워졌다. 도시들이 십자군 전쟁 이후 발달했던 것과 궤를 같이하여 대학들이 발달했다.

대학 신입생은 문법과 논리학을 배웠다. 소정의 과정을 이수하면 문학사(Bachelor of Arts)가 될 수 있었다. 문학사는 교사직의 도제로서 새로운 신입생을 지도할 수 있었으며 5, 6년 동안 이러한 수련을 마친 뒤 완전한 교사 자격을 갖춘 문학 석사(Master of Arts)가 될 수 있었다. 석사는 법학, 의학, 신학 등을 가르치는 박사과정에 들어갈 수 있었다. 수공업 길드의 주인과 직인, 도제의 구분과 비슷한 구분이었다. 오늘날도 별반 다르지 않다. 학사가 된 다음 석사가 될 수 있고, 석사 학위가 있어야 박사과정에 들어갈 수 있다. 자유로운 대학이지만 그 내부에는 자유와는 대립되는 상위적인 구도가 존재한다. 이런 이유로 대학이 지식을 발전시키는 곳이 될 수 있는 반면 지식의 발전을 저해하는 곳이 될 수도 있는 것이다. 에디슨은 대학 교육을 경멸했다. 어쨌든 대학에서 많은 사람들이 머리를 썼다. 점차 인간의 이성에 대한 관심이 증대되었다. 신 중심의 상위적인 중세 문화를 인간 중심의 하위적인 근대 문화로 이어지게 하는 데 대학은 큰 역할을 했다.

　이상에서 제2 해상 유목민이 태동하는 모습을 살펴보았다. 미용 체인이 균열하기 시작했다. 미용실들, 즉 유럽의 여러 나라들은 각자의 길을 가기 시작했고, 미용실 사장들, 즉 왕들은 큰 권력을 갖기 시작했다.

19. 제2 해상 유목민 1기

—서양의 르네상스, 상업혁명, 종교개혁

››› 르네상스

도시국가들은 르네상스를 낳았다. 르네상스란 무엇인가? 르네상스는 프랑스 어로 '재생, 부활'을 뜻한다. 중세가 해체되면서 상위적인 신 중심의 문화를 하위적인 인간 중심의 문화가 대체했다. 서양에 있어서 하위적인 문화 하면 다신교적이며 철학 중심적인 그리스 문화와, 그리스 문화의 영향을 크게 받은 로마 문화 아닌가? 그리스·로마 문화의 부활, 본질적으로 하위적인 문화의 부활이 르네상스다.

르네상스는 일반적으로 예술이나 학문의 부흥을 가리키는 말로 쓰이기도 한다. '카롤링거 르네상스'라는 말은 샤를마뉴 황제 때 예술이나 학문이 크게 부흥한 것을 가리키는 말이다. 이런 의미로 르네상스라는 말이 사용되는 것도 타당하다. 예술이나 학문은 상위에 속하지만 종교적인 것과 비교했을 때 하위에 속한다. 때문에 예술이나 학문이 부흥했다는 것은 결국 하위적인 문화, 그리스·로마 문화가 재생했다는 것을 의미할 수 있다.

북이탈리아 도시국가들을 중심으로 르네상스가 일어났던 것의 직접적인 배경은 비잔틴 제국의 몰락이었다. 제1의 로마는 이탈리아 반도의 로마였고, 제2의 로마는 비잔틴 제국의 콘스탄티노플이었다. 제2의 로마의 명운이 다하자 많은 사람들이 피난을 떠났다. 아마도 많은 사람들이 배를 타고 이동했을 것이고, 그런 사람들은 북이탈리아의 도시국가들로 흘러들어갔을 것이다. 북이탈리아 도시국가들 중 일부는 항구도시이기도

했다. 더욱이 이들 도시국가들은 정치적인 자유를 어느 정도 구현하고 있었다. 여우 피하려다 호랑이 만나기를 원치 않았을 피난민들이 자유로운 도시에 새로운 둥지를 틀기를 바랐을 것임은 어렵지 않게 추리할 수 있다.

피난민들 가운데는 학자들도 많았을 것이다. 비잔틴 제국의 학자들은 귀중한 책들과 노트들을 가지고 피난했다. 학자들의 재산은 책들과 노트들 아닌가? 귀중한 책들은 보통 그리스·로마 고전들이었다. 아리스토텔레스라든지 플라톤이 썼던 고전들이 새롭게 소개되었다. 이런 분위기에 힘입어 1462년에 메디치 가가 피렌체에 플라톤 아카데미를 열었다. 플라톤 아카데미는 그 옛날 플라톤이 아테네에서 열었던 학원이었다. 아테네와 마찬가지로 피렌체도 하위적인 폴리스였던 것이다.

그리스·로마 고전들의 소개는 하위적인 문화의 발달을 촉진시켰다. 그 결과 휴머니즘이 출현했다. 오늘날의 휴머니즘과는 뜻이 약간 다르다. 르네상스 기에 출현한 휴머니즘은 보통 인문주의로 번역된다. '인간 문화 주의'로 쉽게 풀이할 수 있을 것이다. 신神 문화 주의가 아니라 인간 문화 주의이다. 신이 중심이 아니라 인간이 중심이라는 것이다. 그리스 인들은 신에게 의존하려는 생각을 했던 것이 아니라 인간도 열심히 이성을 갈고 닦으면 신처럼 완벽해질 수 있다는 생각을 했다. 이런 그리스 인들의 생각과 비슷한 생각이 르네상스 기에 출현했다.

이렇게 인간을 강조하는 시대였기 때문인지는 모르지만 출중한 인물들이 많이 등장했다. 14세기 벽두에 단테는 《신곡》을 지었다. '신의 희곡' 정도로 풀이될 수 있는 《신곡》은 단테 자신이 안내자의 인도를 받아 지옥, 연옥, 천국을 차례로 여행하면서 참된 종교적 승화를 이룬다는 내용을 담고 있다. 역시 신에 대한 이야기를 하고 있지만 지옥을 안내하는 인물이 베르길리우스라는 것에 주목할 필요가 있다. 베르길리우스는 트로이 전쟁의 영웅 아이네아스의 모험을 그린 서사시 '아이네아스'의 작가였다. 그리스 고전을 매개로 신에 대해서 이야기했던 것이다. 페트라르카와 보카치오는 단테 다음 세대 인물들이다. 페트라르카는 최초의 근대인이라고 불리고, 보카치오는 최초의 근대 소설가라고 불린다. 페트라르카는 그리스·로마의 고문헌을 열심히 수집하고 연구했으며, 보카치오는 인곡이라는 별명을 얻은 《데카메론》을 썼다.

피렌체의 지오토는 르네상스적 화법을 구사한 최초의 미술가였다. 이전의 그림들은 주로 성화였다. 종교적 목적만을 부각시킬 뿐 평면적이었다. 지오토는 성경의 소재를 그렸지만 사실적으로 그렸다. 좀더 하위적인 그림을 그렸던 것이다. 브루넬레스코는 원근법을 발명했다. 원근법은 그림이 더욱 사실적인 것이 되게 했다. 이후 레오나르도 다빈치나 미켈란젤로, 라파엘로 등이 등장한다. 레오나르도 다빈치는 한밤중에 공동묘지에 가서 시체를 가져다가 해부를 하기까지 했다고 한다. 누드화를 잘 그리기 위해서였다. 인간의 몸이 그려진다는 것은 무엇을 의미하는가? 그림의 소재도 상위적인 것에서 하위적인 것으로 바뀌었다는 것을 의미한다.

이상에서 살펴본 인물들은 주로 북이탈리아에 살았던 인물들이다. 이제부터 살펴볼 인물들은 알프스 산맥 이북에 살았던 인물들이다. 플랑드르 지방에서도 르네상스가 일어났다. 플랑드르 지방도 북이탈리아처럼 상업이 발달한 하위적인 곳이었다. 유의할 필요가 있는 것은 플랑드르 지방을 중심으로 한 알프스 산맥 이북의 르네상스는 비교적 상위적이었다는 점이다. 남쪽보다는 북쪽이 더 상위적이다. 플랑드르 지방에는 혁명적인 유화기법을 도입한 반 에이크 형제와 같은 미술가들도 있었지만, 에라스무스와 같은 학자들이 있었다. 미술가보다는 학자가 더 상위적이지 않은가? 에라스무스의 《우신예찬》은 철학자, 신학자, 성직자 등의 위선을 풍자한 작품이었다. 그는 성경에 바탕을 둔 소박한 신앙으로 돌아갈 것을 주장했다. 에라스무스는 그리스도 교 인문주의자들의 대표격이었다. 상위적인 하위를 추구했던 것이다.

알프스 산맥 이북의 르네상스와 함께 학문의 한 영역인 과학의 발달을

흰 대리석으로 만들어진 피사의 사탑
―갈릴레이가 저 탑에 올라갔었다.

이야기할 필요가 있다. 과학은 신학이나 철학보다 하위적이다. 때문에 에라스무스는 철학자들과 신학자들을 풍자했었다. 하위적인 것이 강조되던 르네상스 기였기 때문에 과학이 발달했다. 그리스에서 과학이 발달했던 것이나, 제1 해상 유목민인 이슬람 세력이 천문학이나 수학, 과학 등을 발달시켰던 것은, 그리스 인들이나 이슬람 세력이 모두 하위적이었기 때문이다. 그리스와 로마의 고전들이 아랍 어로 많이 번역되지 않았는가?

영국의 프랜시스 베이컨은 귀납법을 강조했으며, 폴란드의 코페르니쿠스는 지동설을 주장했다. 사실 코페르니쿠스는 지동설을 재 발견한 것이었다. 고대 그리스의 아리스타르코스가 지동설을 주장했었다. 젊은 시절 북이탈리아에서 유학생활을 했던 코페르니쿠스는 아리스타르코스의 학설을 설명하는 저작을 보았었다. 과학도 재생되었던 것이다. 덴마크의 티코 브라헤, 독일의 케플러, 이탈리아의 갈릴레이 등이 계속해서 등장했다.

흔히 '코페르니쿠스적 전환'이라는 말을 한다. 무엇인가가 180도로 바뀔 때 사용하는 말이다. 천동설은 상위적이며 지동설은 하위적이다. 정지는 상위에 속하며 운동은 하위에 속한다고 했다. 정지해 있는 것처럼 보이는 지구가 사실은 운동하고 있다고 한 것은 상위적인 것들의 우위를 부정하고 하위적인 것들의 우위를 긍정한 것이다. 상위에 속하는 신, 절대, 정지 등은 없고 하위에 속하는 인간, 상대, 운동 등은 있다는 말이다. 사랑은 영원히 움직이지 않아야 한다는 생각은 상위적인 생각이다. 그러나 코페르니쿠스적 전환이 일어났다. 사랑도 움직이는 것이 된 것이다!

알프스 산맥 이북의 르네상스가 북이탈리아의 르네상스에 비해 상위적이라고 할 수 있지만 어떤 면에서 결국 둘 다 상위적이다. 예술이나 학문의 본질은 이상을 추구하는 것 아닌가? 북이탈리아와 플랑드르 지방, 그리고 북독일의 상업의 발달은 하위를 풍성하게 했고 이어 상위가 추구되게 했다. 그러나 유럽 전체를 놓고 보았을 때 하위가 완전하게 풍성해진 것은 아니었다. 유럽 전체의 하위가 풍성해지는 일이 르네상스보다 약간 늦게 발생한다. 서쪽의 이베리아 반도에서부터 하위가 풍성해지기 시작했다. 서쪽은 하위 아닌가? 신항로 개척과 지리상의 발견은 유럽 전체의 하위를 풍성하게 했고, 유럽 전체가 상위를 추구할 수 있게 했다. 종교전쟁을 통한 종교개혁의 완성으로 나아갈 수 있게 한 것이다.

››› 상업혁명

미용실 비유를 다시 생각해보자. 북이탈리아와 플랑드르 지방, 그리고 북독일의 도시국가들은 목이 좋은 곳에 자리를 잡은 미용실들이었다. 때문에 장사가 잘되었다. 장사가 잘되자 르네상스가 일어났다. 한편 제일 목이 좋지 않은 곳에 자리잡은 미용실들이 있었다. 유라시아 대륙의 서쪽 끝에 있는 이베리아 반도에서 이슬람 세력을 축출하고 들어선 기독교 국가들이 그런 미용실들이었다. 경쟁 업체의 구역에 '마리아'라는 간판을 단 미용실들을 열었다는 기쁨은 잠깐이었다. 장사가 신통치 않았던 것이다. 목이 좋지 않은 곳에 자리잡은 후발 미용실들이 목이 좋은 곳에 자리잡은 선발 미용실들을 따라잡기는 어려웠다. 비상한 방법을 강구할 필요가 있었다.

비상한 방법을 최초로 생각한 사람은 포르투갈의 엔리케 왕자였다. 그는 지금의 모로코인 북아프리카의 세우타를 정복했을 때 흥미로운 이야기 하나를 듣게 된다. 아프리카 내륙 어느 곳에 프레스터 존이라는 사람이 세운 기독교 왕국이 있다는 이야기였다. 에티오피아가 그 기독교 왕국이었다고 주장하는 사람들이 있다. 에티오피아는 지금도 아프리카에서 보기 드문 기독교 국가다. 어쨌든 엔리케는 어딘가에 있을 기독교 왕국과 손을 잡고서 이슬람 세력을 양쪽에서 공격하면 되겠다는 생각을 했다. 이어 아프리카 내륙의 기독교 왕국을 찾으려면 배를 이용해야 한다는 생각을 했다. 육로는 이슬람 세력에 의해 봉쇄되어 있었기 때문이다. 그는 이탈리아에서 조선공, 항해 장비 기술자, 천문학자 등을 불러모았다. 대서양을 항해하려면 노 젓는 사람들이 필요 없는 범선이 필요했고, 범선을 움직이기 위해서는 최첨단의 지식이 동원되어야 했기 때문이다. 배에 노 젓는 사람들이 많아지면 식량 문제 때문에 기항하는 일 없이 수개월간 계속 항해를 할 수 없게 된다.

포르투갈 왕 주앙 2세는 '항해왕'이라고 불렸던 작은 할아버지 엔리케의 유지를 받들어 대서양 탐험대를 계속 지원했다. 마침내 1488년 큰 성과가 거두어졌다. 그 전 해에 리스본을 출발한 바르톨로뮤 디아스가 아프리카의 최남단까지 갔다가 다시 포르투갈로 귀국했던 것이다. 디아스는 폭풍이 심한 아프리카 최남단에 '폭풍의 곳'이라는 이름을 붙였다. 하지만 주앙 2세는 그곳을 희망봉이라고 고쳐 부르게 했다.

희망봉이 발견되기 전인 1482년 콜럼버스가 주앙 2세에게 대서양 탐험의 지원을 부탁했으나, 당시 아프리카를 돌아가는 항로에만 관심이 있었던 주앙은 그의 제안을 받아들이지 않았다. 그래서 콜럼버스는 에스파냐의 이사벨 여왕에게 지원을 부탁했다. 1469년에 카스티야의 이사벨과 아라곤의 페르난도는 결혼을 한다. 그로부터 5년 뒤 이사벨은 카스티야의 여왕이 되었고, 또 5년 뒤 페르난도는 아라곤의 왕이 되었다. 1479년 자연스럽게 카스티야와 아라곤이 합병되면서 에스파냐 왕국이 탄생했다. 1492년 에스파냐는 그라나다를 정복했다. 레콘키스타가 완성된 그 해에 콜럼버스는 에스파냐의 지원을 받아 대서양으로 나갈 수 있었다.

콜럼버스는 엔리케와는 달리 아프리카에 큰 관심이 없었다. 동양에 관심이 많았다. 중세 말까지 동양은 유럽 인에게 미지와 신비의 세계였다. 13세기에 제2 육상 유목민인 몽골 족이 유럽의 일부도 포함한 몽골제국을 세우자 동서간의 교류가 갑자기 활발해졌다. 베네치아의 마르코 폴로는 오

베네치아에 있는 마르코폴로의 집―곤돌라에서…

랫동안 몽골의 수도에 머물다가 돌아와 《동방견문록》을 출판했었고, 콜럼버스는 그 《동방견문록》을 가지고 있었다. 이슬람 세력을 괴멸시킨 몽골에 대한 호기심이 전 유럽에 퍼져 있었던 것이다.

서양인에게 보다 현실적인 동양은 인도였다. 알렉산더 대왕 때부터 인도는 서양에 알려져 있었다. 그리고 인도에서 실제로 향료가 수입되고 있었다. 몰약, 육계, 코코아, 사프란, 바닐라, 후추 등이 향료다. 이것들 가운데 후추가 가장 귀하게 여겨졌다. 후추는 고기의 맛을 좋게 해줄 뿐만 아니라 고기를 오래 보관할 수 있게 해주었다. 북이탈리아 상인들에게 가장 큰 이익을 가져다주는 것도 후추였다. 그러나 가장 큰 이익은 이슬람 상인들이 얻고 있었다. 북이탈리아 상인들도 알렉산드리아나 시리아의 항구에서 이슬람 상인들에게 향료를 전달받기만 했다. 주앙 2세나 콜럼버스는 현실적인 동양인 인도를 궁극적인 목표를 삼았을지 모른다.

이슬람 세력을 우회해야 아프리카 내륙의 기독교 왕국이든, 몽골 제국이든, 인도든 간에 갈 수 있었다. 제2 해상 유목민에게는 역시 제1 해상 유목민이 최대의 걸림돌이었다. 때문에 콜럼버스는 대서양으로 대담하게 나아갔다. 더욱이 남쪽이 아니라 서쪽으로 항해했다. 당시만 해도 지구가 둥글다는 인식이 널리 받아들여지지 못하고 있었다. 선원들은 선장이 계속 서쪽으로 항해하자 바다가 끝나는 낭떠러지로 떨어질 것이라며

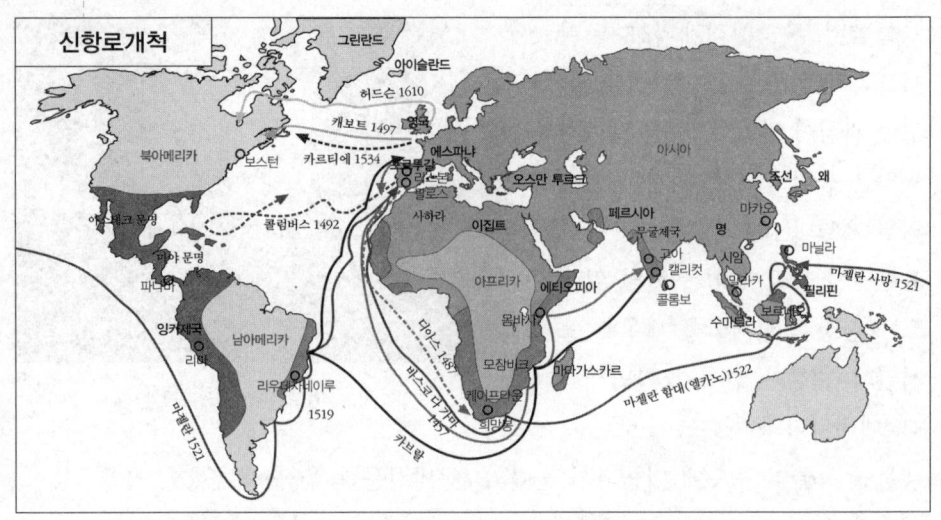

두려워했다. 콜럼버스는 왜 서쪽으로 항해했는가? 첫째, 지구가 둥글기 때문에 반대 방향으로 나아가도 동양에 도달하게 된다는 생각을 했기 때문이다. 둘째, 지구가 그리 크지 않다고 잘못 생각했기 때문이다. 일찍이 에라토스테네스는 지구의 둘레를 정확하게 계산했지만, 토스카넬리를 비롯한 이 시대의 유럽 학자들은 지구의 둘레를 정확하게 계산하지 못했다. 셋째, 후일 아메리카로 불리게 되는 대륙이 남북으로 길게 놓여 있다는 것을 알지 못했기 때문이다. 결국 콜럼버스의 산타마리아 호는 북아메리카의 바하마 제도에 도착했다. 콜럼버스는 그곳이 인도라고 죽을 때까지 생각했다.

선발 주자인 포르투갈과 후발 주자인 에스파냐가 대서양 탐험에서 팽팽하게 경쟁하게 되자 교황이 중재자로 나섰다. 교황 알렉산데르 6세가 1493년 아프리카의 서쪽 끝인 베르데 곳에서 서쪽으로 600킬로미터 지점에 남북 방향으로 상상의 경계선을 그었다. 이른바 교황 자오선이었다. 교황 자오선 서쪽이 에스파냐 몫이었고 동쪽이 포르투갈 몫이었다. 포르투갈은 이듬해 교황 자오선이 다시 서쪽으로 1,600킬로미터 옮겨지게 했다. 토르데시야스 조약을 통해서였다. 당시는 남미 대륙이 발견되기 전이었다. 포르투갈은 미지의 남쪽 세계를 염두에 두고 있었다. 그런 노력이 결실을 거둔 해는 기원 1500년이었다. 그해 포르투갈 선원 카브랄은 희망봉으로 가던 항로에서 잘못 이탈했다가 브라질 해안에 닿았다. 그는 국왕인 마누엘 1세에게 보고했고, 왕은 이탈리아의 항해 전문가인 아메리고 베스푸치에게 확인해줄 것을 요청했다. 1503년 베스푸치는 마누엘에게 드디어 토르데시야스 조약의 성과물이 생겼음을 알렸다. 이때 아메리고 베스푸치의 이름에서 딴 아메리카가 신대륙의 이름이 된다.

이런 좋은 일이 있기 몇 년 전에도 포르투갈에는 좋은 일이 있었다. 바스코 다 가마가 1498년 마침내 인도 서해안의 켈리컷에 도착했던 것이다. 바스코 다 가마는 이슬람 상인들의 방해 공작에도 불구하고 유럽 인으로서는 최초로 향료 원산지에서 향료를 직접 구입하는 데 성공했다. 엔리케가 탐험을 계획한 지 80여 년 만의 일이었다. 포르투갈은 인도 항로에 더해 브라질을 얻었던 것이다. 오늘날 브라질은 남아메리카에서 유일하게 포르투갈 어를 사용하는 국가다.

한편 1519년부터 마젤란은 다섯 척의 배로 세계 일주 항해에 나섰다. 본래 포르투갈 인이었지만 에스파냐의 지원을 받았다. 신대륙이 동양이 아니라는 사실이 밝혀지자 에스파냐는 아메리카 대륙의 북쪽이나 남쪽을 돌아 인도에 이르는 항로에 관심을 가졌다. 마젤란은 1520년에 남아메리카 남단에 도달했다. 마젤란 해협이라고 명명한 위험한 해협을 간신히 지나 잔잔한 대양에 이른 마젤란은 그 대양에 태평양이라는 이름을 붙였다. 마젤란은 필리핀에서 토인들에게 살해당했지만 선원 18명은 끝내 1522년에 한 척의 배와 함께 귀항했다. 에스파냐의 세계 일주 항해는 말라카 제도를 둘러싼 분쟁을 야기시켰다. 결국 1529년 사라고사 조약을 통해 말라카 제도 동방 17도를 경계로 한 또 하나의 경계선이 그어지게 되었다.

포르투갈은 유목 활동을 하면서 에스파냐에 비해 하위적인 방법을 구사했다. 즉, 장사를 주로 했다. 그러나 에스파냐는 상위적인 방법을 구사

피사로의 석관—페루, 리마.

했다. 약탈을 주로 했다. 강한 힘과 권력으로 사람들을 노예로 만들었다. 마젤란이 세계 일주를 시작한 1519년에 당시 열여덟 살이었던 에스파냐의 코르테스는 11척의 함대, 14문의 대포, 660명의 병력으로 신세계를 공격했다. 결국 아스텍의 수도였던 테노치티틀란은 파괴되었다.

북아메리카의 넓은 평원지대에는 이렇다 할 문명이 없었지만, 멕시코 고원 지대와 안데스 고원 지대에는 아스텍 문명과 잉카 문명이 있었다. 넓은 지역보다 좁은 지역이 상위적이다. 넓은 메소포타미아 지역보다 좁은 이집트에 통일 왕조가 1,000년 정도 일찍 들어서지 않았는가? 문명 역시 상위에 속하는 것이기 때문에 좁은 지역에서 잘 발달한다.

잉카 제국이 전설상의 황금의 땅인 엘도라도라고 확신한 피사로는 1531년 180명의 병력을 인솔하여 잉카 제국으로 향했다. 마침 잉카의 지배층은 쿠스코 파와 에콰도르 파로 양분되어 있었다. 피사로는 에콰도르 파의 실력자인 아타우알 파를 도와서 내전에서 승리하게 했다. 이듬해 황제가 된 아타우알 파에게 피사로는 개종을 요구했다. 개종을 거부하자 황제를 살해했다.

원주민들은 에스파냐 인들을 카바호라고 부르며 두려워했다. 말이 필요 없는 고산 지대에 살던 원주민들은 말을 키우지 않았다. 때문에 원주민들은 말을 본 적이 없었다. 그래서 말을 타고 다니는 에스파냐의 병사들을 상반신은 사람이고 하반신은 말인 괴물이라고 여기면서 카바호라고 불렀다. 카바호는 말馬이라는 뜻의 스페인 어 카바요caballo에서 비롯된 말 것이다. 이런 두려움은 원주민들로 하여금 전의를 잃게 만들었다. 그

마야 문명의 최후 거점 마추피추-페루.

러나 아스텍과 잉카가 무너진 주된 이유는 전염병 때문이었다. 천연두라든지 파상풍에 구대륙 사람들은 적응이 되어 있었다. 그전부터 많이 죽어왔다. 신대륙 사람들은 그런 전염병에 적응되어 있지 못했던 것이다.

　신대륙을 정복한 에스파냐는 식민지 경영을 하기 시작했다. 본국에서 많은 사람들이 이주하였다. 주로 남자들이었던 이들은 원주민 여성들을 함부로 대했다. 그 결과 메스티조라는 새로운 혼혈인종이 발생했다. 메스티조가 오늘날 남미의 최대 인구층을 형성하고 있다. 식민지 경영의 열매는 막대했다. 신대륙의 땅 속에는 금과 은이 많았다. 에스파냐로 흘러드는 금과 은은 유럽 경제 전체를 흔들 정도였다. 신대륙에서 흘러든 것은 금과 은만이 아니었다. 옥수수, 감자, 강낭콩, 호박, 면화, 토마토 등은 신대륙에만 있던 작물들이었다. 담배 또한 신대륙에만 있던 작물이었다.

동양을 상대했던 포르투갈은 에스파냐처럼 상위적인 방식을 취할 수 없었다. 동양은 모든 면에서 서양보다 상위적이었다. 인구도 많았으며 문명도 발달해 있었고 강력한 왕조들도 형성되어 있었다. 더욱이 포르투갈은 제1 해상 유목민인 이슬람 세력과 경쟁해야 했다. 어쨌든 포르투갈은 후추를 직수입하여 이슬람 상인들이 판매하던 가격의 절반 가격으로 유럽에 팔았으며, 후추만이 아니라 차도 수입하여 유럽 인들로 하여금 차 맛에도 빠지도록 했다. 아프리카에서 흑인 노예들을 잡아다가 팔기도 했다. 중국에까지 진출한 포르투갈은 1557년 마카오를 조차했다. 마카오는 1999년 12월 20일에 반환되었다. 포르투갈은 중국을 거쳐 일본에까지 갔다. 포르투갈이 일본에 조총을 전해주었다.

새로운 항로와 신대륙의 발견으로 세계무역의 중심은 대서양으로 이동했고, 유럽 경제의 중심도 이탈리아 도시들로부터 대서양 연안의 국가들로 옮겨졌다. 해외시장은 값싼 원료의 공급지이자 상품의 판매처였다. 자본주의가 발전하기 시작하여 주식회사와 같은 근대적인 기업형태와 새로운 금융제도가 출현했다. 16세기 전반에 유럽의 상업은 여러 가지 면에서 혁명적인 발전을 이룩했다. 교역상품은 다양해졌고, 교역량은 급증했으며, 시장은 확대되었고 이윤과 자본축적은 증대되었다. 이것을 상업혁명이라고 한다. 이 상업혁명을 통해 근대 400여 년의 세계사가 제2 해상 유목민, 즉 유럽 세력에 의해 움직이게 된 것이다.

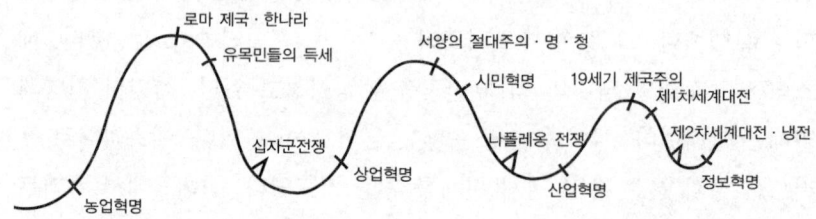

역사파동표의 두 번째 상승을 가능하게 한 것이 바로 상업혁명이다. 상업혁명으로 인해 북이탈리아의 상업적 영향력은 급속히 쇠퇴했지만

플랑드르 지방의 상업적 영향력은 오히려 확대되었다. 플랑드르 지방은 대서양과 연결된 북해에 면해 있었던 것이다. 시간이 흐르면서 플랑드르 지방을 포함한 네덜란드가 포르투갈을 대신하여 동양에서의 무역을 확대하게 되었고, 플랑드르 지방 가까이에 위치한 영국과 프랑스는 에스파냐를 대신하여 신대륙과의 무역을 확대하게 되었다. 저지低地라는 뜻의 '네덜란드'는 원래 오늘날의 네덜란드, 벨기에, 룩셈부르크, 그리고 북프랑스 일부를 아우르는 지역명이었다. 네덜란드 안에 플랑드르 지방을 비롯하여 홀랜드 지방, 프리슬란트 지방 등이 있었다.

　이제 다시 미용실 비유를 생각해보자. 목이 좋지 않은 곳에 새로 문을 연 미용실들이 장사가 되지 않자 신도시에 분점들을 냈다. 후발 미용실들이 강구해낸 비상한 방법은 신도시에 분점들을 내는 것이었다. 그런데 그곳에서 대박이 터졌다. 구도시의 상권보다 신도시의 상권이 더 커지는 경우가 있지 않은가? 포르투갈과 에스파냐는 아메리카와 동양이라고 하는 신도시에서 대박을 터트렸다. 구도시의 목이 좋은 곳에서 장사를 잘했던 미용실들, 즉 북이탈리아의 도시국가들은 쇠퇴했다. 그러나 신도시와 지리적으로 가까운 곳에 자리잡고 있던 구도시의 미용실, 즉 플랑드르 지방은 살아남았다. 더 나아가 크게 성장했다. 네덜란드가 크게 성장했고, 뒤이어 영국과 프랑스가 크게 성장했다.

　네덜란드와 영국, 프랑스는 후발 주자들로서 선발 주자들을 따라잡기 위해 중상주의 경제정책을 펼쳤다. 수출을 많이 하고 보호관세를 높여서 국부를 늘리는 방식을 취했다. 완전히 상위적인 방식도 아니었고 완전히 하위적인 방식도 아니었다. 상인들이 자유롭게 장사를 하는 것이 아니라 국가가 주도하여 국부를 늘렸던 것이다. 국가가 경제의 주체였다. 상위의 정치와 하위의 경제가 밀접히 관련을 맺을 때 어느 시대고 중상주의가 나타난다. 히틀러나 박정희의 경제정책도 중상주의적 경제정책이었다고 말할 수 있다. 네덜란드와 영국, 프랑스가 포르투갈과 에스파냐보다 좀더 세련된 영업전략을 구사했던 것이다.

>>> 종교개혁

포르투갈과 에스파냐, 그리고 네덜란드와 영국, 프랑스가 유럽 전체의 하위를 풍부하게 하자 유럽 전체에서 브랜드를 바꾸려는 움직임이 나타나기 시작했다. 르네상스 시기에도 이런 종류의 움직임이 있기는 했지만 소극적이었다. 적극적으로 로마 가톨릭이라는 브랜드를 바꾸려는 움직임, 즉 종교를 개혁하려는 움직임이 나타났다.

사실 로마 가톨릭이라는 브랜드에 대한 공격은 일찍부터 있어왔다. 에라스무스는 간접적으로 공격했지만 위클리프는 직접적으로 공격했다. 옥스퍼드 대학의 교수였던 위클리프는 영적 권력을 가지고 있다고 하면서도 세속적 재산에까지 탐욕을 부리는 교회의 이중성에 대해 맹렬히 비난했다. 그는 교회가 아니라 성경 안에 신앙의 진리가 있다고 믿었고 그 믿음을 민중에게 설파했다. 심지어 교황을 '그리스도의 적'으로 규정했다.

보헤미아 출신의 앤은 1382년에 영국 왕 리처드 2세와 결혼했다. 앤은 위클리프의 영어판 복음서들을 연구했다. 앤은 보헤미아의 프라하 대학의 일부 학생들이 옥스퍼드 대학에서 공부할 수 있게 했다. 옥스퍼드 유학생들은 위클리프의 사상을 가지고 프라하로 돌아갔다. 프라하 대학 출신인 얀 후스는 위클리프의 사상을 받아들였다. 1412년 후스는 교황 요하네스 23세가 나폴리 토벌 기금을 마련하기 위해 면죄부를 팔자 민중을 동원하여 격렬하게 반대했다. 격분한 교황은 그를 파문했고, 그를 낳은 프라하 시까지도 파문했다. 결국 후스는 화형당했다. 후스에게 영향을 끼친 위클리프는 화형당하는 것을 면했다. 이미 죽었기 때문이었다. 교황은 위클리프의 유골을 파내어 불태우도록 했다. 위클리프와 후스는 새로운 브랜드를 너무 일찍 만들려고 했던 사람들이다. 적당한 시점에서 새로운 브랜드를 만드는 데 성공한 사람은 마르틴 루터였다.

메디치 가家 출신의 교황 레오 10세는 성장 배경 탓에 사치스러웠다. 그는 성 베드로 성당을 새로 증축해야 되겠다는 생각을 했다. 메디치 가 출신답게 장사를 통해 재원을 마련하기로 한 그는 영업력이 뛰어난 푸거 가와 손을 잡았다. 삼분의 일 정도의 이익을 챙겼던 푸거 가는 면죄부를 마구 팔았다. 면죄부 자체보다도 면죄부를 팔았던 방식이 눈살을 찌푸리게 했다.

이에 루터는 95개의 조목으로 이루어진 반박문을 내걸었다. 후스 때와 달리 상용화된 활판인쇄술이 있었다. 독일의 인쇄업자 요한 구텐베르크가 활판인쇄술을 발명했었다. 필사자가 일일이 베낀 성경 하나의 값은 송아지 80마리 값이었다. 그러나 활판인쇄기로 찍어낸 성경은 필사된 성경과는 비교할 수 없을 만큼 쌌다. 구텐베르크는 신약성경을 가장 먼저 인쇄했었다. 성경이 대량으로 인쇄되어 성경으로 돌아가라는 위클리프와 후스의 사상이 널리 퍼지고 있었던 때에 루터가 반박문을 내걸자 반박문은 누군가에 의해 인쇄되어 순식간에 독일 전역에 퍼졌다. 교황이 루터에게 반박문의 철회를 요구했지만 루터가 철회하지 않자 교황의 세속적 대리인인 황제 카를 5세는 루터에게 추방령을 내렸다.

이때 선제후 작센공 프리드리히 3세가 루터를 구해준다. 프리드리히 3세는 비텐베르크 대학의 설립자이자 루터를 교수로 발탁한 장본인이었다. 카를 5세도 어찌할 수 없는 영방국가의 제후, 프리드리히의 보호를 받으면서 루터는 신약성경을 독일어로 번역했다.

1524년 독일 남부 슈바르츠발트의 슈튈링겐 백작령에서 농민 전쟁이 일어난다. 순식간에 독일 전체에 농민 전쟁의 불길이 번졌다. 농민들은 루터에게 자신들을 지지해줄 것을 요청했다. 독일을 교황의 손에서 해방시키고 교회의 재산을 몰수하라고 군주들에게 호소했던 루터였지만 농민 전쟁에 대해서는 가혹하게 진압할 것을 권고했다. 루터는 교황에 대해서 하위적이었을 뿐 농민들에 대해서는 상위적이었던 것이다. 때문에 루터의 성향과 종교개혁의 방향은 상당수 독일 '영방국가'들의 구미에 맞았다.

1546년 루터 파 영방국가들과 반루터 파 영방국가들이 전쟁을 벌이기 시작했다. 반루터 파 영방국가들은 황제인 카를 5세와 행동을 같이했다. 상위의 황제와 교황은 연합전선을 폈다. 공동의 적은 황제와 교황을 같은 편이 되게 했다. 지루하게 끌던 분쟁은 1555년 아우크스부르크 화의를 통해서 절충적으로 마무리되었다. 종교의 선택권이 영방군주에게 있다는 것이 화의의 내용이었다. 영방군주의 지배를 받는 사람들은 영방군주가 선택한 종교를 무조건 따라야 했다. 종교의 자유가 군주에게만 허용된 것이었다. 합스부르크 가의 지배 하에 있던 남부 독일의 영방국가들을 제외한 북부 독일의 영방국가들은 대부분 루터 파로 개종했다. 역시 북쪽이 하위에 속한다. 루터의 종교개혁은 상업혁명보다는 알프스 산맥 이북의 르네상스에 기인하는 다분히 독일적인 종교개혁이었으며 부분적인 종교개혁이었다.

부분적인 종교개혁은 영국에서도 일어났다. 장미 전쟁을 종식시키고 왕이 된 헨리 7세의 차남 헨리 8세는 알프스 산맥 이북의 르네상스를 대표하는 에라스무스나 《유토피아》를 쓴 영국의 토머스 모어와 교류를 가졌던 군주였다. 형이 빨리 죽어 차남으로 왕위에 오른 만큼 관례에 따라 형수인 캐서린을 왕비로 맞아들여야 했지만, 나이도 여섯 살 위였고 미모도 별로였으며 더욱이 아들도 낳지 못하는 캐서린을 사랑하지는 못했다. 헨리 8세가 궁녀였던 앤 불린과 결혼하겠다고 선언했을 때 18년간의 결혼생활은 깨졌다. 1532년 우선 앤부터 왕비로 맞아들인 다음 그 이듬해에 캐서린과 이혼했다. 가톨릭 법 때문에 일부일처제의 룰을 깰 수는 없었다. 헨리 8세는 이혼에 대한 승인을 교황에게 구했다. 루터 파에 반대했던 헨리 8세였기 때문에 이혼을 승인해주고도 싶었으나, 가톨릭 교리도 문제였고 무엇보다 예상되는 에스파냐 왕실의 반발이 문제였다. 캐서린의 부모는 에스파냐의 페르난도와 이사벨이었다. 게다가 캐서린의 조카인 카를 5세는 신성로마제국의 황제였다. 카를 5세는 교황의 협력자였다.

교황의 반대에 부딪히자 헨리 8세는 1534년에 수장령(Act of

Supremacy)을 발표했다. 자신이 직접 영국 교회의 수장이 되겠다는 발표였다. 오늘날까지 이어지는 영국 국교회는 이렇게 시작되었다. 헨리는 교황청으로 가는 돈의 흐름을 차단했으며, 수도원들이 보유한 막대한 토지도 몰수하였다. 브랜드를 바꿨으니 로열티를 주지 않아야 하는 것은 당연하다. 독일의 루터 파 영방국가들도 아우구스부르크 화의 이후 공식적으로 교황청으로 가는 돈의 흐름을 차단했었다. 헨리 8세의 종교개혁도 영국적인 종교개혁이었으며 부분적인 종교개혁이었다.

루터 파 교회나 영국 국교회는 하위적이었다. 로마 가톨릭의 보편성과 교황의 절대성을 부정하지 않았는가? 루터는 수녀와 결혼하였다. 로마 가톨릭의 사제나 신부, 수녀는 결혼을 하지 않지만 개신교의 목사는 결혼을 한다. 결혼을 한다는 것은 인간적인 것 아닌가? 인간적인 것은 신적인 것보다 하위적이다. 루터를 비롯한 종교개혁가들은 공통적으로 초기 기독교의 소박함으로 돌아가자는 주장을 했었다. 초기 기독교는 하위적이었다. 교리가 단순했기에 많이 배우지 못한 민중들도 기독교인이 될 수 있었다. 이슬람 교의 교리가 단순했기에 많은 민중들이 이슬람 교로 개종했던 것과 비슷했다.

서서히 부분적이지 않은 종교개혁, 전 유럽에 걸친 종교개혁이 일어난다. 스위스의 츠빙글리는 도시를 중심으로 한 공개 토론회 운동을 전개했다. 그는 자치도시의 시민들이 개혁의 주체가 되어야 한다고 주장하였다. 츠빙글리는 취리히에서 큰 성공을 거두었다. 츠빙글리를 뒤이어 스위스 제네바에서 활약한 종교개혁가는 칼뱅이었다. 칼뱅은 도시 당국의 지지를 받은 츠빙글리보다 한 걸음 더 나아갔다. 전적으로 시민들의 지지에 의지했던 그는 급기야 1541년 제네바의 정치와 종교를 장악했다. 이후 20여 년 간 엄격한 신정정치를 실시하였다. 1291년부터 독립운동을 시작한 하위적인 스위스였기 때문에 하위적인 시민계층이 두텁게 형성되어 있었다.

칼뱅은 예정설로 유명하다. 전지전능한 신에 의해 미래가 예정되어 있다는 예정설은 현세를 긍정적으로 보게 했다. 현세가 신에 의해 디자인된 것이라면 현세를 부정적으로 보는 것은 옳지 않을 것이다. 내세를 바라면서 현세를 부정하는 것이 종교, 특히 기독교의 일반적인 모습이었다. 코페르니쿠스적인 전환이 일어난 것이었다. 내세는 상위에 속하며 현세는 하위에 속한다고 했다. 예정설은 현세를 긍정케 한다는 면에서 하위적이었다.

때문에 하위적인 부르주아지의 구미에 맞았다. 현세의 부자가 악한 존재가 아니라 선한 존재인 이유는 신에게 은총을 받아 부자가 되었기 때문이라는 논리를 펼 수 있었던 것이다. '큰 부자는 하늘이 낸다' 는 말이 있다. 예정설은 간접적으로 그런 이야기를 하고 있었다. 이렇게 예정설은 하위의 상업과 부르주아지에 도덕성을 부여했다. 제1 해상 유목민인 이슬람 세력의 유목 활동, 즉 상업 활동에 다분히 하위적인 이슬람 교가 도덕성을 부여했었다. 마호메트가 상인 출신 아니었는가? 제2 해상 유목민인 유럽 세력의 유목 활동, 즉 상업 활동에 칼비니즘이 도덕성을 부여했던 것이다.

'프로테스탄티즘의 교황' 이라고 불렸던 칼뱅에 의한 종교개혁은 전유럽에 걸친 종교개혁이었다. 그리고 상업혁명에 기인하는 종교개혁이었다. 상업혁명에 의해 두터워진 시민계층의 지지를 받은 종교개혁이었기 때문이다. 프랑스의 위그노, 스코틀랜드의 장로파, 잉글랜드의 청교도, 네덜란드의 고이센 등이 모두 칼비니즘 계통의 신교도였다. 루터파 교회나 영국 국교회는 하위적이었다. 칼비니즘은 루터 파 교회나 영국 국교회보다 더 하위적이었다.

20. 제2 해상 유목민 1기

－초기 절대주의

>>> 절대주의와 시민혁명

상위에 속하는 것들 중의 하나가 '절대'이다. 바야흐로 절대주의 시대가 열려진다. 왕권이 절대적이라고 할 정도로 강력했던 시대였다. 왕권은 신으로부터 부여받은 것이라는 왕권신수설이 절대왕정 체제의 이론적 기반이었다. 신을 운운한 것을 보면 왕권신수설이 종교개혁의 연장선에 있었다는 것을 알 수 있다. 엘리자베스 여왕을 계승한 제임스 1세가 〈자유 왕국의 진정한 법(The True Law of Free Monarchy)〉이라는 제목의 논문에서 왕권신수설을 최초로 주장했다. 제임스 1세는 영국 국교회를 강화시킨 왕이었다.

제임스 1세는 영국 국교회를 강화시킨 반면 청교도를 박해했다. 청교도는 영국의 칼뱅 파 신교도였다. 어째서 제임스 1세는 영국 국교회와 마찬가지로 하위에 속하는 청교도를 박해했는가? 왕의 입장에서 봤을 때 칼비니즘이 너무 하위적이었기 때문이다. 주로 시민계층에게 받아들여진 칼비니즘은 절대주의 초기에 왕권을 강화시켰지만, 절대주의 후기에는 왕권을 약화시켰다. 초기에는 왕과 시민 사이에 공동의 적인 귀족이 있었지만, 귀족이 양면 공격에 시달려 약화된 후기에는 왕과 시민이 직접 대면하게 되었다. 계급 구분상 평민에 속하는 시민이 점점 더 큰 부를 축적함에 따라 귀족적인 평민이 되어갔다. 칼비니즘으로 무장한 귀족적인 평민들인 부르주아지는 왕권을 약화시켰고 급기야 절대주의를 무너뜨렸다. 이런 이유로 칼비니즘은 시민혁명과 밀접하게 관련된다.

에스파냐의 절대왕정 체제는 네덜란드가 독립했을 때 무너지기 시작했다. 네덜란드의 독립을 주도했던 세력이 네덜란드의 칼뱅 파 신교도인 고이센이었다. 영국의 절대왕정 체제는 청교도혁명이 발생했을 때 회복하기 힘든 타격을 입는다. 청교도혁명은 말 그대로 청교도들이 주도했던 혁명이었다. 청교도혁명의 연장선에 미국 독립혁명이 있다. 미국에 정착한 최초의 영국인들이 청교도들 아니었는가? 이들을 선조로 둔 미국인들이었기에 청교도적이었다. 미국의 청교도적인 전통은 오늘날까지도 어느 정도 이어지고 있다. 개신교도의 향배가 대통령 선거의 중요한 변수로 작용하는 나라가 미국이다. 청교도적인 미국인들이 주도했던 혁명이 미국 독립혁명이었다.

프랑스 대혁명은 프랑스의 절대왕정 체제를 완전히 무너뜨렸다. 프랑스 대혁명의 많은 원인들 중 하나는 낭트 칙령의 폐지와 국왕을 비롯한 지배층의 로마 가톨릭으로의 경도이다. 프랑스의 칼뱅 파 신교도인 위그노는 위그노 전쟁을 벌인 끝에 종교의 자유를 보장받았었다. 위그노의 종교적 자유를 보장한다는 칙령이 낭트 칙령이었다. 그 낭트 칙령이 폐지되었으니 역사의 흐름이 거슬러진 것이었다. 역사의 흐름이 거슬러질 때 혁명이 일어난다. 프랑스의 절대왕정 체제가 무너진 것의 배후에 칼비니즘이 있었다.

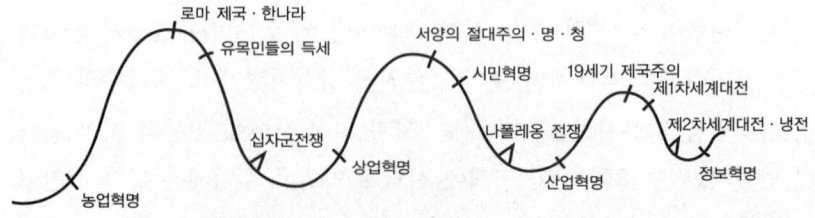

부분적인 종교개혁은 왕권을 강화시켰고, 전 유럽에 걸친 종교개혁은 왕권을 약화시켰다. 루터 파 교회나 영국 국교회는 하위적이었지만 칼비니즘은 더욱 하위적이었다. 부분적인 종교개혁과 관련된 절대주의는 서쪽에서 시작하여 동쪽으로 옮겨갔다. 마찬가지로 전 유럽에 걸친 종교개혁과 관련된 시민혁명도 서쪽에서 시작하여 동쪽으로 옮겨갔다. 에스파냐나 영국, 오스트리아의 절대주의가 사양길에 접어들었을 때 프랑스나 프로이센, 러시아의 절대주의는 대두되고 있었다. 유럽 전체를 놓고 보았을 때 절대주의와 시민혁명은 상당히 오랜 기간에 걸쳐 진행되었으며 거의 동시에 진행되었다. 역사파동표 상의 두 번째 정점에 해당하는 것이 절대주의이고, 두 번째 하강을 촉발시킨 것이 시민혁명이다. 이제부터 절대주의와 시민혁명에 대해 좀더 구체적으로 살펴보도록 하자.

⟩⟩⟩ 에스파냐의 절대주의

먼저 절대주의에 대해 살펴보자. 15세기 중반 합스부르크 가문의 프리드리히 3세가 신성로마제국의 황제가 된 이후 합스부르크 가문에서 신성로마제국의 황제들이 배출된다. 그전에도 황가들이 있었다. 작센, 잘리어, 호엔슈타우펜 가문들이 황가들이었다. 그러나 합스부르크 가문은 절대주의 시대의 황가로서 이전 황가들과는 질적으로 달랐다. 프리드리히 3세는 통혼정책을 통해 상위를 추구했다. 그는 자신의 가문을 '오스트리아 가문'이라고 불렀다. 신의 은총을 받은 가문이라는 뜻이었다. 1453년에는 직할지라고 할 수 있는 오스트리아 공령을 설치했는데 이것이 후일 오스트리아의 기원이 된다. 합스부르크 가문의 대를 이은 통혼정책은 에스파냐에서 헝가리에 이르는 대제국을 출현시켰다. 이른바 합스부르크 제국이었다.

프리드리히 3세의 아들 막시밀리안 1세는 부르고뉴 가문의 상속녀인 마리아와 결혼하여 네덜란드를 얻었다. 프랑스 동부에 터를 잡고 있던 부르고뉴 가문과 플랑드르는 프랑스를 견제하려는 목적으로 결혼 동맹을 맺었었다. 부르고뉴의 필리프 2세와 플랑드르의 마르그리트 공주가 1369년에 결혼했던 것이다. 필리프 2세는 네덜란드의 다른 지방들의 충

절대주의 시대의 유럽

스코틀랜드 왕국
아일랜드 왕국
더블린
대영제국
엘리자베스1세
런던
에스파냐
무적 함대의 진로
프랑스왕국
루이14세
리옹
라코루냐
산탄데르
포르투갈왕국
펠리페 2세
리스본
마드리드
에스파니아왕국

노르웨이 왕국
스웨덴 왕국
덴마크왕국
코펜하겐
독립승인648
암스테르담
네덜란드
신성 로마 제국
파리
스위스 공화국
밀라노
제노바
로마
나폴리
나폴리 왕국
시칠리아 왕국
베네치아
공화국
교황령
프로이센
프리드리히 2세
바르샤바
폴란드 왕국
프라하
헝가리 왕국
독립승인648
오스만 제국
이스탄불
레판토
페트르그라드
러시아 제국
모스크바
표트르 대제

각국 절대왕정의 전성기
베스트팔렌 조약의 결과
합스부르크 가의 에스파냐 영토
합스부르크 가의 오스트리아 영토
신성 로마 제국의 경계
대영제국 병합

성도 이끌어내 오늘날의 네덜란드, 벨기에, 그리고 룩셈부르크에 해당하는 상당히 넓은 지역을 지배하게 된다. 필리프 2세의 아들 샤를은 아버지가 닦아놓은 기반 위에 독립된 왕국을 세우려 했다. 하지만 프랑스의 루이 11세가 에스파냐, 영국, 독일의 군주들과 결탁하여 집요하게 샤를을 압박했다. 1477년 샤를이 전사하자 샤를의 딸 마리아는 자신을 며느리로 삼으려는 루이 11세를 피해 합스부르크 가의 막시밀리안 1세와 결혼했던 것이다.

막시밀리안 1세의 아들 펠리페 1세는 에스파냐의 공주 후아나와 결혼하여 에스파냐를 얻었다. 후아나의 형제들이 모두 일찍 죽어 후아나가 시어머니 마리아와 비슷한 처지가 되었기 때문에 펠리페가 에스파냐를 얻을 수 있었다. 펠리페는 외갓집과 처갓집의 덕을 톡톡히 본 사람이었다. 펠리페 1세와 후아나 사이에서 태어난 카를 5세는 신성로마제국과 에스파냐와 네덜란드를 한꺼번에 상속받을 수 있었다. 이른바 합스부르크 제국을 상속받았다.

그러나 합스부르크 제국은 신성로마제국과 비슷하게도 명실상부한 제국이 아니었다. 첫째 약간 속이 찼을지라도 역시 속빈 강정인 신성로마제국을 포함하고 있었다. 둘째 영토가 크게 세 영역으로 나뉘어져 있었다. 분열되어 있었던 것이다. 제국은 상위에 속하지만 분열은 하위에 속하지 않는가? 합스부르크 제국은 왕의 시대가 완전히 무르익기 전에 등장한 비정상적인 제국이었다.

합스부르크 제국에 모순이 내재되어 있음을 깨달은 카를 5세는 1556년에 동생인 페르디난트 1세에게 신성로마제국의 제위를 물려주고 아들인 펠리페 2세에게 에스파냐를 물려주었다. 거추장스러운 신성로마제국은 동생에게 주고 알짜배기인 에스파냐는 아들에게 주었던 것이다. 정주영도 자동차 회사를 동생이 아니라 아들에게 물려주지 않았는가? 카를 5세는 아들에게 노른자인 네덜란드까지 얹어주었다.

펠리페 2세는 가문의 전통인 통혼정책을 충실히 수행했다. 하지만 별다른 성과는 거두지 못했다. 포르투갈을 합병한 것이 성과의 다였다. 그러나 펠리페 2세 때 에스파냐의 전성기가 펼쳐진다. 신세계를 정치적으로 정복했기에 엄청난 부를 모을 수 있었던 에스파냐였다. 펠리페 2세의 재산은 1556년에서 1573년 사이에 거의 두 배가 되었다. 그로부터 20년 뒤에 재산은 다시 거의 두 배가 되었다. 하위의 폭발적인 확대는 상위가 추구되게 하지 않는가? 펠리페 2세는 1569년에 필리핀을 차지했다. 그는 왕의 시대가 무르익었을 때 등장한 강력한 왕이었다. 바야흐로 에스파냐에 절대주의가 구가되고 있었다. 펠리페는 절대주의를 위해 많은 돈을 썼다. 레판토 해전의 전비로 400만 두카도ducat, 무적함대의 육성에 1,000만 두카도를 썼다. 천문학적인 금액이었다. 역시 돈이 있어야 권력을 추구할 수 있는 것이다.

네덜란드의 독립

□ 1579년 위트레흐트 동맹에 참가한
  북부 7주
┅ 1648년 베스트팔렌 조약에서
  독립을 승인한 네덜란드의 경계

그로닝겐

프리슬란드

드렌테

네덜란드

암스테르담

오베레이셀

홀란드

위트레흐트

헤이그

위트레흐트

겔더란드

로테르담

나이메혜

신성로마제국

브레다

제란드

호버질데론

엔트워프

레에츠

쾰른

브뤼주

켄트

브뤼셀

리에주
주교령

아헨

란부르크

홀왕드르

브라반트

카레

아르토와

에스파냐 령 네덜란드

나무르

아르트와 령

에노

브이용

에스파냐 령 네덜란드

캄브레

스당

룩셈부르크

트리어

프랑스 왕국

룩셈부르크

  에스파냐와 베네치아, 로마 교황의 연합 함대와 오스만 투르크의 함대
간에 벌어졌던 해전이 레판토 해전이다. 오스만 투르크는 15세기 중반
비잔틴 제국을 무너뜨리고 동유럽의 패자가 되었으며, 16세기 초에는 이
집트까지 정복하여 옛 이슬람 제국의 영광을 어느 정도 재현하였다. 오
스만 투르크의 술탄 셀림 1세가 이집트 카이로의 압바스 조 칼리프로부
터 칼리프의 칭호와 세습권을 양도받았다. 이때부터 술탄 칼리프 제가
시작된다. 오스만 투르크의 술탄이 칼리프까지 겸하게 되었던 것이다.
오스만 투르크는 헝가리를 점령한 뒤 오스트리아의 빈을 위협했고, 1538
년에 에스파냐와 베네치아, 로마 교황의 연합 함대를 지중해에서 무찔렀
다. 오스만 투르크가 동방 무역의 육로를 이스탄불에서, 해로를 동부 지
중해에서 차단하고 독점하자 서유럽은 경제 위기에 빠졌다. 향료가 서유

럽의 실수요자에게 왔을 때 원래 가격의 30배가 되어 있었던 것이다. 그러나 대서양 항로를 이용한 무역이 활발해지자 오스만 투르크는 무역 부진에 따른 경제난을 맞는다. 급기야 1571년 그리스 부근의 해상에서 해전이 벌어졌다. 이것이 레판토 해전이다. 레판토 해전은 제1 해상 유목민과 제2 해상 유목민의 맞대결이었다. 제1 해상 유목민은 썩어도 준치였으나, 떠오르는 제2 해상 유목민의 젊은 힘을 당해내지 못했다. 이후 에스파냐 함대는 이른바 무적함대로 불리게 되었다.

펠리페 2세는 로마 가톨릭을 옹호했다. 에스파냐의 절대주의는 부분적인 종교개혁과 상관이 없었는가? 펠리페가 로마 가톨릭을 신봉했으니 얼핏 보면 상관없는 것 같다. 그러나 당시 에스파냐의 경우 로마 가톨릭은 헌 것이 아니라 새 것이었다. 이슬람 교를 구축하고 들어선 로마 가톨릭은 에스파냐만의 종교개혁의 산물이었다고 할 수 있다. 그리고 종교개혁의 물결이 유럽을 휩쓸 때 에스파냐의 로욜라에 의해 예수회가 창설되었다. 1534년에 창설된 이 교단은 교황 지상권至上權을 재확인했다. 엄격한 군대식 규율로 조직되어 프로테스탄트 공세에 의한 실지失地의 회복과 이방 전도에 힘썼다. 로마 가톨릭 내에서도 종교개혁이 추진되었던 것이다. 에스파냐의 절대주의도 부분적인 종교개혁과 관련이 있다.

펠리페의 통치를 받고 있던 네덜란드의 시민들은 주로 하위적인 칼비니즘의 영향을 받은 신교도들이었다. 갈등이 빚어졌다. 1567년 펠리페는 군대를 파견하여 네덜란드의 신교도들을 박해하기 시작했다. 이를 피해 신교도들이 국외로 도망가는 일이 잦아졌다. 이런 펠리페의 강압적인 종교정책은 시민들의 이반은 물론이고 귀족들의 이반마저 초래했다. 로마 가톨릭에서 루터 파로 개종했다가 다시 칼뱅 파로 개종한 네덜란드 총독 빌렘은 전쟁을 일으켰다. 이 전쟁을 고이센 전쟁이라고 한다. 이 전쟁의 결과로 위트레흐트 동맹이 결성되었다. 네덜란드의 북부 일곱 개 주만 참여한 동맹이었다. 남부 주들에는 가톨릭 교도들이 많이 살고 있었던 것이다. 마침내 1581년 독립이 선언되었다. 네덜란드 연방공화국이 출범했다.

>>> 영국의 절대주의

설상가상의 상황이 펠리페 2세를 곤경에 빠뜨렸다. 믿었던 무적함대마저 다크호스 영국에 의해 격파되었던 것이다. 헨리 8세의 딸이었던 엘리자베스 여왕은 해적 출신이었던 드레이크를 해군 제독으로 삼아 무적함대를 격파했다. 일찍이 엘리자베스 여왕은 해적들을 육성하여 해적들로 하여금 에스파냐의 상선들을 약탈하게 했다. 에스파냐의 펠리페 2세가 유명한 해적 두목 드레이크를 죽이라고 요청했을 때 엘리자베스 여왕은 오히려 드레이크에게 작위를 수여함으로써 그 요청을 거절했다. 결국에스파냐와 영국 간에 전쟁이 벌어졌고, 드레이크의 활약으로 1588년영국이 승리할 수 있었다.

영국은 장미 전쟁을 종식시킨 헨리 7세 때부터 강력한 중앙집권 국가가 되어 있었다. 헨리 8세가 영국 국교회를 성립시켰을 때 명실상부한절대왕정 체제가 출범했다. 그리고 엘리자베스 1세가 무적함대를 격파했을 때 절대주의는 전성기를 맞았다.

>>> 오스트리아의 절대주의

합스부르크 제국의 한쪽 날개였던 에스파냐의 절대주의에 대해서 살펴봤다. 아울러 영국의 절대주의에 대해서도 살펴봤다. 이제 합스부르크제국의 다른 한쪽 날개였던 신성로마제국에 대해서 살펴보자. 신성로마제국의 절대주의라는 말에는 모순이 있다. 제국은 절대주의보다 상위적인 개념이기 때문이다. 오스트리아의 절대주의라고 하는 것이 타당할 것이다. 그러나 사실 이 말도 어색하다. 오스트리아가 변변한 절대주의를구가한 적이 없었기 때문이다. 오스트리아는 내실을 확실히 다지지 못한 상태에서 상위를 추구했다. 상대적으로 하위에 속하는 절대주의를 확실히 추구하지 못한 상태에서 상위에 속하는 제국을 추구했다. 그래서 오스트리아의 절대주의는 피워보지도 못하고 졌다. 합스부르크 제국의 한쪽 날개였던 오스트리아의 절대주의가 어떻게 피워보지도 못하고 졌는지 살펴보도록 하자.

에스파냐의 로욜라가 창립한 예수회의 수도사들은 남독일의 군주들과 폴란드를 가톨릭으로 복귀시키는 개가를 올렸다. 카를 5세의 동생이었던 페르디난트 1세의 손자 페르디난트 2세는 어린 시절 예수회의 교육을 받고 자란 골수 가톨릭 교도였다. 그는 1617년 보헤미아 왕이 되었고 그 이듬해 헝가리의 왕이 되었다. 네덜란드의 신교도들처럼 보헤미아의 신교도들도 탄압을 받기 시작했다. 보헤미아는 후스 때부터 신교가 우세한 지역 아니었는가? 보헤미아 의회는 페르디난트를 보헤미아 왕으로 인정하지 않겠다고 선언하고 칼뱅 파를 받아들인 프리드리히 5세를 새로운 왕으로 추대했다. 페르디난트는 1618년 전쟁을 일으켰다. 이렇게 해서 시작된 전쟁이 '30년 전쟁'이다. 페르디난트는 1619년에 신성로마제국 황제의 위에 올랐다. 페르디난트 2세가 예수회의 교육을 받지 않았다면 전쟁을 불사하면서까지 절대주의를 추구하지는 않았을지 모른다. 오스트리아의 절대주의도 부분적인 종교개혁과 관련이 있다고 할 수 있다.

페르디난트 2세가 초반에 승리한다. 독일은 바다와 가깝지 않은 상위적인 곳이다. 하위적인 시민계층이 크게 발달하지 못했기 때문에 하위적인 칼뱅 파가 힘을 쓰지 못했다. 독일의 칼뱅 파는 교세에 있어 가톨릭뿐만 아니라 루터 파에도 미치지 못했다. 페르디난트가 신성로마제국을 명실상부한 제국으로 만들 수 있을 것 같았다. 그러나 신성로마제국은 너무 큰 덩어리였다. 주변국들은 합스부르크 가문이, 즉 오스트리아가 신성로마제국을 완전히 차지하는 것을 원하지 않았다.

칼뱅 파가 고전을 겪자 같은 신교인 루터 파가 나섰다. 덴마크의 올덴부르크 왕조는 1537년 루터 파를 승인했다. 특히 덴마크의 크리스찬 4세는 중상주의 정책으로 국력을 크게 키운 인물이었다. 1625년 북독일로 진격했다. 페르디난트는 발렌슈타인이라는 인물의 도움으로 덴마크를 간신히 물리쳤다. 발렌슈타인은 막강한 재력을 소유한 사람이었다. 위협이 사라지자 페르디난트는 발렌슈타인에게서 권력을 박탈했다.

그러나 북유럽에는 덴마크 외에도 스웨덴이라는 강국이 있었다. 스웨덴의 구스타프 2세가 1630년 북독일로 진격했다. 스칸디나비아는 제1 해상 유목민의 시절에 활발하게 유목 활동을 했던 노르만 족의 고향이다. 쉽게 바다로 진출할 수 있는 스칸디나비아에 위치한 덴마크와 스웨덴은 제2 해상 유목민의 시절에 중상주의 정책을 취하면서 강국으로 부상하고 있었다. 다급해진 페르디난트는 다시금 발렌슈타인을 불러들였다. 발렌슈타인은 자비로 4만에 이르는 군사를 모집했다. 발렌슈타인이 스웨덴을 물리치자 이번에도 페르디난트는 발렌슈타인을 파면했다. 그리고 1634년에 암살했다.

그러나 위협이 완전히 사라진 것은 아니었다. 마지막에 프랑스가 등장했다. 1635년 프랑스 군은 남독일로 진격했다. 스웨덴도 공격을 재개했다. 어쩌면 프랑스에서 가장 먼저 종교개혁이 일어났는지 모른다. 아비뇽 유수 시절에 프랑스 국왕이 교황을 좌지우지하지 않았는가? 그러나 그것은 명실상부한 종교개혁이 아니었다. 확실하지 않은 종교개혁은 프랑스를 곤경에 빠뜨렸다. 위그노 전쟁은 프랑스가 겪은 큰 곤경이었다. 시간을 조금 거슬러 올라가 위그노 전쟁에 대해 살펴보도록 하자.

칼비니즘의 영향을 받은 프랑스의 신교도를 위그노라고 불렀다. '동맹'이라는 의미의 독일어에서 비롯된 말이었다. 위그노들은 프랑수아 1세와 그의 아들 앙리 2세 때 심한 탄압을 받았다. 앙리 2세가 사고로 죽자 앙리의 아내인 카트린 드 메디시스가 아들을 대신해 섭정을 했다. 위그노들은 숨통이 트이기를 기대했다. 그러나 카트린의 권력기반은 약했다. 카트린은 기득권 세력과 힘든 권력투쟁을 벌여야 했다. 그에 따라 위그노들과 가톨릭 교도들도 첨예하게 대립했다. 상위와 하위의 대결이 정치적으로, 또 종교적으로 벌어지고 있었던 것이다. 위기감을 느낀 가톨릭 교도들이 1572년 8월 성 바르톨로뮤의 축제일에 신교도들을 학살했다. 파리에서만 2,000여 명의 위그노들이 학살당했고, 프랑스 전역에서 2만 명 이상이 학살당했다. 성 바르톨로뮤의 대학살이었다.

이렇게 하여 시작된 위그노 전쟁은 30여 년 이상이나 계속되었다. 위그노 전쟁은 가톨릭측의 중심인물이었던 기즈 공작이 앙리 3세에 의해 암살되면서 결말을 향해 나아가기 시작했다. 기즈 공작이 암살당했다는 소식을 들은 지 13일 만에 카트린은 죽었다. 앙리 3세는 어머니가 죽은 지 6개월 만에 가톨릭측에서 보낸 자객에 의해 암살당했다.

이렇게 되자 새 왕조가 들어섰다. 카트린은 자신의 딸 마르그리트와 부르봉 가의 계승자인 앙리 드 나바르를 결혼시켰었다. 카트린의 사위가 프랑스의 국왕이 되면서 부르봉 왕조가 시작되었다. 앙리 드 나바르는 앙리 4세가 된다. 앙리는 원래 신교도였으나 가톨릭 교도의 지지도 얻기 위해 종교적인 중립을 지켰다. 프랑스 내의 일정한 지역에 국한하여 신앙의 자유를 허용하는 절충안을 내놓았던 것이다. 이것이 바로 1598년의 낭트 칙령이었다. 이 칙령으로 36년간을 끌어오던 위그노 전쟁이 끝났다.

낭트 칙령을 통해 절반의 종교개혁이 이루어졌다. 프랑스만의 부분적인 종교개혁이었다. 부분적인 종교개혁은 절대주의와 관련되지 않는가? 프랑스의 절대주의가 서서히 모습을 드러내기 시작했다. 위그노 전쟁이 끝난 이후 프랑스는 하위를 추구했다. 종교문제보다 정치문제를 우위에 두었다. 종교와 정치를 비교했을 때 종교가 상위에 속하고 정치는 하위에 속한다. 더욱이 프랑스는 중상주의 정책을 펼쳤다. 프랑스는 농사가 잘되는 나라였지만 바다와 접한 나라로서 상업적으로도 크게 발전할 수 있는 나라였다. 상업은 하위에 속하지 않는가? 종교보다 정치를 우위에 두었다는 의미에서, 그리고 상업을 중시했다는 의미에서 하위적이었던 프랑스는 30년 전쟁의 막판에 하위에 속하는 신교의 편에 섰다. 프랑크 왕국이 셋으로 나누어졌을 때부터 라이벌이었던 신성로마제국을 약화시킬 수 있는 절호의 기회를 놓칠 수 없었던 것이다. 결국 프랑스가 승리했다. 이로써 오스트리아의 절대주의는 피워보지도 못하고 졌다. 오스트리아의 절대주의를 누르고 프랑스의 절대주의가 부상했다.

››› 30년 전쟁의 결과와 의미

30년 전쟁이 빚어놓은 혼란을 정리하기 위해 1648년 베스트팔렌 조약이 맺어진다. 30년 전쟁은 유럽 최초의 국제전이었다. 그전에는 로마 가톨릭이라는 브랜드를 공유하는 미용실들끼리 싸웠기 때문에 그다지 싸움이 격렬하지 않았다. 브랜드 권리를 가지고 있는 교황이 중재를 하곤 했던 것이다. 종교개혁을 거치면서 미용실들은 서로 다른 브랜드를 내걸었다. 브랜드마저 다른 미용실끼리 싸웠기 때문에 싸움은 격렬해질 수밖에 없었다. 교황은 30년 전쟁에 전혀 개입할 수가 없었다.

전쟁의 마지막 승리자였던 프랑스는 알자스 · 로렌 지방을 손에 넣었고, 스웨덴은 발트 해의 제해권을 얻었으며, 네덜란드는 에스파냐의 지배에서 완전히 독립했다. 30년 전쟁이 한창이던 1621년에 네덜란드는 완전한 독립을 위해 에스파냐와 전쟁을 벌였었다. 오래 전에 독립했던 스위스도 이 조약에서 비로소 독립이 승인되었다. 스위스는 바다와 접하지는 않았지만 교통의 요지로서 일찍부터 상업에 눈을 떴다. 시민계층이 발달해 있었다. 교통은 이동을 의미한다. 이동이나 상업은 하위에 속하지 않는가? 로마 가톨릭과 칼뱅 파의 갈등으로 촉발된 전쟁이었던 만큼 당연하게도 칼뱅 파가 공인되었다.

신성로마제국이 거의 붕괴되어 영방국가들은 완전한 독립국이나 다름없게 되었다. 강력한 영방국가들에 절대왕정 체제가 들어섰다. 특히 한 영방국가의 성장은 괄목할 만하다. 30년 전쟁 초반에 브란덴부르크 공국은 프로이센을 통합하여 브란덴부르크 프로이센을 성립시켰었다. 어떻게 브란덴부르크와 프로이센이 합쳐질 수 있었는가?

프로이센을 지배했던 독일기사단의 마지막 단장이었던 호엔촐레른 가의 알브레히트는 루터 파로 개종했었다. 십자군 전쟁으로부터 비롯된 기사단이었기에 교황과의 관계가 비교적 돈독했다. 그러나 종교개혁을 거치면서 독일기사단과 교황과의 관계는 단절되었다. 왕의 시대를 맞아 프로이센도 왕권을 강화시켰던 것이다. 비록 왕이라고 칭하지는 못했지만 말이다. 1525년에 출범한 프로이센 공국은 1701년까지 이어졌다. 알브레히트의 아들로서 이 공령을 상속받은 알브레히트 프리드리히가 1618년 자식 없이 죽자 프로이센 공국은 그의 맏사위이자 브란덴부르크의 선제후인 요한 지기스문트에게 넘어갔다.

이렇게 해서 성립된 브란덴부르크 프로이센은 요한 지기스문트의 손자 프리드리히 빌헬름에 의해 강력해졌다. 프리드리히 빌헬름은 30년 전쟁이 남긴 상처를 치유하기 위해 세금제도를 개선했고, 상비군을 육성했으며, 뛰어난 외교술을 구사했다. 이로써 그의 호엔촐레른 가문은 사실상의 왕가가 될 수 있었다. 이때부터 패전을 재도약의 발판으로 이용하는 독일의 전통이 시작되었다.

마침내 1701년에 프리드리히 1세가 왕이 됨으로써 프로이센 왕국이 탄생했다. 프리드리히 1세는 프리드리히 빌헬름의 아들이었다. 1700년 11월 16일 오스트리아와 브란덴부르크 프로이센 사이에 맺어진 비밀조약에 따라 프리드리히는 프로이센 왕이 될 수 있었다. 오스트리아는 신성로마제국의 중심 아니었는가? 프리드리히는 신성로마제국 황제의 동의에 힘입어 왕이 될 수 있었던 것이다. 오스트리아는 프랑스와의 전쟁 문제, 합스부르크 가문에서 신성로마제국 황제가 배출되게 하는 문제 등을 잘 풀어야 했다. 프로이센의 지원이 필요했던 것이다. 브란덴부르크가 왕국의 중심이었음에도 불구하고 국호를 프로이센이라고 했던 것은 프로이센이 신성로마제국의 영역 밖에 있었기 때문이다. 독립성을 표방하기 위해서였다. 확실한 하위화를 위해 프로이센 왕국이라고 했던 것이다.

30년 전쟁은 칼뱅 파로 인해 시작되었지만 루터 파에 의해 마무리되었다고 할 수 있다. 루터 파를 받아들인 덴마크와 스웨덴이 페르디난트를 괴롭혔으며, 그런 나라들과 보조를 함께한 프랑스에 의해 전쟁이 끝나지 않았는가? 루터 파는 절대 왕정을 강화하는 경향이 있다고 했다. 30년 전쟁이 시민혁명보다는 절대주의와 관련된다고 할 수 있는 이유이다. 유럽 전체를 놓고 보았을 때 30년 전쟁 직후 절대주의가 정점에 도달했다. 30년 전쟁 직후가 역사파동표 상의 두 번째 정점에 해당한다. 이 정점을 기준으로 그 직전의 절대주의를 초기 절대주의로, 그 직후의 절대주의를 후기 절대주의로 나눌 수 있다. 초기 절대주의는 에스파냐와 영국, 그리고 오스트리아의 절대주의이고, 후기 절대주의는 프랑스, 프로이센, 그리고 러시아의 절대주의이다. 30년 전쟁 이후 에스파냐와 오스트리아의 절대주의는 확실히 쇠퇴했다. 아울러 영국의 절대주의도 쇠퇴했다. 30년 전쟁에 영국은 휘말리지 않았지만 청교도혁명, 명예혁명 등을 거쳐야 했다. 1649년에는 국왕인 찰스 1세가 처형되기까지 했다. 반면 30년 전쟁 이후 강력한 절대왕정 체제의 프랑스, 프로이센, 그리고 러시아가 등장했다.

>>> 명나라의 절대권력

서양에 초기 절대주의가 펼쳐지고 있었을 때 동양에는 어떤 역사가 펼쳐졌는가?

중국에 명나라가 있었다. 제2 육상 유목민인 몽골 족을 북쪽 초원지대로 몰아낸 사람은 주원장이었다. 주원장은 빈농의 아들로 태어나 남의 집 머슴살이를 하다 전염병으로 가족을 모두 잃고 고아가 된 사람이었다. 그는 자라서 거지 중으로 여기저기를 떠돌아다니다 비밀 결사 조직인 백련교에 가입한 후 권력을 잡기 시작했다. 백련교의 군 조직인 홍건군의 지역 대장인 곽자흥의 부관으로 승진한 그는 곽자흥의 딸과 결혼했

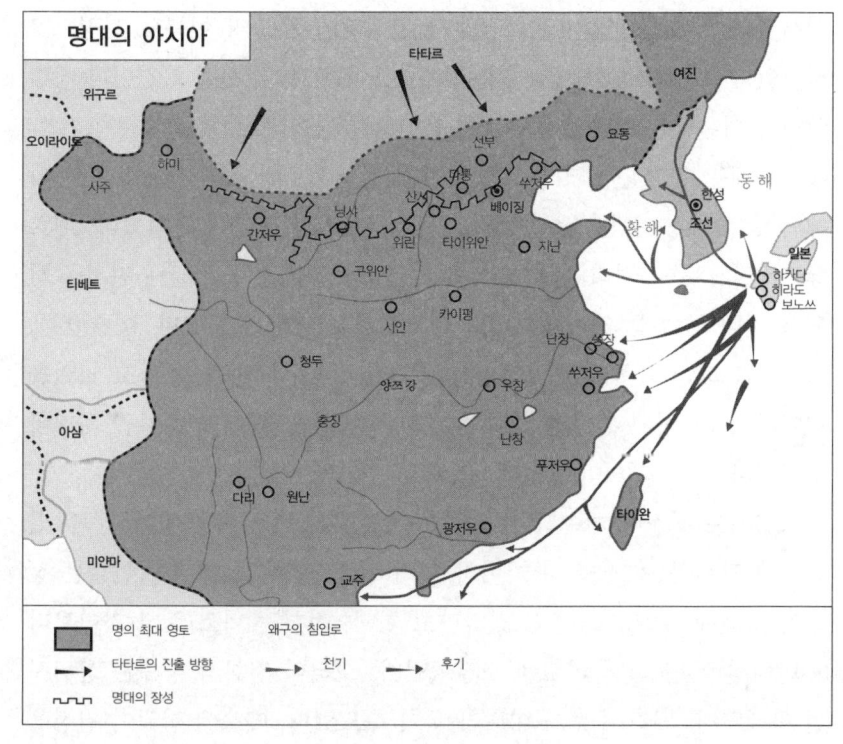

명대의 아시아

다. 장인이 전사했을 때 장인의 자리를 차지했다. 강남 동부 일대를 장악하여 홍건군의 리더가 될 수 있었던 주원장은 결국 원나라를 무너뜨리고 명나라를 세웠다. 백련교에서 자주 사용했던 글자가 명明이었다.

황제가 된 주원장은 당연히 상위를 추구했다. 26명의 아들들을 변방의 요지를 지키는 번왕藩王이 되게 하여 황위 계승 분쟁을 없애려 하였지만 뜻대로 되지 않았다. 주원장의 손자가 어린 나이에 황제로 즉위하자 삼촌들 중 하나가 움직였다. 연경의 번왕으로 있던 삼촌이 난징을 공격했다. 결국 연왕이 황제가 되었다. 그가 바로 영락제다. 영락은 연호였다. 명나라 때부터 연호가 일종의 묘호로 사용되었다. 주원장은 홍무제로 일컬어지는데, 홍무 역시 연호였다. 영락제는 즉위하자마자 수도를 북경으로 옮겼다. 여전히 위협적인 몽골 족의 침입에 효과적으로 대응하기 위해서였다. 1420년 연경에 자금성이 완성되자 수도의 이름도 북경으로 바꾸었다. 옛 수도인 금릉金陵은 남경南京이라 했다. 사실 북경이나 남경이라는 이름들은 영락제가 만들어 붙인 이름들이다.

영락제는 1410년부터 1415년까지 직접 50만 대군을 이끌고 다섯 차례나 출정하여 북방을 평정했다. 영락제는 남방 원정에도 힘썼다. 베트남 지역을 복속시켰다. 정화鄭和에게 군대와 함선을 주어 남해 원정을 하도록 했다. 정화는 영락제의 환관이었으며 이슬람 교도였다. 이슬람 세력이 제1 해상 유목민 아니었는가? 정화는 바다에 대해 잘 알고 있었을 것이다. 1405년에 시작된 정화의 원정은 이후 1433년까지 일곱 차례나 행해졌다.

이후에도 원정이 계속되었다면 중국인이 제2 해상 유목민이 될 수 있었을지 모른다. 바스코 다 가마가 캘리컷에 도착했을 때 현지인들은 정화의 행적에 대해 기억하고 있었다고 한다. 정화는 바스코 다 가마보다 80년에서 90년 앞서 인도에 도달했었다. 그러나 정화의 항해는 상위적인 항해였다. 민간 주도가 아니라 국가 주도였다. 때문에 정권이 원정을 중단하기로 결정하자 더 이상 원정이 행해지지 않았다. 하위적인 배는 상위적인 것과 그다지 어울리지 않는다. 어쨌든 오늘날 동남아에 살고 있는 화교들은 정화의 남해 원정이 행해질 때 동남아에 진출한 중국인들에 기원을 두고 있다. 화교들의 엄청난 경제력은 익히 알려져 있다. 상위적인 항해였지만 어쨌든 항해였다. 항해가 품고 있는 하위적인 속성이 오랜 시간에 걸쳐 풍부한 하위, 즉 풍부한 경제력으로 성장한 것이다.

원나라는 명나라에 훌륭한 유산을 물려줬다. 그것은 경제적인 풍요였다. 원나라를 만든 몽골 족은 하위적인 유목민이었다. 때문에 하위에 속하는 경제를 크게 발전시켰음은 앞에서 살펴본 바와 같다. 명나라 초기에 경제가 비약적으로 발달했다. 원나라 때 보급되기 시작한 면화는 명대에 보편적인 것이 되었다. 방직 공업이 크게 발달했다. 상업도 발달했다. 객상들이 원거리 상품 유통을 담당했다. 홍무제가 실시한 자영농 육성책도 한 몫을 했다. 경지 면적이 크게 늘어났고 품종이 개량되었으며 시비법이 발달했다.

그러나 홍무제의 다음 조치는 역시 그가 상위를 추구하는 황제임을 보여주었다. 1371년에 홍무제는 일체의 사무역과 해외 출항을 금지하는 해금령海禁令을 내렸다. 송나라와 원나라를 거치면서 발달했던 해외무역이 급격히 쇠퇴할 수밖에 없었다. 상위에 속하는 농업은 육성시켰지만 하위에 속하는 상업은 육성시키지 않았던 것이다. 홍무제는 백련교라는 종교를 이용해 천하를 통일한 사람이었다. 고도로 상위를 추구한 사람이었을 것임을 어렵지 않게 짐작할 수 있다. 사무역 대신 이른바 조공 무역이라 불린 공무역이 행해졌지만, 하위적인 무역이 아니라 상위적인 무역이었기 때문에 한계가 있었다.

이런 상황에서 정화의 남해 원정이 이루어졌다. 아직은 명대 초기였기 때문에 대형 선박을 건조할 수 있는 기술이나 원양 항해를 할 수 있는 기술이 남아 있어 남해 원정이 가능했다. 그러나 항해가 더 이상 이루어지지 않게 되자 이러한 기술들도 이내 사라졌다. 남쪽에 대한 관심을 거둔 명나라는 북쪽에 관심을 집중시켰다. 남쪽보다는 북쪽이 상위적이라고 했다. 북쪽의 유목민들을 막기 위해 만리장성을 보수하는 데 많은 주의를 기울였다. 오늘날 볼 수 있는 만리장성은 거의 명나라 때 만들어진 것이다. 남쪽에서 흥기한 명나라였지만 역시 상위적인 제국이 되면서 중부로 나아갈 수밖에 없었다. 중부가 가장 상위적이다.

››› 일본의 절대권력

제2 해상 유목민인 유럽 세력은 명나라와 무역을 할 수 없게 되자 일본으로 갔다. 제2 해상 유목민의 선두 주자인 포르투갈이 일본과 교역을 했다. 일본을 통일했던 도요토미 히데요시가 모셨던 주군은 오다 노부나가였다. 일본 통일의 기틀을 마련했던 오다 노부나가는 신무기인 철포를 적절히 이용했다. 철포를 조총鳥銃이라고도 했다. 나는 새도 떨어뜨릴 수 있는 총이라는 뜻이었다. 16세기 중엽 포르투갈 인이 일본에 철포를 전해주었기 때문에 당시에 철포와 화약을 구하는 것은 어렵지 않았다. 다량의 철포와 화약을 조달할 수 있는 경제력이 관건이었다. 결국 신무기인 철포는 하위적인 것이었다. 하위적인 돈이 많아야 살 수 있는 무기였던 것이다. 오다 노부나가는 해외 무역을 적극적으로 장려했다. 도요토미 히데요시 역시 해외 무역을 장려했다. 해외 무역을 통한 하위의 확대를 바탕으로 오다 노부나가와 도요토미 히데요시는 통일이라는 상위적인 대업을 이룰 수 있었다.

북해도까지 차지한 도요토미 히데요시는 더 높은 상위로 나아갔다. 조선을 침략했다. 임진왜란이었다. 그는 조선을 거쳐서 중국을 차지한 다음 인도까지 나아가려 했다. 사실 일본의 왜구는 송나라 시절부터 극성이었다. 장사와 약탈은 종이 한 장 차이라고 하지 않았는가? 조선을 침략한 일본은 조선과 중국의 입장에서 봤을 때 엄청나게 강력해진 왜구였다.

어떻게 일본은 그토록 강력해질 수 있었는가? 여러 가지 요인들이 있겠지만 주요한 한 가지는 명나라와 달리 일본이 제2 해상 유목민의 시대에 편입했다는 점이다. 세계사의 대세를 타는 것은 이처럼 중요하다. 이때부터 일본은 세계사에 뚜렷한 족적을 남기기 시작했다. 서양의 역사와 궤를 같이하기 시작했다. 오다 노부나가, 도요토미 히데요시 등은 일본의 초기 절대주의가 낳은 영웅들이라 할 수 있을 것이다.

이상에서 에스파냐, 영국, 오스트리아의 절대주의, 즉 초기 절대주의에 대해 살펴보았다. 아울러 명나라와 도요토미 히데요시의 일본을 초기 절대주의와 관련지어 살펴보았다.

21. 제2 해상 유목민 1기

>>> 초기 시민혁명

초기 절대주의 다음에 발생하는 시민혁명을 초기 시민혁명이라고 할수 있고, 후기 절대주의 다음에 발생하는 시민혁명을 후기 시민혁명이라고 할 수 있다. 네덜란드와 영국의 시민혁명은 초기 시민혁명에 속하고, 미국과 프랑스의 시민혁명은 후기 시민혁명에 속한다.

네덜란드의 독립전쟁인 고이센 전쟁은 1568년에 시작되었다. 그러나 30년 전쟁 직후인 1648년에 베스트팔렌 조약이 맺어지면서 비로소 독립이 승인되었다. 영국에서는 1642년에 청교도혁명이 일어났고, 1649년에 국왕 찰스 1세가 처형되었으며, 1688년에 명예혁명이 일어났다. 베스트팔렌 조약은 찰스 1세가 처형되기 1년 전인 1648년에 맺어졌다. 이런 사실들은 초기 절대주의를 초기 시민혁명이 뒤따랐다고 말하는 것에 큰 무리가 없다는 점을 알려준다.

네덜란드와 영국은 유럽 대륙의 서북쪽에 위치해 있다. 서쪽과 북쪽은 하위에 속한다고 했다. 하위적인 시민혁명이 하위적인 서북쪽에서 가장 먼저 일어났던 것이다. 프랑스는 서쪽에 위치해 있지만 영국이나 네덜란드보다 남쪽에 위치해 있다. 유럽 대륙의 중부에 위치해 있는 프랑스는 네덜란드와 영국에 비해 상위적이다. 일조량이 풍부하고 기후가 알맞은 중부에 위치해 있어 농사가 잘되는 곳이 프랑스다. 또한 농지도 풍부하다. 농업은 상위에 속하지 않는가? 프랑스에서는 시민혁명이 네덜란드나 영국에 비해 150년 정도 뒤에 일어났다. 미국의 경우는 영국의 식민지로서 역사가 그만큼 짧기 때문에 시민계층이 풍부하게 형성될 때까지 기다려야 했다. 미국의 독립전쟁은 네덜란드의 독립 전쟁처럼 하나의 시민혁명이었다. 네덜란드가 독립했을 때 총인구 중에 도시인, 즉 시민의 비율이 50% 정도나 되었다. 때문에 네덜란드의 독립전쟁을 시민혁명이라고 하는 것은 타당하다.

시민혁명을 잘 이해하기 위해서는 먼저 시민혁명에 대한 개념 정립을 해야 한다. 시민혁명에 대한 개념 정립을 쉽게 하기 위해서 다시 미용실 비유를 생각해보자. 제2 해상 유목민의 시대와 관련된 미용실 비유는 적절하다. 슈퍼마켓 비유를 들었다면 부적절했을 것이다. 슈퍼마켓 사장은 특별한 기술이 없는 아이나 노인도 고용할 수 있지만 미용실 사장은 반드시 숙련된 미용사를 고용해야 한다. 상인은 경쟁을 해야 하지 않는가? 경쟁에서 이기기 위해서는 고도의 능력을 발휘해야 한다. 때문에 비유적으로 말해서 상인은 아이나 노인이 아니라 숙련된 미용사다. 제2 해상 유목민인 유럽 세력은 상업적이었다. 때문에 비유적으로 말해서 유럽의 여러 나라들은 미용실들이었고 시민들은 숙련된 미용사들이었다.

한 미용실이 있었다. 이 미용실의 미용사들은 실력이 좋은 미용사들이었다. 장사를 아주 잘했다. 그런데 장사가 잘되면 잘될수록 미용사들의 불만은 고조되었다. 사장이 월급을 조금 주고 나머지를 다 가져갔기 때문이다. 사장이니까 당연한 것이었지만 미용사들 입장에서도 기분이 좋지 않은 것이 사실이었다. 미용사 한 명이 하루에 30만 원 정도를 버는데 그중에서 5만 원 정도만을 월급으로 받고 나머지는 사장에게 다 주어야 하는 식이었던 것이다. 그래서 미용사들이 수입금을 반반씩 나누자는 요구를 사장에게 하게 된다. 30만 원을 벌면 반을 미용사가 하고 반을 사장이 하는 식으로 나눌 것을 요구하자 당연히 사장은 코웃음을 쳤다. 그러자 미용사들은 단체행동을 한다. 미용사들 모두가 어느 날 출근을 하지 않았던 것이다. 슈퍼마켓을 운영하는 사장이었다면 곧바로 다른 사람들을 고용할 수 있었을 것이다. 하지만 미용실을 운영하는 사장이었기에 어쩔 수 없이 미용사들의 요구를 들어줄 수밖에 없었다. 미용실의 중추는 숙련된 미용사들인 것이다.

미용사들 모두가 어느 날 미용실에 나오지 않는 것은 파업이며 시위다. 파업이나 시위가 거대한 규모로 확대되어 혁명이 일어나는 것 아닌가? 시민혁명은 미용사들이 파업을 하여 결국 그들의 뜻을 관철시킨 것에 빗댈 수 있다.

미용사들로 하여금 단체행동을 할 용기를 내게 한 것은, 즉 시민들로 하여금 혁명을 일으킬 용기를 내게 한 것은 앞에서 살펴본 칼비니즘과 앞으로 살펴볼 계몽주의이다. 칼비니즘은 초기 시민혁명에 기여했으며, 계몽주의는 후기 시민혁명에 기여했다. 돈과 관련된 불만이 기름이라면 칼비니즘과 계몽주의는 불이라고 할 수 있다. 돈은 하위에 속하고 종교나 사상체계는 상위에 속하지 않는가? 기름과 불이 만나야 폭발이 일어나듯 하위와 상위가 결합했을 때 획기적인 역사적 사건이 발생한다. 계몽주의에는 종교성이 없다. 신에 대한 관심을 인간에 대한 관심으로 돌린 계몽주의는 칼비니즘보다 하위적이라고 할 수 있다. 그러나 인간의 '이성'을 강조하는 '사상체계'라는 점을 생각해보면 계몽주의도 분명 상위에 속한다는 사실을 알 수 있다.

>>> 네덜란드의 시민혁명

시민혁명이 네덜란드에서 일어났다. 신도시에 분점을 내 큰돈을 벌게 된 미용실이 구도시의 목이 좋은 곳에 있던 미용실을 인수했었다. 신대륙으로 진출하여 큰돈을 번 에스파냐가 몇 대에 걸친 통혼정책으로 네덜란드를 얻었던 것이다. 네덜란드의 시민들은 실력 있는 미용사들이었다. 장사를 잘했다. 그러나 돈을 많이 벌면 벌수록 시민들은 더 큰 박탈감을 느꼈다. 자신들의 미용실을 인수한 사장, 즉 에스파냐의 국왕이 수입액의 40%를 세금으로 거두어갔던 것이다. 팽배해진 불만과 칼비니즘이 결합되어 급기야 독립전쟁, 즉 시민혁명이 일어났다. 독립전쟁의 결과에 대해서는 앞에서 언급한 바와 같다. 결국 네덜란드 시민들은 독립을 쟁취했다. 혁명을 성공시켰다.

번 돈을 비율에 따라 나누게 되면 미용사들은 더 열심히 장사를 하게 되는가? 열심히 하는 만큼 자신에게 돌아오는 것도 많아지기 때문에 더 열심히 장사를 하게 된다. 네덜란드의 시민들도 더 열심히 장사를 했다. 배를 거의 반값에 만들었다. 독립 전처럼 세금을 많이 낼 필요가 없었기 때문이다. 선박 운임도 마찬가지 이유로 아주 낮게 책정할 수 있었다. 네덜란드는 '세계의 운반인'이라는 별명을 얻었다. 그것뿐만이 아니었다. 네덜란드의 시민들은 에스파냐와 포르투갈이 닦아놓은 해외무역망을 이용해 세계를 누볐다. 에스파냐와 포르투갈의 항로 독점권은 구시대의 유물에 불과했다.

네덜란드 시민들은 주식회사를 통해 세계를 누빌 수 있었다. 직접 배를 타고 바다로 나갈 수는 없었지만 주주가 됨으로써 간접적으로 바다로 나갈 수 있었다. 네덜란드 동인도 회사는 세계 최초의 주식회사였다. 동인도 회사의 주식을 산 네덜란드 시민들이 동인도 회사의 주인들이었다. 회사의 형태는 여러 가지이다. 주식회사는 하위에 속한다. 군주가 없는 공화국과 비슷한 것이 주식회사다.

동인도 회사는 동인도와의 무역을 담당하는 회사였다. 콜럼버스의 착각 때문에 동인도라는 말이 생겼다. 사람들은 콜럼버스의 주장대로 신대륙이 인도라고 생각했다. 그런데 나중에 실제 인도는 따로 있다는 것을 알게 되었다. 그래서 신대륙을 서인도라고 하고 실제 인도를 동인도라고 했다. 동양에 대한 지식이 일천했던 당시 유럽 인들에게 인도는 동양 전체를 의미했다. 때문에 동인도에는 인도는 물론이고 말레이 제도, 인도차이나 반도 남부, 중국과 일본까지도 포함될 수 있었다. 그러나 시간이 흐르면서 지리 지식이 증가하자 서인도와 동인도가 가리키는 범위가 점점 좁아졌다. 서인도는 지금의 서인도 제도를, 동인도는 지금의 말레이

제도를 주로 의미하게 된다. 말레이 제도를 동인도 제도라고 했었다. 말레이 제도는 아시아 대륙 남동부와 오스트레일리아 대륙 사이에 있는 세계 최대의 도서군을 가리킨다. 인도네시아, 필리핀, 말레이시아, 브루나이 등이 말레이 제도에 존재하는 오늘날의 나라들이다.

"오란다" – 일본인들은 홀랜드를 오란다라고 했다 – 일본, 나가사키.

네덜란드 동인도 회사는 일본에까지 진출했다. 포르투갈은 선배였고 네덜란드는 후배였다. 일본 나가사키로 가다가 표류하여 조선에 억류되었던 하멜은 네덜란드 동인도 회사의 서기였다. 일본은 네덜란드를 통해 서양에 대해 많은 것을 배웠다. 일본에서 난학이 발달하지 않았는가? 난학은 네덜란드 학이었으며 결국 서양학이었다. 일본은 쇄국을 했을 때에도 네덜란드와는 관계를 유지했다.

그런가 하면 네덜란드 동인도 회사는 아프리카의 최남단, 즉 지금의 남아프리카 공화국에 무역 거점을 만들었다. 동인도와의 중간 경유지로 아프리카 최남단이 적합했던 것이다. 선박들의 연료와 식수, 식량을 공급받을 수 있는 중간 기착지로 1652년 네덜란드에 의해 개척된, 인도 무역을 위한 이 전략적 거점을 케이프 식민지라고 불렀다. 네덜란드 동인도 회사는 정착민들과 유리한 조건으로 임대계약을 체결하고 정착민들에게 주식도 배당함으로써 상당수의 네덜란드 인들이 케이프 식민지에 정착할 수 있도록 했다. 네덜란드 정착민들을 보어 인이라고 불렀다. 보어는 네덜란드 어로 '농민' 이라는 뜻이다. 오늘날 남아프리카 공화국의 백인들 가운데 절반 이상이 네덜란드 계다.

신대륙과의 무역을 담당한 네덜란드 서인도 회사도 있었다. 뉴욕의 전신인 뉴암스테르담이 네덜란드 서인도 회사에 의해 만들어졌다. 뉴암스테르담은 네덜란드의 도시인 암스테르담에서 따온 이름이었다. 뉴암스테르담이 뉴욕으로 바뀌었다. 뉴욕은 영국의 도시인 요크에서 따온 이름이다. 왜 뉴암스테르담이 뉴욕으로 바뀌었는가? 영국이 네덜란드로부터 뉴암스테르담을 접수했었기 때문이다. 제2 해상 유목민의 주역이 포르투갈, 에스파냐를 거쳐 네덜란드로 바뀌었고, 다시 영국으로 바뀌었던 것이다.

››› 영국의 시민혁명

이제 영국의 시민혁명에 대해 살펴보자. 영국이 30년 전쟁에 개입할 수 없었던 것은 영국 내부의 사태진전 때문이었다. 에스파냐의 무적함대를 격파한 후 영국을 새로운 해상 강국으로 끌어올렸던 엘리자베스 1세가 1603년 70세의 나이로 죽자 튜더 왕조는 단절되었다. 스코틀랜드 왕 제임스 6세가 엘리자베스의 뒤를 잇는다. 제임스 6세는 영국 왕 제임스 1세가 되었다. 제임스는 반란을 도모했다는 이유로 엘리자베스에게 처형된 스코틀랜드의 여왕 메리 스튜어트의 아들이었다. 그런 제임스가 엘리자베스의 뒤를 이은 이유는 그가 튜더 가의 피를 이어받은 유일한 사람이었기 때문이다. 메리 스튜어트의 할머니가 헨리 8세의 누이였다. 제임스는 어머니를 통해 튜더 가의 피를 이어받았던 것이다. 제임스의 친가는 스튜어트 가였기 때문에 제임스가 영국 왕이 되면서 스튜어트 왕조가 시작된다.

제임스 1세는 처음부터 반동적이었다. 그는 청교도를 박해했다. 앞에서 조금 살펴봤지만 그로부터 '왕권신수설'이라는 말이 비롯되었다. 상위적인 제임스 1세는 당연히 영국 국교회를 강화시켰다. 하위적인 청교도들은 종교적 망명을 하지 않으면 안 되었다. 1620년에 메이플라워 호를 타고 북아메리카의 뉴잉글랜드로 갔던 102명의 청교도들은 일종의 종교적인 망명을 한 것이었다.

제임스 1세의 아들 찰스 1세는 프랑스, 에스파냐 등과 잦은 전쟁을 치렀다. 전쟁 비용을 충당하기 위해서 찰스는 1628년에 의회를 소집했다. 의회는 기다렸다는 듯이 의회의 요청이 담긴 문서, 권리청원을 제출했다. 권리청원의 주된 내용은 시민의 자유를 무시하지 말라는 것이었다. 구체적으로 시민을 함부로 체포·구금하지 말라는 것, 시민을 군법에 의해 재판하지 말라는 것, 시민의 집에 함부로 군인을 숙박시키지 말라는 것, 함부로 과세하지 말라는 것 등이었다. 찰스는 일단 권리청원을 받아들인 다음 11년 동안 의회를 무시한 채 전제정치를 감행했다. 하지만 스코틀랜드와의 전쟁에 필요한 전비를 마련하기 위해서 의회를 다시 소집해야 했다.

1641년에 아일랜드에서 가톨릭 연맹이 결성되어 아일랜드가 독립하려 하자 급기야 찰스와 의회는 반란 진압 문제로 대립하게 된다. 의회가 찰스에게 진압군의 지휘권을 내주지 않자 찰스는 독자적으로 군대를 편성했다. 이렇게 하여 내전이 시작되었다. 의회가 초반에 밀렸다. 하지만 크롬웰이 등장하자 전세가 역전되기 시작했다. 크롬웰은 청교도들로 이루어진 철기군으로 승기를 잡는다. 1648년 크롬웰은 찰스를 포로로 잡았고 이듬해에 처형했다. 이렇게 해서 영국 역사상 최초로 공화국이 성립되었다.

크롬웰은 하위적인 청교도이기 이전에 상위적인 종교인이었다. 왕위에 오르라는 권고를 받아들이지 않고 호국경이라는 지위를 유지하는 하위적인 모습을 보였던 것을 제외하고는 거의 대부분 상위적인 모습을 보였다. 아일랜드의 가톨릭 교도들을 대량 학살했다. 음주와 도박을 금지하는 등 국민 생활을 철저하게 통제했다. 아들로 하여금 호국경의 지위를 물려받게 했다. 1653년에 군대를 동원하여 무력으로 의회를 해산시켰다. 칼뱅도 스위스에서 엄격한 신정일치의 정치체제를 수립하지 않았는가? 종교라는 것이 본질적으로 상위에 속하기 때문에 종교적인 이념에 따라 정치가 이루어질 때 상위적인 모습이 나타나기 쉽다. 왕에 의해 통치가 이루어질 때보다 오히려 더 상위적인 정치가 행해질 수 있다. 비록 그 종교적 이념이 하위적이라 할지라고 그러하다.

찰스 1세가 처형됨으로써 역사의 한 장이 끝난다. 영국 절대주의의 막을 내린 이 혁명을 역사는 적절하게도 '청교도혁명'이라고 명명했다. 혁명을 주도했던 세력이 주로 청교도들이었다. 아버지의 카리스마를 물려받지 못한 크롬웰의 아들 리처드는 호국경에 오른 지 8개월 만에 자진 사퇴하는 형식으로 물러났다. 찰스 1세의 아들이 왕으로 옹립되었다. 군주정은 재개되었으나 절대주의는 재개되지 못했다. 주어진 권력은 진짜 권력이 아니지 않은가?

아들 찰스, 즉 찰스 2세는 가톨릭을 지지했다. 역시 상위를 추구했다. 의회는 토리 당, 즉 왕당파와 휘그 당, 즉 의회파로 나뉘었다. 토리 당은 상위적이었고 휘그 당은 하위적이었다. 찰스 2세의 동생으로서 왕위를 물려받은 제임스 2세는 노골적으로 가톨릭을 지원했다. 상위적인 로마 가톨릭을 밀어 결국 영국 국교회를 강화시킨다는 전략이었다. 영국 국교회가 가톨릭보다는 하위적이지만 청교도보다는 상위적이라고 하지 않았는가? 제임스 2세가 1688년에 52세의 나이로 아들을 얻자 의회는 긴장했다. 상위가 계속해서 추구될 수 있었기 때문이다. 제임스의 아들을 왕위 계승자로 삼을 수 없다는 데 합의를 본 토리 당과 휘그 당은 제임스의 사위인 네덜란드 총독 빌렘 3세에게 손을 내밀었다. 빌렘 3세는 네덜란드 독립을 이끌었던 빌렘의 후손이었다. 1672년 프랑스 루이 14세에 의한 네덜란드 침략이 시작되자 시민들의 기대에 따라 빌렘 3세가 육해군 최고 사령관이 되었고, 곧이어 총독이 되었다. 빌렘 3세의 어머니는 찰스 1세의 딸이었다. 찰스 1세의 아들인 제임스 2세는 빌렘의 외삼촌이었다. 빌렘은 외삼촌의 딸, 즉 외사촌과 결혼했던 것이다.

빌렘은 즉각 군사 1만 3,000명을 이끌고 도버 해협을 건넜다. 제임스는 프랑스로 도망쳤고 빌렘은 윌리엄 3세가 되었다. 빌렘을 영어식으로 발음하면 윌리엄이 된다. 윌리엄 3세 홀로 왕이 되었다면 왕조가 달라졌을 것이다. 스튜어트 왕조가 그대로 이어진 이유는 아내 메리 2세 또한 왕이 되었기 때문이다. 하위적인 네덜란드에서 온 이 부부와 하위적인 의회는 궁합이 잘 맞았다. 상위보다 하위의 우위를 인정해달라는 의회의 요청이 담긴 문서, 즉 '권리장전'에 부부는 선선히 서명했다. 영국 의회 사의 3대 문서는 '마그나 카르타'와 '권리청원', 그리고 '권리장전'이다. '권리장전'에는 의회의 승인 없는 법률의 제정이나 정지, 금전의 징수 및 상비군의 유지는 위법이라는 내용과, 선거의 자유와 언론의 자유는 보장되어야 하고, 잔인한 형벌은 금지되어야 하며, 의회는 빈번하게 개최되어야 한다는 내용 등이 담겨 있었다. 이로써 또 하나의 굵은 획이 그어졌다. 역사는 이 혁명을 '명예혁명'이라 명명했다. 청교도혁명과 달리 피를 보지 않고 이룬 혁명이라 하여 명예혁명이라고 했다. 피 흘리는 일 없이 하위가 상위를 이겼던 것이다.

윌리엄과 메리에게는 아들이 없었다. 그래서 메리의 여동생 앤이 왕위 를 계승했다. 앤에게는 아들이 있었으나 어렸을 때 그만 죽어버린다. 스 튜어트 왕조의 대가 끊겼던 것이다. 스튜어트 왕조의 피를 그나마 가장 많이 이어받은 사람은 독일 하노버 선제후 가문의 하노버 공의 아들이었 다. 하노버 공의 아들이 스튜어트 왕조의 개조 제임스 1세의 증손자였 다. 그가 영국 왕 조지 1세가 된다. 사분의 일만 영국인이었던 그는 영어 를 할 줄 몰랐다. 왕을 대신해 국정을 운영하는 수상이 필요했고 그에 따 라 내각책임제가 성립되었다. 왕은 점점 더 군림만 하게 되었다. 이 하노 버 왕조가 오늘날까지 이어진다. 단지 이름만 하노버 왕조에서 윈저 왕 조로 바뀌었다. 제1차세계대전 중에 영국이 독일과 싸울 때 독일식 왕조 이름을 없앴다. 윈저는 왕궁 소재지의 이름이었다.

이상에서 영국의 시민혁명에 대해 살펴봤다. 네덜란드가 시민혁명을 거친 후 강력해졌던 것처럼 영국도 시민혁명을 거친 후 강력해졌는가? 강력해졌다. 뉴암스테르담이 뉴욕으로 바뀐 사실은 영국이 네덜란드보 다도 더 강력해졌음을 보여준다. 영국은 네덜란드를 능가했다. 영국 특 유의 자본주의적 방식이 시민혁명을 거친 영국에게 날개가 되었다.

비유적으로 말해서 네덜란드는 커트만 하는 미용실이었고 영국은 파마까지 하는 미용실이었다. 네덜란드는 상업만을 했지만 영국은 산업과 상업을 동시에 했다. 산업과 상업을 아우르는 개념이 자본주의라는 용어에 들어 있다. 최초로 자본주의라는 용어를 사용한 사람은 마르크스다. 그는 생산과 분배를 아우르는 개념으로 자본주의라는 용어를 사용했다.

15세기 말부터 17세기 초까지 영국 각지에서 일어난 인클로저 운동은 영국 특유의 자본주의적 특성을 보여준다. 농토를 목장으로 만들기 위해 울타리를 쳤던 것에서 인클로저라는 말이 비롯되었다. 농사를 짓는 대신 양을 길러서 당시 첨단 산업이었던 양모 가공업의 원료를 생산했던 것이다. 팔기 위해서 만드는 일이 시작되었음을 알 수 있다. 판다는 것은 하위에 속한다. 만든다는 것은 상위에 속한다. 하위에 상위가 더해졌을 때, 즉 하위적인 분배와 상위적인 생산이 결합되었을 때 자본주의적 방식이 나타난다. 만든다는 것이 어째서 상위에 속하는가? 상업의 반대에 위치하는 농업과 일맥상통하기 때문이다. 농사를 짓는 것은 곡식을 생산하는 것이다. 즉, 만드는 것이다. 농업은 상위에 속한다. 농업보다는 하위에 속하지만 상업보다는 상위에 속하는 것이 산업이다.

중농주의는 18세기에 프랑스에서 일어난 경제 사상이다. 중상주의가 상업을 강조한 반면 중농주의는 농업을 강조했다. 상업만으로는 실질적인 부를 창출할 수 없다는 생각에서 비롯된 사상이 중농주의였다. 프랑스는 농사가 잘되는 상위적인 곳이다. 때문에 이런 중농주의가 대두된 것일 수 있다. 그러나 중농주의의 한계는 농업 생산만을 중시했다는 데 있다. 상위적인 농업을 하위적인 상업과 결합시키지 못했다. 영국은 하위적인 중상주의를 일관되게 추구했다. 그러나 하위만을 추구했던 것이 아니라 상위도 추구했다. 농업이 아니라 산업을 상업과 결합시켰던 것이다. 농업과 상업을 결합시키기보다 산업과 상업을 결합시키기가 쉽다. 농업보다는 산업이 상업과 가깝기 때문이다.

농업, 산업, 상업의 관계를 쉽게 이해하기 위해서 사농공상이라는 말을 생각해보자. 선비가 가장 존귀하고 그 다음이 농부, 그 다음이 장인, 그 다음이 상인이라는 의미의 말이지만 이렇게 이해할 수도 있다. 선비가 최상위에 속하고, 그 다음이 농부, 그 다음이 장인, 그 다음이 상인이라고 말이다. 농부와 연결되는 농업이 상위에 위치하고, 상인과 연결되는 상업은 하위에 위치하며, 장인과 연결되는 산업은 그 사이에 위치하는 것이다.

장인과 공업이 연결된다. 장인 공工 아닌가? 산업과 공업은 뜻이 통한다. 원료에 인공을 가하여 새로운 물품을 만드는 산업이 공업이다. 산업의 사전적 의미는 생산을 목적으로 하는 사업이다. 산업의 의미가 공업의 의미보다 넓다는 것을 알 수 있다. 하지만 일반적으로 비슷하게 사용된다. 모직물 공업이라고 할 수도 있고 모직물 산업이라고 할 수도 있다. 영국에서 모직물 공업이 발달하면서 농민들 중 일부 부유층이 요면으로 성장했고, 이들 중 일부가 귀족적인 평민이 되었다. 이들을 젠트리라고 부른다. 젠트리가 의회의 주력을 이루었고 청교도혁명의 주체 세력이 된 것이다. 영국 특유의 자본주의적 방식은 점점 더 발달하여 마침내 산업혁명을 일으킨다. 산업과 상업의 결합이 자연스러웠던 영국에서 산업혁명이 일어났던 것은 결코 우연이 아니다.

영국 특유의 자본주의적 방식이 영국으로 하여금 네덜란드를 능가하게 했던 피라미드 상의 하부 요인이라면, 크롬웰이 1651년에 제정한 항해조례는 피라미드 상의 상부 요인이다. 유럽 이외의 지역에서 산출된 물품을 영국이나 영국 식민지로 운송할 때는 영국 선박을 이용해야 한다는 것이 항해조례의 내용이었다. 상위의 정치가 하위의 경제를 규제하는 모습은 분명 상위적이다. 영국은 분명 하위적인 나라였고 지금도 하위적인 나라다. 하지만 네덜란드와 비교했을 때 영국은 상위적인 나라였고 지금도 그러하다. 영국은 하위와 상위를 조화시키는 데 능한 나라일지 모른다. 민주주의의 본고장이기도 하지만 또한 군주제가 존속하는 나라 아닌가? 상업과 산업을 결합시킨 것도 하위와 상위를 조화시킨 것에 해당한다.

크롬웰의 항해조례로 인해 네덜란드 상선들이 영국 군함들에게 검문을 당하는 사태가 잇따르자 결국 전쟁이 터졌다. 1652년부터 2년간, 다시 1665년부터 1672년까지 벌어진 전쟁에서 네덜란드가 패했다. 영국은 에스파냐의 무적함대를 격파했던 나라였다. 역사는 하위가 상위를 이긴다는 점을 알려주지 않는가? 하위적인 네덜란드가 상위적인 영국에게 진 것은 예외적인 사건이었는가? 역사는 하위가 상위에 비해 강력하다는 점을 알려주지만 또한 상위와 하위가 조화되었을 때 발생하는 힘이 가공할 만하다는 점도 알려준다.

이상에서 초기 시민혁명에 대해 살펴봤다. 네덜란드와 영국이 시민혁명을 거쳤다. 시민혁명을 거친 네덜란드와 영국의 성장은 눈부셨다.

22. 제2 해상 유목민 1기

››› 프랑스의 절대주의

　프랑스, 프로이센, 러시아는 30년 전쟁을 거치면서 절대주의의 전성기에 도달했다. 이들 나라들이 구가한 후기 절대주의에 대해 살펴보도록 하자.

　먼저 프랑스의 절대주의에 대해 살펴보자. 위그노 전쟁을 수습한 앙리 4세는 1610년 어느 가톨릭 광신도에 의해 암살당했다. 그의 아들 루이 13세가 아홉 살의 나이로 왕위를 계승하자 루이의 어머니 마리가 섭정이 되었다. 유능한 재상이 필요했다. 리슐리외라는 인물이 위대한 '재상의 시대'를 연다. 공교롭게도 루이 13세의 아들도 다섯 살의 나이로 왕위를 계승하자 재상의 시대가 연장되었다. 리슐리외의 뒤를 이은 재상은 마자랭이었다. 마자랭은 리슐리외의 총애를 받아 추기경에 오른 사람으로서 그로부터 유능한 재상이 되는 법을 전수받은 사람이었다. 국왕과 재상을 비교할 때 재상은 하위에 속한다. 1인자를 보필하는 2인자가 재상이다. 하위에 속한 재상은 명분보다는 실리를 추구하게 마련이다. 때문에 재상의 힘이 강할 때 강한 실력을 가진 나라가 만들어지는 것이다. 역시 역사는 하위의 강력함을 이야기한다. 독일제국을 만든 비스마르크도 재상이었다.

　1661년 마자랭이 죽자 스물셋의 루이 14세는 재상을 두지 않고 직접 나라를 다스리겠다고 선언했다. 50년 이상 지속된 재상의 시대가 끝난다. 루이에게 있어 국왕은 신의 대리자였다. 루이는 그야말로 상위를 추구하는 국왕이었다. 그에게는 재상들이 만든 강력한 나라까지 있었다. 마자랭에게 발탁된 콜베르의 주도로 중상주의 정책이 추진되었지만 이른바 콜베르티즘은 콜베르가 죽었을 때 끝나버리고 만다. 콜베르티즘에 의거해 동인도 회사와 서인도 회사가 세워졌지만, 네덜란드와 영국을 따라잡기에는 역부족이었다. 프랑스는 본질적으로 네덜란드와 영국에 비해 상위적이었다. 프랑스가 전통의 하위적인 나라들인 네덜란드와 영국을 이기기는 쉽지 않았다. 1672년부터 6년간 벌인 네덜란드와의 전쟁에서 별 성과를 거두지 못했다.

　자연스럽게 바다에서 대륙으로 눈을 돌린 루이 14세는 육상 제국을 꿈꾸었다. 30년 전쟁으로부터 가장 큰 수혜를 본 나라가 프랑스였다. 그리고 '나는 전쟁을 좋아한다' 고 공공연하게 말하던 루이였다. 1685년 그는 할아버지 앙리 4세가 내렸던 낭트 칙령을 폐지하여 가톨릭으로 회귀했다. 상위를 추구했던 그가 가톨릭으로 선회한 것은 자연스러운 일이었다. 그는 종교적인 통일까지를 원했던 것이다. 프랑스의 신교도들이 100여 년 만에 다시 종교의 자유를 찾아 다른 나라로 이주해야 했다. 그 중 상당수가 네덜란드로 갔다. 마침 1688년 네덜란드 총독 빌렘이 영국의 윌리엄 3세로 즉위하자 루이는 프랑스로 망명한 제임스 2세를 복위시킨다는 구실로 네덜란드를 침략했다. 또다시 네덜란드와 프랑스 간에 전쟁이 벌어졌다.

　네덜란드와 영국은 물론이고, 프로이센과 작센을 비롯한 독일의 영방 국가들, 그리고 에스파냐까지 프랑스에 반대하여 동맹을 결성했다. 프랑스가 제국이 되는 것을 서유럽 거의 모든 나라들이 원치 않았던 것이다. 아우크스부르크 동맹이라는 대프랑스 동맹을 결성한 나라들과 프랑스 간에 벌어진 전쟁을 아우크스부르크 동맹 전쟁이라고 한다. 10여 년 간의 전쟁에서 프랑스는 내내 우위를 유지했다. 그만큼 재상의 시대를 거치면서 프랑스는 강력해져 있었던 것이다. 하지만 해상에서는 항상 영국에게 패했다. 전쟁이 종결되었을 때 프랑스가 얻은 것은 알자스·로렌 지방 남쪽의 스트라스부르뿐이었다.

한편 에스파냐는 펠리페 2세 때부터 몰락하기 시작했다. 펠리페 3세 때 네덜란드에 대한 영향력을 잃었고, 펠리페 4세 때에는 포르투갈이 독립했으며 네덜란드의 독립이 확정되었다. 펠리페 4세의 아들 카를로스 2세는 후사 없이 죽고 말았다. 그는 루이 14세의 손자 필리프에게 에스파냐의 왕위를 물려준다는 유언을 남긴다. 루이 14세의 외가가 에스파냐 왕가였던 것이다. 제국이 될 가능성을 안고 있던 프랑스에게 에스파냐가 더해지는 사태를 서유럽 거의 모든 나라들은 당연히 원치 않았다. 영국과 네덜란드가 반발했고, 특히 신성로마제국의 황제가 반발했다. 오스트리아가 반발했던 것이다. 에스파냐 왕가와 신성로마제국의 황가는 같은 합스부르크 가문이었다. 때문에 오스트리아는 에스파냐가 오스트리아에게 주어지기를 바랐다.

1701년 영국·네덜란드·오스트리아와 프랑스·에스파냐 사이에 다시금 전쟁이 벌어진다. 에스파냐 왕위계승 전쟁이었다. 에스파냐 함대가 영국과 네덜란드의 함대에 의해 참패를 당하면서 전쟁 초기의 우세에도 불구하고 프랑스가 무릎을 꿇었다. 1713년 위트레흐트 조약이 체결되었다. 위트레흐트 조약의 결과 루이 14세의 손자 필리프가 에스파냐의 왕위를 물려받아 펠리페 5세가 되었다. 프랑스의 뜻대로 되었던 것은 그것뿐이었다.

오스트리아는 오늘날 벨기에 지역과 나폴리, 사르데냐, 그리고 북이탈리아를 차지했다. 프랑스의 위성국이었다가 개전 초기에 재빨리 오스트리아 편에 섰던 사부아 공국은 시칠리아를 얻었다. 나중에 사부아 공국은 시칠리아를 오스트리아에게 주고 대신 사르데냐를 받아 사르데냐 왕국을 세운다. 이 사부아 왕가가 중심이 되어 19세기에 이탈리아가 통일되었다. 영국은 지중해 무역의 관문인 지브롤터와 지중해 무역의 요지인 메노르카 섬을 얻었다. 또 신대륙에 노예를 공급하는 권리를 비롯하여 신대륙과 관련된 에스파냐의 여러 가지 특권을 빼앗았다. 또한 영국은 아메리카에서 프랑스와 싸워 승리했다. 아우크스부르크 동맹 전쟁 때도 영국과 프랑스가 아메리카에서 싸웠으나 당시에는 승부가 나지 않았었다.

››› 프로이센의 절대주의

프랑스로부터 제국의 꿈을 이어받은 나라는 프로이센이었다. 프로이센의 절대주의에 대해 살펴보자. 프로이센은 위트레흐트 조약을 통해 왕국으로 승인되었다. 앞에서 조금 언급했지만 에스파냐 왕위계승 전쟁이 시작되자마자 프로이센의 프리드리히 1세는 오스트리아 편을 들었었다. 그 덕에 프로이센이 왕국으로 승격될 수 있었다. 프리드리히 1세를 뒤이은 프리드리히 빌헬름 1세는 군대를 강화시켰다. 이것은 그의 아들 프리드리히 2세로 이어진다. 프리드리히 2세는 프로이센을 군사 대국으로 발전시킴으로써 '프리드리히 대왕'으로 불리게 된다. 프리드리히 2세는 해외로 눈을 돌리지 않았다. 대신 오스트리아에 속한 슐레지엔을 노렸다. 슐레지엔에는 석탄과 철이 풍부하게 있었던 것이다. 석탄과 철은 근대적 군대를 유지하는 데 반드시 필요한 것들이었다.

프리드리히의 야망을 채워주는 일이 일어나게 된다. 오스트리아의 황제 카를 6세는 아들을 낳지 못했다. 딸은 있었다. 카를은 딸 마리아 테레지아에게 제위를 물려준다는 유언을 남기고 죽었다. 게르만 법과 배치되는 결정이었다. 게르만 법에 따르면 딸은 왕위를 계승할 수 없었다.

여왕들이 등장했던 나라들은 오늘날에도 군주가 존재한다. 게르만 전통이 강했던 프랑스와 신성로마제국에는 여왕이 거의 없었다. 오늘날 이런 나라들에는 군주가 존재하지 않는다. 이것을 어떻게 이해할 수 있을까? 입헌군주제를 취하고 있는 유럽의 나라들은 영국, 에스파냐, 네덜란드, 벨기에, 룩셈부르크, 스웨덴, 노르웨이 등이다. 바다와 인접한 이들 나라들은 대체로 하위적이다. 때문에 여왕을 거부하지 않았다. 남자는 상위에 속하고 여자는 하위에 속하지 않는가? 남왕은 상위에 속하며 여

왕은 하위에 속한다. 오늘날 이들 나라들은 군주제를 취하고 있지만 의회민주주의를 잘 실천하고 있다. 하위적이기 때문에 군주의 존재 자체는 따지지 않는 것이다. 군주에게 실제적인 권력이 있느냐 없느냐만 따지는 것이다.

상위적인 오스트리아나 프로이센에게는 여왕의 출현이 문제가 되었다. 프리드리히 2세는 군대를 출동시켜 슐레지엔을 점령해버렸다. 프랑스가 프로이센과 동맹을 맺자 영국이 오스트리아와 동맹을 맺었다. 오스트리아 왕위계승 전쟁이 발발했다. 에스파냐 왕위계승 전쟁은 에스파냐 합스부르크 가문의 후사 문제 때문에 발발했고, 오스트리아 왕위계승 전쟁은 오스트리아 합스부르크 가문의 후사 문제 때문에 발발했다. 이래저래 합스부르크 가문이 문제였다. 프리드리히는 영리하게도 마리아 테레지아가 여왕이 되는 것을 인정하는 대가로 슐레지엔을 차지한 다음 발을 빼버렸다. 영국과 프랑스는 유럽과 아메리카에서 계속 싸웠다. 승부는 나지 않았다.

절치부심한 마리아 테레지아가 활발한 외교활동을 펼쳐 프랑스, 오스트리아, 스웨덴, 러시아가 프로이센을 에워싸는 형국을 만들어낸다. 어제의 적이었던 프랑스마저 자기편으로 끌어들였다. 영국과 동맹을 맺은 프로이센이 선제공격을 감행하자 다시금 전쟁이 터졌다. 7년 전쟁이었다. 오스트리아 왕위계승 전쟁이 끝난 지 8년 만에 전쟁이 다시 일어났던 것이다. 처음에 프리드리히는 연승을 거두었으나 시간은 프리드리히의 편이 아니었다. 프로이센의 인구는 유럽에서 20번째였고, 그에 따라 병력 수도 얼마 되지 않았다. 영국은 육군이 약했던 만큼 해외에서 프랑스와 싸움을 할 뿐이었다. 1757년 인도에서 벌어진 플라시 전투에서 프랑스에 승리한 영국은 인도를 단독으로 지배할 수 있게 된다.

프로이센을 살린 것은 러시아였다. 1762년 러시아의 엘리자베타 여제가 죽고 그녀의 조카인 표트르 3세가 제위에 올랐는데, 그는 프리드리히의 열렬한 숭배자였다. 그는 루터 파 교회의 신자로서 프로이센 식 교육

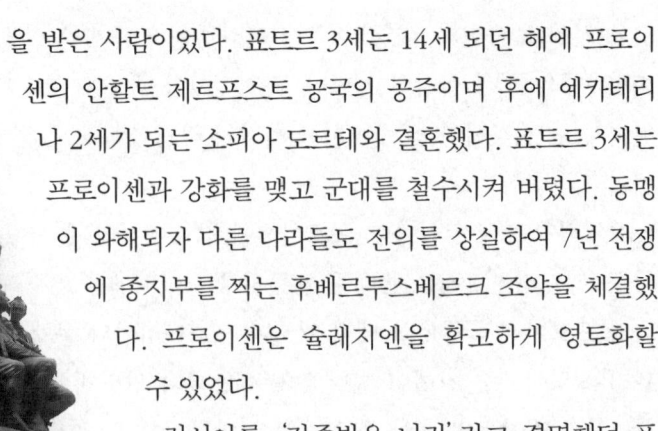

을 받은 사람이었다. 표트르 3세는 14세 되던 해에 프로이센의 안할트 제르프스트 공국의 공주이며 후에 예카테리나 2세가 되는 소피아 도르테와 결혼했다. 표트르 3세는 프로이센과 강화를 맺고 군대를 철수시켜 버렸다. 동맹이 와해되자 다른 나라들도 전의를 상실하여 7년 전쟁에 종지부를 찍는 후베르투스베르크 조약을 체결했다. 프로이센은 슐레지엔을 확고하게 영토화할 수 있었다.

러시아를 '저주받은 나라'라고 경멸했던 표트르 3세를 러시아 인들이 좋아할 리 없었다. 결국 진중한 예카테리나 2세가 근위대의 도움을 받아 표트르 3세를 폐위하고 1762년 제위에 올랐다. 예카테리나 1세는 표트르 1세, 즉 표트르 대제의 부인이었다. 그녀도 표트르 1세가 죽

예카테리나 2세-러시아, 상트페테르부르크.

었을 때 제위를 이었다. 예카테리나 2세는 표트르 1세의 손자며느리였다. 표트르 1세의 딸의 아들의 아내였다.

아우크스부르크 동맹 전쟁과 에스파냐 왕위계승 전쟁은 프랑스와 관련된 전쟁이었고, 오스트리아 계승 전쟁과 7년 전쟁은 프로이센과 관련된 전쟁이었다. 7년 전쟁 때부터 러시아가 유럽의 역사에서 일정한 역할을 하게 된다. 프랑스와 프로이센에 이어 이제 러시아에 대해 알아보자.

››› 러시아의 절대주의

몽골 족의 영향력을 떨쳐버린 다음 비잔틴 제국을 계승한다면서 스스로 차르가 된 이반 3세에 대해서는 앞에서 살펴봤다. 이반 3세의 손자인 이반 4세 때 러시아는 강력한 나라가 된다. 이반은 봉건 귀족들을 대규

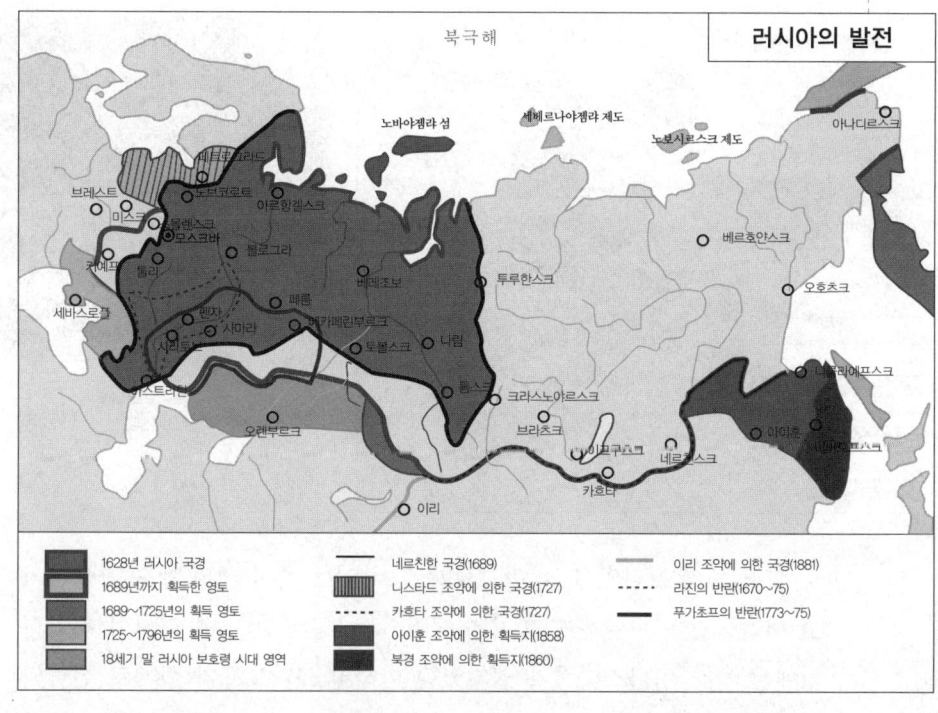

북극해

노바야젬랴 섬

세베르나야젬랴 제도

노보시비르스크 제도

아나디르스크

브레스트

노브고로트

아르항겔스크

베르호얀스크

미즈스

스몰렌스크

모스크바

볼로그라

퀘예프

툴라

비체초보

투루한스크

오호츠크

세바스로클

민자

사마라

페름

에카페린부르크

나림

토볼스크

펜자

옴스크

크라스노야르스크

니콜라에프스크

오렌부르크

브라츠크

아이훈

이리쿠츠크

네르친스크

카호타

이리

1628년 러시아 국경	네르친스 국경(1689)	이리 조약에 의한 국경(1881)
1689년까지 획득한 영토	니스타드 조약에 의한 국경(1727)	라진의 반란(1670~75)
1689~1725년의 획득 영토	카흐타 조약에 의한 국경(1727)	푸가초프의 반란(1773~75)
1725~1796년의 획득 영토	아이훈 조약에 의한 획득지(1858)	
18세기 말 러시아 보호령 시대 영역	북경 조약에 의한 획득지(1860)	

모로 처형하는 공포정치를 펼쳤기 때문에 뇌제雷帝라는 별명을 얻었다. 큰 나라는 상위에 속한다. 제국은 상위에 속한다고 하지 않았는가? 소수 민족들을 아우르게 되는 큰 나라는 제국적인 모습을 띨 수밖에 없다. 강력한 권력도 상위에 속한다. 보통 큰 나라에는 강력한 권력이 존재하게 마련이다. 큰 나라의 가장 큰 고민은 분열이다. 분열을 막기 위해서는 강력한 권력이 필요하다. 러시아는 큰 나라였고 지금도 세계 최대의 나라다. 이반은 봉건 귀족들의 반란을 막기 위해 비밀경찰을 조직했다. 비밀경찰과 더불어 러시아 특유의 차리즘이 본격 가동되었다. 할아버지처럼 강력하게 상위를 추구했던 이반은 '복수전'이라는 명목을 내걸고 몽골족을 공격했다. 이반은 줄기차게 동진했다.

이반 4세에게는 아들들이 있었지만 병약하거나 어렸다. 이반이라는 총명한 왕자가 있었지만 이반 4세가 광적인 생활을 하던 어느 날 지팡이

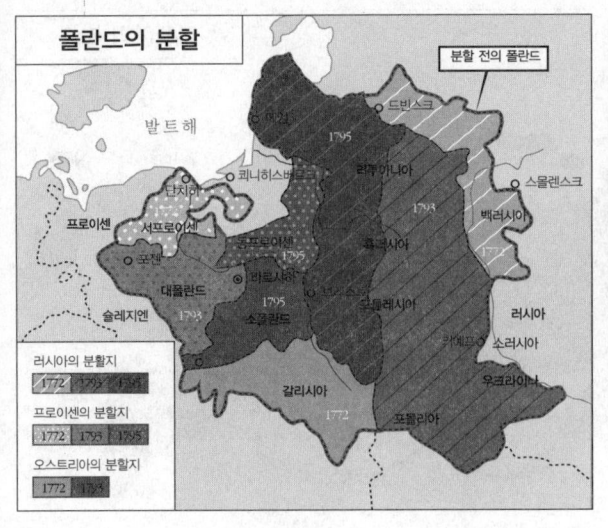

폴란드의 분할

예카테리나 2세 관과 표트르 대제의 관
—러시아, 상트페테르부르크.

로 찔러 죽이고 말았다. 이반 4세가 후사 없이 죽자 제위 계승을 둘러싸고 귀족들간에 치열한 다툼이 벌어졌다. 마침내 1613년 러시아 전국회의에서 황후 아나스타샤와 일가였던 미하일 로마노프가 황제로 선출되었다. 이것이 로마노프 왕조의 시작이다. 러시아를 유럽의 일부로 편입시킨 사람은 미하일 로마노프의 손자 표트르 1세였다. 그는 제국의 영토를 동쪽으로 계속 확장시켜 1689년 청나라와 네르친스크 조약을 맺었다. 그런가 하면 '표트르의 도시' 라는 뜻의 페테르부르크를 만들었다. 표트르는 제2 해상 유목민에게 반드시 필요한 바다를 원했던 것이다. 발트 해와 연결된 도시가 페테르부르크이다. 표트르는 발트 해의 제해권을 차지하기 위해 스웨덴과 전쟁을 벌였다. 1700년부터 약 20년간 벌어진 이 전쟁을 북방 전쟁이라고 한다. 이 전쟁에서 러시아가 승리했다. 페테르부르크의 페트로파블로프스키 사원에서 표트르 1세와 예카테리나 2세의 관을 본 적이 있다. 예카테리나 2세도 시할아버지의 뜻을 계승하여 페테르부르크에 많은 정열을 쏟았다.

표트르 1세가 죽고 나서 여러 명의 차르가 등장했다. 그러다가 마침내 손자며느리인 예카테리나 2세가 차르가 되면서 러시아 절대주의는 그

전성기에 도달한다. 프로이센의 프리드리히 2세와 예카테리나 2세는 둘 다 제국을 추구했다. 후기 절대주의의 태두들이었다. 1772년에 여제와 대왕은 영토 상실로 상심에 빠져 있던 오스트리아의 마리아 테레지아 여제를 끌어들였다. 폴란드를 삼분하여 지도상에서 사라지게 했다. 폴란드는 세계사의 흐름을 타지 못하고 있었다. 그때까지도 국왕을 선거로 뽑고 있었던 것이다.

>>> 청나라의 절대권력

표트르 1세는 네르친스크 조약을 명나라가 아니라 청나라와 맺었었다. 서양에 후기 절대주의가 펼쳐지고 있었을 때 동양에는 어떤 역사가 펼쳐졌는가?

명나라는 농민 반란이 심해지면서 망하기 시작했다. 이자성이라는 인물이 농민 반란군을 규합하여 1643년 시안(西安)에서 대순大順이라는 새로운 왕조를 세운다. 그리고 이내 베이징을 공략하여 손에 넣었다. 명나라의 마지막 황제인 의종이 목을 매 자살함으로써 명나라는 문을 닫았다. 어부지리는 만주의 여진족에게 돌아갔다.

1588년 여진족의 누르하치는 만주 일대를 통일하고 확장을 거듭했다. 1616년 황제를 자칭했으며 남만주의 선양(瀋陽)을 수도로 삼았다. 국호는 300여 년 전 조상들이 세웠던 금나라에서 따와 후금이라고 했다. 황제 태종은 1627년과 1636년 두 차례에 걸쳐 조선을 정벌하여 후방을 다졌다. 정묘호란과 병자호란이었다. 1636년에 국호를 청으로 바꿨다. 또한 여진족을 만주족으로 고쳐 부르도록 했다. 명나라의 오삼계가 청에 투항하자 청은 오삼계의 도움으로 손쉽게 베이징을 손에 넣었다. 다음 황제인 세조는 세 개의 번국을 두어 강남을 간접 통치했다. 오삼계를 비롯한 한족 공신들이 번국들의 통치자들이었다. 시간이 흐르면서 점차 번국들이 독립국처럼 변해갔다. 번국들의 문제가 대두되어 있었을 때 등장

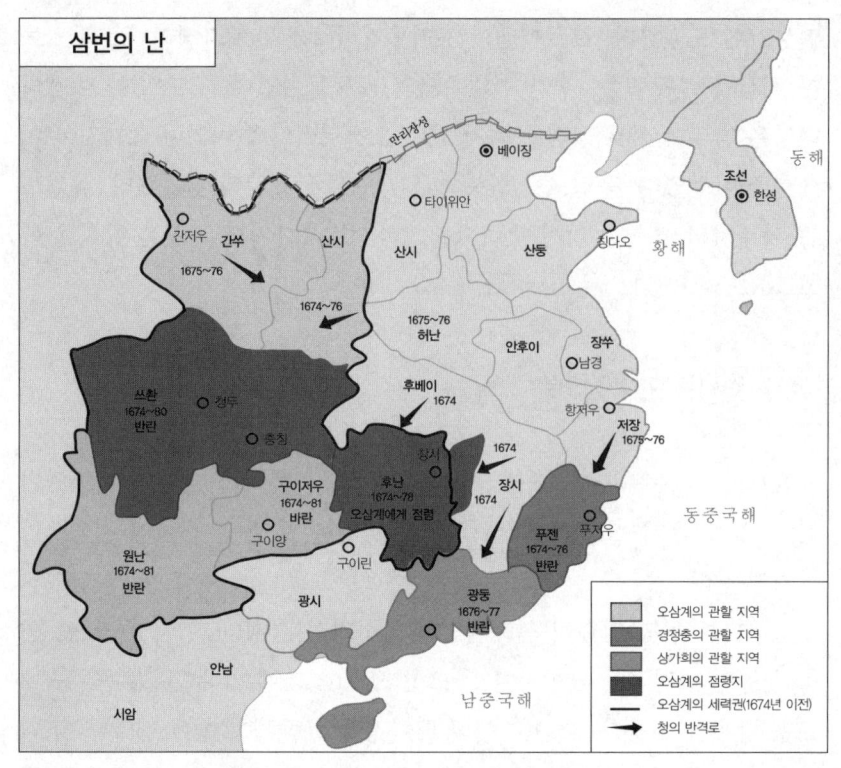

삼번의 난

한 황제가 강희제였다. 1681년 강희제는 번국들을 모두 없애는 데 성공한다. '삼번의 난'을 평정했다.

바로 강희제가 표트르 1세와 네르친스크 조약을 맺었던 것이다. 강희제는 중국 서북쪽으로 영토를 확장시켜 나갔다. 청나라는 동쪽에서 서쪽으로 영토를 확장하다가 러시아를 만났던 것이고, 러시아는 서쪽에서 동쪽으로 영토를 확장하다가 청나라를 만났던 것이다. 강희제는 프랑스의 루이 14세와 비교되곤 한다. 강희제를 표트르 1세와 비교할 수도 있을 것이다. 루이 14세가 1643년에 태어나 1715년에 죽었으며, 강희제는 1661년에 태어나 1722년에 죽었고, 표트르 1세가 1682년에 태어나 1725년에 죽었다. 모두 동시대를 살았다. 청나라를 프로이센이나 러시아와 같은 후기 절대주의 국가들과 함께 고려하는 것은 적절하다. 청나

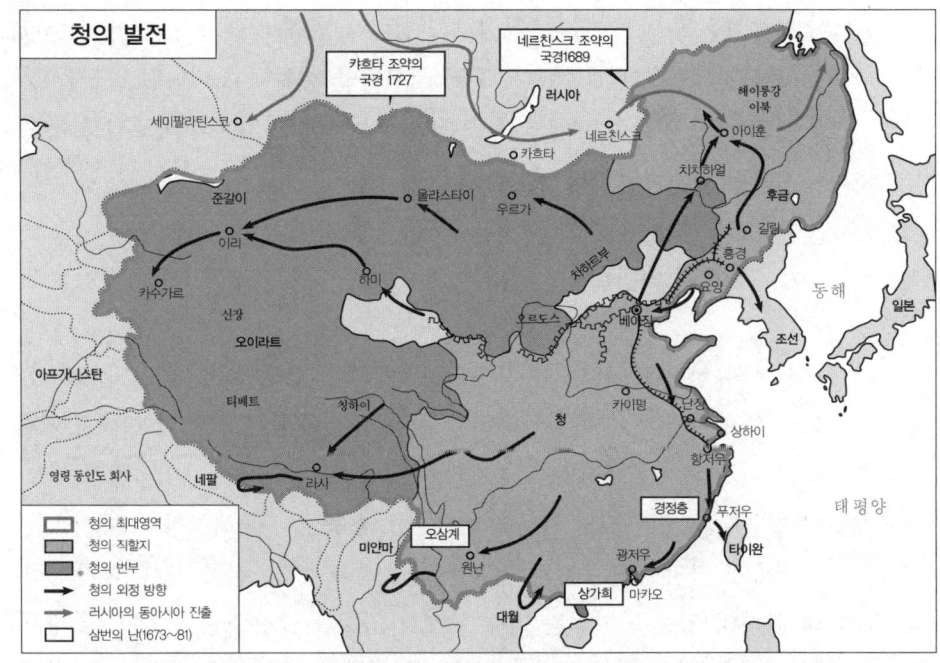

청의 발전

- 카흐타 조약의 국경 1727
- 네르친스크 조약의 국경1689
- 러시아
- 세미팔라틴스크
- 네르친스크
- 카흐타
- 헤이룽강 이북
- 아이훈
- 치치하얼
- 후금
- 길림
- 올라스타이
- 우르가
- 흥경
- 준갈이
- 이리
- 하미
- 차히르부
- 심양
- 동해
- 카수가르
- 신장
- 오르도스
- 베이징
- 조선
- 일본
- 오이라트
- 아프가니스탄
- 티베트
- 칭하이
- 청
- 카이펑
- 난징
- 상하이
- 황저우
- 영령 동인도 회사
- 네팔
- 라사
- 경정충
- 푸저우
- 태평양
- 미얀마
- 오삼계
- 원난
- 광저우
- 타이완
- 대월
- 상가희
- 마카오

- □ 청의 최대영역
- ▨ 청의 직할지
- ▪ 청의 번부
- → 청의 외정 방향
- → 러시아의 동아시아 진출
- □ 삼번의 난(1673~81)

라의 황제들은 강력한 권력을 구가했다. 특히 강희제에서 건륭제에 이르는 120여 년 간은 청나라의 극성기였다. 이 시기를 거치면서 영토가 급격히 늘어났다. 명나라의 강역은 청나라의 강역의 절반에도 미치지 못했다.

강희제의 뒤를 이은 옹정제는 황태자 밀건법이라는 것을 만들었다. 동서고금을 통틀어 가장 독창적인 황위 계승 제도였다. 재위 시에 미리 황태자를 책봉하지 않고 그 대신 황태자의 이름을 써서 상자에 밀봉해 두는 것이다. 만주족은 농경민족이 아니라 유목민족이었다. 유목민족은 하위적이고 따라서 능력을 중시한다. 황태자 밀건법에는 능력 있는 왕자로 하여금 제위를 잇게 하겠다는 의지가 담겨 있었다. 몽골 족도 하위적인 유목민이었기 때문에 능력 있는 왕자가 칸이 될 수 있었다. 그래서 왕자들간의 권력 다툼이 심했다. 능력 있는 왕자가 황제가 되게 하면서도 왕자들간의 권력 다툼을 막는 장치가 황태자 밀건법이었다. 상위와 하위를 조화시켰음을 알 수 있다. 황태자 밀건법에 의해 황제가 된 건륭제는 영토를 삼분의 일 이상 늘렸다. 중국 서북방을 정복했고 비단길 인근을 장악하고 있던 이슬람 세력도 축출했다. 오늘날의 미얀마와 베트남도 복속시켰으며 히말라야까지 원정하였다.

››› 일본의 절대권력

일본의 상황은 어떠했는가? 에도 막부가 성립되었다. 에도 막부를 후기 절대주의와 연관지어 이해하는 것은 적절하다. 도요토미 히데요시의 심복 이시다 미쓰나리와 도쿠가와 이에야스는 1600년 세키가하라 전투를 벌였다. 미쓰나리의 서군을 이에야스의 동군이 물리쳤다. 이에야스는 서군측에 가담한 영주들의 영지를 몰수했다. 그는 전국 곡식 총 생산량의 육분의 일을 차지하는 거대한 직할 영지를 소유하게 되었다. 절대적인 권력을 구현한 이에야스는 쇼군의 자리를 아들에게 세습할 수 있었다. 세습이 가능했다는 것은 강력한 권력을 가졌다는 것을 의미하지 않는가? 에도 막부가 집권한 지 수십 년이 지난 17세기 중반에는 에도 막부의 직할 영지가 전국 곡식 총 생산량의 사분의 일을 차지했다. 약 270년간 에도 막부는 전 일본을 통치했다. 일본 역사상 유례없는 평화의 시기였다.

이상에서 프랑스, 프로이센, 러시아의 절대주의, 즉 후기 절대주의에 대해 살펴봤다. 아울러 청나라와 에도 막부를 후기 절대주의와 관련지어 살펴보았다.

23. 제2 해상 유목민 1기

—후기 시민혁명

〉〉〉 계몽주의

미용실 비유를 다시 생각해보자. 초기 시민혁명을 거친 네덜란드나 영국이 이미 미용사들이 주도하는 미용실이 되어 있었을 때 프랑스나 프로이센, 러시아 등은 여전히 사장이 주도하는 미용실로 남아 있었다. 프랑스, 프로이센, 러시아 중에서는 프랑스가 바다와 가까운 하위적인 나라다. 그리고 프로이센이나 러시아의 절대주의가 한창일 때 프랑스의 절대주의는 한창때를 지나 있었다. 프랑스의 지식인들을 중심으로 미용사들이 전면에 나서야 한다는 주장이 활발하게 제기되었다. 시민들이 프랑스를 이끌어야 한다는 주장이 제기되었던 것이다. 이런 주장들이 모여 계몽주의를 성립시켰다. 필요가 사상이나 학문의 발달을 이끌지 않는가? 전쟁이 벌어지면 과학이 발달하게 마련이다.

르네상스 시기부터 하위적인 학문인 과학은 꾸준히 발달했다. 과학의 발달은 코페르니쿠스, 케플러, 갈릴레이를 거쳐 뉴턴에 이르러 일단락되었다. 뉴턴은 만유인력의 법칙을 발견함으로써 우주를 역학적으로 설명하는 데 성공했다. 우주도 하나의 기계라는, 다시 말해서 시계와 비슷하다는 결론을 도출했던 것이다. 특히 뉴턴에 의해 실증할 수 있는 과학, 실험으로 증명할 수 있는 과학이 등장했다. 과학의 발달에 굵은 획이 그어졌다. 과학혁명이 일어났다고 할 만했다. 과학이 각광을 받게 되었으며, 각국에 과학 관련 학회들이 설립되었다. 영국의 왕립협회와 프랑스의 과학아카데미가 이때 생겨났다.

과학이 하위로 한층 더 내려가자 과학보다 상위에 위치하는 학문들도 하위로 내려갔다. 신학이나 철학 등의 하위화가 전개되었다. 철학과 밀접하게 연결되어 있는 것들 중의 하나가 정치사상이다. 현실 정치에 대해서 생각하는 정치사상은 보다 더 하위적이라고 할 수 있다. 때문에 정치사상의 하위화는 괄목할 만했다. 어떤 정치사상들이 등장했는가?

절대주의를 옹호하는 정치사상은 왕권신수설이었다. 왕권은 신으로부터 주어진 것이며 따라서 절대적이고 신성하다는 것이 이 정치사상의 요체였다. 약간 하위적인 입장에서 왕권의 절대성을 옹호한 사람이 등장한다. 영국의 홉스는 저서 《리바이어던》에서 근대국가를 구약성경에 나오는 모든 것을 집어삼키는 바다 괴물로 묘사했다. 괴상한 사람이나 동물을 괴물이라고 한다. 홉스는 국가를 괴상한 동물로 묘사했던 것이다. 신은 상위에 속하는 반면 동물은 하위에 속한다. 홉스의 하위적인 면을 엿볼 수 있게 하는 것은 또 있다. 그는 강력한 주권이 없을 때 만인은 만인과 투쟁할 것이기 때문에 왕권의 절대성은 옹호되어야 한다고 주장했다. 왕권이 신성하기 때문이 아니라 왕권이 필요하기 때문에 왕권의 절대성이 옹호되어야 한다고 했음에 유의할 수 있다. 왕권의 신성함을 이야기하는 것이 상위적이라면, 왕권의 필요성을 이야기하는 것은 하위적이다.

홉스와 비교되곤 하는 로크도 영국 사람이었다. 영국이 섬나라여서 기본적으로 하위적인 나라라는 사실과 영국에서 홉스와 로크로 대표되는 하위적인 사상가들이 많이 배출된 사실과는 분명 관련이 있다. 로크는 홉스보다 더 하위적이었다. 그는 강력한 주권이 없어도 만인이 만인과 투쟁하지 않는다고 주장했다. 단지 자연권, 즉 생명권 · 자유권 · 재산권이 침해되지 않도록 하기 위해 피치자들의 동의에 의해 국가가 형성되는 것이라고 했다. 주권의 절대성을 옹호하지 않았던 로크는 홉스보다 더 하위적이었다.

이런 사상가들의 사상이 프랑스로 건너가게 된다. 영국에 비해 상위적인 프랑스에서도 하위적인 사상가들이 등장했다. 볼테르는 영국의 입헌정치를 동경했고, 프리드리히 대왕과 예카테리나 여제에게 많은 영향을 끼쳤다. 몽테스키외는 저서 《법의 정신》에서 삼권분립을 주장했다. 루소는 저서 《사회계약론》에서 인민주권론을 외쳤다. 정부는 인민 전체의 일반의지에 저촉됨이 없어야 한다고 했다. 일반의지란 무엇인가? 일반의지에서 의지는 자유의지를 연상시킨다. 하위적인 개념이다. 일반은 보편과 통하지 않는가? 상위적인 개념이다. 루소는 상위와 하위의 조화를 생각했던 것이다. 그는 법 앞에서의 평등만을 주장하지 않았다. 경제적 평등도 주장했다. 평등은 상위적인 개념이다.

미용실 비유를 들어 다시 말하자면 홉스는 사장의 역할을 강조했고 로크는 미용사들의 역할을 강조했다. 행정, 입법, 사법의 분리를 말했던 몽테스키외는 사장과 미용사들을 중재하는 중재자, 말하자면 감사의 필요성을 지적했다. 사장이 행정과 관련될 수 있고, 미용사들은 입법과 관련될 수 있고, 감사는 사법과 관련될 수 있을 것이다. 그런가 하면 루소는 스태프들의 중요성을 지적했다. 프랑스 대혁명 때 루소의 사상은 프롤레타리아들, 즉 스태프들에게 많은 영향을 끼쳤다. 루소의 사상과 파시즘의 연관성을 이야기하는 사람들도 있다. 상위와 하위가 조화될 때 강력한 힘이 발생한다는 이야기를 앞에서 했다. 강력한 원자력은 잘 사용될 수도 있지만 잘못 사용될 수도 있다. 역사의 핵폭탄들 중 하나가 파시즘이다.

이런 사상들이 아직도 시민혁명을 거치지 않은, 상위적인 프랑스에서 계몽주의라는 이름으로 꽃피고 있었다. 필요가 사상이나 학문의 발달을 이끌지 않는가? 프랑스에서 계몽주의가 만개하고 있었을 때 미국에서는 독립전쟁이 발발한다.

>>> 미국의 시민혁명

비유적으로 말해서 미국은 영국의 분점이었다. 본점의 미용사들은 이미 오래 전에 시민혁명을 거쳤지만 분점의 미용사들은 시민혁명을 거치지 못하고 있었다. 본점의 미용사들처럼 경영에 참여하거나 이익을 많이 나누어 가지지 못했다. 미국의 지식인들은 프랑스에서 만개한 계몽주의를 온전히 흡수하고 있었다. 계몽주의에 대해 잘 알게 된 미국의 미용사들이 본점의 계속되는 압박을 견디려고만 하지 않았을 것임은 어렵지 않게 짐작할 수 있다.

영국은 1757년 플라시 전투에서 프랑스를 누르고 동양 최대의 식민지인 인도를 손에 넣었다. 이어 총독을 파견하여 인도를 잘 경영했다. 그러나 7년 전쟁에서 역시 프랑스를 누르고 차지했던 북아메리카는 뜻대로 경영하지 못했다. 미국인들은 북아메리카 동북부 해안 지대에 13개 주를 건설하고 자치를 하고 있었다. 이들은 청교도들이었기 때문에 원래부터 영국에 대해 좋은 생각을 가지고 있지 않았다. 하위적인 칼비니즘의 영향을 받은 청교도들은 청교도혁명에서 볼 수 있듯이 시민혁명에 반드시 필요한 하위적인 마인드를 가지고 있었다. 거기에 프랑스의 계몽주의가 가세하자 미국인들은 더욱 하위적인 마인드를 가지게 되었다. 인도는 동양에 있었지만 북아메리카는 서양에 있었다. 서양은 동양에 비해 하위적이다. 인도도 중국에 비하면 하위적이다. 그러나 서양에 비하면 상위적이다.

7년 전쟁 후 영국 왕 조지 3세는 미국인들에게 세금을 많이 거두기 시작했다. 과세 항목들을 많이 신설했다. 1765년 인지세법을 제정하여 모든 인쇄물, 즉 책자, 신문, 달력, 트럼프 등에 세금을 붙였다. 미국인들이 반발하자 1년 만에 인지세법은 폐지되었다. 그러나 다시 타운센드 법이 제정되어 유리, 납, 페인트, 종이, 차 등에 세금이 붙었다. 타운센드 법은 1770년 역시 반발 때문에 폐지되었다. 그러나 차에 대한 세금은 폐지되지 않았다. 기호품인 차에 대한 수요가 컸던 것이다. 다시금 1773년 차조례가 제정된다. 파산 위기에 처한 동인도 회사를 구하기 위해 동인도 회사만이 차 무역을 할 수 있도록 한 법이었다. 차에 대해서는 본국이 과세할 권한이 있음을 명확히 하는 법이기도 했다. 차조례에 불만을 품고 있던 일부 미국인들이 보스턴 항구에 정박 중이던 동인도 회사 상선 2척에 한밤중에 올라가 342개의 상자를 깨뜨리고 차를 바다에 던져버리는 사건이 일어났다. 미국 독립전쟁의 기폭제가 되었던 보스턴 차 사건이었다.

서양 사람들이 먹던 차는 홍차였다. 찻잎을 따서 방치하면 잎 속의 효소가 산화작용을 일으켜 검게 변한다. 동양인들은 찻물의 빛깔이 붉다 하여 홍차라고 했고 서양인들은 찻잎이 검다 하여 블랙티라고 했다. 차를 장기간에 걸쳐 배로 운송하는 과정에서 아마도 찻잎이 검게 변했을 것이다. 이 홍차가 바닷물에 빠뜨려졌던 것이다. 찻잔 같던 보스턴 항구의 바닷물이 흡사 찻물처럼 붉게 변했을 것이다. 그래서 영어로 보스턴 차사건을 보스턴 티파티라고 한다. 티파티가 열렸다는 것이다. 이때부터 미국인들은 차 대신 커피를 마시기 시작했다. 미국인들은 커피를 차처럼 묽게 타서 마신다.

보스턴 차사건으로 인해 미국과 영국 간에 전쟁이 벌어졌다. 결국 미국이 영국을 물리치고 독립을 쟁취했다. 다른 나라들의 도움이 없었다면 미국은 패배했을지 모른다. 전쟁이 시작된 지 2년 만에 프랑스를 필두로 하여 에스파냐, 네덜란드가 참전해 미국을 도왔다. 모두 영국과 전쟁을 치렀던 나라들이었다. 특히 프랑스의 노력은 헌신적이었다. 프랑스는 참전하기 전부터 미국에 막대한 양의 군수물자를 공급했다. 러시아, 프로이센, 덴마크, 스웨덴 등은 중립을 선언했지만 중립국이라는 지위를 이용하여 선박으로 미국에 군수물자를 실어 날랐다. 1783년 파리 조약에 의해 미국의 독립이 확정되었다.

미국 독립전쟁은 네덜란드의 고이센 전쟁처럼 독립전쟁이면서 동시에 시민혁명이었다. 하위를 추구한 미국인들에게 군주제보다는 공화제가 어울렸다. 전쟁 영웅이었던 워싱턴은 왕이 아니라 대통령이 되었다. 네덜란드의 고이센 전쟁이 초기 시민혁명의 효시였다면 미국 독립전쟁은 후기 시민혁명의 효시였다.

시민혁명을 거친 나라들은 모두 잘 나갔다. 네덜란드가 그랬고 영국이 그랬다. 미국도 마찬가지였는가? 과중한 세금을 내지 않아도 되었기 때문에 돈이 많이 남았다. 그 돈으로 미국은 루이지애나를 프랑스로부터 샀다. 플로리다를 에스파냐로부터 샀고, 알래스카는 러시아로부터 샀다. 텍사스와 캘리포니아는 멕시코에게서 빼앗았다. 미국의 영토는 대서양에서부터 태평양에까지 이르게 된다.

››› 프랑스의 시민혁명

이제 후기 시민혁명의 정점이라고 할 수 있는 프랑스 대혁명에 대해 살펴보도록 하자. 에스파냐 왕위계승 전쟁을 치른 후 에스파냐와 손을 잡은 프랑스는 이미 오래전에 추락하기 시작한 에스파냐의 뒤를 따라 추락하기 시작했다. 사실 루이 14세가 낭트 칙령을 폐지했을 때 이미 추락은 시작되었다. 미국 독립전쟁이 일어났을 때 미국에 군수물자를 많이 대준 것이 추락의 속도를 증가시켰다.

재정난에 처한 루이 16세가 삼부회를 소집했다. 삼부회는 신분제 의회로서 세 가지 신분의 사람들로 구성되어 있었다. 제1 신분은 성직자 계층이었고 제2 신분은 귀족 계층이었으며, 제3 신분은 시민 계층이었다. 원래 삼부회는 1301년 필리프 4세가 귀족들을 견제하기 위해 만든 것이었다. 시민들과 손을 잡고 귀족들을 위와 아래에서 압박하려 했던 전략이 당시에는 주효했다. 시민 계층의 힘이 약했기 때문이다. 그러나 수백 년이 지나는 동안 시민 계층이 귀족적인 평민들로 거듭나 있었다는 것을 루이 16세는 알았어야 했다.

제1 신분과 제2 신분 대표들, 즉 성·속 귀족 대표들과 제3 신분 대표들, 즉 시민 대표들 사이에 심각한 의견 대립이 발생했다. 토의형식과 투표방식에 대한 견해차가 존재했다. 귀족들은 신분제 의결을 원했고 시민들은 인원수 의결을 원했다. 의견이 좁혀지지 않자 제3 신분 대표들이 '국민의회'라는 회의체를 만들어버린다. 이에 회의장이 폐쇄되자 시민 대표들은 실내 테니스 코트에 모여 헌법이 제정될 때까지는 해산하지 않을 것을 결의하는데, 이것이 이른바 테니스 코트 서약이다. 하는 수 없이 루이 16세는 제1 신분과 제2 신분 대표들에게 국민의회에 참가할 것을 지시했다. 하지만 루이의 진심은 다른 데 있었다. 베르사유 궁전에 군대가 투입되자 헌법 제정의 꿈에 부풀어 있던 시민 대표들과 시민들은 분노했다. 파리 시민들은 1789년 7월 14일에 바스티유 감옥을 습격했다. 당시 바스티유 감옥은 압제의 상징이었다. 결국 루이 16세에서 권력이 떠나게 된다. 바스티유 감옥을 습격한 7월 14일이 오늘날 프랑스의 혁명 기념일이다.

국민의회가 실질적인 정부가 되었다. 국민의회를 이끌었던 사람은 라파예트였다. 라파예트는 입헌군주제를 옹호하는 사람이었다. 국민의회 안의 급진파는 공화제를 원했다. 지금은 공화제가 보편적이지만 당시에는 그렇지 못했다. 공화제를 취하고 있는 나라는 유럽에 하나도 없었다. 대부분의 사람들은 공화제가 그리스 시대와 로마 시대 초기에나 존재했던 골동품에 불과하다고 생각했다. 때문에 공화제를 주장하는 급진파가 입헌군주제를 주장하는 라파예트를 압도하기는 어려웠다. 그러나 한 사건을 계기로 급진파가 위협적인 세력으로 부상하게 된다. 루이 16세와 그의 가족이 오스트리아로 망명하려다 적발되는 사건이 발생했던 것이다. 오스트리아는 루이의 처 마리 앙투아네트의 조국이었다. 이 일을 계기로 공화파의 입지가 넓어졌다. 국민의회는 공화파와 왕당파로 양분되었다. 국왕이 상징적인 존재로 남아 있는 것조차 허용하기를 원치 않았던 공화파는 급진적이었다. 상위적이었다. 상징성을 그다지 중시하지 않았던 왕당파는 하위적이었다. 프랑스 대혁명 당시 공화주의자들은 상위적이었다는 점을 염두에 둘 필요가 있다.

공화파는 곧 자코뱅 파였다. 자코뱅이라는 이름은 생토노레 가의 자코뱅 수도원에서 비롯되었다. 이 파의 본부가 자코뱅 수도원에 있었던 것이다. 자코뱅 파 내에 다시 여러 파가 존재했다. 초기에는 삼두파가 자코뱅 파를 지배했다. 1791년 루이 16세의 망명 실패 사건 이후 삼두파에서 우파와 중앙파가 떨어져나와 푀양 파를 결성했다. 1791년부터 1792년까지는 지롱드 파가 자코뱅 파를 지배했다. 아키텐의 한 지방인 지롱드 출신 인사들이 이 파에 많았다. 1793년부터 1794년까지는 산악파가 자코뱅 파를 지배했다. 산악파가 활약했을 때 자코뱅파에 의한 독재가 이루어졌기 때문에 산악파를 자코뱅 파와 동일시하기도 한다.

　1971년 9월 우여곡절 끝에 헌법이 제정되었다. 그에 따라 국민의회는 해산되었고 대신 프랑스 최초의 근대적 의회인 입법 의회가 구성되었다. 하위적인 푀양 파와 상위적인 지롱드 파가 대립했다. 처음에는 푀양 파가 입법 의회를 지배했으나 나중에는 지롱드 파가 입법 의회를 지배했다. 정권을 장악한 지롱드 파는 1792년 4월 오스트리아와 프로이센에 선전포고를 했다. 그러나 프랑스는 연전연패했다. 프랑스 인들의 불만은 고조되어갔다. 루이 16세가 오스트리아와 결탁했다는 의혹이 제기되자 프랑스 인들의 불만은 폭발했고 입법 의회는 1792년 9월 20일에 해산된다. 입법 의회를 대체한 것은 국민공회였다. 입헌군주제가 폐지되고 공화제가 시작되었다.

　국민공회에서 지롱드 파는 하위적이었다. 산악파가 상위적이었다. 이 파의 의원들이 국민공회 의석의 높은 곳을 차지하고 있었기 때문에 산악파라는 명칭이 붙여졌다는 이야기가 있다. 산악파의 리더는 로베스피에르였다. 산악파는 기층 민중과 소시민을 대변했고, 지롱드 파는 부르주아지를 대변했다. 지롱드 파와 산악파는 국왕 부부의 처리 문제를 두고 첨예하게 대립했다. 산악파가 근소한 차이로 지롱드 파를 누르고 국왕 부부의 처형을 가결시켰다.

　루이 부부의 처형은 유럽에 국제전의 피바람이 불게 했다. 전쟁의 와중에 정권을 장악한 로베스피에르는 공포정치를 펼쳤다. 산악파는 상위적이었기 때문에 강력한 권력, 독재적인 권력을 추구했다. 강력한 권력은 상위에 속하지 않는가? 그리스도 교를 폐지하고 인간 이성을 숭배해야 한다는 주장을 펼치는 파와 그것에 반대하는 파로 국민공회가 양분되자 로베스피에르는 1794년 봄 양파의 보스인 에베르와 당통을 처형해버린다. 산악파 내에서도 에베르 파는 상위적이었고 당통 파는 하위적이었다. 종교를 개혁하려는 움직임은 아주 상위적이다. 최상위에 있는 것들 중 하나가 종교이기 때문이다.

달리 표현하면 에베르 파는 극좌파였고 당통 파는 우파였다. 프랑스대혁명 이후 복잡한 정치상황 속에서 '좌파, 우파' 라는 말이 나왔다 급진파가 의장을 기준으로 왼편에 앉았고 온건파가 오른편에 앉았던 것에서 비롯된 말이다. 좌우에 걸쳐 적을 너무 많이 만들었던 로베스피에르는 1794년 7월 27일 국민공회에서 연설을 하려던 중 '독재 타도'를 외치는 의원들에 의해 전격적으로 체포되었고 다음날 처형되었다. 이 사건은 혁명력 2년 '열熱의 달', 즉 테르미도르에 일어났다. 그래서 이 사건을 테르미도르 반동이라고 한다. 전통을 폐지하고 합리성을 추구하려는 혁명 정신에 기초하여 만들어진 역법이 혁명력이었다. 13년간 사용된 후 1806년 1월 1일에 다시 그레고리 력으로 대체되었다.

1795년에 새로운 헌법이 마련되었다. 이른바 총재정부가 출범하였다. 유산계급만 선거를 할 수 있게 되었다는 점이 총재정부의 하위적인 성격을 말해준다. 양원제 입법부와 5명의 총재가 주도하는 행정부가 총재정부의 특징이었다. 이때 최초로 행정부가 설립되었다. 몽테스키외가 말한 삼권분립은 하루아침에 이루어지지 않았다. 삼권이 실질적으로 분립된 국가를 찾기는 오늘날에도 그리 쉽지 않다.

이상에서 후기 시민혁명에 대해 살펴봤다. 미국과 프랑스가 시민혁명을 거쳤다. 미국은 시민혁명 이후 급격히 성장했다. 프랑스도 시민혁명 이후 급격히 성장했는가?

24. 제2 해상 유목민 1기

−나폴레옹 전쟁과 시민혁명의 완성

>>> 최초의 파시즘

독재자의 등장을 방지하기 위해 권력을 분산시킨 총재정부였기 때문에 긴급 사태에 잘 대처하지 못했다. 겨우 군대의 힘을 빌려 정권을 유지했다. 때문에 군부 쿠데타에 취약했다. 쿠데타가 일어나자 총재정부는 힘없이 무너졌다. 쿠데타를 성공시킨 사람은 나폴레옹이었다. 군인은 상위적이다. 군인은 명예를 먹고 살지 않는가? 동시에 군인은 하위적이다. 항상 죽음과 맞닿아 있다. 현실적일 수밖에 없다. 상위적이기도 하면서 하위적인 군인은 대개 상위와 하위의 조화를 추구하게 된다. 나폴레옹은 군인으로서 상위와 하위의 조화를 추구했다. 상위와 하위가 조화될 때 강력한 힘이 발생할 수 있고, 때로 파시즘의 형태로 그 힘이 폭발할 수 있음을 앞에서 언급했다. 부정적으로 말하면 군대는 파쇼적인 집단이다. 파시즘을 추구한 나라들은 거의 대부분 군을 통해 국가를 운영했다. 파시즘 하면 떠오르는 무솔리니나 히틀러는 공식석상에 모습을 드러낼 때 거의 대부분 군복을 입었다.

나폴레옹에 의해 펼쳐진 정치형태를 최초의 파시즘이라고 하는 학자들도 있다. 나폴레옹이 비록 황제가 되긴 하였지만 그 이전의 왕이나 황제와 분명히 다른 점이 있었다. 그것은 국민투표에 의해 황제가 되었다는 점이다. 물론 그 이전의 권력자들도 피지배자들의 지지를 필요로 했다. 권력이라는 것이 문자적인 의미에서 총구에서 나오는 것은 아니지 않은가? 그러나 그 이전의 권력자들은 주로 파워엘리트의 지지에만 주의를 기울였다. 쉽게 말해서 귀족들, 그리고 귀족화된 평민들의 지지에만 신경을 썼다. 때문에 국민투표 같은 것은 할 필요가 없었다. 그러나 나폴레옹은 국민투표를 했다. 프랑스 대혁명을 거친 프랑스 인들 전체가 귀족화된 평민들이 되어 있었기 때문에 국민투표를 할 필요가 있었다. 프롤레타리아트의 지지까지를 받아 황제가 된 나폴레옹, 프롤레타리아트의 지지까지를 받기 위해 노력했던 나폴레옹은 국민투표에 의해 정권을 장악한 무솔리니나 히틀러의 선배라고 할 수 있는 것이다.

사실 나폴레옹 이전에도 상위와 하위를 조화시켜 강력한 권력을 행사한 사람이 있었다. 로베스피에르는 루소를 신봉한 사람이었다. 일반의지를 말했던 루소처럼 그는 상위와 하위를 조화시키려고 했다. 로베스피에르의 공포정치 하에서 50여 만 명이 투옥되었고, 3만 5,000여 명이 처형당했다. 상위와 하위의 조화가 초래한 강력한 폭발이었다. 로베스피에르는 루소처럼 비유적으로 말해서 스태프들의 복지를 추구한 사람이었다. 역사상 최초로 프롤레타리아트의 지지를 받아 강력한 권력을 행사한 사람이었다. 이런 면에서 로베스피에르의 공포정치를 파시즘과 관련지을 수 있다. 나폴레옹은 로베스피에르보다 더 세련되게, 그리고 더 거대한 규모로 상위와 하위를 조화시킨 사람이었다. 나폴레옹에 의한 폭발은 유럽 전체를 쑥밭으로 만들었다. 분명한 것은 로베스피에르 이후부터 강력한 권력자들은 거의 다 프롤레타리아트의 지지를 필요로 했다는 사실이다. 로베스피에르와 나폴레옹 둘 다 프랑스 인이라는 사실은 결코 우연이 아니다. 로베스피에르 때부터 파시즘이라는 핵폭탄이 역사의 무대에 모습을 드러냈다.

››› 나폴레옹 전쟁

나폴레옹에 대해 좀더 자세히 알아보자. 나폴레옹은 1793년 영국과 에스파냐 함대가 봉쇄하고 있던 툴롱 항구를 탈환하는 공을 세웠을 때부

나폴레옹의 초상화.

터 유명해지기 시작했다. 그 공로로 20대의 나이에 여단장으로 승진했다. 1796년에는 취약한 이탈리아 전선에 투입되었다. 1년 동안 거의 모든 전투에서 오스트리아 군을 무찔러 결국 롬바르디아를 양도받고 벨기에를 프랑스 영토에 포함시켰다. 자신감을 얻은 총재정부는 영국의 인도 무역로를 차단하기로 마음먹는다. 1797년 나폴레옹은 이집트 원정군 사령관이 되었다. 이집트는 지중해와 인도양을 연결하는 지리적 요충지다. 1869년 수에즈 운하가 뚫린 것은 이집트의 요충지로서의 중요성을 증명해준다. 이집트가 요충지였던 만큼 프랑스가 이집트를 차지하는 것을 싫어했던 나라는 영국만이 아니었다. 동부 지중해 진출을 최대의 목표로 삼고 있던 러시아를 비롯해 오스만 투르크, 포르투갈, 시칠리아 등이 일제히 영국측에 가담했다. 나폴레옹은 1년이 넘도록 이집트에서 악전고투했다. 그는 1799년 10월 군대를 이집트에 남겨둔 채 단신으로 귀국했다. 나폴레옹의 명성을 이용해 총재정부를 무너뜨리려는 세력과 그들의 군대가 나폴레옹을 기다리고 있었다. 나폴레옹은 쿠데타를 불사했다. 쿠데타가 발생한 1799년 11월 9일은 혁명력으로 브뤼메르 18일이었다.

나폴레옹은 통령이 되었다. 통령은 모두 세 명이었으나 사실상 나폴레옹이 유일한 통령이었다. 카이사르가 종신독재관이 되었듯이 나폴레옹도 종신통령이 된다. 그리고 2년 뒤에 마침내 황제가 되었다. 나폴레옹이 황제가 되었을 때 총재정부를 뒤이은 통령정부도 역사의 뒤안길로 사라졌다.

미용실 비유를 다시 생각해보자. 한 미용실이 있었다. 장사가 잘 안 되자 미용사들이 성과급제를 도입할 것을 요구한다. 그러나 그 요구가 받아들여지지 않자 사장을 가두고 자기들끼리 영업을 하기 시작했다. 처음에는 스태프들이 미용사들과 행동을 같이했다. 나중에는 스태프들이 미용실을 좌지우지했다. 미용사들보다 스태프들의 수가 많았고 미용사들보다 스태프들이 젊었다. 스태프들이 사장을 죽이는 사태가 벌어지자 다른 미용실 사장들이 가만히 있지 않았다. 미용사들과 스태프들이 궁지에 몰렸을 때 등장한 사람이 이 미용실의 기도였다. 키가 작았지만 싸움을 아주 잘했던 그 기도의 이름은 나폴레옹이었다. 다른 미용실 사장들의 공격을 막았을 뿐만 아니라 오히려 다른 미용실들을 공격했다. 사장들을 모두 제압한 나폴레옹은 본연의 기도로 돌아가지 않았다. 그만 회장이 되어버린다.

베토벤은 나폴레옹이 자유를 가져오는 영웅이라고 생각해서 '영웅'이라는 곡명의 교향곡을 작곡하고 있었다. 나폴레옹이 황제가 되었다는 소식을 들은 베토벤의 실망은 컸다. 나폴레옹이 프랑스 인들에게만이 아니라 전 유럽 인에 의해, 아니 전세계인에 의해 황제로 선출되었다면 명실상부한 황제, 코끼리 같은 황제가 될 수 있었을 것이다. 나폴레옹이 최초로 파시즘을 구현했다고 할 수도 없었을 것이다. 나폴레옹은 단지 프랑스 인들에 의해 선출된 프랑스 인들의 왕에 불과했다.

황제가 된 나폴레옹은 상위를 추구했다. 하위적인 나라 영국은 나폴레옹에게 있어 가시였다. 영국 본토를 공략하기 위해 영국 해군을 유인하려 한 나폴레옹의 계획은 넬슨 제독으로 인해 수포로 돌아갔다. 나폴레옹은 트라팔가 해전에서 대패했다. 그러나 그의 자신감은 꺾이지 않았다. 대관 1주년 기념일에 오스트리아—러시아 연합군을 대파하였다. 나폴레옹은 라인 연방을 창설했다. 1806년 7월 라인 강 유역의 남서 독일 여러 영방국가들이 신성로마제국에서 탈퇴하여 나폴레옹을 맹주로 하는 라인 연방에 가입했다. 가맹국은 처음에 16개국이었다. 국토 확대와 왕국, 또는 대공국으로의 승격이 나폴레옹이 가맹국들에게 준 당근이었다.

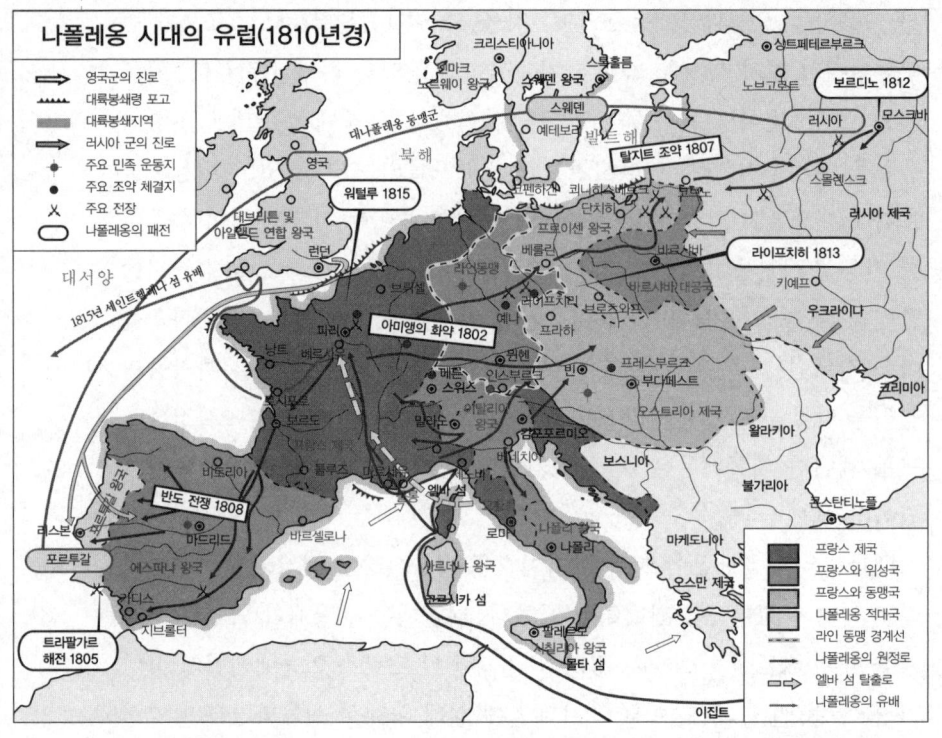

나폴레옹 시대의 유럽(1810년경)

신성로마제국의 황제 프란츠 2세는 스스로 제위에서 물러나 오스트리아의 왕 프란츠 1세가 되었다.

프로이센은 이러한 사태진전을 묵과할 수 없었다. 나폴레옹이 중립을 지킬 것을 요구했지만 프로이센은 선제공격을 감행했다. 그러나 강력한 육군국이었던 프로이센도 나폴레옹의 적수가 되지 못했다. 나폴레옹은 예나와 아우에르슈타트에서 프로이센을 격파했다. 베를린에 입성한 나폴레옹은 프로이센의 영토 반을 떼내어 폴란드 부분에 바르샤바 대공국을 세웠고, 엘베 강과 라인 강 사이에 베스트팔렌 왕국을 세웠다. 나폴레옹의 동생 제롬이 베스트팔렌 왕국의 왕이 되었다. 프로이센은 2류 국가로 전락했다.

나폴레옹은 러시아로 진격하지 않았다. 차르와 비밀 동맹을 맺었다.

차르는 핀란드, 스웨덴, 오스만 투르크를 차지하기로 했고, 나폴레옹은 나머지 유럽을 차지하기로 했던 것이다. 러시아를 자기편으로 끌어들인 나폴레옹은 몇 년 전에 내렸던 대륙봉쇄령이 명실상부해질 것이라고 기대했다. 영국을 고사시키기 위해서 하위적인 전쟁, 즉 경제적인 전쟁을 치르고 있었던 것이다. 제국은 주로 대륙과 관련된다고 했다. 황제와 대륙봉쇄와는 상당히 친하다. 대륙봉쇄는 중국 황제들의 단골 메뉴이기도 했다.

그러나 대륙봉쇄령은 나폴레옹의 뜻대로 작동되지 않았다. 영국에게는 유럽 대륙만 있었던 것이 아니었다. 그리고 대륙봉쇄령으로 인해 영국보다 유럽 대륙이 더 큰 곤란을 겪었다. 때문에 독일이나 네덜란드, 에스파냐, 포르투갈 등지로 밀수품들이 끊임없이 유입되었다. 나폴레옹은 1807년 대륙봉쇄령을 어긴 포르투갈을 점령했고 아울러 에스파냐까지 점령했다. 자신의 형을 에스파냐의 왕좌에 앉혔다. 이에 에스파냐 민중들이 게릴라 전을 펼친다. 게릴라 전이라는 말이 등장하게 된 배경이다. 에스파냐 어로 게릴라는 '작은 전쟁' 을 의미한다.

한편 나폴레옹은 오스트리아와 동맹을 맺어 러시아를 견제하기 위해 프란츠 1세의 딸 마리 루이즈와 결혼했다. 명실상부한 황제의 피를 자신의 아들에게 물려주려는 의도도 있었을 것이다. 아내 조세핀과 이혼을 하고 루이즈와 결혼을 했지만, 루이즈는 평생 나폴레옹을 저주했고 나폴레옹은 평생 조세핀을 잊지 못했다고 한다.

영국에서 배를 타고 북해와 발트 해를 지나면 러시아의 페테르부르크에 닿게 된다. 러시아가 대륙봉쇄령을 어겼음을 알게 된 나폴레옹은 60만 대군을 이끌고 러시아로 진격했다. 러시아를 치는 데는 해군이 필요없다는 사실에서 승리를 확신했을 것이다. 러시아는 나폴레옹과의 전면전을 피했다. 모스크바에 불을 지른 다음 동쪽으로 후퇴했다. 강력한 주먹을 가진 인파이터를 만나면 아웃파이터가 되어야 한다. 아웃파이터가 된 러시아는 하위적이었다. 최상의 공격이 최상의 수비라고 생각했던 나폴레옹도 하위적이었다. 그러나 러시아보다는 상위적이었다. 수비보다는 공격이 하위적이고 공격보다는 적극적인 후퇴가 하위적이다. 러시아는 유목민처럼, 그러니까 그 옛날의 몽골 족처럼 했던 것이다. 몽골 족이었다면 틀림없이 나폴레옹의 대군과 전면전을 벌이지 않았을 것이다. 드넓은 초원으로 말을 타고 후퇴했을 것이다. 원나라가 무너졌을 때 몽골 족은 북쪽 초원지대로 후퇴했었다. 영국이 유목적이었던 것처럼 러시아도 유목적이었다. 영국이 하위적이었던 것처럼 러시아도 하위적이었다.

상위적인 단기전을 예상했던 나폴레옹은 하위적인 장기전에 대비하지 못했다. 하위적인 러시아의 혹독한 추위에도 대비하지 못했다. 인위적이지 않은 자연은 하위적이다. 나폴레옹은 소극적인 후퇴를 해야 했다. 소극적인 후퇴 과정에서 원정군은 거의 괴멸된다. 유럽은 더 이상 돌아온 나폴레옹을 황제로 인정하지 않았다. 나폴레옹은 프로이센, 러시아, 오스트리아, 스웨덴 연합군에게 패배했고, 이어 에스파냐에서 북상한 영국군에게 파리를 내줘야 했다. 나폴레옹은 엘바 섬으로 유배되었다.

››› 자유주의와 민족주의

나폴레옹이 다른 나라 국민에게는 사자 같은 황제였지만 프랑스 국민에게는 코끼리 같은 황제였을 수 있다. 엘바 섬을 탈출하는 데 성공한 나폴레옹은 다시 제위에 올랐다. 복귀한 지 백일 정도가 경과되었을 때 워털루 전투를 치른다. 워털루 전투에서 넬슨에게 패배한 나폴레옹은 대서양의 고도 세인트헬레나 섬으로 다시 유배되었다. 나폴레옹은 세인트헬레나 섬에서 쓸쓸히 최후를 맞이했다.

나폴레옹이 유럽의 역사, 더 나아가 세계사에 끼친 영향은 지대했다. 나폴레옹은 통치를 함에 있어 상위와 하위를 조화시켰던 사람이다. 때문에 그가 일으킨 거대한 물결도 상위적인 것과 하위적인 것으로 나누어진다.

먼저 하위적인 물결에 대해 살펴보자. 하위적인 물결이란 곧 자유주의의 물결이다. 나폴레옹은 프랑스 대혁명의 이념을 전파한다는 명분을 내걸고 유럽을 정복했다. 프랑스 대혁명의 이념 가운데 하나가 자유 아닌가? 나폴레옹은 실제로 자유를 신장시키는 정책을 취했다. 대표적인 것하나가 종교에 대한 관용 정책이다. 하위적인 몽골 족도 종교에 대해 관용적이었다. 몽골 족이나 나폴레옹이나 상위적인 종교에 대해 큰 관심을두지 않았던 것이다. 보통 종교가 강조되면 자유는 무시된다. 또한 나폴레옹은 노예제를 폐지했다. 자유롭지 못한 노예들에게 자유를 선물했다.

상위적인 물결이란 민족주의의 물결이다. 나폴레옹을 해방자로 환영한 부르주아지와 프롤레타리아트는 나폴레옹이 황제, 더욱이 사자 같은황제가 되자 배신감을 느꼈다. 베토벤처럼 말이다. 나폴레옹이 자유주의라는 하위가 아니라 제국주의라는 상위를 추구하자 그에 반대하여 상위적인 민족주의가 나타난다. 제국주의와 민족주의를 비교할 때 제국주의가 상위에 속하고 민족주의가 하위에 속하지만, 민족주의와 자유주의를비교할 때 민족주의가 상위에 속하고 자유주의가 하위에 속한다.

자유주의는 돈과 관련된다. 돈을 벌기 좋아하는 상인들은 자유를 좋아한다. 민족주의는 피와 관련된다. 피는 상위적이다. 주나라의 봉건제도는 피와 관련된 것으로서 유럽의 봉건제도보다 상위적이라고 하지 않았는가? 피를 중시하는 사람을 돈으로 매수하기는 쉽지 않다. 상위적인 나라들은 피의 색깔인 붉은 색을 선호한다. 공산주의를 추구했던 나라들은붉은 색을 상징색으로 삼았다. 그래서 빨갱이라는 말이 생긴 것 아닌가?붉은 색의 반대는 파란색이다. 파란색은 물을 상징한다. 바다를 상징한다. 바다는 하위적이다. 상인들은 바다를 누빈다. 붉은 색은 상위적인 색깔이며 파란색은 하위적인 색깔이다. 피는 따뜻하다. 물은 차갑다. 피는웜하고 물은 쿨하다. 웜한 것은 상위에 속하고 쿨한 것은 하위에 속한다.

민족주의는 제국주의에 반하는 하위적인 것인 동시에 자유주의에 반하는 상위적인 것이다. 상위와 하위의 사이에 위치하는 민족주의는 때문에 상위와 하위가 조화된 어떤 것이다. 상위와 하위의 조화가 초래할 수 있는 부작용들 가운데 하나가 파시즘이라고 했다. 파시즘을 설명하는 말들 중 하나가 '배타적 민족주의' 아닌가?

상위와 하위를 조화시킨 나폴레옹에 의해 하위적인 자유주의의 물결과 상위적인 민족주의의 물결이 발생했다. 하위적인 나라들인 영국, 프랑스, 미국 등에는 자유주의의 물결이 거세었고, 상위적인 나라들인 독일이나 이탈리아, 러시아 등에는 민족주의의 물결이 거세었다. 피히테의 유명한 '독일 국민에게 고함'이라는 제목의 강연은 독일 민족에게 민족주의를 고취시키기 위한 것이었다.

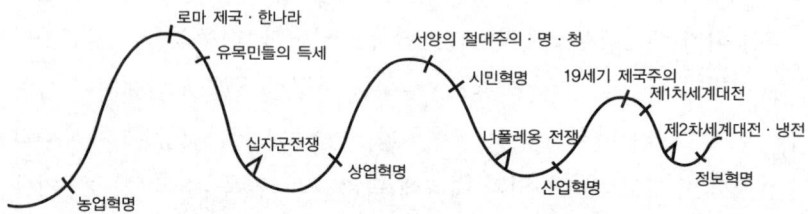

나폴레옹은 자유주의의 시대에, 표면적으로 하위를 추구하면서 실질적으로 상위를 추구한 반동적인 인물이었다. 나폴레옹 전쟁은 역사파동표 상의 두 번째 삐죽 튀어나온 부분에 해당한다. 나폴레옹이 1797년부터 1815년까지 유럽의 여러 나라들과 벌인 전쟁들을 총칭해 나폴레옹 전쟁이라고 한다. 첫 번째 삐죽 튀어나온 부분에 해당하는 십자군 전쟁을 통해서 역사는 최하위에 도달했다. 마찬가지로 나폴레옹 전쟁을 통해 또다시 역사는 최하위에 도달한다.

민족주의나 자유주의를 좋아하지 않았던 대표적인 나라는 오스트리아였다. 신성로마제국의 중심이었던 오스트리아는 여전히 인종과 언어가 다른 헝가리와 보헤미아를 끌어안고 있었다. 제국이라는 것에 대한 미련을 버리지 못했던 것이다. 오스트리아의 재상 메테르니히가 1814년 오스트리아의 수도 빈에서 국제회의를 열었다. 오스트리아는 나폴레옹을 몰아내는 데 가장 큰 역할을 했던 영국과 함께 회의를 주도했다. 그러나 회의는 지지부진했다. 나폴레옹이 엘바 섬을 탈출했다는 급보가 빈에 전달된 다음에야 결론이 도출될 수 있었다.

프랑스, 프로이센, 오스트리아 사이에 있는 스위스는 영세중립국이 되었다. 벨기에는 네덜란드에 합병되어 네덜란드 왕국이 되었다. 프랑스 공화정으로부터 문제가 시작되었다는 생각, 그리고 그 생각에서 비롯된 공화정 자체에 대한 두려움이 네덜란드 공화국이 아니라 네덜란드 왕국을 탄생시킨 원인이었을 수 있다. 러시아가 폴란드를 실질적으로 얻었다. 신성로마제국은 부활되지 않은 대신 오스트리아, 프로이센, 그리고 신성로마제국 영역 안에 있었던 다른 작은 나라들이 '독일연방'이라는 이름으로 묶였다. 여전히 신성로마제국의 그늘이 짙게 드리워져 있었던 것이다.

비유적으로 말해서 쫓겨났던 미용실 사장들이 가장 큰 미용실에 모여 대책회의를 가졌다. 결론은 당연히 사장들에게 유리하게 나올 수밖에 없었다. 나폴레옹이 유럽을 휘젓기 전으로 돌아가자는 것이 결론의 요점이었다. 이러한 결론에 따라 성립된 국제질서를 빈 체제라고 한다. 빈 체제는 따라서 시대의 흐름과 맞지 않는 것이었다. 나폴레옹의 영향으로 거세진 자유주의의 물결과 민족주의의 물결을 막으려는 것이었기 때문이다.

자유주의적인 운동이 일어날 때마다 메테르니히는 강경한 자세를 견지했다. 독일연방 내의 자유주의 운동은 물론이고, 에스파냐, 포르투갈, 나폴리의 자유주의 운동도 억압했다. 하지만 라틴 아메리카에서 일어난 자유주의 운동을 틀어막지는 못했다. 제국주의와 비교했을 때 민족주의나 자유주의는 모두 하위적이라고 했다. 때문에 민족주의 운동이나 자유주의 운동은 흔히 독립운동으로 이어진다. 영국이 라틴 아메리카의 독립을 적극 지원했다. 자유주의의 본산이라고 할 수 있는 영국의 입장에서 상위적인 오스트리아의 간섭은 도를 넘는 것이었다. 그리고 미국 또한

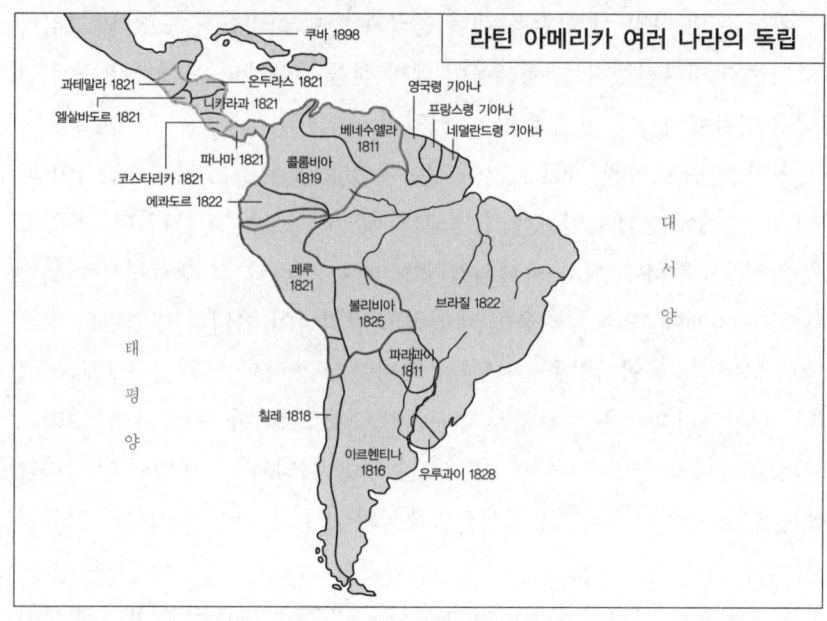

라틴 아메리카 여러 나라의 독립

쿠바 1898
과테말라 1821
온두라스 1821
니카라과 1821
엘살바도르 1821
영국령 기아나
프랑스령 기아나
네덜란드령 기아나
베네수엘라 1811
파나마 1821
콜롬비아 1819
코스타리카 1821
에콰도르 1822
페루 1821
볼리비아 1825
브라질 1822
파라과이 1811
칠레 1818
아르헨티나 1816
우루과이 1828
대서양
태평양

1823년 먼로 선언을 통해서 신대륙의 일에 구대륙이 간섭하지 말 것을 종용했다. 역시 미국도 영국처럼 하위적인 나라였다.

에스파냐가 나폴레옹에 의해 점령당했을 때 이미 아르헨티나, 칠레 등이 독립을 선언했다. 나폴레옹 몰락 후에 시몬 볼리바르의 군대에 의해 에스파냐 군대가 격파되어 콜롬비아, 페루, 볼리비아 등이 독립을 성취했다. 이때의 콜롬비아를 대 콜롬비아라고 한다. 대 콜롬비아는 지금의 콜롬비아, 베네수엘라, 에콰도르, 파나마를 다 포괄하고 있었다. 콜롬비아는 콜럼버스의 이름에서 따온 것이다. 볼리비아는 볼리바르의 이름에서 따온 것이다.

유럽의 극동에 위치한 상위적인 나라 러시아에도 자유주의의 물결이 미쳤다. 1825년 알렉산드르 1세가 죽은 뒤 정치가 혼란에 빠지자 나폴레옹 전쟁에 참여해 서구 문물을 접한 청년 장교들과 그들의 사병 3,000여 명이 반란을 일으켰다. 이들을 데카브리스트라고 한다. 러시아 력 12월, 데카브리에 반란을 일으켰던 것이다. 이들은 농노제의 폐지와 입헌정치의 실시를 목표로 삼았지만, 알렉산드르 1세의 동생 니콜라이 1세에 의해 가차없이 진압되었다. 상위적인 러시아에는 하위적인 저변이 희박했다. 시민세력이 거의 없었다.

이슬람 교를 국교로 삼고 있던 종교 국가 오스만 투르크는 러시아보다 더 상위적이었다. 동양 제국 오스만 투르크에도 하위적인 물결이 미쳤다. 그리스에서 독립운동이 일어나자 유럽의 자유주의자들은 자유주의의 뿌리라고 할 수 있는 그리스의 독립을 전폭적으로 지원했다. 그리스에서 공화정과 민주주의가 시작되지 않았는가? 결국 1829년 오스만 투르크는 그리스의 독립을 승인할 수밖에 없었다. 그리스 독립에 있어서 러시아의 역할도 무시하기는 어렵다. 러시아는 바다가 있는 남쪽으로 진출하고 싶어 했다. 오스만 투르크 때문에 돌파구를 찾을 수 없었던 러시아는 그리스를 독립시킴으로써 돌파구를 확보하려 했다. 러시아가 그리스에 대한 독점적인 영향력을 가지게 되는 사태를 우려한 영국과 프랑스가 그리스의 독립을 지원하게 되면서 그리스의 독립이 성취되기에 이른다.

끝장 일보 직전에 빈 체제는 놓여 있었다. 빈 체제의 마지막 부분은 역시 혁명의 나라 프랑스에서 시작되었다. 빈 체제 하의 프랑스는 군주국이었다. 왕정복고가 이루어졌던 것이다. 루이 16세의 동생으로 왕위에 오른 루이 18세는 조심스럽게 처신했지만 귀족들은 조심스럽게 처신하지 않았다. 루이 18세의 동생으로 국왕이 된 샤를 10세는 설상가상으로 반동적인 인물이었다. 1830년 5월에 의회를 해산하고 7월에 다시 선거를 치렀지만, 그만 자유주의자들이 과반수를 차지해버린다. 이에 샤를은 비상계엄령을 선포했다. 파리 시민들은 7월 27일에 일제히 봉기했다. 결국 7월 30일 부르봉 왕조는 문을 닫았다. 자유주의적인 성향의 왕족 루이 필립이 새로운 국왕이 되었다. 7월 혁명이었다.

이 7월 혁명은 벨기에 인들에게 영향을 끼쳤다. 브뤼셀에서 봉기한 벨기에 인들은 결국 독립을 쟁취했다. 네덜란드, 벨기에와 함께 베네룩스 3국의 하나인 룩셈부르크는 언제 독립했는가? 빈 회의에서 대공국으로 격상되었으나 독일연방에 속하게 되었다가 19세기 중반에야 독립하게 된다. 프랑스와 프로이센의 완충지대였던 탓에 중립을 보장받을 수 있었다.

18년 후인 1848년 2월 22일에 파리의 노동자들은 '불법 집회'를 열었다. 이틀 뒤인 2월 24일 노동자들은 파리 시청을 점거했다. 프랑스 인들은 군주제에 염증을 느끼고 있었다. 루이 필립은 왕위를 손자에게 물려주고 영국으로 도망쳤지만 권력은 임시정부가 승계했다. 2월 혁명이었다. 모든 성인 남자가 투표에 참여하는 의회 선거가 실시되었다. 공화국 헌법이 새로 제정되었다. 1848년 새 헌법에 따라 사상 처음으로 치러진 대통령 선거의 결과는 놀라운 것이었다. 나폴레옹의 조카인 루이 나폴레옹이 압도적인 표차로 대통령에 당선되었다.

프랑스에서 2월 혁명이 발발한 지 한 달도 채 못 되어 독일연방의 두 중심 도시인 빈과 베를린에서도 봉기가 발생했다. 빈의 자유주의적인 지식인, 학생, 소시민, 노동자들이 정부를 상대로 의회 소집을 요구했고, 군대가 투입되자 무장투쟁으로 맞섰다. 메테르니히는 해임되었고 헌법 제정이 약속되었다. 프로이센의 경우도 마찬가지였다. 헌법 제정과 의회 소집이 약속되었다. 하지만 약속만 있었을 뿐 실질적인 성과는 없었다. 독일연방에는 자유주의 세력이 크게 형성되어 있지 않았던 것이다. 그러나 이러한 과정을 거치면서 하위화가 점진적으로 진행되었다.

자유주의 물결은 상위적인 에스파냐도 뒤흔들었다. 에스파냐는 상위적인 가톨릭의 교세가 막강한 나라였다. 에스파냐의 여왕 이사벨은 자유주의를 탄압하는 반동적인 정책을 일관되게 취하다가 1868년 혁명이 발발하자 쫓겨난다. 권력을 장악한 자유주의자들은 이듬해 공화국 헌법을 제정했다. 에스파냐에도 역사상 최초의 공화정이 들어섰다. 그러나 1874년 쿠데타가 발생하여 왕정복고가 이루어졌다.

후기 시민혁명의 시대에 동양의 상황은 어떠했는가? 청나라는 시민혁
명을 거치지 않지만 일본은 시민혁명을 거친다. 일본은 사면이 바다인
섬나라로서 제2 해상 유목민의 시대에 세계사의 흐름에 편입한 하위적
인 나라였다. 도쿠가와 이에야스가 만든 에도 막부는 일본에 평화를 정
착시켰다. 그러나 쇄국 정책을 취했고 이교인 기독교가 전파되는 것을
막았다. 이런 상위적인 에도 막부에도 불구하고 일본의 하위화는 멈추지
않았다. 일본 상선이 에스파냐와 멕시코에까지 갔다. 네덜란드 동인도
회사가 일본과 지속적으로 교역하였다. 활발한 상업 활동의 결과 미쓰
이, 쓰미토모, 미쓰비시와 같은 재벌들이 발생했다.

하위화의 속도를 급가속시키는 사태가 발생한다. 러시아가 캄차카 반
도에 표류한 일본 선원들을 귀환시키면서 통상을 요구했을 때 급가속이
예시되었다. 얼마 후 미국의 페리 제독이 군함을 앞세워 통상을 요구했
을 때 급가속은 시작되었다. 갑자기 개항을 하자 무역량이 급증하였고
자연히 인플레이션이 발생했다. 쌀값이 9배로 폭등하였다. 사회는 혼란
스러워졌고 에도 막부가 혼란상을 잠재울 수 없다는 사실이 명확해졌다.
마침내 일종의 시민혁명인 메이지 유신이 일어났다. 메이지는 1866년에
즉위한 천황의 이름이었다. 14세에 즉위한 메이지 천황을 등에 업은 세
력이 1868년 1월 쿠데타를 일으켰고 막부 타도에 성공했다. 에도 막부의
중심지였던 에도는 도쿄라는 새로운 이름을 얻었다.

소년 천황 메이지가 유신을 주도하지 않았다. 이른바 지사志士라고 불
린 사람들이 메이지 유신을 주도했다. 하급무사, 낭인, 지주 출신의 지사
들이 있었지만 상인 출신의 지사들이 많았다. 이들을 시민 계층이라고
하는 것은 지나친 비약일까? 이들은 분명 귀족화된 평민들이었다. 귀족
화된 평민이라는 개념에서 지사들은 시민들이었다. 서양의 시민혁명에
는 종교적인 요소가 다분했다. 고이센 전쟁이나 청교도혁명은 종교적인

색채를 띠었다. 마찬가지로 메이지 유신에도 종교적인 요소가 다분했다. 천황은 일본 고유의 종교인 신도의 핵심 아닌가? 메이지 유신을 시민 계층에 의해 발생한 시민혁명이라고 규정해도 대과는 없을 것이다. 일본은 세계사의 흐름에 능동적으로 대처했다.

앞의 장 마지막에 했던 질문에 대해 생각해보자. 프랑스도 시민혁명 이후 급격히 성장했는가? 프랑스는 급격히 성장했다. 유럽을 한때나마 제패하지 않았는가? 너무 급격히 성장했던 것이 문제였다. 나폴레옹이라는 불세출의 영웅이 성장세를 가파르게 만들었다.

25. 제2 해상 유목민 2기

—산업혁명과 영국

>>> **산업혁명**

제2 해상 유목민의 시대를 편의상 1기와 2기로 나눈다면 빈 체제가 와해되면서 시민혁명이 완성되었을 때까지를 1기라고 할 수 있을 것이다. 바닥을 친 역사파동표가 다시 상승하기 시작했다. 1기 때 역사파동표의 곡선을 상승시킨 것은 상업혁명이었다. 2기 때 역사파동표의 곡선을 상승시킨 것은 산업혁명이었다. 산업혁명으로 하위가 풍부해지자 유럽의 여러 나라들은 상위를 추구했다. 제국을 향해 나아갔다. 역사파동표의 세 번째 정점에 해당하는 19세기의 제국주의는 산업혁명에 기인한다.

산업혁명이란 무엇인가? 비유적으로 말하면 이렇다. 그전에는 미용실에 특별한 기계가 없었다. 그런데 이제 미용실에 특별한 기계가 등장한 것이다. 매직 기계가 등장했다고 해보자. 매직 기계를 통해 미용실은 더 많은 돈을 벌게 된다. 새로운 수요가 창출되었기 때문이다. 1기 때는 상업혁명이 일어나서, 비유적으로 말해서 신도시로 진출해서 돈을 많이 벌었다. 2기 때는 산업혁명이 일어나서, 비유적으로 말해서 매직 기계를 도입해서 돈을 많이 벌었다. 산업혁명이라는 후속타가 있었기에 유럽 세력은 제2의 전성기를 맞이할 수 있었다.

문제는 기계다. 상품을 기계로 만들게 된 것이 산업혁명이 가져온 가장 두드러진 변화였다. 기계로 상품을 만들기 때문에 상품을 더 좋게 더 많이 만들 수 있고 자연히 돈을 더 많이 벌 수 있다. 산업혁명 초기에 영국에는 기계를 수출하지 못하게 하는 법이 있었다. 그런가 하면 러다이트 운동이라고 하는 기계 파괴 운동이 일어나기도 했다. 기계 때문에 일자리가 부족하게 되니까 노동자들이 기계를 파괴했던 것이다. 이처럼 산업혁명과 기계는 밀접하게 관련되어 있다.

영국에서 산업혁명이 일어났던 이유는 무엇인가? 비유적으로 말해서 영국이 가장 영업이 잘되는 미용실이었기 때문이다. 광대한 해외 시장의 수요를 충족시키려면 인력이 많이 필요했다. 그러나 중국의 인구에 비해 영국의 인구는 비교할 수 없을 정도로 적었다. 유럽의 인구도 적기는 마찬가지였다. 말하자면 미용사들을 구하기가 힘들었다. 필요는 발명의 어머니 아닌가? 그런가 하면 하위적인 학문인 과학이 가장 발달되어 있던 곳이 영국이었다. 과학 없이 복잡한 기계를 만들 수는 없다. 또한 영국에는 석탄과 철이 풍부했다. 기계는 철로 만들어야 한다. 나무로 기계를 만들면 금방 부서져버린다. 또한 기계를 돌리려면 동력이 필요하다. 나무를 태워서 기계를 돌리기는 힘들다. 석탄의 화력은 월등하다.

나폴레옹 전쟁 이후 이삼십년 만에 기계를 통한 생산이 손을 통한 생산을 완전히 대체했다. 기계가 있는 곳, 즉 기계의 집은 공장이다. 공장들이 많이 생겨났다. 공장을 통한 대량 생산이 가능해지자 자연히 대량 수송의 필요성이 대두되었다. 기차와 기선이 등장했다. 차나 배에도 기계가 달리게 되었던 것이다. 증기를 이용한 기계 장치, 즉 증기기관을 단 차와 배가 기차와 기선이다. 세계 최초의 철도는 영국의 맨체스터와 리버풀 사이에 놓여졌다. 세계 최초의 기차는 40킬로 정도의 거리를 시속 40킬로로 1시간 만에 주파했다. 철도가 없었을 때 영국인들은 운하를 많이 팠다. 마차로 물품을 운송하는 것에는 한계가 있었기 때문에 배를 육지 운송에까지 활용하기 위해서였다. 운하를 철도가 대체했다. 기차는 배의 역할을 일정 부분 대신했다. 유목민에게 기차는 필수불가결한 것이 된다. 기차의 형제가 기선일 것이다. 기선은 범선을 대체했다. 바람에 상관없이 운항할 수 있는 기선 역시 해상 유목민에게 필수불가결한 것이 된다.

산업혁명은 농업혁명과 비슷한 면이 있다. 농업과 산업과 상업의 관계에 대해서는 이미 앞에서 다루었다. 산업은 공업과 뜻이 통하는 개념이며 따라서 뭔가를 생산한다는 의미에서 상업보다는 농업에 가깝다는 점을 이야기했었다. 농업혁명 다음으로 인류에게 큰 영향을 끼친 하위적인 혁명이 산업혁명이다. 그렇지 않아도 자본주의적인 방식을 가지고 있었던 영국은 그야말로 세계의 공장이 되면서 자본주의를 꽃피우게 된다. 자본주의가 산업과 상업의 결합과 관련이 있다는 점도 이미 앞에서 언급했다. 산업혁명을 통한 산업의 확대는 자본주의의 확대로 이어졌다.

자본주의의 확대는 영국을 어떻게 변화시켰는가? 다시 미용실 비유를 생각해보자. 매직 기계가 도입된 후 첫째, 미용사들이 두 부류로 나누어진다. 매직 기계를 적극적으로 활용하는 미용사들은 돈을 많이 벌지만 그렇게 하지 못하는 미용사들은 돈을 많이 벌지 못한다. 둘째, 스태프들의 지위가 올라간다. 그전에는 스태프들이 일을 그다지 많이 하지 않았다. 손님들 머리 감기기나 청소 등을 했던 스태프들이 이제 손님들 머리카락을 잡아당겨 펴는, 상당히 중요한 작업을 하게 된 것이다.

산업혁명 이후 공장을 소유한 산업자본가들과 중산층이 새로이 등장했다. 기존의 귀족들과 지주들은 산업자본가들과 중산층의 등장을 인정하지 않을 수 없었다. 말하자면 산업자본가들과 중산층이 매직 기계를 적극적으로 활용한 미용사들이라고 할 수 있을 것이고, 귀족들과 지주들이 그렇게 하지 못한 미용사들이라고 할 수 있을 것이다. 7월 혁명의 여파가 남아 있던 1832년에 선거법 개정안이 통과되어 산업자본가들과 중산층의 정치참여 요구가 어느 정도 수용되었다. 인구 10만이 넘는 신흥 공업도시들인 맨체스터나 리버풀 등에는 한 명의 의원도 없었던 반면 이른바 부패선거구들은 많았다. 유권자 수는 얼마 되지 않는데 의원 수는 많은 선거구를 부패선거구라고 했다. 이러한 불합리가 조정되었다. 그런가 하면 이즈음 종래의 휘그 당은 산업자본가들과 중산층을 받아들여 자유당이 되었고, 종래의 토리 당은 귀족들과 지주들을 받아들여 보수당이 되었다. 휘그 당이나 자유당은 하위적이었고, 토리 당이나 보수당은 상위적이었다. 왕과 귀족의 대결에서 산업혁명 이후 귀족들·지주들과 산업자본가들·중산층의 대결로 양상이 바뀌었던 것이다.

그러나 계속하여 진행된 하위화에 의해 비유적으로 말해서 매직 기계를 적극적으로 활용하지 못한 미용사들과 적극적으로 활용한 미용사들의 대결 양상은 미용사들과 스태프들의 대결 양상으로 바뀌게 된다. 결국 유산자들과 무산자들의 대결 구도가 펼쳐진다. 산업혁명 이후 확대된 자본주의로 인해 스태프들, 즉 프롤레타리아트의 지위가 올라간 것은 사실이지만 그것이 프롤레타리아트의 정치참여로 이어지지는 못했다. 재산이 없는 사람들에게는 선거권이 주어지지 않았던 것이다. 1839년 보통선거권을 요구하는 국민청원서가 의회에 제출되었다. 무려 128만여 명이 서명한 국민청원서의 정식 명칭은 '인민헌장'이었다. 여기서 차티스트 운동이라는 이름이 나왔다. 차트charter는 라틴 어로 카르타carta이다. 13세기의 마그나 카르타는 영어로 그레이트 차트가 된다. 마그나 카르타를 대헌장으로 번역하지 않는가?

'인민헌장'은 받아들여지지 않았다. 그러나 차티스트 운동은 계속되었다. 3년 뒤인 1842년에 제출된 국민청원서의 서명 인원은 3년 전 서명 인원의 거의 세 배에 달했다. 그러나 역시 받아들여지지 않았다. 1848년에도 500여만 명이 서명을 했지만 여의치 않자 이후 차티스트 운동은 약화된다. 그러나 차티스트 운동이 뿌린 씨는 무위로 돌아가지 않았다. 선거권이 점차 확대되어 19세기 말에 노동자들의 선거권이 보장되었다. 그런가 하면 1906년에 프롤레타리아트와 부르주아지를 함께 대변할 것을 기치로 내건 노동당이 성립되었다. 프롤레타리아의 다른 이름은 노동자일 것이다. 무산자이기 때문에 자신의 노동력만을 팔 수밖에 없는 사람이 노동자 아닌가? 자유당은 노동당에게 자리를 내주고 역사의 뒤안길로 사라졌다. 자유당보다 노동당이 더 하위적이었던 것이다. 상위적인 보수당과 하위적인 노동당 사이에 자유당이 서 있을 자리는 존재하지 않았다. 보수당과 노동당의 대결구도는 본질적으로 유산자와 무산자의 대결 구도이며, 비유적으로 말해서 미용사들과 스태프들의 대결구도이다.

프랑스의 경우 무산자의 이익을 대변한 자코뱅 파, 정확히 자코뱅 파의 산악파는 좌파적이었고 따라서 상위적이었다. 그렇다면 영국의 노동당도 좌파적이었고 상위적이었는가? 그렇다고 말하기는 어렵다. 프랑스와 상황이 똑같지 않았던 것이다. 자코뱅 파 안에서도 상위와 하위가 존재하지 않았는가? 영국은 초기 시민혁명을 거친 하위적인 나라답게 역사의 하위화에 유연하게 대처했다. 시간은 걸렸지만 프롤레타리아트의 정치참여를 점진적으로 허용함으로써 상위와 하위의 조화를 꾀했다. 사회주의자들이 영국에 많았음에도 불구하고 사회주의 혁명이 영국에서 일어나지 않은 이유가 바로 이것이다.

>>> 사회주의

사회주의에 대해 짚고 넘어가야 할 시점이 된 것 같다. 사회주의란 무엇인가? '자본주의에 수정을 가하려 하거나 또는 이에 대항하려는 일체의 사상이나 원리'가 사회주의이다. 산업혁명 이후 자본주의가 확대되자 그에 대한 반대급부로 급격히 대두되었다. 자본주의에 대한 문제의식에서 출발한 사회주의는 기본적으로 자본주의의 반대편에 서 있어왔다. 자본주의의 핵심에는 돈이 있다. 자본주의자들은 자유롭게 돈 벌기를 원한다. 이미 여러 번 말했지만 자본주의는 하위적이다. 상위적인 사회주의는 자유보다는 평등을 강조한다. 또한 하위적인 현실보다는 상위적인 이상을 좇는다.

초기 사회주의는 때문에 토머스 모어의 《유토피아》에서 볼 수 있는 바와 같이 이상적인 색채가 강했다. 이후 사회주의의 한 획을 그은 것은 프랑스 대혁명이었다. 당시의 대표적인 사회주의자는 바뵈프였다. 그는 단지 평등과 공동 소유를 주장했을 뿐만 아니라 사회주의자들에 의한 정치

권력의 획득도 주장했다. 프랑스 대혁명 당시 무산자의 이익을 대변한 좌파 정권의 출현은 사회주의가 이상적인 이념이기만 한 것이 아님을 드러냈다. 이후 프랑스의 생시몽, 푸리에, 영국의 로버트 오언 등이 등장한다. 이상이 이른바 공상적 사회주의의 계보다.

최초로 이른바 과학적 사회주의에 대해 이야기한 사람들은 마르크스와 엥겔스였다. 마르크스는 역사는 물질적인 생산력의 발전에 의해 움직인다고 했다. 생산력의 발전은 계급투쟁을 불러일으키고 계급투쟁은 역사의 수레바퀴를 돌린다고 했다. 평민 계층에서 성장한 사람들, 즉 귀족화된 부르주아지가 왕과 귀족들에게서 권력을 빼앗았을 때 시민혁명이 성공했다. 부르주아지의 귀족화와 상업혁명은 밀접하게 관련되어 있다. 마찬가지로 노예나 다름없는 무산자들이 귀족화된 프롤레타리아트가 되어 부르주아지의 권력을 빼앗을 때 사회주의 혁명이 성공하게 된다고 마르크스는 주장했다. 마르크스는 조직되기가 용이한 공장 노동자를 중시했다. 조직되어야 기득권층과 맞서 싸울 수 있게 되고 피를 흘릴 수 있게 된다. 귀족은 피를 흘리는 것을 불사하는 사람들 아닌가? 결과적으로 마르크스는 산업혁명으로 어느 정도 하위의 확장을 이룬 프롤레타리아트가 귀족화될 것임을 통찰한 것이었다. 시민혁명을 부르주아 혁명이라고 하기도 하며, 사회주의 혁명을 프롤레타리아 혁명이라고 하기도 한다. 비유적으로 말하면 시민혁명은 미용사들의 혁명이고 사회주의 혁명은 스태프들의 혁명이다.

하부구조가 상부구조를 결정짓는다는 마르크스의 이러한 주장은 하위적인 것에 무게 중심을 두는 견해다. 물질적인 하위의 발달에 의해 정치와 같은 상위의 모습이 결정된다는 것 아닌가? 이 글의 논리와 일맥상통하는 면이 있다. 마르크스의 논리대로라면 산업혁명을 가장 먼저 거쳤기 때문에 공장 노동자들이 가장 많았던 영국에서 사회주의 혁명이 발생해야 했다. 그러나 영국에서는 사회주의 혁명이 발생하지 않았다. 영국이 초기 시민혁명을 거친 하위적인 나라답게 프롤레타리아트의 정치참여를 점진적으로 허용했기 때문이다.

››› 산업혁명과 제국화

나폴레옹 전쟁 이후 자유주의의 물결과 민족주의의 물결이 유럽을 뒤덮었다. 영국은 자유주의의 종주국이다. 산업혁명은 영국의 경우 자유주의를 확대시키는 역할을 했다. 부르주아지가 프롤레타리아트를 적으로 만들지 않았던 것이다. 그러나 어디까지나 자유주의의 확대는 영국 내부의 상황이었다. 영국은 내부적으로 하위를 추구했을지 몰라도 외부적으로 상위를 추구했다. 하위적인 혁명을 통한 하위의 확대는 역사파동표의 곡선을 상승시킨다고 했다. 이 사실은 좀더 본질적이다. 산업혁명을 통한 하위의 확대는 영국으로 하여금 상위를 추구하게 했다. 영국은 제국을 추구하게 된다. 영국이 구축했던 제국은 해상 제국이었다. 해상 제국은 육상 제국보다는 하위적이다. 바다는 하위적이고 육지는 상위적이지 않은가? 영국이 섬나라라는 점, 자유주의의 종주국이라는 점, 영국이 해상 제국이 되었다는 점 등은 모두 하나의 선 위에 존재한다. 반면 산업혁명은 민족주의의 물결이 거셌던 나라들의 경우 민족주의를 확대시키는 역할을 했다. 상위적인 민족주의의 확대는 자연스럽게 상위적인 제국, 즉 육상 제국을 성립시켰다. 육상 제국과 해상 제국의 충돌이 바로 양차 세계대전이다. 지금부터 제국들의 성립 과정을 따라가보자.

››› 영국의 상위화

가장 먼저 제국을 구축한 영국에 대해 살펴보자. 1837년부터 1901년까지 영국에는 빅토리아 여왕이 있었다. 물론 실질적인 권력은 의회가 가지고 있었다. 빅토리아 여왕은 1877년 인도의 황제가 된다. 빅토리아 여왕이 인도의 황제가 되었다는 것은 무엇을 의미하는가? 영국이 명실

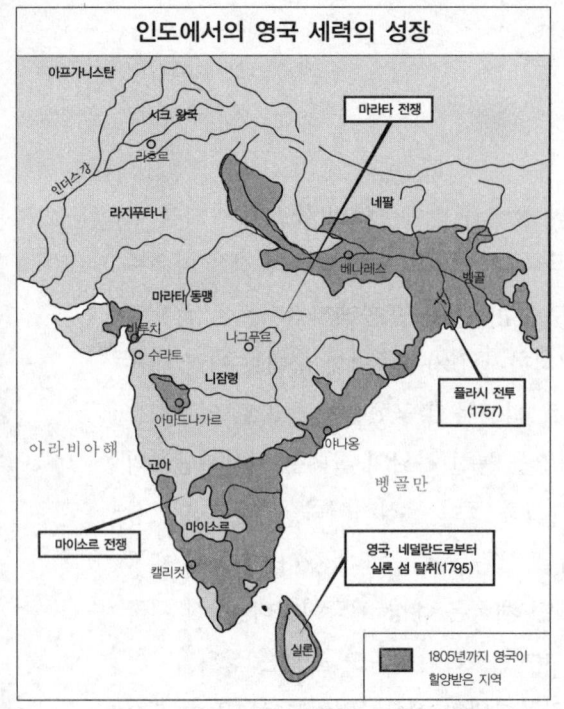

인도에서의 영국 세력의 성장

아프가니스탄
시크 왕국
라호르
인더스강
라지푸타나
마라타 전쟁
네팔
베니레스
벵골
마라타 동맹
나그푸르
수라트
블로치
니잠령
아마드나가르
플라시 전투
(1757)
아라비아해
고아
아나웅
벵골만
마이소르 전쟁
마이소르
캘리컷
실론
영국, 네덜란드로부터
실론 섬 탈취(1795)

1805년까지 영국이
할양받은 지역

상부한 제국이 되었다는 것을 의미한다. 제국의 최고 권력자가 황제이기 때문이다. 영국과 인도의 관계에 대해서 좀더 구체적으로 살펴보도록 하자.

무굴 제국 시대에도 남인도에는 유럽 상인들이 세운 식민 도시들이 번영하고 있었지만, 당시에는 무굴 제국의 힘이 강했기 때문에 그런 도시들이 정치적 영향력을 가질 수 없었다. 그러나 바야흐로 제2 해상 유목민의 시대가 된 것이다. 특히 영국은 포르투갈이나 네덜란드와 달리 자본주의적인 마인드를 처음부터 가지고 있었기 때문에 식민지 경영에 관심이 많았다. 주지하듯이 자본주의와 산업과 농업은 통한다. 식민지植民地의 식植은 심을 식이다. '심다'의 사전적 의미는 '초목의 뿌리 또는 씨앗 따위를 땅속에 묻다'이다. 초목의 뿌리 또는 씨앗 따위를 땅속에 묻는 것은 곧 농사짓는 것 아닌가? 식민지라는 단어는 농업적인 단어다.

인도에 진출한 영국과 프랑스의 세력은 18세기 중반까지 엇비슷했다. 프랑스는 콜베르가 추진한 중상주의 정책의 일환으로 1741년 뒤플렉스를 인도 퐁디셰리의 지사로 파견했다. 이어 영국의 근거지였던 남인도의 마드래스를 함락시켰다. 1744년부터 시작된 영국과 프랑스 사이의 전쟁은 20년 동안 계속되었다. 처음에는 프랑스가 우세했으나 1757년 플라시 전투에서 영국 동인도 회사의 클라이브가 이끄는 영국군이 프랑스를 괴멸시킨 것이 분수령이 되어 결국 영국이 승리하게 된다.

영국과 프랑스 간의 전쟁에 인도 인들이 용병으로 참전했었다. 서양 군대의 위력을 실감한 인도 인들은 자기들끼리의 전쟁에 영국인들을 끌어들였다. 말하자면 영국인들을 용병으로 고용했던 것이다. 역사는 용병들이 고용주를 몰아내는 경우가 많음을 알려주지 않는가? 시간이 흐르자 영국인들은 본심을 드러내기 시작했다. 플라시는 인도 동북부의 벵골 지역에 있다. 영국의 지배가 남인도에서 북인도로 확장될 것임은 이미 예고되어 있었던 것이다. 영국의 북인도 지배가 가시화되자 북인도의 기존 인도 세력들이 하나로 뭉쳐 영국에 맞섰지만 상대가 되지 못했다. 영국은 벵골을 방어하는 데서 한걸음 더 나아가 북인도 전체를 점령했다. 남은 것은 인도 중앙부에 자리잡고 있는 마라타 동맹뿐이었다.

일찍이 무굴 제국의 힘이 인도 중앙부의 데칸 고원에까지 미치지 못하게 되었을 때부터 마라타는 형성되기 시작했다. 그러나 영토가 늘어나면서 분열 양상을 보였다. 전쟁을 지휘했던 지휘관들이 독립국의 왕들처럼 행동했던 것이다. 하지만 이들은 본국에 반기를 들지 않은 대신 적극 협조했다. 마라타 동맹이라는 말이 생겨난 배경이다. 마라타 동맹은 상당히 강했지만 영국의 상대는 되지 못했다. 그러나 마라타 동맹의 수명은 동인도 회사의 내부 사정으로 인해 연장된다. 경제적 이윤을 추구하는 주식회사인 동인도 회사가 거대한 인도를 정치적으로 지배하기는 쉽지 않았다. 더군다나 회사 직원들의 부패로 인한 부실화가 문제가 되었다. 경제와 정치가 만나는 곳에 부패가 존재하게 마련 아닌가?

인도의 행정이 본국 의회의 감독을 받게 된다. 1774년 헤이스팅스가 초대 벵골 총독에 취임했다. 영국은 본격적으로 인도를 경영하기 시작했다. 1775년 마라타 동맹의 권력 다툼에서 밀린 한 세력이 봄베이에 주둔하고 있던 영국군에게 도움을 청하자 전쟁이 터졌다. 이때 영국이 최초로 패배한다. 두 번째 전쟁도 마라타 동맹의 일부 세력이 영국의 보호를 요청해서 일어났지만 흐지부지 끝나버린다. 마라타 동맹이 지원하는 핀

구르카 병사들이 사용한 쿠
커리라 불리는 단검.

다리라는 군도群盜의 소탕을 구실삼아 1817년
영국은 3차전을 일으켰다. 결국 마라타 동맹은
붕괴되었다. 인도에 영국 동인도 회사가 설립된
지 200여 년 만에 영국은 인도를 손에 넣을 수
있었다.

19세기 중반에 들어서면서 인도에는 반란이
부쩍 잦아진다. 그 정점에 해당하는 것이 1857
년에 터진 세포이의 반란이다. 세포이는 영국에
고용된 인도 용병을 가리키는 말이었다. 20여만
명 정도 되는 세포이들은 총을 가지고 있었다. 세포이의 삼분의 일이 오
우드 출신이었는데 영국은 오우드를 강제 병합했다. 이에 반감을 품게
된 세포이들은 총기를 닦는 헝겊에 칠해진 기름이 소기름과 돼지기름이
라는 소문에 민감하게 반응했다. 힌두 교도들은 소를 신성시했고 이슬람
교도들은 돼지고기를 입에 대지 않았다. 자신들을 모욕한 것이라고 생각
한 세포이들이 반란을 일으켰고 순식간에 전국적인 반영 운동으로 이어
졌다. 민족의식이 싹터 있었던 것이다.

세포이들은 그때까지 명맥이 붙어 있던 무굴 제국의 황제를 내세우고
무굴 제국의 부활을 선언했다. 처음 1년간 제법 세력을 떨쳤으나 결국
영국 정규군과 구르카 군에게 진압되었다. 네팔 출신 용병들로 이루어진
군대가 구르카 군이다. 1814년 네팔 정벌에 나섰던 영국군은 구르카 족
과 전투를 벌여야 했다. 구르카 병사들은 야포와 최신 소총으로 무장한
영국군의 캠프에 소리 없이 다가가 '쿠커리' 라 불리는 단검으로 영국 병
사들의 목을 벴다. 오늘날 구르카 군의 상징이 된 이 칼은 부메랑처럼 끝
이 안으로 휜데다 적당히 무겁다. 힌두 제사에 쓸 염소의 목을 단칼에 자
르도록 고안된 칼이었다. 구르카 병사들의 전투력에 전율을 느낀 영국이
구르카 병사들과 용병계약을 맺은 다음 구르카 병사들을 인도에 투입했
던 것이다.

겨우 세포이의 반란을 진압한 영국은 인도 인의 민족의식을 결집시킬 수 있는 상징인 무굴 제국을 없애버렸다. 제2 육상 유목민인 몽골 족의 후예가 만든 제국이 무굴 제국 아니었는가? 인도는 제1 해상 유목민과 제2 육상 유목민에 이어 제2 해상 유목민의 지배를 받게 되었던 것이다. 제2 해상 유목민의 태두가 영국이었다. 인도는 원래 하위적이었다. 분열이 자연스러웠다. 무굴 제국의 약화로 분열상태에 빠져 있던 인도를 영국은 손쉽게 차지했다. 영국은 동인도 회사도 없애버렸다. 영국 정부의 명령과 간섭을 받았지만 여전히 인도 경영의 주체는 동인도 회사였다. 더 이상 회사 체제로 식민지를 경영할 수 없다고 느낀 영국 의회는 동인도 회사를 해체한 다음 내각에 인도 담당 장관을 두었다. 그리고 인도에 부왕副王을 파견했다. 직책에 불과한 왕을 파견한 것은 영국 국왕이 인도의 황제가 되기 위함이었을 수 있다. 마침내 1876년 빅토리아 여왕은 인도 황제가 되었다.

영국은 자유주의를 확립하고 하위적으로 나아갔지만, 동시에 산업혁명으로 하위가 확대되자 상위를 추구하기 시작해 마침내 제국이 되었다. 영국은 인도 인들에게 적극적으로 영어를 가르침으로써 정신적으로도 인도를 지배하려 했다. 그러나 영국은 해상 제국이라는 한계를 지니고 있었다. 지구 반대편에 본국이 있었던 것이다. 오늘날 인도 인들에게는 그다지 큰 반영 감정이 없다. 영국이 하위적인 해상 제국으로서 인도 인들을 하위적으로 대했기 때문일 수 있다. 어느 정도 자유를 허용했기 때문일 수 있다는 것이다.

영국은 인도만이 아니라 중국에도 진출했다. 동인도 회사를 통해 영국산 모직물과 인도 산 면화, 그리고 보석, 시계 등 잡화를 중국에 수출하고, 중국으로부터는 차와 비단, 도자기 등을 수입했다. 그런데 영국의 주력 상품인 모직물을 중국 사람들은 별로 좋아하지 않았다. 서민들은 직접 면화에서 실을 뽑았다. 부자들은 비단을 입었다. 중국과의 무역이 여의치 않자 영국은 불황을 걱정해야 했다.

산업혁명 이후 대량 생산이 가능했지만 대량 생산의 부작용이 있었다. 그것은 불황이었다. 대량 생산하는 대로 대량 판매가 지속적으로 이루어진다면 문제는 없을 것이다. 그러나 수요는 한정되어 있기에 어느 순간부터 대량 생산된 상품들은 재고로 쌓이게 된다. 자연히 기계가 천천히 돌아가게 될 것이고 기계의 가동이 멈출 수도 있다. 기계 옆에서 일을 하던 공장 노동자들이 일을 못 하게 되면 구매자들의 수가 줄어든다. 공장 노동자들이 임금을 받아야 구매자로서의 역할을 할 수 있기 때문이다. 이런 악순환이 자본주의의 맹점일 수 있음을 마르크스는 지적했다. 수공업이 기계공업으로 대체되지 않았다면 불황이라는 단어도 생기지 않았을 것이다. 수공업으로는 대량 생산을 할 수 없다. 소량 생산은 공급이 수요를 따라가지 못하는 상태를 유지시킨다. 적게 만들기 때문에 만드는 대로 다 팔리는 것이다. 영국은 산업혁명을 세계 최초로 거친 나라로서 불황이라는 것도 세계 최초로 알게 된다.

기계로 상품을 대량 생산하기 때문에 무한정 돈을 벌 줄 알았는데 그것이 뜻대로 되지만은 않는다는 것을 깨달은 영국은 금융에 주목했다. 중소기업 사장이 자금을 구하려고 은행에 가지만 은행에서 돈을 못 빌리면 사채업자에게 가지 않는가? 사채업자에게서 돈을 빌려 기계를 돌리지만 여의치 않아 돈을 갚지 못하면 결국 사채업자에게 회사를 빼앗긴다. 영화에서만 나오는 이야기가 아니다. 실제로 공장을 돌리는 것보다 돈 장사를 하는 것이 나은 경우가 많다. 돈을 빌려주고 이자를 취하는 것이 돈 장사다. 돈 장사를 고상하게 표현하면 금융 정도가 될 것이다. 금융을 통해 영국은 한 해에 1억 1,300만 파운드의 이익을 취한 적이 있었다. 그해는 6,400만 파운드의 무역 적자가 발생한 해였다.

금융과 산업과의 관계에 대해서 좀더 살펴보자. 기계를 돌리는 주체는 회사다. 주로 주식회사다. 주식회사에서 주식을 발행한다. 주식값이 올라가면 주식회사가 주식의 일부를 팔아서 돈을 만들고 그 돈으로 기계를 돌린다. 기계가 돌아가면 상품이 만들어져 나온다. 상품이 잘 판매되어

회사가 돈을 많이 벌면 사람들은 주식을 더 많이 산다. 주식값이 더 오르면 그에 따라 기계는 더 잘 돌아가고 상품은 더 많이 만들어져 나온다. 그러나 수요는 한정되어 있기에 어느 순간부터 재고가 쌓이게 된다. 때문에 불황의 먹구름이 확실하게 보이기 전에 정부는 주식에 투자되는 돈을, 즉 기계에 투자되는 돈을 금융 쪽으로 돌리는 조처를 취해야 한다. 이자율을 높임으로써 그렇게 할 수 있다. 돈 장사의 목적은 이자이기 때문이다. 6% 정도의 이자를 15% 정도로 높이면 사람들은 주식에 투자했던 돈을 빼서 은행에 넣는다. 돈 장사가 안정성 면에서 낫다는 것을 알고 있기 때문이다. 주식값이 떨어지면 기계는 천천히 돌아가고 불황은 닥치지 않는다. IMF 사태를 해결하기 위해서 한국 정부는 금리를 대폭 낮췄었다. 돈 장사의 매력이 사라지자 많은 사람들이 은행에서 돈을 빼 주식에 투자했다. 300포인트 정도이던 종합주가지수가 1,000포인트 정도까지 올라가지 않았는가? 기계에 돈이 들어가니까 상품이 많이 만들어졌고, 다행히 수출이 잘되어서 IMF 체제를 조기에 졸업할 수 있었던 것이다. 산업이 농업적이라고 했다. 금융은 상업적이다.

중국과의 무역이 여의치 않아 불황에 허덕이던 영국은 마지막 카드로 아편을 내밀었다. 인도의 기후는 아편이 자라기에 알맞았다. 인도에 공산품을 팔고 대신 아편을 받은 다음 그 아편을 중국에 팔았다. 이른바 삼각무역이었다. 상품의 왕은 무엇일까? 상품의 왕은 마약이다. 마약은 광고를 하지 않아도 팔리는 상품이다. 한번만 맛을 보고 나면 중독이 되어서 계속 사지 않을 수 없는 것이 마약이기 때문이다. 모든 상품은 마약과 같은 성질을 가지고 있다. 커피를 계속 마시다 보면 커피에 중독된다. 자동차를 계속 타다 보면 자동차 중독증에 걸린다. 영국인들이 중국의 차에 열광했던 것이나 유럽 인들이 향신료에 열광했던 것 등은 모두 중독이라는 개념으로 설명될 수 있다. 중독성의 강약의 차이만 있을 뿐 모든 상품은 마약과 같은 성질을 가지고 있다. 자본주의의 종주국 영국이 돈을 벌기 위한 마지막 카드로 내밀었던 것이 마약이었다는 사실은 자본주

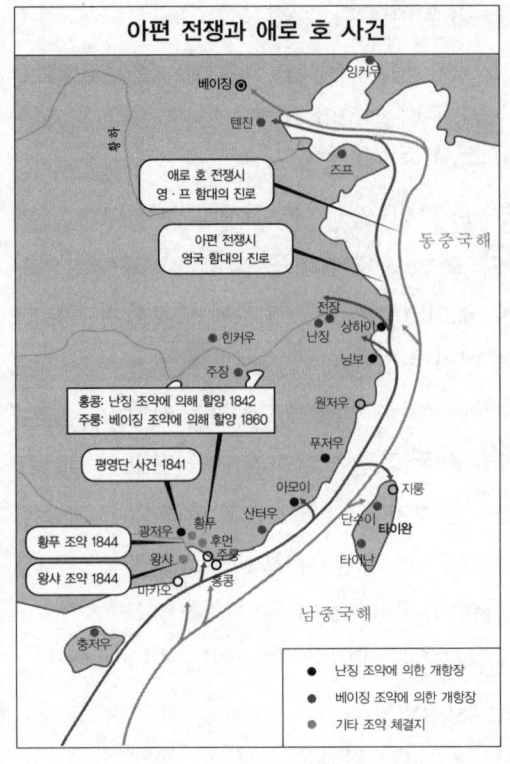

아편 전쟁과 애로 호 사건

베이징 ⊙

잉커우

텐진

즈푸

애로 호 전쟁시
영·프 함대의 진로

아편 전쟁시
영국 함대의 진로

동중국해

전장

상하이

힌커우

난징

닝보

주징

원저우

홍콩: 난징 조약에 의해 할양 1842
주룽: 베이징 조약에 의해 할양 1860

푸저우

평영단 사건 1841

아모이

지룽

황푸 조약 1844

광저우

황푸

산터우

단수이 타이완

후먼

왕샤 조약 1844

왕샤

주룽

타이난

마카오

홍콩

남중국해

충저우

● 난징 조약에 의한 개항장
● 베이징 조약에 의한 개항장
● 기타 조약 체결지

의의 부정적인 속성을 엿볼 수 있게 한다. 한국도 IMF 사태를 극복하기 위해서 영국처럼 했다면 어땠을까? 공산품을 북한에 팔고 필로폰을 받은 다음 그 필로폰을 일본에 파는 것이다. 아마도 한국과 일본 사이에 전쟁이 벌어졌을 것이다. 영국과 중국 사이에도 전쟁이 벌어졌다. 아편 전쟁이었다.

청나라의 흠차대신 임칙서가 영국 배의 아편 상자들을 몰수한 다음 소각해버린 것을 기화로 아편 전쟁이 벌어졌다. 인도에 주둔하던 극동 함대가 광동에서 천진까지를 휩쓸었다. 1842년 청나라는 패배를 인정해야 했고 굴욕적인 난징 조약을 체결해야 했다. 난징 조약의 내용에 따라 청나라는 홍콩을 영국에 할양했고 막대한 배상금을 물었다. 영국의 제국주의는 점점 깊어갔다.

26. 제2 해상 유목민 2기

－제국들의 형성

>>> 미국의 상위화

영국 이외의 서양 열강들도 산업혁명을 거친다. 자유주의적인 나라들에서 산업혁명은 먼저 일어나는데, 자유주의도 하위적이고 산업혁명도 하위적이기 때문이다. 상업이 발달한 곳에서 산업이 발달하게 마련 아닌가? 먼저 자유주의적인 나라들에 대해서 살펴보자.

미국은 프랑스보다 먼저 시민혁명을 거쳤다. 영국의 굴레에서 벗어난 미국의 앞길에는 장애물이 없었다. 견고한 통일국가라기보다는 13개 식민지의 단순한 집합체에 불과했지만, 중앙정부의 권한을 강화하여 국가적인 통합을 추진하려는 연방주의자들의 꿈이 서서히 영글어갔다. 물론 그에 반대하는 분리주의자들도 있었다. 19세기 초반부터 시작된 영토의 확장은 눈부셨다. 유럽 강대국 소유의 땅은 매입했고 멕시코나 원주민의 땅은 강탈했다. 루이지애나, 플로리다, 알래스카는 각각 프랑스, 에스파냐, 러시아로부터 사들였고, 텍사스, 캘리포니아를 비롯한 서부의 주들은 멕시코와 원주민으로부터 빼앗았다. 1840년대부터 서부로의 진출이 현저했다. 이미 이때는 미국이 산업혁명을 거친 뒤였다. 산업혁명은 미국으로 하여금 상위로 나아가게 했다. 1850년대에 오늘날 미국 영토의 대체적인 윤곽이 잡혔다.

미국은 농업 국가에서 농업·공업 국가로 변모했다. 1850년대에 공업 생산이 농업 생산을 능가했다. 운하가 많이 만들어졌고 특히 철도가 많이 부설되었다. 자연히 공업을 위주로 하는 지역과 농업을 위주로 하는

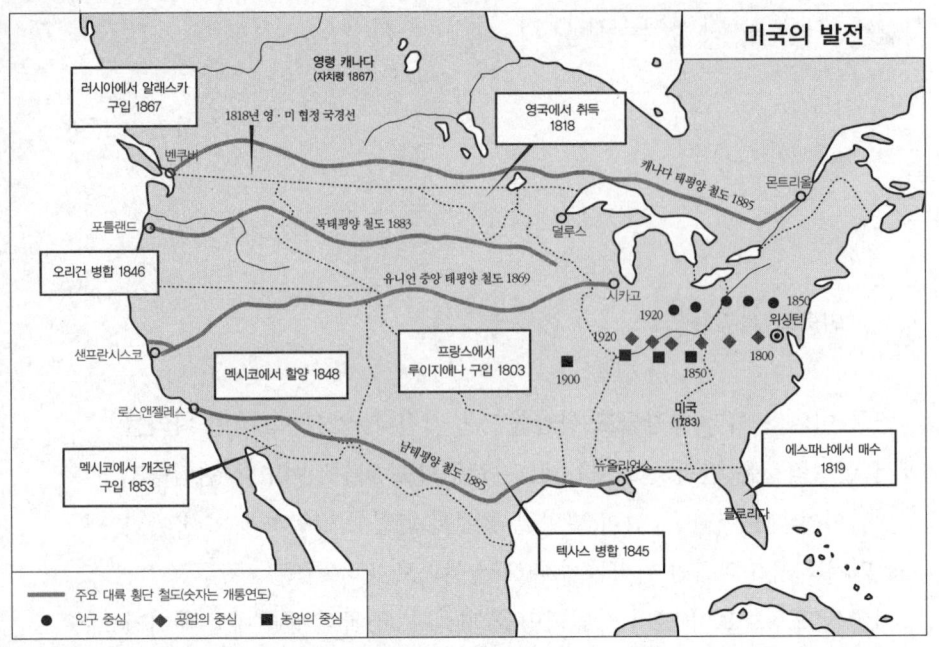

지역 간에 반목이 생겼다. 산업은 농업과 가깝기 때문에 상위적일 수 있음을 앞에서 언급했다. 그리고 하위적인 혁명은 상위가 추구되게 한다고 하지 않았는가? 산업혁명으로 공업이 중요하게 여겨지면서 상위적인 정책이 추구되었다. 자유무역주의가 아니라 보호무역주의가 힘을 받았다. 사실 미국은 영국처럼 선발주자가 아니라 후발주자였기 때문에 경쟁력을 확보할 때까지 보호무역주의를 추구할 필요가 있었다.

　남부의 대농장 경영자들은 불만을 품었다. 농업은 상위적인데 농업을 하는 대농장 경영자들이 상위적인 정책에 불만을 품은 이유는 무엇이었는가? 새로 개척된 서부의 독립적인 자영농민들은 상위적이었다. 때문에 동부의 상·공업자들 편에 서서 상위적인 정책을 지지했다. 그러나 남부의 대농장 경영자들은 전통적인 농업을 추구했던 것이 아니라 본질상 상업을 추구했다. 남부는 주로 면화 농사를 지었다. 거의 대부분의 면화를 유럽으로 수출했다. 상업을 위한 농업을 했기 때문에 남부는 하위

적이었다. 때문에 자유무역주의를 지
지했다.

남부의 문화는 귀족적이었다. 그리
스의 문화와 비슷했다. 그리스 인들처
럼 남부의 대농장 경영자들은 노예들
을 소유하고 있었다. 인구의 5% 정도
되는 대지주들이 400만 정도의 노예
들을 거느리고 있었다. 반면 북부에는
귀족적인 문화가 없었다. 그리고 새로

링컨 기념관 내에 있는 링컨 동상—미국, 워싱턴.

개척된 서부에도 귀족적인 문화가 없었다. 노예들도 없었고 귀족들도 없
었다. 대신 평민들이 많았다. 평민들은 강력한 권력자와 손을 잡고 중간
에 있는 귀족들을 공격한다고 하지 않았는가?

노예제에 반대하는 공화당의 링컨이 대통령으로 당선되자 남부의 7개
주는 연방에서 탈퇴하여 독자적으로 아메리카 연방을 구성했다. 헌법을
별도로 제정했고, 대통령으로 제퍼슨 데이비스를 뽑았다. 남북전쟁은
1861년 남군이 섬터에 주둔하던 북군을 공격함으로써 시작되었다. 북군
은 공업력과 해군력에서 남군을 압도했다. 남부는 면화만 생산했을 뿐
배를 이용한 운송은 북부에서 담당했던 것이다. 남부는 확실히 하위적이
지 못했다. 확실히 하위적이었다면 남군의 해군력이 북군을 압도했을 것
이다. 그럼에도 불구하고 귀족적인 남부는 강력한 힘을 발휘했다. 전쟁
이 장기화된 것은 남부가 상당히 하위적이었음을 보여준다. 그러나 북부
와 서부의 평민들은 산업혁명을 거치면서 귀족화된 평민들로 거듭나 있
었다. 귀족화된 평민들과 귀족들의 싸움에서 귀족들이 이긴 예는 역사에
서 찾아보기 힘들다. 남북전쟁은 북부의 승리로 종결되었다. 연방정부가
강력해졌다. 미국이 통합되었다. 통합은 상위적이다. 미국의 제국주의가
태동하고 있었다.

>>> 프랑스의 상위화

다음으로 프랑스에 대해서 살펴보자. 1848년 새 헌법에 따라 사상 처음으로 치러진 대통령 선거에서 대통령으로 당선된 루이 나폴레옹은 1851년 쿠데타를 일으켜 의회를 해산시켰다. 헌법 때문에 대통령에 재선되는 것이 불가능했기 때문이다. 그는 자신의 행위를 국민투표에 부쳤고 프랑스 국민들은 그에게 표를 몰아주었다. 더 이상 거리낄 게 없어진 루이 나폴레옹은 이듬해 황제로 등극하여 나폴레옹 3세가 되었다. 이미 2월 혁명 이전에 산업혁명을 거친 프랑스였다. 풍부해진 하위를 바탕으로 상위로 나아간 프랑스가 다시 제국이 되었던 것이다.

20대 시절부터 큰아버지와 제국을 가슴에 품었던 나폴레옹 3세는 1858년 베트남과 전쟁을 벌인 끝에 1862년 사이공을 함락시켰다. 이후 인도차이나 반도를 식민지로 만들었다. 1860년에 사보이와 니스를 프랑스 영토로 편입시켰다. 한반도에서 병인양요를 일으켰던 것도 이 즈음이었다. 영국의 뒤를 이어 중국에도 진출했다.

이상에서 미국과 프랑스가 산업혁명 이후 제국으로 나아갔던 모습들을 살펴봤다. 영국을 필두로 하여 미국과 프랑스가 해상 제국들이었다고 할 수 있다. 자유주의적인 나라들이 산업혁명 이후 해상 제국들이 되었다. 모두 바다와 면해 있는 나라들이다.

>>> 이탈리아의 상위화

이제 육상 제국들에 대해 살펴보자. 나폴레옹 이후 민족주의의 물결이 거셌던 나라들이 산업혁명을 거치면서 육상 제국들로 거듭났다.

먼저 시기적으로 앞서는 이탈리아에 대해 살펴보자. 이탈리아는 지중해 무역이 활발하던 때에 지중해 무역을 주름잡았지만, 이베리아 반도의 포르투갈과 에스파냐에 밀린 이후 역사의 주역이 되지 못한 채 계속 신성로마제국의 영향 하에 놓여 있었다. 신성로마제국이 사라진 이후에도 신성로마제국의 후신인 오스트리아의 간섭을 받았다. 더욱이 이탈리아는 로마 교황의 영향을 강하게 받았다. 황제와 교황의 지배를 받았기 때문에 왕을 정점으로 한 보다 하위적인 국가의 성립이 힘들었던 것이다. 상위적인 통일을 달성하는 것이 급선무였던 이탈리아가 하위적인 자유주의보다 상위적인 민족주의를 추구했던 것은 자연스러웠다.

이탈리아는 북이탈리아와 남이탈리아로 양분되어 있었다. 북이탈리아는 오스트리아의 영향 하에 있었고, 남이탈리아는 에스파냐의 영향 하에 있었다. 13세기에 이베리아 반도에 있던 아라곤의 왕 페드로 3세가 시칠리아 섬을 점령한 이후 시칠리아 섬과 남이탈리아는 에스파냐의 영향 하에 놓이게 된다. 에스파냐가 제2 해상 유목민의 선두 주자로서 전성기를 구가했었기 때문에 시칠리아와 남이탈리아는 에스파냐를 구축驅逐하기 어려웠다. 지중해의 중심부에 자리잡고 있는 시칠리아 섬은 해상 유목민에게 절대적으로 필요한 섬이었다. 때문에 9세기에는 이슬람 세력에 의해서, 11세기에는 노르만 족에 의해서 정복되었던 것이다.

시칠리아 섬 위에 있는 사르데냐 섬의 비토리오 에마누엘레 2세는 자신이 이탈리아 통일의 중심이 되어야 한다는 생각을 했다. 에마누엘레는 카보우르를 총리로 기용하였다. 귀족 출신의 자유주의자였던 카보우르는 사르데냐의 국력을 키우기 위해 농업과 공업을 진흥시켰고 군대를 육성시켰다. 공업을 육성시켰다는 것은 산업혁명을 거쳤음을 말해준다. 산업혁명으로 인한 하위의 확장이 있었기 때문에 작은 나라였지만 사르데냐가 이탈리아를 통일할 수 있었던 것이다. 카보우르는 비유적으로 말해서 미용사였지만 사장을 중심으로 일단 미용실을 키워야 한다는 생각을 했던 미용사였다.

카보우르는 크림 전쟁에 참전하여 프랑스의 환심을 얻었다. 1859년 나폴레옹 3세와 밀약을 맺은 다음 오스트리아와 전쟁을 벌였다. 프랑스 군의 지원을 받은 사르데냐는 마침내 오스트리아를 물리치고 롬바르디아를 획득했다. 그러나 사르데냐의 세력이 커지는 것을 염려한 프랑스는 오스트리아와 단독 휴전을 맺어버린다. 프랑스의 배신은 이탈리아인들의 분노를 촉발시켜 이탈리아 인들이 사르데냐를 중심으로 단결할 수 있게 했다. 카보우르는 외교력을 발휘하여 니스와 사부아를 프랑스에게 내주는 조건으로 중부 이탈리아를 확실하게 이탈리아의 것으로 만들었다.

남은 것은 남부 이탈리아였다. 오래 전부터 남부 이탈리아는 중·북부 이탈리아와 분리되어 있었기 때문에 카보우르가 영향력을 행사하기가 힘들었다. 그러나 가리발디라는 영웅이 나타났다. 그는 1,000여 명의 의용군으로 편성된 붉은셔츠단을 이끌고 시칠리아와 나폴리를 점령한 다음 로마로 나아갔다. 카보우르는 사르데냐 군을 남하시켜 가리발디 군을 막았다. 자칫하면 내란이 일어날 수 있는 상황이었다. 그러나 가리발디는 에마누엘레 왕에게 남부 이탈리아를 바쳤다. 가리발디는 공화주의자였다. 카보우르보다 더 하위적이었다. 그러나 상위적인 통일이 우선이라는 것에 공감했던 것이다. 1861년 에마누엘레는 마침내 이탈리아 왕국의 초대 국왕이 되었다. 로마가 멸망된 이래 이탈리아에 나라다운 나라가 처음으로 세워졌다. 이후 이탈리아는 프로이센과 오스트리아가 전쟁할 때 프로이센의 편에 서서 베네치아를 이탈리아의 것으로 만들었다. 다시 프로이센과 프랑스가 전쟁할 때 프로이센 편에 서서 로마를 점령한 다음 수도를 로마로 옮겼다.

››› 프로이센의 상위화

이탈리아와 잘 통했던 프로이센은 이탈리아보다 뒤늦게 통일을 이루었다. 프로이센의 왕이 된 빌헬름 1세는 통일을 이루기 위해서는 군대의 힘이 필요하다는 것을 알고 있었다. 그러나 3월 혁명으로 탄생한 프로이센 의회는 왕권을 견제했다. 게다가 1850년대의 경제 활황은 자유주의자들의 입김을 강화시켰다. 프로이센도 이미 산업혁명을 거쳤던 것이다.

의회를 교묘하게 통제할 필요가 있었던 빌헬름은 1862년 비스마르크를 총리로 앉힌다. 비스마르크는 프로이센의 카보우르였다. 비스마르크는 의회에서 국가의 대사를 경영하는 것은 연설이나 다수결이 아니라 '철과 혈' 뿐이라고 외치면서 의회의 기능을 정지시키고 군제 개혁을 단행했다. 철은 군사력을, 혈은 국민들의 헌신을 의미했다. 이후 비스마르크는 '철혈재상' 으로 불리게 된다.

프로이센의 진출을 경계한 나폴레옹 3세는 프로이센처럼 군제 개혁을 단행하려 했으나 의회의 반대에 부딪혀 진전을 보지 못했다. 프랑스에는 돈으로 징용을 면제받는 제도까지 있었다. 자유주의자들의 입김이 강했던 영국, 미국, 프랑스 등과 민족주의자들의 입김이 강했던 프로이센, 이탈리아, 러시아 등은 분명히 달랐다. 비스마르크는 의회보다 강했다. 병사들을 장기 복무시켰고 직업 군인들의 수를 늘렸다. 100여 년 전 프리드리히 2세 시절의 강력한 군대의 전통이 있었기 때문에 프로이센 군의 위용은 금세 되살아났다.

1866년에 프로이센·오스트리아 전쟁이 벌어진다. 슐레스비히·홀슈타인 문제 때문에 일어난 전쟁이었다. 슐레스비히와 홀슈타인은 덴마크와 프로이센 사이에 있던 공국들이었다. 덴마크의 영향 하에 있었지만 북슐레스비히를 제외하고는 주민 대부분이 독일인이었다. 1848년 프로이센이 주민들의 반란을 도와 군대를 파견한 적이 있었지만, 주변 강국들이 프로이센의 뜻대로 일이 진행되도록 놔두지 않았었다. 1864년 비스마르크는 오스트리아와 함께 다시금 출병하여 덴마크 군을 격파했다. 가슈타인 협정을 맺어 슐레스비히는 프로이센이, 홀슈타인은 오스트리아가 통치하기로 했지만, 오스트리아가 협정의 변경을 요구하자 프로이센은 기다렸다는 듯이 협정 위반을 구실로 홀슈타인을 점령해버렸다. 이로 인해 프로이센과 오스트리아가 전쟁을 벌이게 되었던 것이다.

프로이센과의 전쟁에서 패배한 이후 오스트리아는 후유증에 시달렸다. 오스트리아에 복속되어 있던 헝가리에서 거센 독립운동이 일어났던

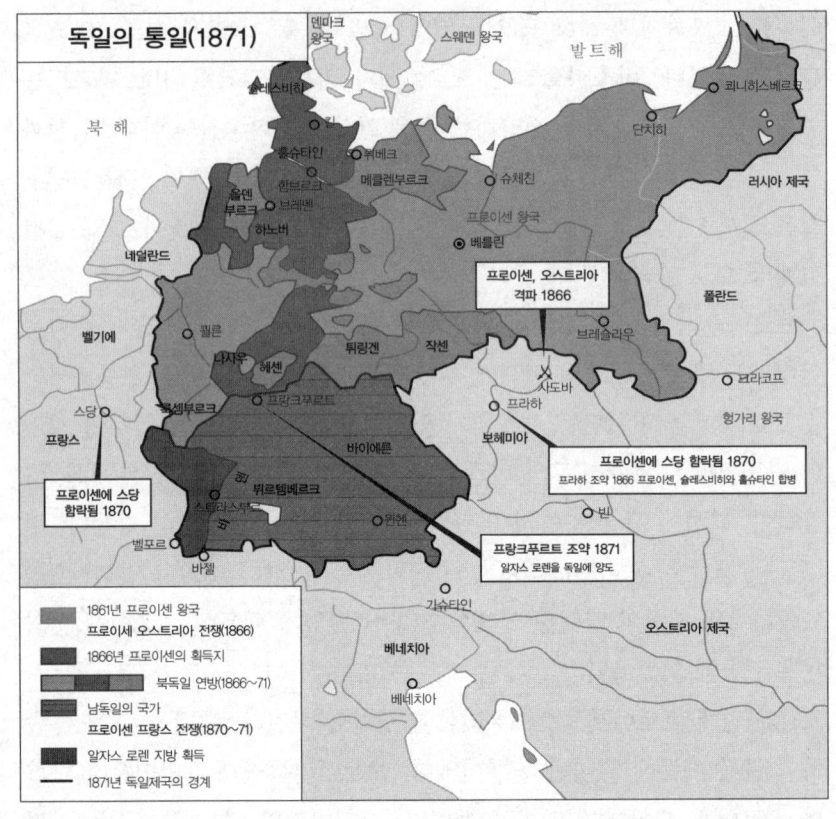

독일의 통일(1871)

덴마크 왕국
스웨덴 왕국
발트 해
쾨니히스베르크
북 해
단치히
슐레스비히
슈체친
홀슈타인
뤼베크
메클렌부르크
프로이센 왕국
올덴부르크
함부르크
하노버
베를린
네덜란드
프로이센, 오스트리아
격파 1866
폴란드
벨기에
쾰른
나사우
브레슬라우
크라코프
뤼링겐
작센
헤센
룩셈부르크
프랑크푸르트
사도바
프라하
헝가리 왕국
스당
보헤미아
프로이센에 스당 함락됨 1870
프랑스
바이에른
프라하 조약 1866 프로이센, 슐레스비히와 홀슈타인 합병
프로이센에 스당
함락됨 1870
뷔르템베르크
슈트라스부르
뮌헨
빈
프랑크푸르트 조약 1871
알자스 로렌을 독일에 양도
벨포르
바젤
가슈타인
오스트리아 제국
베네치아
베네치아

1861년 프로이센 왕국
프로이세 오스트리아 전쟁(1866)
1866년 프로이센의 획득지
북독일 연방(1866~71)
남독일의 국가
프로이센 프랑스 전쟁(1870~71)
알자스 로렌 지방 획득
1871년 독일제국의 경계

것이다. 다급해진 오스트리아는 헝가리의 독립을 인정한 다음 동등한 자격으로 제국을 이루자는 타협안을 내놓았다. 그렇게 해서 1867년 오스트리아—헝가리 이중 제국이 탄생했다. 끝끝내 제국에 대한 미련을 버리지 못했던 오스트리아였다.

제국을 꿈꾸었던 비스마르크는 프랑스와도 싸울 생각을 했다. 엠스 전보 사건이라는 작품을 만든 이유는 프랑스와 전쟁을 할 구실을 만들기 위해서였다. 1866년 혁명으로 에스파냐의 왕위가 비게 되자 프로이센 왕가인 호엔촐레른 가문의 레오폴트가 추대되었다. 그러나 나폴레옹 3세의 강력한 반대에 부딪혀 레오폴트는 왕위에 오르지 못한다. 프랑스의 대사가 엠스에서 휴양 중인 프로이센 왕 빌헬름 1세에게 레오폴트를 에

스파냐 왕으로 추대하지 않겠다
는 보증을 받으려 했던 것이 화
근이었다. 왕은 비스마르크에게
타전했고 비스마르크는 프랑스
대사가 프로이센 왕을 협박한 것
처럼 언론에 공표했다. 프로이센
과 프랑스의 여론이 비등했다.
프랑스측에서는 프랑스 대사가
모욕을 당한 것으로 이해했다.

베르사유 궁 내의 거울의 방-프랑스.

나폴레옹 3세가 독일에 선전포고를 했다. 흔히 보불 전쟁이라고 하는 프
로이센·프랑스 전쟁에서 프로이센이 승리했다. 나폴레옹 3세가 항복했
다는 소식이 전해지자 프랑스 의회는 서둘러 제정의 종식을 선언하고 공
화정을 선포했다.

비스마르크는 프랑스 베르사유 궁전에 있는 거울의 방에서 독일제국
이 성립되었음을 선포했다. 프로이센의 왕이 독일제국의 황제가 되었던
것이다. 프로이센의 실력을 목격한 독일의 영방국가들은 자원해서 독일
제국에 합류했다. 독일제국은 황제에 의해 통치되는 실질적인 제국이었
다. 비록 제국이 성립되었지만 명실상부한 제국이 되기 위해서는 시간이
필요하다는 것을 누구보다 잘 알고 있었던 비스마르크는 프랑스를 완전
히 정복하지 않았다. 50억 프랑의 막대한 배상금과 철과 석탄이 풍부한
알자스·로렌 지방을 취하는 것으로 만족했다. 나폴레옹 전쟁 시기 알자
스·로렌 지방은 프랑스가 차지했고, 독일제국 시기에는 독일이 차지했
다. 제1차세계대전 이후 프랑스가 다시 차지했다가 제2차 세계대전 중에
독일이 다시금 차지했다. 제2차세계대전 이후 지금까지 프랑스가 차지
하고 있다.

산업혁명이 없었어도 프로이센은 독일제국이 될 수 있었을까? 아마도
힘들었을 것이다. 산업혁명이 있기 전에는 바다에 접한 나라들만 유목

활동을 할 수 있었다. 때문에 해상 유목민이라고 한 것 아닌가? 프로이센은 바다와 그다지 많이 접하지 않은 나라였다. 그럼에도 불구하고 프로이센이 산업혁명 이후 유목 활동을 활발히 전개할 수 있었던 것은 철도 때문이었다. 철도를 통해 프로이센은 내륙 국가의 한계를 뛰어넘을 수 있었다. 더욱이 산업은 상업보다는 농업과 비슷한 면이 있다고 하지 않았는가? 농업적이었던 프로이센은 상업보다 산업과 궁합이 잘 맞았다. 오늘날에도 독일의 장인 정신은 높이 평가된다. 손과 발을 비교했을 때 손이 상위적이며 발이 하위적이다. 손은 주로 무엇인가를 만드는 데 쓰이며, 발은 주로 돌아다니는 데 쓰이기 때문이다. 상위적인 동양인들은 손재주가 좋다. 프로이센은 어떤 의미에서 동양적이었다.

››› 러시아의 상위화

이제 러시아에 대해 알아보자. 러시아는 산업혁명을 거치기 전에 상위로 나아갔다. 서구의 여러 나라들이 상위로 나아가는 모습에서 자극을 받았던 것이다. 1853년에 러시아는 오스만 투르크에 선전포고를 했다. 크림 전쟁이 발발했다. 흑해 연안의 크림 반도에서 전투가 주로 벌어졌기 때문에 이 전쟁을 크림 전쟁이라고 한다. 크림 전쟁은 최초의 현대전이라고 불린다. 산업혁명 이후 치러진 큰 전쟁이었기 때문에 현대적인 무기가 많이 등장했다. 덕분에 많은 사상자들이 발생했다. 많은 사상자들은 많은 간호사들을 필요로 했다. 나이팅게일과 38명의 간호사들의 활동은 스위스의 앙리 뒤낭에게 깊은 인상을 남겼다. 앙리 뒤낭은 국제 적십자사를 창설했다.

크림 전쟁의 원인은 무엇이었는가? 나폴레옹 3세가 프랑스 내의 가톨릭 교도들의 환심을 사기 위해 오스만 투르크를 압박했다. 오스만 투르크가 가톨릭으로 하여금 예루살렘을 관리하게 하자 동방 정교의 수장이라 자처하던 차르가 원상회복을 요구했다. 거절당하자 전쟁을 일으켰던 것이다. 그러나 보다 본질적인 원인은 러시아의 남하 정책에서 찾을 수 있을 것이다. 영국이라는 장애물 때문에 러시아가 발트 해와 북해를 거쳐 대양으로 나가기는 힘들었다. 때문에 러시아는 흑해를 탐냈다. 더구나 흑해는 겨울에도 얼지 않았다. 러시아는 늦었지만 제2 해상 유목민의 시대에 해상 유목민이 되려 했던 것이다. 상위를 추구한 러시아의 모습이었다.

전쟁은 러시아의 뜻대로 전개되지 않았다. 1856년 파리 조약이 체결되었다. 러시아는 흑해의 중립을 약속해야 했다. 남하 정책이 좌절되었던 것이다. 전쟁중에 사망한 니콜라이 1세의 뒤를 이은 알렉산드르 2세는 비교적 계몽된 군주였다. 1861년 농노제를 폐지했고 러시아 최초의 의회에 해당하는 젬스트보를 설립했다. 그러나 1881년 알렉산드르는 자유주의자들에 의해 암살당했다. 알렉산드르 2세의 아들 알렉산드르 3세는 전제정치를 강화했다. 알렉산드르 3세의 아들 니콜라이 2세 역시 차리즘을 강화했다. 특히 니콜라이 2세는 산업혁명으로 인한 하위의 확장을 이용하여 차리즘을 강화했다. 1890년대부터 러시아에서도 산업혁명이 본격적으로 진행되었던 것이다. 니콜라이 2세가 1891년에 시베리아 횡단 철도를 기공했다. 제국주의자들은 통합을 바란다. 통합을 꾀하기 위해서는 무엇보다도 길을 내야 한다. '모든 길은 로마로 통한다'는 말을 생각해볼 수 있을 것이다. 니콜라이 2세는 거대한 러시아를 철도로써 통합하려 했다.

››› 일본의 상위화

마지막으로 일본에 대해서 살펴보자. 일본의 경우는 바다와 면해 있었고 상업의 전통이 있었기 때문에 러시아처럼 자유주의를 완전히 무시하지는 않았다. 독일처럼 교묘하게 자유주의자들을 조종하는 모습을 보여준다. 일본이 자유주의에 기초한 입헌군주국이 되기에는 천황의 권위가 너무 절대적이었다. 천황은 당시 일본인들에게 신 자체였다. 영국처럼 되기보다는 독일처럼 되기가 쉬웠던 것이다. 일본은 영국처럼 섬나라였지만 서양의 섬나라가 아니라 동양의 섬나라였다. 일본은 하위적이기도 하지만 사실은 상위적이다. 메이지 유신은 메이지 정부의 관료들이 입안하고 집행한 것이었다. 하지만 시간이 흐르면서 점차 천황에게 권력이 집중되어갔다. 메이지 유신이 성공한 1868년부터 조선을 정벌하자는 정한론征韓論이 등장했다. 일본은 1876년 조선과 강화도 조약을 체결함으로써 한반도를 침략하기 시작했다. 상위적인 모습을 드러냈던 것이다.

이러한 상위화에 자유주의적 사상으로 무장한 정치인들과 지식인들이 반발하기도 했다. 자유당, 입헌정당, 개진당 등이 결성되어 자유주의 운동을 전개했다. 1880년에는 국회 개설을 청원하는 대규모 대중 집회가 개최되었다. 정부는 10년 뒤인 1890년에 국회를 개설할 것을 약속했다. 그러나 헌법을 천황이 제정한다는 조건을 달았다. 1889년 흠정헌법, 즉 왕이 제정한 헌법이 공포되었다. 제1조는 '대일본제국은 천황이 통치한다'였고, 제3조는 '천황은 신성하여 침범받지 않는다'였다. 한마디로 하위적인 헌법이 아니라 상위적인 헌법이었다. 이렇듯 산업혁명을 통한 하위의 확장은 일본으로 하여금 상위로 나아가게 했다.

물론 일본 역시 러시아처럼 산업혁명을 거치기 전에 상위로 움직이기 시작했다. 일본이나 러시아의 상위화가 비록 산업혁명 이전에 시작되었을지라도 '산업혁명으로 인한 상위화'라는 명제가 성립할 수 있는 이유는 무엇인가? 산업혁명으로 인한 선발주자들의 상위화와 그 상위화를 따라잡으려는 후발주자들의 노력에 대해 생각해볼 수 있다. 각국의 산업혁명 이전에 세계의 산업혁명이 있는 것이다. 일본은 서구를 따라잡으려는 생각으로 메이지 유신을 했었다.

이상에서 육상 제국들에 대해 살펴보았다. 이탈리아는 제국을 칭하지는 않았다. 프로이센, 러시아, 일본 등은 제국을 칭했다. 해상 제국들과 육상 제국들은 모두 산업혁명의 산물들이었다.

27. 제2 해상 유목민 2기

−제국주의와 제1차세계대전

⟩⟩⟩ 아프리카와 태평양의 분할

제국은 팽창하려는 속성을 지니고 있다. 서구 제국들은 주인 없는 땅인 아프리카에 관심을 가졌다. 대항해 시대 이래 유럽은 아프리카를 노예 공급처로만 생각했다. 그러나 19세기 중반부터 아프리카는 정복의 대상이 된다. 이슬람 권의 맹주로서 북아프리카를 관할하고 있던 오스만 투르크가 약화된 것도 서구 열강의 아프리카 정복을 도왔다.

19세기 초 영국이 인도 무역을 위해 아프리카 최남단의 케이프 식민지를 접수하겠다고 했을 때 대항할 힘이 없던 보어 인들은 내륙으로 들어가 트란스발 공화국과 오렌지 자유국을 세웠다. 1870년대에 트란스발 공화국과 오렌지 자유국에서 보석, 금, 다이아몬드 등이 발견되자 영국은 트란스발 공화국과 오렌지 자유국마저 접수하려 했다. 보어 인들은 전쟁을 결심했다. 보어 전쟁은 1902년 결국 트란스발 공화국과 오렌지 자유국이 영국에 병합되면서 끝났다. 이런 역사적 배경 때문에 오늘날 남아프리카 공화국의 백인이 네덜란드 계와 영국계로 양분되는 것이다. 아프리카의 남단을 차지한 영국은 얼마 전에 개통된 수에즈 운하가 있는 이집트와 케이프 식민지를 남북으로 연결시키려는 꿈을 꾸게 된다.

1832년 이집트에서 근무하던 프랑스 외교관 레셉스는 지중해와 인도양을 잇는 운하를 구상했다. 20여 년 뒤 외교관을 그만두고 1858년 수에즈 운하 회사를 설립한 그는 마침내 1869년 운하를 완공했다. 해상 유목민에게 운하는 매력적이다. 수에즈 운하는 얼마나 더 매력적이었겠는

수에즈 운하-이집트-카이르발 예루살렘행 버스 안에서…

가? 수에즈 운하로 인해 해상 유목민들은 아프리카 대륙을 빙 돌아야 하는 고통을 겪지 않아도 되었다.

영국은 1875년 이집트 왕실이 재정난 때문에 수에즈 운하의 주식을 내놓자 이를 재빨리 사들였다. 이 사건을 계기로 이집트에서 외세 배척 운동이 일어나자 영국은 이를 진압한다는 구실로 군대를 파견했고 결국 이집트를 식민지로 만들어버렸다. 영국의 꿈이 이루어지기 직전이었다. 프랑스의 꿈만 꺾으면 되는 상황이었다. 프랑스는 1857년 북아프리카의 알제리를 식민지로 삼은 후 알제리와 마다가스카르 섬을 동서로 연결시키려는 꿈을 꾸었다. 아프리카 대륙은 ㄱ자 모양이다. 프랑스는 말하자면 ㄱ자의 가로획에 뜻을 두고 있었고 영국은 세로획에 뜻을 두고 있었다. 1898년 이집트 남부 파쇼다에서 영국과 프랑스의 예정되었던 조우가 이루어졌다. 전쟁이 일어났는가? 프랑스가 물러났다. 프랑스는 아프리카를 먼저 정복하기 시작한 영국을 상대하기가 쉽지 않다고 판단했을지 모른다. 프랑스의 횡단정책이 영국의 종단정책에 막힘으로써 영국의 꿈은 성취되었다. 비록 꿈이 이루어지지는 못했지만 프랑스도 아프리카 서부를 상당 부분 획득했다.

뒤늦게 독일과 이탈리아도 아프리카에 진출한다. 독일은 1884년에 독령 서남아프리카와 카메룬을 획득했으며, 1891년에 독령 동아프리카를 획득했다. 이탈리아는 1896년 에티오피아를 침략했다가 전투에 능한 에티오피아 전사들에게 패배하기도 했지만 후에 리비아를 획득했다. 뜻밖에 소국인 벨기에가 아프리카의 중요한 땅을 차지했다. 미국 기자 스텐리를 후원한 것을 계기로 하여 중부 아프리카의 광대한 고무 생산지인

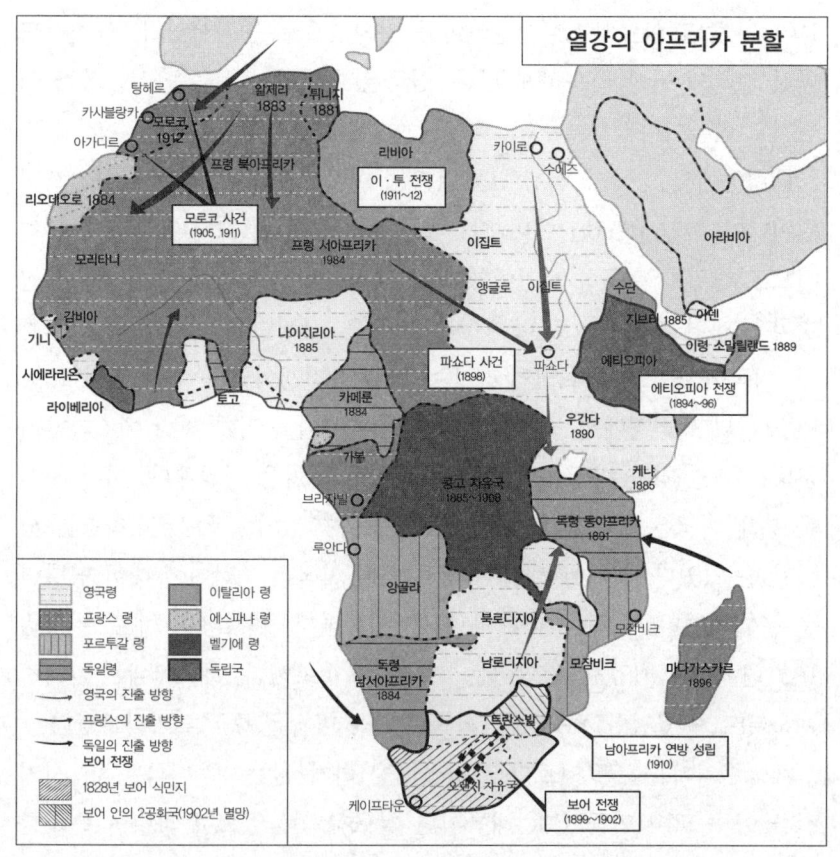

열강의 아프리카 분할

영국령
프랑스 령
포르투갈 령
독일령
영국의 진출 방향
프랑스의 진출 방향
독일의 진출 방향
보어 전쟁
1828년 보어 식민지
보어 인의 2공화국(1902년 멸망)

이탈리아 령
에스파냐 령
벨기에 령
독립국

탕헤르
카사블랑카
아가디르
모로코 1912
알제리 1883
튀니지 1881
프령 북아프리카
모로코 사건 (1905, 1911)
리오데오로 1884
모리타니
감비아
기니
시에라리온
라이베리아
토고
프령 서아프리카 1984
나이지리아 1885
카메룬 1884
가봉
브라자빌
루안다
콩고 자유국 1885~1908
앙골라
북로디지아
독령 남서아프리카 1884
남로디지아
트란스발
오렌지 자유국
케이프타운

리비아
이·투 전쟁 (1911~12)
이집트
앵글로 · 이집트
수단
파쇼다
파쇼다 사건 (1896)
우간다 1890
에티오피아
에티오피아 전쟁 (1894~96)
케냐 1885
목령 동아프리카 1891
모잠비크

카이로
수에즈
아라비아
지부티 1885
아덴
이령 소말릴랜드 1889

모잠비크
마다가스카르 1896

남아프리카 연방 성립 (1910)
보어 전쟁 (1899~1902)

콩고를 얻었다. 당시는 합성 고무가 없었기 때문에 천연 고무의 수요가 엄청났다. 벨기에의 왕이었던 레오폴트 2세는 천연 고무를 팔아 엄청난 재산가가 된다. 레오폴트 2세는 레오폴트 1세의 아들이었다. 레오폴트 1세는 1831년 새로 독립한 벨기에의 국왕에 추대되어 이를 수락한 인물이었다. 7월 혁명의 영향으로 벨기에가 독립하지 않았는가? 어쨌든 1910년 무렵에는 라이베리아와 에티오피아를 제외한 아프리카 모든 지역이 열강에 의해 분할 정복되었다.

아프리카에서뿐만이 아니라 태평양에서도 서양 열강들은 탐욕적이었다. 영국은 18세기 후반부터 오스트레일리아에 영국인들을 이주시켰다.

19세기 중엽에는 오스트레일리아를 자치령으로 승격시켰다. 뉴질랜드 역시 영국의 연방에 속하게 된다. 영국은 태평양의 섬들을 차근차근 식민지로 만들어나갔다.

　태평양에서 영국과 경쟁했던 나라는 미국이었다. 미국은 남북전쟁이 일어나기 전인 1854년 이미 일본을 개항시켰었다. 그러나 그때는 본격적으로 상위를 추구하기 전이었다. 본격적으로 상위를 추구하기 시작한 미국은 태평양 제국으로 나아갔다. 미국은 1898년 미·서 전쟁을 치른다. 미국이 에스파냐와 벌인 전쟁이 미·서 전쟁이었다. 1895년과 1896년 쿠바와 필리핀에서 독립전쟁이 일어나자 이를 막기 위해 에스파냐가 군대를 파견했다. 미국은 쿠바와 필리핀의 독립을 지원했다. 미서 전쟁을 통해 미국은 쿠바를 보호국으로 만들 수 있었고, 푸에르토리코를 획득할 수 있었다. 카리브 해를 지배하게 된 미국은 중남미에 대한 영향력을 증가시켰다. 또한 필리핀과 괌을 획득했다. 미드웨이 제도는 이미 1867년에 획득했었고, 하와이는 1898년에 획득했다. 하와이에는 카메하메하 왕조가 있었다. 하와이를 획득한 다음 미국은 중국을 바라보았다.

　제국주의자들은 무엇보다도 길을 중시하지 않는가? 미국은 이 시기 길을 아주 많이 만들었다. 대륙횡단 철도를 만들었으며 파나마 운하를 만들었다. 파나마의 대지주가 콜롬비아에 대항해 반란을 일으키자 그 반란을 지원하여 파나마를 독립시켰다. 신생 파나마 공화국으로부터 파나마 운하를 뚫을 수 있는 권리를 산 다음 1914년에 운하를 개통했다. 파나마 운하는 수에즈 운하를 뚫은 레셉스가 착공했던 운하였다. 수에즈 운하는 평지에 있는 반면 파나마 운하는 산악 지역에 있다. 파나마 운하는 배가 계단을 올라가는 형식을 취해야 하는 갑문식 운하다. 레셉스는 수에즈 운하를 통해 크게 성공했고 파나마 운하를 통해 크게 망했다. 수에즈 운하가 영국에게 주는 혜택과 같은 혜택을 파나마 운하가 미국에게 줄 것이라는 사실을 미국은 잘 알고 있었다. 바야흐로 미국은 제국을 구현하고 있었다.

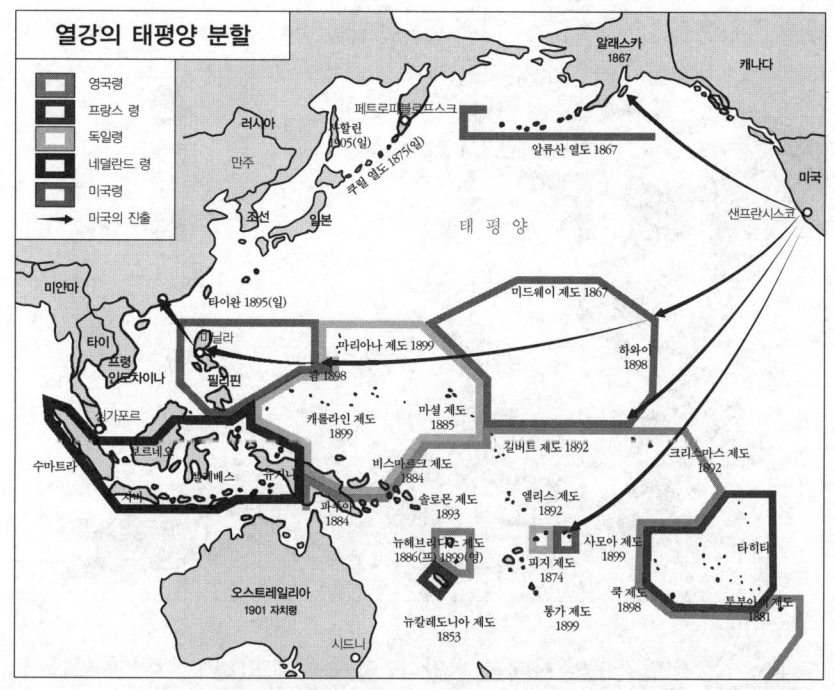

열강의 태평양 분할

영국령
프랑스 령
독일령
네덜란드 령
미국령
미국의 진출

프랑스도 태평양의 뉴칼레도니아 섬을 차지함으로써 태평양에 진출했다. 독일도 뒤늦게 태평양 분할에 참가했다. 독일은 1880년대 이후 비스마르크 제도, 마셜 제도, 마리아나 제도, 캐롤라인 제도 등을 영유했다.

>>> 중국의 분할

무주공산들이 없어지자 제국들은 중국에 군침을 흘렸다. 중국은 동남아시아의 여러 나라들과는 달랐다. 원래 동남아시아는 바다에 면해 있기 때문에 일찍이 제1 해상 유목민의 시대가 시작되었을 때부터 해상 유목민의 영향을 받았다. 오늘날 말레이시아나 인도네시아에 이슬람 교도들이 많지 않은가? 동남아시아는 제2 해상 유목민의 시대가 시작되자 다시금 유럽 세력의 영향을 받았다. 필리핀은 에스파냐의 지배를 받았고 인

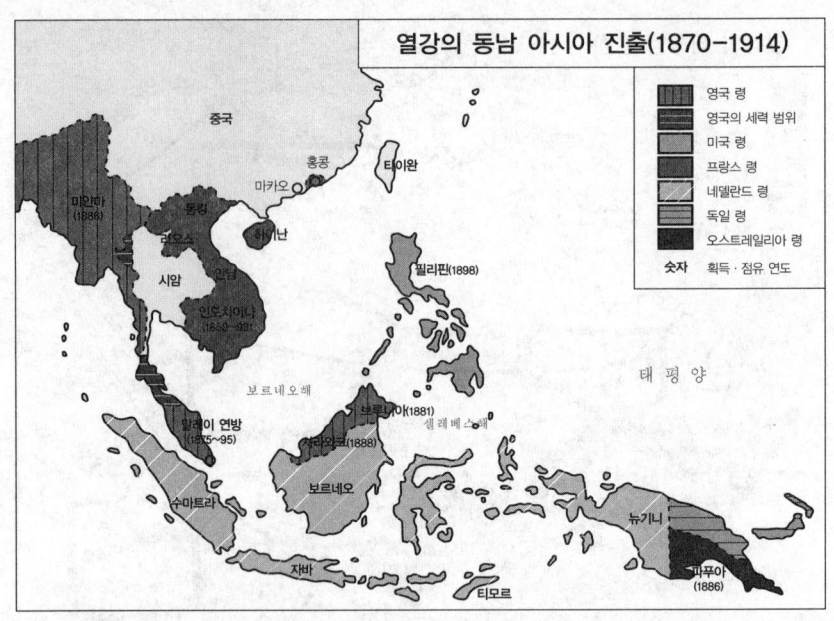

열강의 동남 아시아 진출(1870-1914)

영국 령
영국의 세력 범위
미국 령
프랑스 령
네덜란드 령
독일 령
오스트레일리아 령

숫자　획득·점유 연도

도네시아는 네덜란드의 지배를 받았다. 인도 옆에 있던 미얀마와 말레이 등은 영국의 지배를 받았고, 인도차이나 반도는 프랑스의 지배를 받았다. 지금의 태국인 시암은 영국 세력과 프랑스 세력의 중간 지대라는 점을 십분 이용해 독립을 지킬 수 있었다. 이렇듯 동남아시아의 여러 나라들은 비교적 쉽게 서구 제국들의 손에 들어갔다. 그러나 중국은 서구 제국들의 손에 쉽게 들어가지 않았다. 중국은 동남아시아의 여러 나라들처럼 하위적이지 않았던 것이다.

　아프리카에서는 적대적이었던 영국과 프랑스가 중국에서는 협조적이었다. 중국이 만만치 않았기 때문이다. 1857년에 터진 제2차 아편 전쟁은 영국·프랑스가 청나라와 치른 전쟁이었다. 영국은 애로 호 사건을 구실로, 프랑스는 자국 선교사 피살 사건을 구실로 전쟁을 일으켰다. 애로 호는 중국인이 소유한 밀수선이었다. 청나라 관헌들이 밀수꾼들을 잡아들이는 과정에서 애로 호에 걸려 있던 영국 국기를 끌어내린 것을 빌미로 영국이 전쟁을 일으켰다. 프랑스는 광시성에서 일어난 중국 관헌에 의한 프랑스 선교사 처형 사건을 빌미로 영국과 공동으로 군대를 파견했다. 당시 선교사들은 사실상 제국주의의 첨병 역할을 했다. 일신교인 기독교를 포교하는 선교사들은 상위에 속한다. 제국주의 역시 상위에 속하지 않는가? 기독교를 포교하는 선교사들이 기독교를 인정하는 나라들로만 이 세계가 채워지기를 바라는 것은 당연하다. 당시 선교사들은 여러 가지 정보들을 자국에 전달했다.

영국·프랑스 연합군은 광저우를 점령했고 이듬해에 톈진을 함락시켰다. 톈진 조약이 맺어졌다. 톈진 조약의 비준을 위해 베이징으로 향하던 영국·프랑스 대표들이, 상하이에서 비준서를 교환하기를 원하던 청나라에 의해 저지당하는 일이 발생한다. 포격을 당했던 것이다. 분개한 영국·프랑스 연합군은 1860년 베이징을 함락시키고 베이징 조약을 체결했다. 베이징 조약은 톈진 조약을 보충·수정한 조약이었다. 베이징 조약이 체결될 수 있도록 중재 역할을 한 나라가 러시아였다. 청나라는 베이징 조약을 체결하면서 러시아의 요구도 받아들여야 했다. 이때 러시아는 연해주를 할양받아 군항인 블라디보스토크를 건설했다.

제2차 아편 전쟁에서 청나라가 참패하는 데 큰 역할을 했던 것은 '태평천국의 난'이었다. 태평천국의 난을 일으킨 사람은 홍수전이었다. 그가 과거시험에 붙었다면 관리로서의 길을 갔을 것이다. 과거시험에서 3번이나 떨어져 실의에 빠져 있던 홍수전의 눈에 한 팸플릿이 띄었다. 상제, 즉 하느님에 대해 이야기하는 팸플릿이었다. 기독교를 포교하는 팸플릿에서 깊은 인상을 받은 홍수전은 꿈에서 하느님으로부터 자신이 예수의 동생이라는 이야기를 듣는다. 이에 홍수전은 상제회를 만들었고 1850년 광시성에서 봉기를 일으켰다. 남녀가 평등하고 빈부의 차이가 없는 지상 천국을 건설하자는 주장은 많은 농민들의 호응을 이끌어낼 수 있었다. 신을 정점으로 평등한 세상을 만들자는 그야말로 상위적인 주장이었다. 상위적인 주장에 상위적인 농민들이 호응하는 것은 당연한 것 아닌가?

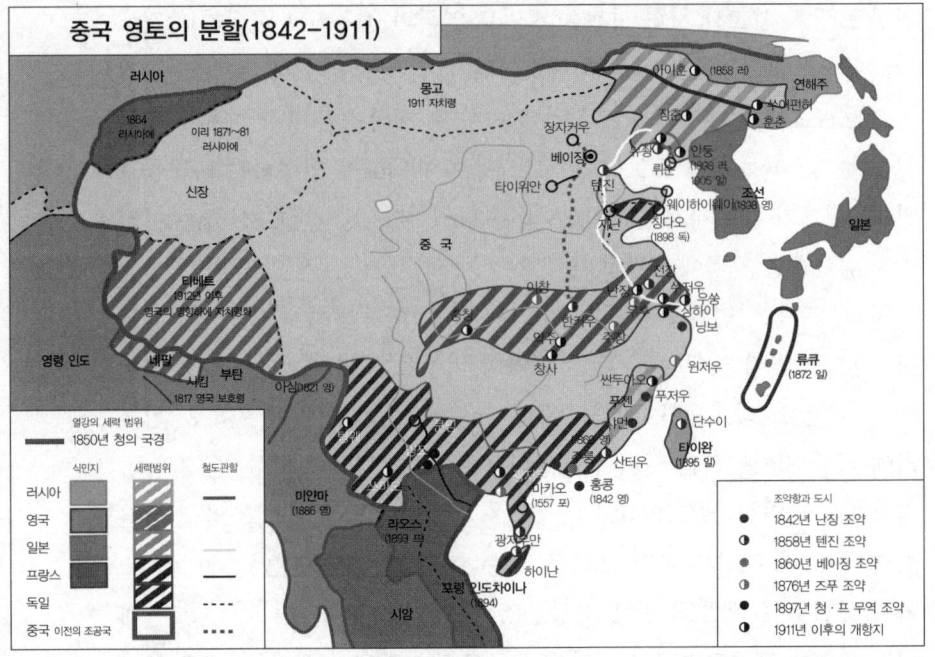

중국 영토의 분할(1842-1911)

러시아
몽고
1911 자치령
러시아에
이리 1871~81
러시아에
베이징
타이위안
신장
톈진
중국
티베트
영국의 영향하에 자치권인정
영령 인도
네팔
시킴
부탄
1817 영국 보호령
아삼(1821 영)

열강의 세력 범위
1850년 청의 국경

식민지 / 세력범위 / 철도관할
러시아
영국
일본
프랑스
독일
중국 이전의 조공국

미얀마
(1886 영)
라오스
(1893 프)
광저우만
하이난
프랑스령 인도차이나
(1894)
시암

아이훈 (1858 러)
연해주
블라디보스토크
장춘
안둥
훈춘
뤼순 (1898 러)
다롄 (1905 러)
웨이하이웨이(1898 영)
칭다오
(1898 독)
조선
일본
이창
한커우
상하이
닝보
원저우
창사
샤먼
푸저우
산터우
마카오
(1557 포)
홍콩
(1842 영)
단수이
타이완
(1895 일)

류큐
(1872 일)

조약항과 도시
● 1842년 난징 조약
◐ 1858년 톈진 조약
◑ 1860년 베이징 조약
◒ 1876년 즈푸 조약
◓ 1897년 청·프 무역 조약
◔ 1911년 이후의 개항지

서구 제국들은 중립을 지켰다. 처음에는 기독교적인 태평천국 운동을 지지할 생각도 했다. 그러나 사이비라는 판단을 내린 다음 극도로 상위적인 제국이 중국에 들어서게 되었을 때 중국을 상대하기가 더 어려워질 수 있다는 결론을 내렸다. 청나라가 베이징 조약을 체결하면서 서구 제국들의 요구를 대폭 수용하자 태평천국의 난을 진압할 수 있도록 청나라를 도와주었다. 상승군이 조직되었다. 상승군은 이름 그대로 항상 이겼다. 서양 무기들로 무장한 중국인 사병들을 서양인 장교들이 지휘했다. 마침내 1864년 태평천국의 난은 종식되었다.

태평천국의 난을 진압하는 데 큰 공을 세웠던 증국번과 이홍장은 상승군의 활약에 깊은 인상을 받았다. 상승군이 항상 승리할 수 있었던 이유가 서양 무기의 우수함 때문이라고 생각한 이들은 서양의 기계 문명을 채용하여 중국의 자강을 꾀하는 운동을 펼친다. 이 운동을 양무운동이라고 한다. 그러나 서양 제국들의 침략은 양무운동과 상관없이 빠르게 진행되었다. 러시아가 중국의 서북부인 신장을 잠식했고, 영국이 네팔 옆에 있는 티베트를 보호국화했다. 서남부를 잠식했던 것이다. 프랑스가 베트남에서부터 올라와 중국 남부를 잠식했다. 동쪽에는 일본이 있었다. 일본은 서구 제국이 아니었지만 일찌감치 세계사에 편입해 제국으로 나아가고 있었다. 일본이 중국의 동쪽을 잠식했다.

1894년 조선에서 발생한 동학 농민운동이 계기가 되어 일본의 서진이 시작되었다. 동학 농민운동을 진압하기 위해 조선 정부가 청나라에 원병을 요청하자 이홍장은 병력을 이동시켰다. 청나라와 일본 사이에 맺어진 톈진 조약에 따라 일본도 병력을 이동시켰다. 청나라나 일본이 조선에 군대를 보낼 때는 사전에 서로에게 통보해야 한다는 내용이 1885년에 체결된 톈진 조약에 들어 있었던 것이다.

결국 전쟁이 벌어졌다. 청일 전쟁이었다. 청나라의 입장에서는 30여 년 동안 벌인 양무운동의 성과를 시험해볼 수 있는 기회였다. 일본의 입장에서는 대륙으로 진출할 수 있는 절호의 기회였다. 양무운동의 성과가 그다지 크지 않았다는 것이 드러난다. 일본이 청·일 전쟁에서 승리했던 것이다. 1895년에 체결된 시모노세키 조약을 통해 일본은 청나라의 3년 세입에 해당하는 배상금과 요동 반도, 그리고 대만을 받아냈다.

일본이 대륙으로 진출하는 것을 서구 제국들은 별로 좋아하지 않았다. 러시아와 프랑스, 독일이 요동 반도를 청나라에 반환할 것을 요구했다. 이들 세 나라 때문에 요동 반도 할양 조항은 조약이 체결된 지 6일 만에 취소되었다. 이른바 삼국간섭을 주도한 나라는 러시아였다. 러시아가 만주에 많은 관심을 가지고 있었던 것이다. 러시아는 이후 계속해서 일본을 견제했다. 1896년 아관파천, 즉 조선의 국왕, 고종이 러시아 공사관에 보호를 요청한 사건은 러시아와 일본의 대결구도가 첨예했음을 잘 보여준다. 삼국간섭에 일본이 굴복하는 것을 본 민비 세력이 쿠데타를 일으켜 친일 내각을 몰아내자 일본이 을미사변, 즉 민비를 살해하고 대원군을 옹립하는 만행을 저질렀고, 이에 신변의 위협을 느낀 고종이 러시아 공사관에 몸을 의탁했던 것이다.

한편, 거의 모든 제국들이 러시아가 중국에서 영향력을 확대시키는 것을 우려했다. 러시아는 육상 제국 그 자체였다. 영국이나 프랑스는 물론이고 독일도 바다를 건너야 중국에 도달할 수 있었지만 러시아는 그럴 필요가 없었다. 그렇지 않아도 어마어마한 영토의 러시아였다. 그런 러시아가 중국까지 차지한다면 러시아가 유일한 제국이 될지도 모를 일이었다.

1902년 영국이 러시아를 견제하기 위해 일본과 동맹을 맺었다. 한쪽이 제3국과 교전할 경우 다른 쪽은 중립을 지킬 것을, 한쪽이 2개국 이상과 교전할 경우 다른 쪽이 참전하여 도울 것을 약속한 동맹이었다. 러시아를 견제하기 위해 체결한 동맹이었다. 이러한 상황에서 러시아는 뤼순에 극동총독을 신설하여 적극적인 대극동 정책을 펼쳤다. 이에 위기감을 느낀 일본은 반년간이나 계속된 만주와 조선 문제에 관한 러시아와의 교섭이 여의치 않자 1904년 인천과 뤼순의 러시아 함대를 기습하였다. 이렇게 하여 러·일 전쟁이 발발했다. 뤼순 요새를 함락시킨 일본은 남만주 철도를 따라 북진하여 1905년에는 만주 선양에서 러시아의 주력군을 격파했다.

당시 러시아는 시베리아 횡단 철도를 만들고 있었다. 시베리아 횡단 철도가 완성되면 한반도는 물론이고 일본까지 러시아 수중에 들어갈 것이라는 우려를 일본은 하고 있었다. 때문에 철도가 완성되기 전에 전쟁을 도발했던 것이다. 1916년에 시베리아 횡단 철도는 완성되었다. 러일 전쟁이 시베리아 횡단 철도 완성 이후에 일어났다면 러시아가 신속하게 군대를 이동시킬 수 있었을 것이다. 철도를 이용할 수 없었던 러시아는 배를 이용할 수밖에 없었다. 러시아는 발트 해에 있던 함대를 극동으로 이동시켰다. 러시아를 견제하기 위해서 영·일동맹을 맺은 영국이 러시아의 발틱 함대가 수에즈 운하를 통과할 수 있도록 허용했겠는가? 발틱 함대는 아프리카 대륙을 빙 돌아 극동으로 향해야 했다. 9개월에 걸친

긴 여정 끝에 도달한 동해에서 발틱 함대는 도고 헤이하치로 제독이 이끄는 일본 함대에 의해 괴멸당하고 만다. 러ㆍ일 전쟁이 일어났을 때 일본은 전비의 60%를 영국과 미국에게서 빌렸었다. 섬나라 일본은 이 당시 해상 제국이었다. 해상 제국이 해전에서 승리했던 것이다. 자연스러웠다. 러ㆍ일 전쟁의 여파로 혁명의 움직임이 러시아 내부에서 일자 러시아는 서둘러 일본과 강화조약을 맺었다. 미국의 주선으로 미국 포츠머스에서 조약이 체결되었다. 포츠머스 조약을 통해 일본은 한반도와 만주, 그리고 사할린 섬을 얻었다.

중국에서 열강은 앞 다투어 철도를 부설했고 광산을 개발했다. 양무운동으로 인해 성장하고 있던 중국의 중공업은 무너졌으며, 중국의 가내수공업도 서양 상품들로 인해 설 자리를 잃었다. 청나라는 사방에 적을 두고 있었다. 독일까지 동쪽을 잠식했다. 독일은 아예 중국 영토를 분할해 차지하기를 원했다. 독일은 다분히 동양적이라고 하지 않았는가? 상위적인 생각을 하고 있었던 것이다.

그러나 1899년에 발생한 의화단 운동은 중국을 직접 지배하는 것이 불가능하다는 것을 제국들로 하여금 깨닫게 했다. 의화단은 백련교계의 비밀 결사인 의화권교에 뿌리를 두고 있는 단체였다. 산동 반도를 근거지로 삼고 있던 의화단이 산동 반도를 장악하고 있던 상위적인 독일을 곱게 볼 수는 없었을 것이다. 의화단에 속해 있던 사람들이 기독교도들을 살해하는 사건이 일어났다. 그리고 그 사건을 효시로 하여 외세 배척 운동이 일어났다. 의화단에 속하지 않은 사람들도 외국 제품을 약탈했고 교회나 병원을 소각했으며 철도와 전선을 파괴했다.

의화단과 함께 외세를 물리칠 생각을 한 청나라가 제2차 아편 전쟁 이후 40여 년 만에 다시 서구 열강과 전쟁을 벌였다. 그러나 종교의 상위적 힘도 서구 열강의 하위적 힘을 꺾지 못했다. 1901년에 베이징 의정서가 체결되었다. 청나라는 막대한 배상금을 물어야 했다. 의화단 운동을 바라본 서구 열강은 중국이 인도나 동남아시아와는 다르다는 것을 깨달았다. 의화단 운동이 상당히 격렬했던 것이다. 중국은 인도나 동남아시아처럼 하위적이지 않았다.

>>> 제1차세계대전

이렇게 제국들은 견제와 협조를 절묘하게 구사하면서 세계를 분할해 가고 있었다. 세계가 넓었기 때문에 큰 충돌 없이 세계를 분할할 수 있었다. 그러나 유럽은 좁았다. 좁은 곳에 사람들이 많으면 싸움이 일어나게 마련이다. 비스마르크라는 외교술의 귀재가 보통 이상의 절묘함을 구사하여 유럽 제국들간에 전쟁이 일어나지 않도록 했었다. 비스마르크가 퇴장했을 때 유럽은 제국들간의 전쟁터로 변하기 시작했다.

비스마르크는 1873년 오스트리아 · 러시아와 함께 동맹을 맺었다. 이세 나라의 최고 권력자들은 모두 황제였기 때문에 이 동맹을 가리켜 3제동맹이라고 한다. 문제가 있었다. 러시아와 오스트리아의 사이가 별로좋지 않았다. 러시아도 오스만 투르크의 영토에 관심이 많았고 오스트리아도 마찬가지였다.

왜 러시아나 오스트리아가 오스만 투르크의 영토에 관심을 가졌는가? 비유적으로 말해서 오스만 투르크의 영토는 재개발할 필요성이 있는 구도시의 노른자 땅이었다. 유럽, 아프리카, 아시아 세 대륙의 중심부에 오스만 투르크가 있었다. 궁극적인 제국이 되려면 마땅히 오스만 투르크가차지하고 있는 땅을 차지해야만 했다. 제국들 중에서도 상위적인 제국들, 즉 육상 제국들이 세계의 중심에 관심을 가지는 것은 자연스러웠다. 마침 오스만 투르크는 사양길에 접어든 상태였다.

오스만 투르크는 그리스 독립 이후 계속해서 유럽의 영토를 상실해갔다. 그에 따라 발칸 반도에는 여러 개의 작은 나라들이 생겨났다. 원래이 지역에는 다양한 민족들이 있었다. 오스만 투르크 때문에 수백 년간큰 마찰 없이 지냈던 것이다. 제국의 그늘이 사라지자 문제가 발생했다.

발칸 반도 여러 나라의 독립

오스트리아·헝가리 제국

러시아

보스니아
헤르체고비나
몬테네그로

베오그라드

루마니아 공국 1878
부크레슈티

세르비아 공국
1878

다뉴브 강

불가리아 자치공국
1878

흑 해

몬테네그로
1878

두라초

이스탄불
산스테파노

오스만 투르크 제국

테살로니카

알바니아

라리사

에게 해

지 중 해

그리스
1829

아테네

	1878년의 오스만 제국 〈산스테파노 조약〉		베를린 조약
	1878년의 독립국	오스트리아의 관리	1815년 오스만 제국의 영역
	불가리아의 원 영역	러시아의 획득지	
		오스만 제국의 관리	

발칸 지역의 민족들은 크게 슬라브 계와 게르만 계로 나누어진다. 슬라
브 계는 러시아의 원조를 받았고 게르만 계는 오스트리아의 원조를 받
았다.

  1875년에 러시아와 오스만 투르크 간에 전쟁이 벌어졌다. 크림 전쟁
이후 20여 년 만이었다. 발칸 반도에서 오스만 투르크에 대한 반란이 일
어나자 오스만 투르크는 이를 진압했고 기독교도들을 탄압했다. 이에 러
시아는 영국, 독일, 오스트리아 3국을 끌어들여 공동으로 오스만 투르크
를 압박했다. 내정을 개혁할 것을 요구했다. 이를 거부하자 러시아가 선
전포고를 했던 것이다. 이 전쟁에서 패한 오스만 투르크는 유럽 영토의
대부분을 잃게 되었다. 오스만 투르크에게서 빼앗은 오스만 투르크의 유

럽 영토를 그러나 러시아가 다 가질 수는 없었다. 러시아는 남베사라비아와 아르메니아의 절반을 얻었고, 오스트리아가 보스니아와 헤르체고비나를 얻었다. 1878년 베를린 회의에서 이런 결정이 내려졌다. 러시아는 베를린 회의에서 독일에게 배신을 당했다고 생각했다. 베를린 회의를 기점으로 3제 동맹은 사실상 유명무실해졌다.

이렇듯 발칸 반도와 관련하여 러시아와 오스트리아는 상호 적대적이었다. 이러한 적대적인 분위기에도 불구하고 외교의 묘를 살렸기 때문에 비스마르크를 외교술의 귀재라고 하는 것이다. 비스마르크의 동분서주 덕에 다시금 독일, 오스트리아, 러시아 사이에 3제 협상이 체결되었다. 전쟁이 일어날 경우 최소한 중립을 지킨다는 합의가 세 나라 위에 존재했다. 소극적인 동맹이었다.

비스마르크는 더 나아갔다. 그는 1882년에 이탈리아까지 끌어들였다. 독일, 오스트리아, 이탈리아 3국이 동맹을 맺었다. 이른바 3국 동맹이었다. 영국, 미국, 프랑스와 같은 해상 제국들을 능히 상대할 수 있는 육상 제국들의 연합체를 비스마르크는 완성시켰던 것이다. 독일, 오스트리아, 이탈리아, 러시아가 어쨌든 연합되었다. 해상 제국들과 육상 제국들의 힘의 균형이 유지될 수 있었다.

상위적인 육상 제국들을 하나로 연합시킨다는 것이 쉬운 일이었을 리 없다. 유일한 제국이길 바라는 육상 제국은 본질적으로 다른 나라들과 공존하길 원치 않기 때문이다. 육상 제국들끼리는 쉽사리 충돌한다. 육상 제국들끼리 싸울 때 해상 제국들이 어부지리를 취한다는 사실을 비스마르크는 잘 알고 있었다. 때문에 러시아와 오스트리아가 싸우는 사태를 막기 위해 최선을 다했던 것이다. 상위적인 육상 제국들은 연합을 잘 못하지만 하위적인 해상 제국들은 연합을 잘한다. 해상 제국들의 연합군이 양차 세계대전에서 승리하지 않았는가?

보통 이상의 절묘함을 구사하던 비스마르크가 퇴장하는 사태가 발생한다. 1888년 스물아홉의 나이로 독일 황제가 된 빌헬름 2세 때문이었다. 비스마르크를 의지하려고 하지 않은 젊은 황제는 상위를 마음껏 추구했다. 대개 재상은 하위적이어서 현실적이지만 왕이나 황제는 상위적이어서 이상적이라고 했다. 특히 빌헬름은 젊었다. 젊은 사람들은 더욱 상위적이다. 비스마르크가 사표를 제출했고 빌헬름은 사표를 수리해버렸다.

빌헬름은 건함 정책을 추진했다. 전함을 많이 건조함으로써 해군력을 증강시켜 영국을 상대하려는 생각을 했던 것이다. 빌헬름은 해상 제국들의 심기를 불편하게 했다. 해상 제국들과 승부를 펼칠 의도를 가지고 있었다면 더더욱 육상 제국들간의 결속을 강화시킬 필요가 있었다. 특히 러시아의 비위를 맞출 필요가 있었다. 싸움을 할 때는 배후에 적을 두어서는 안 된다. 둘 이상의 적들과 싸울 때는 벽을 등져야 한다는 말이 있다. 러시아를 적으로 삼게 되면 독일은 서쪽의 영국, 프랑스와 동쪽의 러시아를 동시에 상대해야 하는 어려움에 처할 수밖에 없었던 것이다. 그럼에도 불구하고 독일은 러시아를 홀대했고, 간신히 유지되던 3제 협상은 1885년 발칸 반도와 관련하여 오스트리아와 러시아가 격렬히 대립했을 때 거의 소멸되었다.

이런 사태 진전으로 인해 3국 협상이 완성된다. 3국 협상은 1893년에 성립된 러시아·프랑스 동맹, 1904년에 성립된 영국·프랑스 협상, 1907년에 성립된 영국·러시아 협상에 의해 자연스럽게 형성되었다. 해상 제국들인 영국, 프랑스와 육상 제국인 러시아가 손을 잡았던 것이다. 이로 인해 유럽에 3국 동맹과 3국 협상이 대결하는 상황이 펼쳐진다. 독일은 영국, 프랑스, 러시아에 포위되는 형국에 처했다. 비스마르크가 우려했던 구도가 그대로 구현되었던 것이다.

독일은 해외 식민지를 많이 획득하고 싶었지만, 아프리카에서뿐만 아니라 중국에서도 별 성과를 거두지 못했다. 해상 제국이 아니었기 때문에 해외에서 큰 성과를 거두지 못했던 것일 수 있다. 독일은 육상 제국답게 오스만 투르크와 손을 잡으려 했다. 오스만 투르크의 영토는 역시 세

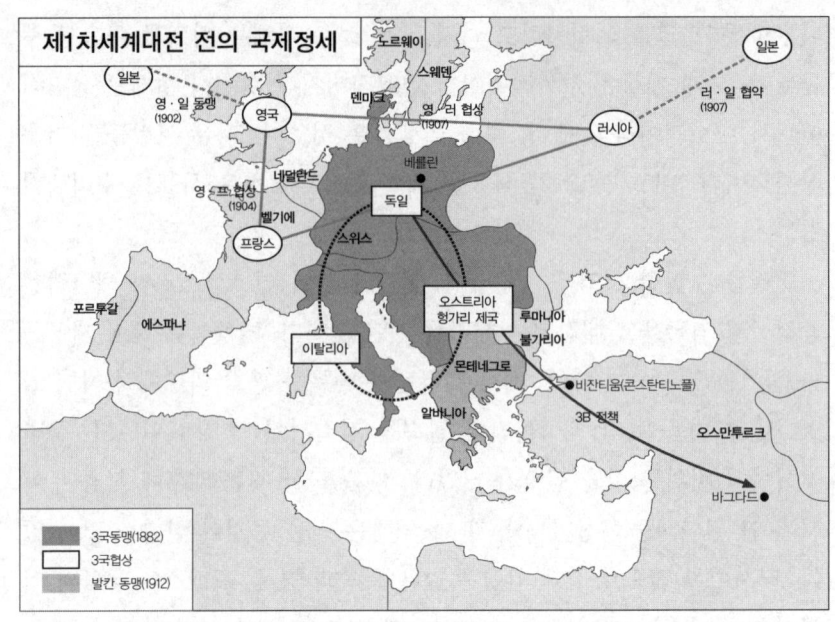

제1차세계대전 전의 국제정세

3국동맹(1882)
3국협상
발칸 동맹(1912)

계의 중심이었다. 오스트리아와 러시아에 이어 독일까지 오스만 투르크의 영토에 적극적인 관심을 기울이게 되었다. 오스만 투르크로 가기 위해서는 배가 필요 없었다. 철도만 있으면 되었다. 독일은 3B 정책을 추진한다. 베를린, 비잔티움, 바그다드를 철도로 연결하여 바그다드로부터 인도양으로 나가겠다는 의지가 담긴 정책이었다. 바그다드와 인도양 사이에는 유프라테스 강과 티그리스 강이 있었다. 바그다드가 있는 곳이 바로 메소포타미아 지역이었다. 베를린, 비잔티움, 바그다드의 첫 글자들이 모두 B다.

3B 정책은 영국의 3C 정책과 충돌했다. 영국은 케이프 식민지와 카이로와 캘커타를 배로 연결할 생각을 하고 있었다. 케이프 식민지와 카이로와 캘커타의 첫 글자들이 모두 C다. 3C 정책을 심각하게 위협하는 3B 정책이었다. 세계의 중심을 독일이 차지하면 영국이 인도를 경영하지 못하게 될 수도 있다는 것을 영국은 잘 알고 있었다. 바그다드에서 동쪽으로 조금 더 가면 인도가 나오지 않는가? 그런가 하면 3B 정책은 러시아

의 2P 정책과도 충돌했다. 페테르부르크와 페르시아 만을 철도로 연결할 생각을 러시아는 하고 있었다. 페테르부르크와 페르시아 만의 첫 글자들이 모두 P다. 3B 정책은 2P 정책도 심각하게 위협했다. 육상 제국들은 세계의 중심인 오스만 투르크의 영토와 함께 인도양을 원했다. 아직은 제2 해상 유목민의 시대였던 것이다. 바다가 중요했다.

제국들은 세계를 거의 다 분할한 다음 이제 세계의 중심을 향해 나아가려 하고 있었다. 세계사는 명실상부한 제국이 등장하기를 원했는가?

오스트리아는 1908년 보스니아와 헤르체고비나를 일방적으로 합병해 버렸다. 1878년의 베를린 회의를 통해 사실상 차지할 수 있었던 보스니아와 헤르체고비나를 공식적으로 합병했던 것이다. 열강은 묵인했지만 발칸 반도의 강국이었던 세르비아는 격분했다. 세르비아는 슬라브 계의 나라였다. 1914년 6월 28일 보스니아의 수도 사라예보를 방문한 오스트리아의 페르디난트 황태자 부부를 세르비아 비밀조직의 회원인 프린치프가 암살하는 사건이 발생한다. 세르비아는 우발적인 사고라고 했지만, 오스트리아는 세르비아 정부의 비밀 테러 단체가 배후에 있다고 주장했다. 한 달간의 외교적 협상이 별 진척을 보이지 않자 7월 28일 오스트리아가 세르비아에 선전포고를 했다. 세르비아의 형님격인 러시아가 세르비아를 도왔다. 그 즉시 3국 동맹과 3국 협상이 작동되기 시작했다. 8월 1일 독일이 러시아에 선전포고를 했고 같은 날 프랑스도 동원령을 내렸다. 이틀 후 독일군은 프랑스로 진격했고 그 다음날 영국이 독일에 선전포고를 했다. 불과 일주일 만에 이탈리아를 제외한 모든 제국들이 전쟁을 하기 시작했다. 인류 역사상 처음으로 벌어진 세계대전이었다.

전쟁이 전개되면서 세력을 늘리기 위해 중립국들을 끌어들이려는 외교전도 활발히 진행되었다. 그 결과 일본과 이탈리아가 협상국측에 가담했다. 이탈리아는 3국 동맹에서 탈퇴했다. 독일과 오스트리아를 배신했던 것이다. 일본이나 이탈리아는 바다에 접한 나라들이다. 때문에 하위적인 면이 다분했다. 하위적인 해상 제국들과 보조를 함께하는 것이 자연스러울 수 있었다. 반면 오스만 투르크는 동맹국측에 가담했다. 오스만 투르크의 숙적은 러시아였다. 때문에 오스만 투르크가 러시아가 속한 협상국측이 아니라 동맹국측에 가담했던 것 역시 자연스러웠다.

전쟁 초기에 독일은 벨기에를 통해 프랑스로 진격하려 했다. 영국, 프랑스, 이탈리아, 러시아 등에게 포위된 상태에 처했던 독일은 돌파구를 뚫으려 했다. 그러나 뜻밖에 벨기에가 완강하게 저항했다. 서부전선이 교착되어 있는 사이 러시아가 상당히 빨리 서진했다. 어쩔 수 없이 독일은 서부전선에서 병력을 빼 동부전선에 투입했다.

서부전선이 교착상태에 빠졌던 것은 참호 때문이었다. 참호는 음陰적인 성城이라고 할 수 있을 것이다. 대포가 사용되면서부터 양陽적인 성城은 무용지물이 되었으나 오히려 음적인 성인 참호는 유효했다. 참호는 미국의 남북전쟁 때 최초로 등장했다. 크림 전쟁은 1853년에 시작되었고 남북전쟁은 1861년에 시작되었다. 크림 전쟁을 최초의 현대전이라고 하지 않는가? 남북전쟁도 현대전이었다. 현대전에서는 참호가 유용했던 것이다.

참호 때문에 독일은 독가스를 생각해냈다. 공기보다 무거운 독가스는 참호에 숨어 있는 병사들을 많이 죽일 수 있었다. 그런가 하면 영국은 참호를 돌파할 수 있는 탱크를 생각해냈다. 탱크는 물탱크에서 비롯된 암호명이었다. 많은 신무기들이 등장한다. 비행선이 등장했다. 그리고 비행기가 등장했다.

전쟁은 장기화되었다. 하위가 풍부하지 못한 독일은 시간이 지날수록 곤란을 겪을 수밖에 없었다. 협상국측은 하위가 풍부한 해상 제국들로 이루어져 있었다. 배를 이용해 식민지들로부터 군수물자를 얼마든지 수송해올 수 있었다. 독일도 건함정책을 추진하여 많은 전함들을 만들어놓았지만 별다른 역할을 하지 못했다. 영국의 해군력은 유서 깊었던 것이다. 영국의 배들을 위협할 수 있는 병기는 잠수함뿐이었다. 잠수함의 성능을 비약적으로 개선시킨 독일은 잠수함 작전을 전개했다. 이른바 무제한 잠수함 작전이었다. 1915년 2월 4일 독일은 영국 근해 전역을 해전구역으로 규정하고, 이 구역 내 선박은 국적을 불문하고 공격할 것임을 선언했다. 영국 항구에서 출항한 배 4분의 1이 귀항하지 못했다. 그러나 이 작전은 전술적 효과만 거두었다. 미국으로 하여금 협상국측에 가담케 함으로써 전략적인 실패를 초래했던 것이다.

미국의 루시타니아 호가 독일 잠수함의 공격을 받고 침몰되는 사건이 발생했다. 미국의 여론은 비등했고 중립을 유지하던 미국이 드디어 1917년 4월 협상국측에 가담하여 세계대전의 소용돌이 속으로 들어갔다. 해상 제국들은 연합을 잘한다고 했다. 영국, 프랑스, 러시아, 이탈리아, 일본, 미국이 연합했다. 독일에게도 오스트리아가 있었고 오스만 투르크가 있지 않았는가? 물론 그랬지만 거의 독일 혼자 전쟁을 수행했다. 오스트리아와 오스만 투르크의 전쟁 수행 능력은 미미했다.

28. 제2 해상 유목민 2기

─사회주의 혁명과 제1차세계대전의 결과

>>> 사회주의 정권의 출현

미국의 참전으로 대전의 양상이 달라지려고 할 때 러시아에 혁명이 발생한다.

산업혁명으로 인해 러시아에도 자유주의자들과 사회주의자들이 증가했지만 차르의 전제정치에는 아무런 변화가 없었다. 러·일 전쟁 이후 심각해진 인플레이션은 국민들의 불만을 증폭시켰다. 결국 1905년 페테르부르크의 공장 노동자들이 파업을 벌였다. 1월 22일 일요일에 14만 여 명의 노동자들이 차르에게 청원서를 제출하기 위해 궁전으로 향했다. 그런데 친위대가 무장도 하지 않은 군중에게 발포를 해버린다. 피의 일요일 사건이었다. 페테르부르크의 노동자들은 총파업에 들어갔다. 10월에는 모스크바 철도 노동자들이 동맹파업을 벌였다. 이 파업은 전국적인 총파업으로 발전했다. 혁명이 일어날 상황이었다. 할 수 없이 차르는 의회를 설립할 것을 약속했다. 이렇게 점진적으로 자유주의적인 개혁이 진행되어갈 때 세계대전이 발발했다.

전쟁으로 인해 국민들의 생활이 피폐해졌다. 빵 값이 5배로 뛰고 버터 값이 8배로 뛰는 상황이 벌어지자 수도지구 사령관 카발로프 장군은 배급제를 실시했다. 그러나 1917년 3월 8일, 러시아 력으로는 2월 23일 영하 20도의 추위에 식량배급을 받기 위해 장사진을 이룬 시민들은 식량이 더 이상 없다는 말을 들어야 했다. 시민들은 빵을 요구하며 시위를 벌였다. 군대도 시위대에 가담해버리자 니콜라이 2세는 군주제를 존속시키기 위해 황위를 동생 미하일 대공에게 물려주고 퇴위하였다. 그러나 노동자들은 미하일 대공이 차르가 되는 것을 원치 않았다. 결국 임시정부가 구성됨으로써 로마노프 왕조는 역사의 뒤안길로 사라지게 된다. 이것이 이른바 2월 혁명이다. 이 당시까지도 러시아는 율리우스 력을 사용하고 있었다. 그레고리 력으로는 3월에 일

에르미타슈 미술관(전 차르의 겨울 궁전)—러시아, 상트페테르부르그—이 광상에서 피의 일요일 사건이 벌어졌다.

어난 혁명이었기 때문에 유럽과 미국에서는 3월 혁명이라고 한다. 그레고리우스 13세는 로마 교황 아니었는가? 동방정교의 중심 국가로서 러시아는 로마 교황이 만든 역법을 선뜻 받아들이기 힘들었던 것이다.

　임시정부는 자유주의자들로 이루어져 있었다. 자유주의적인 입헌민주당이 의회를 장악하고 있었기 때문에 사실상 입헌민주당이 임시정부를 조직했다. 입헌민주당과 대립적인 관계에 있었던 당은 마르크스주의에 기반을 둔 사회민주노동당이었다. 유산자들의 이익을 대변했던 입헌민주당이 하위적이었다면, 무산자들의 이익을 대변했던 사회민주노동당은 상위적이었다. 사회민주노동당 안에서도 상위와 하위가 존재했다. 볼셰비키가 상위적이었고 멘셰비키가 하위적이었다. 볼셰비키는 다수파라는 의미의 단어였고, 멘셰비키는 소수파라는 의미의 단어였다. 1903년 영국 런던에서 개최된 사회민주노동당 제2차 당대회에서 당원자격 및 투쟁방식을 둘러싸고 레닌을 중심으로 하는 급진파와 마르토프를 중심으로 하는 온건파가 대립했다. 이때 급진파가 다수였으므로 볼셰비키라 하게 되었던 것이다.

　볼셰비키는 그들의 혁명원칙을 소비에트를 조직하면서 펼치기 시작

했다. 소비에트는 '회의'라는 뜻의 러시아 어 단어다. 피의 일요일 사건이 일어났을 때도 소비에트가 조직되었지만, 2월 혁명 때 '노동자·병사 대표 소비에트'가 페테르부르크에 성립되어 군사력을 가지게 되면서 실질적인 권력기구로 발전하게 되었다. 소비에트는 시간이 지날수록 혁명사상의 요람으로, 또한 그 실천조직으로 인식되었다. 볼셰비키의 지도자였던 레닌은 당연히 볼셰비키와 불가분의 관계에 있는 소비에트를 중시했다.

제1차세계대전이 발발하고 나서 얼마 되지 않아 레닌은 간첩용의자로 체포되었었다. 석방되자 스위스로 망명했다. 2월 혁명이 일어나자 4월 중순 레닌은 32명의 망명자들과 함께 독일참모부가 제공한 밀봉열차를 타고 페테르부르크에 도착했다. 독일참모부는 반전을 주장하는 레닌이 러시아로 하여금 전쟁을 포기하게 할 수 있을지 모른다는 기대를 하고 있었다. 러시아에 도착한 레닌은 임시정부와 투쟁을 벌였다. '모든 권력은 소비에트로'라는 구호를 내걸었다. 비유적으로 말하면 임시정부는 미용사들이 주축이었고 소비에트는 스태프들이 주축이었다.

임시정부의 전쟁상으로 임명된 젊은 케렌스키가 6월 공세를 대대적으로 취했으나 성공하지 못하자 식량난과 물가고가 더욱 심해졌다. 이 틈을 타 볼셰비키가 7월에 봉기했다. 봉기가 실패하자 레닌은 임시정부의 탄압을 피해 핀란드로 망명했다. 케렌스키는 새로운 내각을 조직했다. 이때 러시아 군 최고사령관에 임명된 코르닐로프 장군이 케렌스키를 배신한다. 반혁명 쿠데타를 기도했던 것이다. 수도로 진격하는 코르닐로프를 볼셰비키가 막았다. 비유적으로 말해서 기도가 미용사들을 몰아내려고 했을 때 스태프들이 기도를 제압했던 것이다. 스태프들의 힘이 자연히 커질 수밖에 없었다. 10월 하순에 몰래 귀국한 레닌은 5월에 미리 귀국하여 적위대를 조직한 트로츠키와 함께 11월 7일 케렌스키 정부를 타도했다. 이 날이 율리우스 력으로는 10월 25일이었다. 그래서 이 혁명을 10월 혁명이라고 한다. 인류 역사상 최초로 사회주의 정권을 출범시킨

혁명이었다.

소련은 소비에트 연방의 준말이다. 소비에트 연방의 정식 명칭은 소비에트 사회주의 공화국 연방이다. 소비에트 사회주의 공화국 연방은 10월 혁명에 의해 생긴 노동자와 농민의 사회주의적 다민족 국가를 의미한다. 때문에 1917년 10월 혁명 이후부터 러시아가 소련으로 바뀌었다고 이해할 수 있을 것이다.

최고 권력자가 된 레닌은 독일과 브레스트-리토프스크 조약을 맺었다. 폴란드의 브레스트-리토프스크에서 강화조약을 맺었던 것이다. 독일의 공세에 소비에트 정권의 존립이 위태롭게 되자 어쩔 수 없이 맺었던 조약이었다. 소련은 핀란드와 발트 3국, 폴란드와 우크라이나, 그루지야 등을 포기해야 했으며, 60억 마르크의 배상금을 부담해야 했다. 소련은 인구의 3분의 1을 잃었고, 철의 80%, 석탄의 90%를 잃었다. 조약을 맺지 않고 몇 개월만 더 버텼다면 대전이 끝나는 것을 승전국의 입장에서 볼 수 있었을 것이다. 협상국측을 배신하게 된 소련은 대전 이후 협상국측과 전쟁을 벌여야 했다. 대소 간섭 전쟁이었다. 사회주의 정권에 대한 협상국측의 우려 또한 대소 간섭 전쟁의 원인이었을 것이다.

협상국측은 소련에 억류되어 있던 체코슬로바키아 군의 구출을 구실로 공동 출병하였다. 소련 내에는 10만 명 이상의 체코슬로바키아 군 포로들이 있었다. 원래 오스트리아 군으로 종군했던 이들은 조국의 독립을 위해 러시아에 투항하여 거꾸로 독일과 싸웠으나, 독·소 강화조약이 체결되자 소련 내의 반혁명 세력과 함께 반소 투쟁을 벌였던 것이다. 1918년 4월 영국과 일본이 블라디보스토크에 상륙한 데 이어 미국·프랑스·이탈리아·터키·그리스·폴란드 등 도합 14개국의 군대가 소련을 침공했다. 그러나 연합군 내부의 의견 불일치와 여론의 악화 등으로 인해 목적 달성에 실패한다. 1920년까지 거의 모든 나라의 군대가 철수했다. 동부 시베리아를 점령했던 일본군만은 1922년까지 버텼다.

나폴레옹 전쟁 이후 자유주의의 물결과 민족주의의 물결이 유럽을 뒤

러시아 혁명과 열국의 간섭

제정 러시아의 서쪽 경계 (1914년)

브레스트 리토프스크 조약으로 상실한 지역

1922년 소비에트 연방의 경계

1919년 이후 적군의 공격

반혁명 세력의 공격

외국 간섭군의 진로

덮었다. 자유주의를 표방하던 나라들은 해상 제국들이 되었고, 민족주의를 표방하던 나라들은 육상 제국들이 되었다. 해상 제국들과 육상 제국들이 격돌했던 것이 제1차세계대전이었다. 대전 중에 출현한 사회주의 정권은 사회주의가 이후의 세계사에서 중요한 변수가 될 것임을 예고했다. 자유주의와 민족주의와 함께 사회주의를 고려할 필요가 있게 된 것이다.

자유주의와 민족주의와 사회주의의 상호 관계에 대해서는 앞에서 언급하였다. 사회주의와 파시즘과 자유주의의 관계가 유가와 법가와 도가의 관계와 유사할 수 있음을 이야기하였다. 사회주의가 가장 상위적이며 자유주의가 가장 하위적이다. 그 사이에 파시즘이 위치한다. 민족주의와 파시즘은 같은 맥락에 놓여 있다. 앞에서 언급했지만 파시즘은 배타적 민족주의로 간단히 설명될 수 있다.

무산자들의 이익을 대변하는 사회주의는 표면적으로는 하위적이지만 본질적으로는 상위적이다. 프랑스 대혁명 이후 무산자들의 이익을 대변했던 로베스피에르는 무산자들의 이익을 대변했다는 면에서 하위적이었지만 강력한 권력, 독재적인 권력을 추구했다는 면에서 상위적이었다. 마르크스의 예견과는 달리 산업 노동자들보다 농민들이 많았던 러시

국제연맹 본부—스위스, 제네바.

아에서 사회주의 정권이 역사상 최초로 출현한 이유도 상위적인 사회주의 이념과 상위적인 농민들의 결합에서 찾을 수 있을 것이다. 귀족적이지 않은 평민들과 노예들, 다시 말하면 무산자들은 평등을 강력하게 추구할 수 있는 황제를 바라게 마련이라고 하지 않았는가? 상위적인 황제를 바란다는 면에서 무산자들은 상위적이다. 부농을 제외한 대부분의 농민들은 역사적으로 흔히 무산자들이었다. 대부분의 농민들이 소작농이었고, 자영농이라 할지라도 근근이 연명하는 정도였던 것이다. 무산자들이라고 할 수 있는 대부분의 농민들은 상위적이다. 대개 농민들은 독재자들에게 관대하다. 한국의 많은 농민들이 박정희에 대한 향수를 가지고 있는 이유는 박정희의 새마을 운동이 좌파적인 성격의 운동이었기 때문이다. 사실 새마을 운동은 북한의 천리마 운동과 상당 부분 닮아 있다. 새마을 운동은 좀더 정확히 표현하자면 상위적인 성격의 운동이었다.

››› 제1차세계대전의 결과

소련과 강화조약을 맺은 독일은 동부전선에 더 이상 신경을 쓸 필요가 없었다. 서부전선에 집중한 독일은 5회에 걸친 대 공격을 시도했다. 그러나 200만이 넘는 병력과 풍부한 군수물자를 공급하는 미국은 러시아보다 훨씬 더 강력했다. 연합국의 강화 제의에도 불구하고 독일은 군사

적 저항을 포기하려 하지 않았다. 그러나 1918년 오스트리아가 항복하자 분위기는 암울해졌다. 1918년 11월 독일에 혁명이 발생한다. 11월 혁명이었다. 독일 킬 군항의 수병들이 출항명령을 거부하고 폭동을 일으킨 것을 기화로 독일 여러 도시들에서 폭동이 발생했다. 병사들과 노동자들은 전쟁의 중지와 황제의 퇴위를 요구했다. 빌헬름 2세는 네덜란드로 망명할 수밖에 없었다. 40여 년에 걸친 독일의 제2 제정이 막을 내렸다. 사회민주당이 정권을 인수했다.

제1차세계대전을 정리하기 위한 회의가 파리에서 개최되었다. 파리 평화회의는 처음에 영국, 미국, 프랑스, 이탈리아, 일본에 의해 진행되었으나 실질적으로는 영국, 미국, 프랑스에 의해 진행되었다. 독일과의 강화조약인 베르사유 조약을 필두로 오스트리아와의 생 제르망 조약, 불가리아와의 뇌이 조약, 헝가리와의 트리아농 조약, 오스만 투르크와의 세브르 조약 등이 체결되었다. 베르사유 조약은 독일제국이 선포된 베르사유 궁전에서 조인되었다. 역사의 아이러니라고 할 수 있을 것이다. 베르사유 조약은 독일에 대한 제재만을 규정하지 않았다. 국제연맹 규약도 포함되어 있었다. 때문에 베르사유 조약을 근거로 하여 성립된 제1차세계대전 이후의 국제체제를 베르사유 체제라고 한다.

세계대전의 참상은 세계 평화를 유지할 국제정치기구가 필요하다는 공감대를 형성시켰다. 최초의 국제정치기구인 국제연맹은 그러나 출발부터 좋지 않았다. 독일과 소련의 가입은 허용되지 않았다. 더욱이 국제연맹의 제창국이라고 할 수 있는 미국이 국제연맹에 가입하지 않았다. 정권을 잡은 공화당이 다시금 고립주의를 천명했던 것이다. 하위적인 나라들은 고립을 좋아한다. 영국은 19세기 말 유럽 대륙의 문제들로부터 스스로를 고립시켰다. 그리고 그 고립을 가리켜 영광스러운 고립이라고 했다. 미국은 제1차세계대전 때도 그랬지만 제2차세계대전 때도 전쟁이 시작된 이후 상당한 시간이 흐르고 났을 때 참전했다. 전통적으로 고립주의를 외교노선으로 채택하고 있었기 때문이다. 하위적인 나라들은 상위적인 '세계의 문제' 보다 하위적인 '자국의 문제'에 더 큰 관심을 가진다. 때문에 고립을 선택한다. 이기적이라고 할 수도 있을 것이다. 이타는 상위에 속하며 이기는 하위에 속한다.

독일은 모든 해외 식민지를 상실했다. 알자스·로렌 지방을 프랑스에 되돌려주어야 했으며, 본토의 일부마저 포기해야 했다. 독일은 본토 면적의 13%, 인구의 10%를 잃었다. 또한 잠수함과 공군을 보유할 수 없게 되었다. 육군과 해군은 제한적으로 허용될 뿐이었다. 천문학적인 전쟁배상금이 부과된 것은 물론이었다. 알자스·로렌 지방에는 독일의 철광석 90%가 묻혀 있었다. 국제연맹의 관리 하에 들어간 자르 지방에는 석탄이 많이 묻혀 있었다. 전쟁배상금을 제때 지불하지 않았다는 이유로 후일 프랑스가 차지해버리는 루르 지방은 중공업 지대였다. 독일은 산업에 필요한 것들을 거의 다 잃게 되었던 것이다. 경제는 어려워질 수밖에 없었다. 극심한 인플레이션이 일어났다. 바구니에 지폐를 가득 담아가지고 가야 바구니 하나를 살 수 있다는 말이 나올 정도였다.

독일과 같은 배를 탔던 오스트리아는 어떻게 되었는가? 엉성했던 오스트리아-헝가리 이중 제국은 해체되었다. 오스트리아, 헝가리, 그리고 체코슬로바키아로 나뉘어졌다. 오스트리아가 합병했던 보스니아와 헤르체고비나는 세르비아를 중심으로 한 세르브 크로아트 슬로벤 왕국으로 편입되었다. 이 왕국은 1929년 유고슬라비아 왕국으로 개칭된다.

오스만 투르크는 어떻게 되었는가? 역시 해체되었다. 아라비아가 독립했다. 아랍 인들이 투르크 인들에게 수백 년간 지배를 받아오다가 드디어 제1차세계대전을 통해 독립하게 되었던 것이다. 아랍 인들은 대전 중에 영국이나 프랑스를 도와서 오스만 투르크와 전쟁을 벌였다. 제1차세계대전이 없었다면 오늘날 사우디아라비아는 존재하기 어려웠을 것이다. 이라크, 팔레스타인, 이집트 등은 영국이 차지했다. 시리아는 프랑스가 차지했다. 결국 소아시아 지역만 오스만 투르크의 영토로 남게 되었다. 그러나 그마저도 위태로웠다.

오스만 투르크를 구한 것은 케말 장군이었다. 케말 장군은 술탄, 즉 황제를 추방했다. 제국에 대한 미련을 끊는 것이 오스만 투르크를 구하는 첩경임을 그는 통찰하고 있었다. 이로써 칼리프 제가 폐지되었다. 주지하듯이 오스만 투르크의 술탄은 곧 칼리프였다. 칼리프는 로마 가톨릭의 교황에 해당하지 않는가? 이슬람 세계는 구심점을 잃게 되었다.

상위적인 제국을 대체한 것은 하위적인 공화국이었다. 케말 장군은 신생 터키 공화국의 초대 대통령이 되었다. 그는 여러 가지 하위적인 개혁을 단행했다. 일부다처제를 폐지했다. 여자들로 하여금 베일을 쓰지 못하게 했다. 그런가 하면 남자들로 하여금 이른바 투르크 모자를 쓰지 못하게 했다. 케말 장군은 케말 파샤로 통했다. 파샤는 군사령관이나 고급 관료에게 내려지는 칭호였다. 1934년 의회로부터 아타튀르크라는 성을 받은 다음부터 케말 아타튀르크로 통했다. 아타튀르크는 '투르크 인의 아버지' 라는 뜻이다.

패전국들의 상황에 대해 살펴보았다. 승전국들의 상황은 어떠했는가? 이탈리아는 동맹국측을 배신하고 협상국측에 섰었다. 기회주의적인 모습을 보여준 이탈리아가 당당한 승전국으로 인정받기는 힘들었을 것이다. 이탈리아는 발칸 반도 서쪽의 달마티아 지방을 원했지만 뜻을 이루지 못한다. 일본도 전리품을 챙기지 못했다. 일본은 독일이 차지하고 있었던 중국의 산동 반도를 원했다. 그러나 워싱턴 회의 결과 산동 반도는 원래의 주인인 중국의 것이 된다.

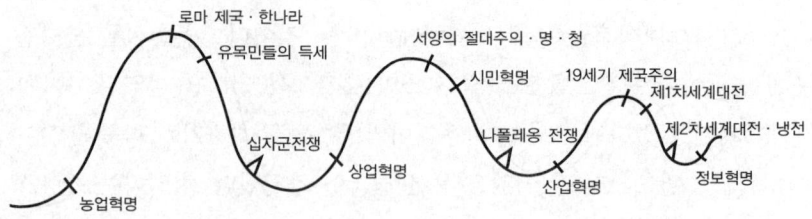

프랑스는 명실상부한 승전국이었다. 그러나 극심한 어려움을 겪어야

만 했다. 제1차세계대전은 역사파동표의 세 번째 정점 다음에 위치한다. 정점에 도달한 곡선을 하강시킨 것이 바로 제1차세계대전이었다. 역사 파동표의 세 번째 정점에 해당하는 19세기의 제국주의가 몰락해가고 있었기 때문에 승전국이라 할지라도 어려움을 겪을 수밖에 없었다. 승전국들 가운데서 가장 큰 피해를 입은 나라가 프랑스였다. 전후 복구에 들어가는 엄청난 비용 때문에 경제가 잘 굴러갈 수 없었다. 정치도 마찬가지였다. 극우와 극좌의 대립 속에서 10여 개의 군소정당들이 난립했고, 연 2회꼴로 내각이 바뀌었다. 푸앵카레가 거국내각을 결성한 이후 정치가 어느 정도 안정되었다. 1928년에 이루어진 통화의 평가절하 이후 경제도 어느 정도 안정되었다.

영국의 피해는 프랑스에 비해 그다지 크지 않았다. 그러나 세계사의 흐름을 거스를 수는 없었다. 대전을 거치면서 너무 많은 힘을 소진한 영국은 제국의 지위를 유지하지 못했다. 이집트가 1922년에 입헌군주국이 되었다. 영국은 이집트의 독립을 승인해야 했다. 이어 이라크, 아프카니스탄, 페르시아 등이 영국의 세력권에서 벗어나 독립을 확보했다. 아일랜드도 독립했다. 북부 얼스터 지방을 제외한 아일랜드는 1922년 아일랜드 자유국이라는 이름으로 자치를 하다가 1937년 에이레 공화국이라는 이름으로 독립을 했다. 아일랜드를 켈트 어로 에이레라고 한다. 에이레 공화국은 1949년 영연방에서 탈퇴하면서 국호를 아일랜드 공화국으로 바꿨다.

얼스터 지방의 9개주 중에 3개주는 아일랜드 공화국에 속하게 되었다. 나머지 6개주는 북아일랜드로 불리게 된다. 북아일랜드의 주민들 가운데 80% 정도가 신교도들이다. 북아일랜드는 신교도들의 섬인 셈이다. 헨리 8세 때문에 북아일랜드가 신교도들의 섬이 되었다. 그 옛날 헨리 8세가 신교도들을 얼스터 지방으로 이주시켰던 것이다. 북아일랜드의 신교도들은 북아일랜드가 여전히 영국의 영토로 남아 있기를 원했다. 오늘날까지 북아일랜드는 영국의 영토로 남아 있다. 이런 상황을 타개해야겠다는 생각을 한 일부 아일랜드 인들이 무장투쟁을 벌였다. 아이알에이 IRA라는 무장투쟁단체가 유명하다. 아이알에이는 아일랜드 공화국군 (Irish Republican Army)의 약자다. 가톨릭과 프로테스탄트의 대립이 오늘 날에 이르기까지 계속되고 있는 것이다.

인도도 영국으로부터 독립했다. 제1차세계대전 때 마하트마 간디는 120만의 병사들과 다량의 군수품으로 영국을 도왔다. 영국이 독립을 약속했던 것이다. 그러나 제1차세계대전이 끝난 직후 공포된 인도 통치법은 인도 인들 입장에서 보았을 때 실망스러운 것이었다. 인도 남성 인구의 10%에게만 참정권이 허용되었고, 언론 · 결사의 자유는 무시되었다. 1920년부터 간디는 광범위한 불복종 운동을 벌였다. 당황한 영국은 분리통치를 실시하겠다며 이슬람 세력을 회유했다. 하지만 이슬람 세력은 간디와 협력했다. 이러한 힌두 · 이슬람 제휴의 반영 운동을 힐라파트 운동이라 한다. 이러한 거국적인 반영 운동을 펼친 끝에 쟁취할 수 있었던 것이 1947년 8월 15일의 독립이었다. 약 200년간 계속된 영국의 지배로부터 벗어나는 기쁨은 인도가 인도와 파키스탄으로 분리되는 슬픔과 함께 찾아왔다. 상위적인 이슬람 교도들과 하위적인 힌두 교도들이 완전히 결별했던 것이다. 중국이 중국과 대만으로 분리된 것과 비슷하다고 할 수 있을 것이다. 인도는 제1 해상 유목민, 제2 육상 유목민, 제2 해상 유목민의 지배를 받아왔다. 1947년의 독립은 영국으로부터의 독립이기만 했던 것이 아니라 유목민들로부터의 독립이기도 했다.

제1차세계대전으로부터 가장 피해를 적게 입었던 나라가 미국이다. 미국은 세계대전 이후 세계 최강의 국가가 되었다. 다섯 명 중 한 명이 자동차를 타고 다녔을 정도였다. 한 가정에 한 대씩의 자동차가 있었다는 이야기다. 1920년대였다. 이때를 황금의 20년대라고 한다. 역사파동표의 곡선이 빠른 속도로 하강하고 있었음에도 불구하고 미국은 황금시대를 계속 구가할 수 있었는가? 그럴 수 없었다.

미국은 계속해서 기계를 돌렸다. 기계에서 만들어져 나온 상품들은 잘

팔려나갔다. 남아도는 돈은 다시 기계에 투입되었다. 사람들이 계속 해서 주식을 샀던 것이다. 자연히 주가가 천정부지로 치솟았다. 활황일 때 연착륙을 시도해야 한다고 하지 않았는가? 수요는 한정되어 있기 때문이다. 미국은 그렇게 하지 못했다. 마침내 1929년 10월 24일에 주가가 곤두박질쳤다. 당시 미국이 세계 최고의 부자 나라였다. 그런 나라가 말하자면 IMF 사태를 맞은 것이다. 사실상 전세계가 IMF 사태를 맞은 것이었다. 미국 대공황이 아니라 세계 대공황이었다. 1929년부터 1932년 사이에 전세계 무역은 60% 이상 감소했고, 전세계 물가는 삼분의 일로 급락했으며, 전세계 실업자 수는 3,500만에서 5,000만에 이르렀다.

공화당의 후버 대통령이 공황 타개에 실패하자 1933년 민주당의 루스벨트가 대통령에 취임했다. 그는 뉴딜 정책을 펼쳤다. 루스벨트는 우선 은행의 구제와 금융제도의 정비에 착수했다. 그 다음 농업조정법을 제정했다. 정부가 과잉생산물을 매입하는 동시에 농민들로 하여금 계획생산을 하게 하는 법이었다. 농업은 상위에 속하지 않는가? 뉴딜 정책은 상위적인 정책이었다. 정부가 경제에 깊이 개입하는 것 자체가 상위적인 것이다. 루스벨트는 이어 전국산업부흥법을 제정했다. 각 산업부문마다 생산을 조절하게 했고 최저 가격을 정하게 했다. 기업가들은 전국산업부흥법을 통해 이득을 얻었다. 산업은 어떤 면에서 농업적이라고 하지 않았는가? 그런가 하면 루스벨트는 1933년부터 테네시 계곡 개발 공사에 착수했다. 테네시 계곡의 댐 공사로 인해 실업자들이 일부 구제되었고 소비가 진작되었다. 큰 건물은 상위에 속한다고 했다. 대공사는 상위에 속한다.

미국은 하위적인 나라였기 때문에 상위적인 뉴딜 정책이 수용되기 위해서는 진통이 필요했다. 뉴딜 정책을 좌파적인 정책이라고 공격하는 사람들이 많았다. 실제로 루스벨트는 공산주의적인 방법으로 미국을 이끌고 있다는 비난을 듣기도 했다. 사실 뉴딜 정책은 좌파적이었다. 정확히 표현하면 상위적이었다. 공화당보다는 민주당이 상위적이다. 공화당은 주로 대기업들의 지지를 받는다. 하위적이기 때문이다. 1935년에 대법원은 농업조정법과 전국산업부흥법에 대해 위헌판결을 내렸다. 주권州權과 개인의 재산권을 침해한다는 것이 위헌판결의 이유였다. 뉴딜 정책의 위기였다. 압도적인 표를 얻고 재선된 루스벨트는 대법원의 규모를 늘리는 방안을 생각했다. 그의 개혁안은 수용되지 못했지만 대법원으로 하여금 뉴딜 정책에 대해 유연해지도록 했다. 대법원은 루스벨트가 제정한 와그너 법과 사회보장법이 합헌이라는 판결을 내렸다. 와그너 법은 노동자의 단결권과 단체교섭권을 규정한 법이었고, 사회보장법은 65세 이상의 노인들에 대한 연금과 실업자들에 대한 수당에 관한 법이었으며, 주정부의 빈곤자, 불구자, 무능력자 구제에 대한 연방정부의 재정지원에 관한 법이었다.

세계 최고의 부자 나라였던 미국이 상위적인 경제정책을 취했다는 것은 시사하는 바가 크다. 영국의 후계자로서 제1차세계대전 이후 제2 해상 유목민의 태두가 되었던 미국은 하위적인 경제정책, 즉 자유방임주의를 신봉했다. 자유방임주의가 자유주의에 뿌리를 두고 있다는 것은 재론할 여지가 없을 것이다. 자유방임주의는 경제적 자유주의라고 할 수 있다. 하위에 속하는 자유주의는 역시 하위에 속하는 상업과 통한다. 상업은 다시 하위에 속하는 유목 활동과 통하지 않는가? 자유주의, 상업, 유목 활동의 한계가 1929년 10월 24일에 여실히 드러났던 것이다. 하위적인 것만 가지고는 통하지 않는 시대가 도래한 것이었다. 1929년에 제2 해상 유목민의 시대가 끝났다. 1929년을 기점으로 하여 서양과 동양을 이어주던 유목민이 더 이상 필요하지 않게 된 것이다. 이제는 서양과 동양이 서로 직접 대면하게 되었다. 전세계에 빈터가 존재하지 않게 되었던 것이다.

이상에서 사회주의 혁명과 제1차세계대전의 결과에 대해 살펴봤다. 19세기의 제국주의라는 물거품은 제1차세계대전이라는 바늘에 의해 터졌다.

29. 동양의 확대

〉〉〉 자유주의, 파시즘, 사회주의

동·서양의 확장과, 그에 따른 동양과 서양을 이어주던 유목민의 퇴장은 동양과 서양이라는 개념으로 세계사를 이야기할 필요성을 대두시켰다. 동양과 서양의 지리적인 경계는 고정적일 수 있지만, 상위와 하위의 관점에서 보는 동양과 서양의 경계는 유동적이다. 상위적인 나라들을 상위적인 동양의 범주에 포함시킬 수 있고, 하위적인 나라들을 하위적인 서양의 범주에 포함시킬 수 있기 때문이다. 상위와 하위의 관점에서 보는 동·서양의 중심도 시대에 따라 달라진다. 동양과 서양이 최초로 형성되었을 때 동양의 중심은 한나라였고, 서양의 중심은 로마 제국이었다. 세월이 많이 흘러 동양과 서양이 직접 대면하게 된 세계 대공황 이후 동양과 서양의 중심은 각각 어디였는가? 동양의 중심은 소련이었고 서양의 중심은 미국이었다.

미국은 제1차세계대전을 통해 세계 최고의 부자 나라가 되었다. 자본주의의 중심이 되었다. 자본주의는 하위에 속하지 않는가? 서양 또한 하위에 속한다. 미국은 서양의 중심이 되었다. 서양의 중심이었기에, 즉 자본주의의 중심이었기에 미국은 세계 대공황의 진원지가 되었던 것이다.

마르크스의 추종자들은 자본주의만으로는 안 된다고 예언했던 마르크스가 옳았음을 여실히 증명하는 증거가 세계 대공황이라고 생각했다. 마르크스의 추종자들의 나라가 소련이었다. 사회주의 혁명을 거치면서 구조조정을 확실하게 거친 소련은 어떤 면에서 농경사회 비슷하게 되어 있었다. 실제로 소련은 농업에 지대한 관심을 기울였다. 1928년 1월 4일 단행된 토지 국유화는 소련에 2만여 개에 달하는 집단농장들이 생기게 했다. 1928년은 러시아 혁명사에 있어서 대전환의 시기로 여겨진다. 상위적인 농업을 상위적으로 재편했던 것이다. 평등의 원칙에 입각해 국가가 토지를 국유화했다. 평등이나 국가 등은 상위에 속한다.

불황이나 활황은 상업적인 용어 아닌가? 무엇인가를 팔아야만 하는 사회는 불황에 타격을 입지만 무엇인가를 팔 필요가 없는 사회, 즉 자급자족이 가능한 농경사회는 불황에 타격을 입지 않는다. 세계 대공황으로부터 피해를 거의 입지 않았던 나라가 소련이었다.

물론 소련에도 산업이 존재했다. 그런데 산업은 어떤 면에서 농업적이라고 하지 않았는가? 더욱이 산업이 하위적인 상인들에 의해 장악되는 것이 아니라 상위적인 국가에 의해 장악될 때 농업과 아주 비슷해진다. 거칠게 말하는 것이 허용된다면 마르크스는 농업혁명이 토지라는 생산수단의 발명으로부터 비롯되었으며, 산업혁명이 기계라는 생산수단의 발명으로부터 비롯되었다고 말하였다. 토지와 기계를 같은 선상에 놓고 이야기했던 것이다. 산업혁명 때문에 발생한 여러 가지 폐해를 극복하기 위해 대두된 것이 사회주의라고 할 때, 사회주의는 간단하게 말해서 기계라고 하는 새로운 생산수단을 하위가 아니라 상위가 소유해야 한다고 주장하는 이념이었다.

농업과 농업적인 산업 덕분이었을 것이다. 1928년부터 1941년까지 소련 경제의 연평균 성장률은 14%에서 20%에 달했다. 세계가 세계 대공황으로 인해 허우적거릴 때 소련은 세계 2위의 경제 대국으로 떠올랐다. 소련은 사회주의의 중심이 되었다. 사회주의는 상위에 속하지 않는가? 동양 또한 상위에 속한다. 소련은 동양의 중심이 되었다. 동양의 중심이었기에, 즉 사회주의의 중심이었기에 소련은 세계 대공황으로부터 피해를 거의 입지 않을 수 있었던 것이다.

세계 대공황은 서양의 입장에서 보았을 때 독이었지만 동양의 입장에서 보았을 때 약이었다. 세계 대공황 이후 동양이 확장된다. 제1차세계대전 때 협상국측에 가담했다가 대전 이후 별다른 전리품을 얻지 못했던 이탈리아와 일본이 동양에 속하게 된다. 독일은 제1차세계대전 때부터 동양적이었다. 서양에 속하는 미국, 영국, 프랑스 등과 전쟁을 치르지 않았는가? 패전 이후 독일에 자유주의적인 바이마르 공화국이 성립되어 잠시나마 독일이 서양에 속하게 되었지만 세계 대공황은 독일을 다시금 동양에 속하게 했다.

이탈리아, 일본, 독일은 파시즘을 추구한다. 배타적 민족주의인 파시즘은 자유주의보다는 상위적이고 사회주의보다는 하위적이라고 했다. 이들 나라들은 서양과 동양의 경계에 있었던 나라들로서 소련만큼 동양적이지는 않았다. 소련만큼 상위를 추구하지는 않았다. 그러나 분명 상위를 추구했고 동양적이었다. 전통적으로 자유주의와 대립했던 것은 민족주의 아니었는가? 민족주의를 극단적으로 추구하게 된 이들 나라들은 당연히 자유주의를 추구하는 서양의 여러 나라들과 대립할 수밖에 없었다. 때문에 이탈리아, 일본, 독일이 세계 대공황 이후 동양에 속하게 되었다고 말할 수 있는 것이다. 이 점과 관련해서 논의를 좀더 진행시켜보자.

이탈리아에 닥친 경제위기를 기회로 삼은 사람은 무솔리니였다. 무솔리니는 한때 사회주의 운동을 했다. 그러다가 파시시트가 되었다. 파시즘fascism이라는 용어는 '결속'을 의미하는 이탈리아 어 파쇼fascio에서 나왔다. 파쇼는 다시 파스케스fasces라는 말에서 나왔다. 파스케스는 고대 로마 통령들의 상징물이었다. 빨간 끈으로 묶은 여러 가닥의 느릅나무(후에는 자작나무) 막대기들 사이로 도끼날이 삐죽이 나와 있는 물건이 파스케스였다. 여러 가닥의 막대기들을 묶었다는 것이 통합을 의미했을까? 하여튼 파시즘이 제1의 가치로 여겼던 것은 결속, 내지 통합이었다. 결속, 내지 통합은 상위에 속한다. 무솔리니는 상위적이었다. 그가 사회주의에 관심을 가졌다는 점도 그의 상위적인 면을 엿볼 수 있게 한다. 히틀러도 한때 사회주의에 관여했고 박정희도 한때 사회주의에 관여했다. 파시즘과 사회주의의 공통분모는 무엇인가? 둘 다 상위를 추구하는 이념이라는 점이다.

　이 공통분모를 강조하는 이론이 전체주의 이론이다. 이 이론은 파시즘과 사회주의를 전체주의라는 개념으로 포괄시켜버린다. 전체라는 것은 당연히 상위에 속한다. 하위를 추구하는 자유주의의 입장에서 상위를 추구하는 파시즘과 사회주의를 하나로 보는 이론인 것이다. 서양의 입장에서 동양에 대해 이야기하는 이론이다. 전체주의 이론은 타당한가?

　무솔리니, 히틀러, 박정희 등은 모두 독재자들이었다. 절대적인 권력을 추구하는 독재자는 상위에 속한다. 파시즘도 상위에 속한다. 때문에 파시즘을 추구했던 정치지도자들은 대부분 독재자들이었다. 그럼 상위에 속하는 사회주의를 추구했던 정치지도자들도 대부분 독재자들이었는가? 마오쩌둥, 김일성, 스탈린 등이 독재자들이었는가? 아니었다고 말하기는 어렵다.

　사회주의의 중심이었던 소련의 독재자, 스탈린에 대해서 살펴보자. 레닌 사후 스탈린과 트로츠키가 등장한다. 스탈린은 트로츠키를 숙청하고 일인자로 등극했다. 그는 일국사회주의론을 이야기했다. 세계적인 사회주의 혁명이 없어도 한 나라에서 사회주의를 건설할 수 있다는 이론이 일국사회주의론이다. 그러나 원래 마르크스의 이론은 전세계 프롤레타리아트가 단결해야 한다는 국제주의 원칙에 입각한 것이었다. 레닌도 러시아 혁명을 세계혁명으로 발전시켜야 한다고 생각했다. 전유럽의 혁명 없이는 러시아 혁명의 궁극적인 성공을 기대할 수 없다고 말하였다. 스탈린과 대립했던 트로츠키 역시 세계혁명을 주장했다. 마르크스, 레닌, 트로츠키에 비해 스탈린은 우파적이었다. 즉, 하위적이었다. 제국은 상위적이고 일국은 하위적이라고 하지 않았는가? 스탈린은 제국이 아니라 일국을 택했던 것이다. 그는 러시아 민족이 세계혁명을 지도한다고 하면서 러시아 민족의 위대성을 고취시켰다. 사회주의보다 하위적이면서 자유주의보다 상위적인 것이 민족주의이다. 비교적 하위적이었던 스탈린은 민족주의에 적대적이지 않았다. 현실을 생각하다 보면 하위를 추구하게 마련이다. 현실은 하위에 속한다. 스탈린은 현실 정치가였다.

소련도 민족주의를 일정 부분 추구했다면 파시즘과 사회주의의 경계가 더욱 옅어지는 것 아닌가? 세계 대공황 이후 열강은 거의 예외 없이 상위와 하위를 동시에 추구했다. 미국과 영국, 프랑스 등도 상위를 추구했다. 자유주의만을 고집하지 않았다. 미국의 뉴딜 정책은 좌파적인 요소를 다분히 담고 있지 않았는가? 그리고 미국, 영국, 프랑스 등이 만든 이른바 블록 경제 역시 순수한 자유주의와는 거리가 있는 것이었다. 영국은 1932년 특혜 관세 제도를 중심으로 자치령 및 식민지로 구성되는 블록을 만든 다음 블록 내의 무역관계를 긴밀하게 유지했다. 미국은 남북 아메리카를 아우르는 블록을 구축했고, 프랑스 역시 본국과 식민지를 아우르는 블록을 구축했다. 블록을 구축하는 것은 상위적이다. 블록의 형성은 분열보다는 통합에 가깝다. 그리고 블록은 블록 안과 블록 바깥의 교류를 차단하는 역할을 한다. 자유를 방해한다.

세계 대공황 이후의 자유주의에 상위적인 요소가 있기 때문에 세계 대공황 이후의 자유주의도 전체주의의 범주에 넣어야 하는가? 자유주의, 파시즘, 사회주의를 모두 전체주의라고 할 수는 없다. 세계 대공황이 초래한 어려운 현실은 자유주의, 파시즘, 사회주의의 간격을 좁혔다. 하지만 여전히 이 세 개는 구분지어질 필요가 있다. 자유주의, 파시즘, 사회주의는 분명히 구분지어져야 한다는 전제가 선행된다면 자유주의를 서양의 이념으로, 파시즘과 사회주의를 동양의 이념으로 파악하는 것이 가능할 수 있다. 자유주의, 파시즘, 사회주의를 양분한다면, 즉 상위와 하위로 나눈다면 자유주의를 하위에 속하는 것으로, 파시즘과 사회주의를 상위에 속하는 것으로 이해할 수 있다는 것이다. 이런 관점에서 전체주의 이론은 일정 부분 타당하다. 굳이 양분할 필요가 있는가? 복잡한 역사를 쉽게 이해하기 위해서 역사의 여러 부품들을 상위와 하위로 양분해왔다. 자유주의, 파시즘, 사회주의와 관련해서는 더욱 상위와 하위로 양해볼 필요가 있다. 서로의 관계가 아주 복잡하기 때문이다.

>>> 이탈리아의 파시즘

상위, 전체주의, 민족주의, 파시즘을 추구한 독재자 무솔리니에 대해 좀더 살펴보자. 무솔리니는 제1차세계대전 후 1919년에 밀라노에서 제대 군인들과 사회주의에 반대하는 사람들을 규합하여 전투자 동맹이라는 조직을 만들었다. 1921년 5월에 국회의원에 당선되었고, 그해 11월에 전투자 동맹을 파시스트 당으로 개편한 다음 당수가 되었다. 무솔리니는 1922년 10월에 이른바 로마 진군을 감행했다. 파시스트 당의 전위대였던 검은 셔츠단의 단원들로 하여금 로마로 행진하도록 했던 것이다. 행진을 하면서 검은 셔츠단은 무솔리니를 총리로 임명하지 않으면 무력으로 정부를 무너뜨리겠다는 위협을 공공연하게 했다. 이탈리아 국왕 에마누엘레 3세는 무솔리니에게 정부 구성을 요청했다. 정권을 잡은 무솔리니는 전체 투표수 25%를 넘은 정당들 중에서 득표를 가장 많이 한 정당이 의석의 삼분의 이를 차지한다는 법을 제정했다. 파시스트 당이 사실상 유일한 정당이 되었다.

무솔리니는 1935년에 에티오피아를 침략했다. 1896년 에티오피아를 침략했다가 패배한 것을 만회한다는 명분을 내걸었다. 에티오피아를 정복하는 데 성공한 무솔리니는 '신로마 제국'이 성립되었다고 선언했다. 상위를 추구한 무솔리니였기에 제국을 운운했던 것이다. 바야흐로 동양이 확장되고 있었다.

>>> 일본의 군국주의

일본의 경우는 어떠했는가? 대외 의존도가 높았던 일본 경제는 세계 대공황의 직격탄을 맞았다. 하위적인 나라들이 상위적인 방식을 취하자

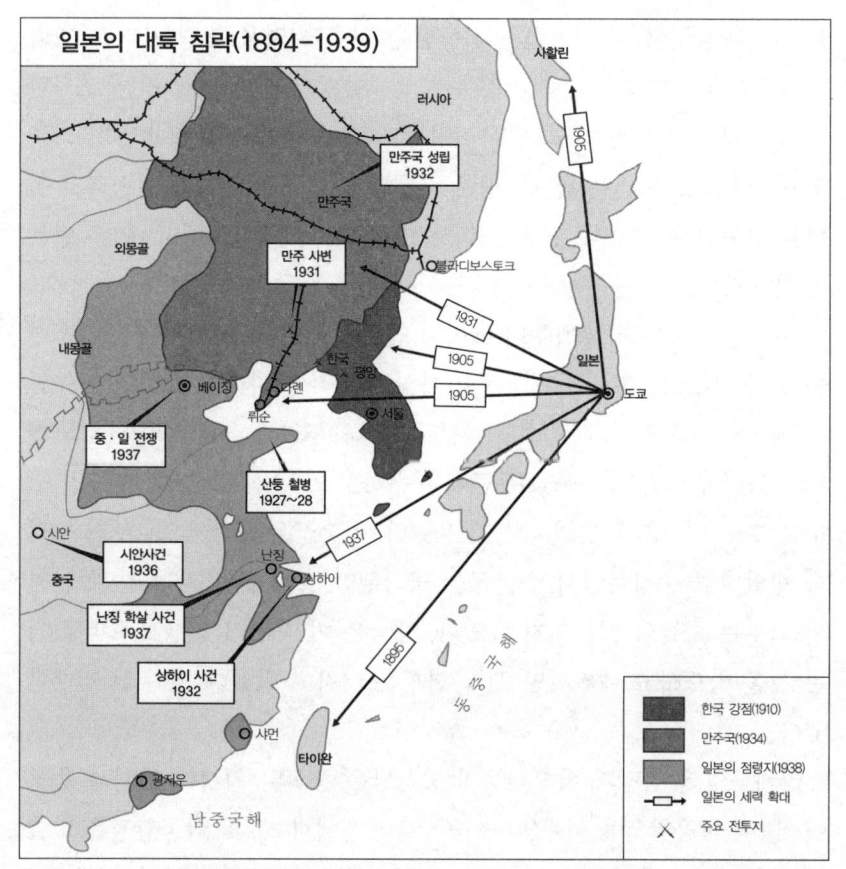

일본의 대륙 침략(1894-1939)

사할린

러시아

만주국 성립
1932

만주국

외몽골

블라디보스토크

만주 사변
1931

내몽골

한국
경성

1931

1905

일본

도쿄

1905

베이징

다롄

뤼순

서울

중·일 전쟁
1937

산둥 철병
1927~28

시안

시안사건
1936

중국

난징

상하이

1937

난징 학살 사건
1937

상하이 사건
1932

샤먼

타이완

광저우

남중국해

한국 강점(1910)

만주국(1934)

일본의 점령지(1938)

일본의 세력 확대

주요 전투지

일본은 더 이상 하위적인 나라들에 의존할 수 없게 되었다. 미국, 영국, 프랑스 등이 블록 경제를 구축했던 것이다. 이런 나라들도 상위적인 방식을 취했으니 경제가 취약한 이탈리아, 일본, 독일 등이 상위적인 방식을 취하지 않을 수 있었겠는가?

1931년 9월 18일 관동군의 일부 장교들이 선양 교외의 남만주 철도를 자기들 손으로 폭파시킨 다음 중국군이 저지른 도발이라고 주장하면서 전쟁을 일으켰다. 만주사변이었다. 일본의 중국 침략 첨병으로 제2차 세계대전 말까지 만주에 주둔했던 일본 군대가 관동군이었다. 요동 반도 최남단의 관동주와 남만주 철도의 경비를 위해 주둔하기 시작한 병력으로부터 관동군이 시작되었다. 관동군은 만주 전역을 점령한 다음 괴뢰 만주국을 세웠다. 이에 중국 정부가 국제연맹에 제소했고, 리튼 조사단이 파견되었다. 영국의 리튼을 단장으로 하는 중립 조사단이었다. 리튼 조사단의 보고를 받은 국제연맹은 일본의 중국 주권 침해를 인정하고 철병을 권고했다. 그러나 일본은 1933년 국제연맹을 탈퇴했다. 이후 일본은 본격적으로 파시즘을 추구한다.

일본군은 1936년 10월부터 베이징 인근에 있던 노구교 부근에서 훈련을 했다. 마르코 폴로가 세상에서 가장 아름다운 다리라고 했던 노구교는 베이징으로 들어가는 중요 관문들 중 하나였다. 일본군의 야심을 잘 알고 있던 중국군도 노구교 부근에 주둔하고 있었다. 1937년 7월 7일 노구교 부근에서 10여 발의 총성이 울렸다. 일본군은 중국군으로부터 사격을 받았다고 주장하면서 중국군을 공격했다. 일본군의 자작극이었는지의 여부는 확실히 밝혀지지 않았다. 중국은 이 사건이 전쟁으로 비화되는 것을 막으려고 애썼지만 결국 전쟁은 터지고 말았다. 중·일 전쟁이었다.

장제스의 국민당과 마오쩌둥의 공산당은 중·일 전쟁이 터짐과 동시에 제2차 국공합작을 이루었다. 중·일 전쟁에서 제2차 국공합작은 빛을 발했다. 제1차 국공합작도 있었는가? 20세기 초 중국의 상황에 대해서 잠깐 살펴보자.

1905년 동경의 중국 유학생들이 중국혁명동맹회라는 조직을 만들었다. 동맹회의 중심인물은 쑨원이었다. 동맹회는 중국의 새로운 국호로 중화민국을 채택했고, 민족·민권·민생주의를 내용으로 하는 삼민주의를 강령으로 채택했다. 동맹회가 성립되자 중국 내에 혁명의 기운이 고조되었다. 1911년 10월 10일 우창에서 지식인들과 군인들이 연합하여 일으켰던 봉기는 실패하지 않았다. 1911년은 신해년이었다. 신해혁명에 동조한 성들은 한 달 만에 16개에 이르렀다. 쑨원은 즉각 귀국하여 1912년 1월 1일을 기해 중화민국 임시정부가 수립되었음을 선포했다. 수도는 난징으로 정했다. 임시 대총통이 된 사람은 쑨원이었다.

청나라 조정은 위안스카이에게 전권을 맡겨 이 문제를 해결하도록 했다. 고양이에게 생선을 맡긴 꼴이 된다. 위안스카이는 쑨원측과 협상을 한 다음 마지막 황제 부의를 퇴위시켰다. 297년 만에 청나라가 문을 닫았다. 쑨원은 위안스카이에게 난징에 와서 대총통에 취임하라고 했지만 위안스카이는 베이징에서 대총통에 취임했다. 1914년 대총통이 된 위안스카이는 내각책임제를 폐지했다. 1915년에는 황제가 되었다. 쑨원은 하위적이었던 반면 위안스카이는 상위적이었던 것이다. 시대착오적인 위안스카이는 결국 많은 반대에 부딪혔고, 1916년 6월에 병사하고 만다. 위안스카이가 죽고 나자 위안스카이의 지시를 받던 군인들이 세력화했다. 군벌들이 각지에서 독립했다.

이런 상황에서 러시아가 소련으로 바뀌었다는 소식이 들려왔다. 사회주의 혁명이 성공했다는 소식이었다. 사실 중국혁명동맹회도 1905년 러시아에서 발생한 제1차 러시아 혁명에 많은 영향을 받아 결성된 것이었다. 피의 일요일 사건으로 제1차 러시아 혁명이 촉발되었었다. 사회주의 혁명, 즉 10월 혁명 역시 중국의 지식인들에게 많은 영향을 끼친다. 더욱이 소련은 사회주의 혁명의 수출을 위해 적극적인 조치를 취했다. 코민테른이라는 국제기구를 1919년에 만들었다. 코민테른Comintern은 공산주의 인터내셔널(Communist International)의 약자였다. Communist의 Com과 International의 Intern을 조합하여 만든 말이었다. 인터내셔널은 사회주의자들의 국제적 조직을 의미했다. 제1 인터내셔널은 1864년에 런던에서 창립되었다. 이때 마르크스가 공산당 선언서를 기초했다. 제2 인터내셔널은 1889년에 파리에서 창립되었다. 독일 사회민주당이 주도한 인터내셔널이었다. 제3 인터내셔널은 1919년에 모스크바에서 창립되었다. 레닌이 주도했던 제3 인터내셔널을 공산주의 인터내셔널이라고 한다. 제4 인터내셔널은 트로츠키에 의해 1938년 창립되었다. 코민테른에 대항하는 인터내셔널이었지만 1940년 트로츠키가 스탈린이 보낸 암살자에게 암살당한 이후 유명무실해졌다.

제3 인터내셔널, 즉 코민테른이 제정 러시아가 중국에서 얻어냈던 모든 이권을 중국 민중에게 반환한다는 성명을 발표했다. 아울러 의화단 사건으로 인해 발생했던 배상금에 대한 권리도 포기한다고 했다. 중국의 지식인들은 감명을 받을 수밖에 없었다. 어쨌든 소련은 서양 열강과 달랐던 것이다. 소련은 동양의 중심이었고 중국은 동양의 중심이었었다. 둘 사이에 통하는 면이 있었던 것일까? 사실 사회주의는 서양보다 동양에 호소력이 있는 이념이었다.

때마침 터진 5 · 4 운동은 중국의 지식인들과 소련을 더욱 가까워지게 했다. 중국은 제1차세계대전 때 협상국측에 서 있었다. 승전국이었던 중국은 1919년 4월 파리 평화 회의에서 산동 반도의 반환을 주장했다. 그러나 서양 열강은 산동 반도를 점령하고 있던 일본의 손을 들어주었다. 중국 내의 여론은 악화되었고, 5월 4일에 중국인들의 분노가 폭발했던 것이다. 중국은 1921년의 워싱턴 회의 이후 산동 반도를 돌려받게 된다. 서양 열강에 대해 배신감을 느끼고 있던 중국의 지식인들에게 소련이 손을 내밀었다. 1920년 중국에 파견된 코민테른 대표 보이틴스키는 중국의 진보적 지식인들을 만나 중국 공산당의 창당을 건의했다. 이듬해 7월 상하이에서 마침내 중국 공산당이 창당되었다. 열세 명이 모였다. 당시 참가들 중에 마오쩌둥이 있었다.

이렇게 하여 출범한 공산당은 비록 미약하긴 했지만 불과 몇 년 만에 국민당과의 합작을 논의할 만큼 성장했다. 코민테른은 공산당이 국민당 조직을 이용해 세력을 키우기를 바랐다. 쑨원은 공산당원들이 개인 자격으로 국민당에 참가하는 것을 허락했다. 그 결과 1924년 제1차 국공합작이 이루어졌다. 공산당과의 합작 이후 국민당은 좌파와 우파로 분열되었다. 구심점이자 조정자였던 쑨원이 사망하고 나서 분열은 노골화되었다. 우파의 중심인물이었던 장제스가 당권을 장악하자 좌파의 입지는 좁아질 수밖에 없었다. 장제스가 북방 군벌들을 거의 무력화시켜 10여 년 간의 남북 분열 시대를 종식시키고 나자 국민당 좌파는 공산당원들만을 남긴 채 국민당 우파에 합류해버린다. 공산당원들은 지하로 숨어들 수밖에 없었다. 이로써 4년 정도 지속된 제1차 국공합작이 끝났다.

국민당은 공산당을 노골적으로 탄압하기 시작했다. 공산당의 몇 차례의 봉기는 번번이 실패했다. 1,000명 정도의 병력만을 이끌고 정강산으로 들어간 마오쩌둥은 장시 소비에트를 건설했다. 그는 장시 소비에트에서 사회주의적인 토지 분배를 단행했고 홍군을 창설했다. 마오쩌둥은 공장 노동자들이 별로 없는 중국의 상황에서 도시를 거점으로 하는 혁명보다는 농촌을 거점으로 하는 혁명, 즉 농민들을 혁명의 주력으로 삼는 혁명이 필요하다는 점을 통찰하고 있었다. 사실 사회주의 혁명이 일어나기 직전의 러시아에도 공장 노동자들이 그다지 많지 않았다. 러시아 농민들이 혁명의 주력이 되었던 것이 사실이다. 러시아와 중국은 동양적이었다. 상위적이었다. 농경민족, 농민, 농촌이 유목민족, 상인, 도시에 비해 상위적이지 않은가? 도시를 거점으로 하는 혁명을 위해 창사 대공격을 감행한 공산당 지도부는 패배에 대한 책임을 져야 했다. 1931년 마오쩌둥이 공산당 주석의 자리에 올랐다.

대도시를 공격할 정도로 공산당이 성장한 데 위협을 느낀 장제스는 1930년부터 1933년까지 4차에 걸친 대규모 공격을 단행했다. 홍군의 유격전과 지구전에 말린 장제스는 1933년부터 개시된 5차 공격에서 마오쩌둥의 전술을 모방했다. 한 지역을 점령할 때마다 경제 봉쇄 조치를 내렸고 지구전을 펼쳤다. 홍군은 점점 애초의 근거지인 장시 소비에트로 밀려났고, 1934년에는 장시 소비에트마저 포위되는 상황에 처했다. 결국 마오쩌둥은 탈출을 감행했다. 8만 6,000여 명의 홍군은 서쪽의 포위망을 뚫고 후에 대장정이라고 불리게 되는 행군을 시작했다. 1만 킬로미터 정도를 행군하여 1년 만에 산시의 혁명 근거지에 도착했을 때 홍군의 숫자는 십분의 일로 줄어들어 있었다. 그러나 온갖 역경을 거친 홍군은 정예화되어 있었다. 장정을 성공시킨 마오쩌둥이 홍군의 전폭적인 지지

시안 사건이 일어난 시안의
화청지.

를 받았던 것은 당연했다. 마오쩌둥은 홍군을 기반으로 하여 당권을 확실히 거머쥘 수 있었다.

장제스가 홍군 토벌에 여념이 없었을 때 일본이 만주 사변을 일으켰다. 만주 사변에도 불구하고 장제스는 홍군 토벌에 온 주의를 쏟았다. 만주의 군벌이었던 장쉐량은 불만을 품었다. 장쉐량은 장쭤린의 아들이었다. 만주를 장악했던 장쭤린은 장제스에게 대항했지만 아들 장쉐량은 장제스를 지지했다. 아버지가 일본군에 의해 폭사당하는 것을 보고 일본과의 전쟁이 먼저라는 생각을 했던 것이다. 홍군을 토벌하기 위해 시안에 가 있던 장쉐량은 독려를 하기 위해 온 장제스를 감금하는 하극상을 일으켰다. 시안 사건이었다. 장쉐량은 공산당과 합작하여 먼저 일본을 물리치자는 요청을 했다. 마오쩌둥은 이미 장정 중이던 1935년 8월 1일 내전을 중지하고 항일 민족통일전선을 수립하자는 제안을 내놓았었다. 저우언라이와 장제스의 아내 쑹메이링의 노력으로 사태는 수습되었다. 장제스는 제2차 국공합작에 동의했다.

이런 상황에서 1937년 일본이 중·일 전쟁을 일으키자 제2차 국공합작이 성사되었던 것이다. 9년 만의 합작이었다. 일본은 전쟁을 쉽게 승리로 이끌 수 있을 것이라고 예상했지만 뜻대로 되지 않았다. 팔로군과 신사군이 큰 역할을 했다. 홍군 주력이 국민당의 국민혁명군 제8로군으로 개편되었고, 홍군 유격대가 국민혁명군의 신편 제4군으로 개편되었다. 팔로군과 신사군이라는 약칭으로 통했다. 예상 밖으로 시간이 걸렸지만 결국 일본은 중국 동쪽 해안 지대를 거의 다 차지했다. 1938년에 난징 대학살을 일으키면서 중국으로부터 항복을 이끌어내려고 했지만 중국의 저항은 완강했다. 전선은 교착되었다.

1938년 일본 의회는 국가총동원령을 공포했다. 국가가 일본 내의 인적·물적 자산을 마음대로 동원할 수 있게 되었던 것이다. 그야말로 일본은 상위를 추구했다. 바야흐로 일본의 파시즘, 즉 군국주의는 그 극을 향해 나아갔다. 군국주의를 풀이하면 '군대 국가 주의' 정도가 될 것이다. 군대식으로 국가를 경영한다는 것이다. 부정적으로 말하면 군대의 문화는 파쇼적이다. 사실 상명하복의 정신이 해이한 군대는 더 이상 군대로서 기능하지 못한다.

이상에서 살펴본 바와 같이 제1차세계대전 때 협상국측에 가담했던 이탈리아와 일본은 세계 대공황 이후 확실하게 동양에 속하게 된다.

>>> 나치즘

제1차세계대전 때부터 동양적이었던 독일은 이탈리아와 일본보다 늦게 동양에 속하게 된다. 원래 주인공은 마지막에 등장하지 않는가?

바이마르 공화국이 어렵사리 독일을 이끌고 있었지만 국민들은 바이마르 공화국을 좋아하지 않았다. 바이마르 공화국을 끝낸 사람은 히틀러였다. 제1차세계대전 때 독일군에 복무했던 그는 1919년 독일노동자당에 입당하면서 정치 활동을 시작했다. 이내 독일노동자당의 당수가 된 히틀러는 이듬해 국가사회주의독일노동자당이라는 새로운 당명을 채택했다. Nationalsozialistische의 Na와 zi가 합해져 나치Nazi라는 말이 생긴 것이다. 국가와 사회주의가 나치라는 말 속에 들어 있음을 알 수 있다. 파시즘을 추구했던 독재자들은 거의 다 상위를 추구했기 때문에 대개 상위적인 이념인 사회주의에 관심을 가졌었다는 점은 앞에서 언급하였다. 히틀러의 국가사회주의가 스탈린의 일국사회주의를 연상시키는 이유는 무엇인가? 스탈린이나 히틀러나 상위에서 하위로 움직였다는 면에서 비슷하기 때문이다. 정도의 차이가 있을 뿐이었다. 스탈린보다 히틀러가 하위로 더 많이 움직였다.

히틀러는 1923년 11월 8일 뮌헨에서 봉기를 획책했으나 실패했다. 옥중에서 그는 저서 《나의 투쟁》을 출판하여 게르만 민족의 생존권을 동방으로 확장해야 한다고 주장했다. 동쪽이 상위에 속하지 않는가? 히틀러는 동양의 중심을 차지하고 싶어했다. 당시 동양의 중심은 소련이었다. 히틀러는 소련을 독일이 대체하기를 원했던 것이다.

1929년의 세계 대공황은 히틀러에게 그러한 이상을 실현할 발판을 마련해주었다. 1932년 선거에서 나치는 독일의 제1당으로 부상했다. 이듬해 1월 히틀러는 독일 총리로 임명되었다. 총리로 취임한 히틀러는 드디어 상위적인 정책을 취하기 시작했다. 하위에 속하는 의회를 해산시켰다. 나치를 유일한 정당으로 내세웠다. 이듬해에 이름만 남은 바이마르 공화국의 대통령 힌덴부르크가 사망하자 대통령의 지위를 겸함으로써 총통이 되었다. 사실 총통보다는 황제가 되고 싶었을 것이다. 그는 제3 제국이라는 말로 자신이 사실상의 황제임을 나타냈다. 신성로마제국이 제1 제국이었고, 독일제국이 제2 제국이었으며, 나치 독일이 제3 제국이라고 했던 것이다.

히틀러는 당연히 상위적인 경제 정책을 취했다. 아우토반을 만들었다. 대공사는 상위에 속한다고 하지 않았는가? 또한 4개년 계획을 세웠다. 소련은 5개년 계획을 세웠었다. 정부가 경제를 이끄는 모습은 상위적이다. 그런가 하면 농민들을 우대했다. 농업 역시 상위에 속한다. 농업과 어떤 면에서 유사한 산업도 중시했다. 히틀러는 대기업들과 밀월 관계를 유지했다.

히틀러는 농업과 산업을 중시했던 만큼 상업에 대해서는 부정적이었고 금융에 대해서는 적대적이었다. 이자라고 하는 것 자체를 경멸했다. 돈만을 가지고 돈을 버는 것을 싫어했던 히틀러는 주식제도도 싫어했다. 사실 주식제도는 서양에서 발달하지 않았는가? 히틀러는 동양적이었다. 히틀러는 주식제도를 이용해 유태 인들이 독일의 국부를 유출해간다고 믿었다. 유태 인들은 상업에 능한 사람들이다. 특히 금융의 귀재들이다. 유태 인 하면 떠오르는 것이 고리대금업자 아닌가? 미국, 영국, 프랑스 등에 많이 살면서 세계의 경제를 좌지우지하는 사람들이 유태 인들이라고 히틀러는 생각했다. 극히 상위적인 히틀러가 극히 하위적인 유태 인들을 혐오했던 것은 이해할 만하다. 유태 인들은 지극히 서양적이었고 히틀러는 지극히 동양적이었던 것이다.

민족 문제와 관련하여 특이하게도 히틀러는 게르만 족이 고대 아리안 족의 후예라는 것을 강조했다. 흑해와 카스피 해 사이에 살았던 아리안 족은 서쪽으로 이동하여 동유럽에까지 진출했었고, 남쪽으로 이동하여 인도에까지 진출했었다. 히틀러는 게르만 족이 원래 동양에 뿌리를 두고 있었다는 것을 강조했던 것이다. 뿌리를 찾는 것은 당연하기에 동양으로 나아가야 한다는 것을, 고대 선조들처럼 동양의 주인이 되어야 한다는 것을 말하고 싶었던 것 아닐까? 사실 흑해와 카스피 해 사이는 유라시아 대륙에서 가장 중요한 요충지들 중 하나이다. 제2차세계대전 막바지에 히틀러는 흑해와 카스피 해 사이를 지나 중동 지역, 더 나아가 인도에까지 나아가려 했다. 당시 인도는 영국의 지배를 받고 있었다. 영국은 독일의 적국 아니었는가? 스탈린그라드 전투에서 패배하지 않았다면 독일은 뜻을 이루었을 것이다.

상위적인 경제 정책은 독일을 강화시켰다. 어느 정도의 자신감을 되찾은 독일은 일본이 국제연맹에서 탈퇴하자 뒤따라 국제연맹에서 탈퇴했다. 1935년에는 베르사유 조약의 군비 제한 조항을 일방적으로 파기했다. 바야흐로 독일이 부활하고 있었다. 이탈리아, 일본, 그리고 독일의 파시즘 체제가 가동되자 동양의 중심인 소련이 포위되는 형국이 펼쳐졌다.

제1차세계대전 이후 소련의 사회주의가 다른 나라들로 뻗어나갔다. 이탈리아, 일본, 독일 등에 사회주의자들이 많아졌다. 파시즘이 등장하지 않았다면 이런 나라들에서 사회주의 혁명이 일어났을 것이다. 사회주의의 동양과 자유주의의 서양이 맞서는 상황이 전개될 수 있었을 것이다. 그런데 파시즘이라는 변수가 등장했다. 동양의 가장자리에서 등장한 파시즘이 동양의 중심을 포위했다. 중심은 상위에 속하고 변방은 하위에 속한다고 했다. 하위가 얼마나 위협적인지는 역사가 증명해주지 않는가?

히틀러는 소련을 서양의 아류라고 생각했다. 계속된 역사의 하위화 끝에 나온 것이 사회주의였다. 때문에 본질적으로는 상위적인 이념인 사회주의를 하위적인 이념으로 볼 수 있는 것이 사실이다. 히틀러는 사회주의가 자유주의로부터 비롯되었다고 생각했고, 심지어 유태 인으로부터 비롯되었다고 생각했다. 사회주의의 시조라고 할 수 있는 마르크스가 유태 인이었다는 사실을 히틀러는 알고 있었다. 그는 서양 열강이 독일로 하여금 동양의 주인이 되지 못하게 하기 위해 소련을 만들어둔 것이라고 생각했다.

››› 에스파냐의 파시즘

파시즘은 동양의 중심만을 위협했는가? 그렇지 않다. 서양도 위협했다. 에스파냐에 파시즘이 등장했다.

에스파냐는 뒤늦게 산업화를 거쳤다. 뒤늦게 성장한 노동자 계층이 여러 차례에 걸쳐 입헌군주제와 의회 민주주의, 그리고 정치와 종교의 분리를 요구했다. 그러나 번번이 군대에 의해 진압되었다. 에스파냐는 여전히 가톨릭의 입김이 센 상위적인 나라였다. 에스파냐의 지식인들과 상인들은 주로 공화주의자들이었고, 노동자들은 주로 사회주의자들이었다. 공화주의자들은 자유주의를 추구했고 사회주의자들은 당연히 사회주의를 추구했다. 자유주의자들과 사회주의자들이 손을 잡는다. 자유주의와 사회주의의 연합전선을 이른바 인민전선이라고 한다. 1936년 에스파냐에 인민전선 내각이 출범했다. 이미 1931년에 지방선거에서 승리한 공화파가 국왕을 퇴위시켰기 때문에 공화국은 성립되어 있었다. 진일보한 것이었다. 1931년에 퇴위당한 국왕은 알폰소 13세였다. 그의 아버지 알폰소 12세는 이사벨 2세의 아들로서 1874년 왕정복고가 이루어졌을

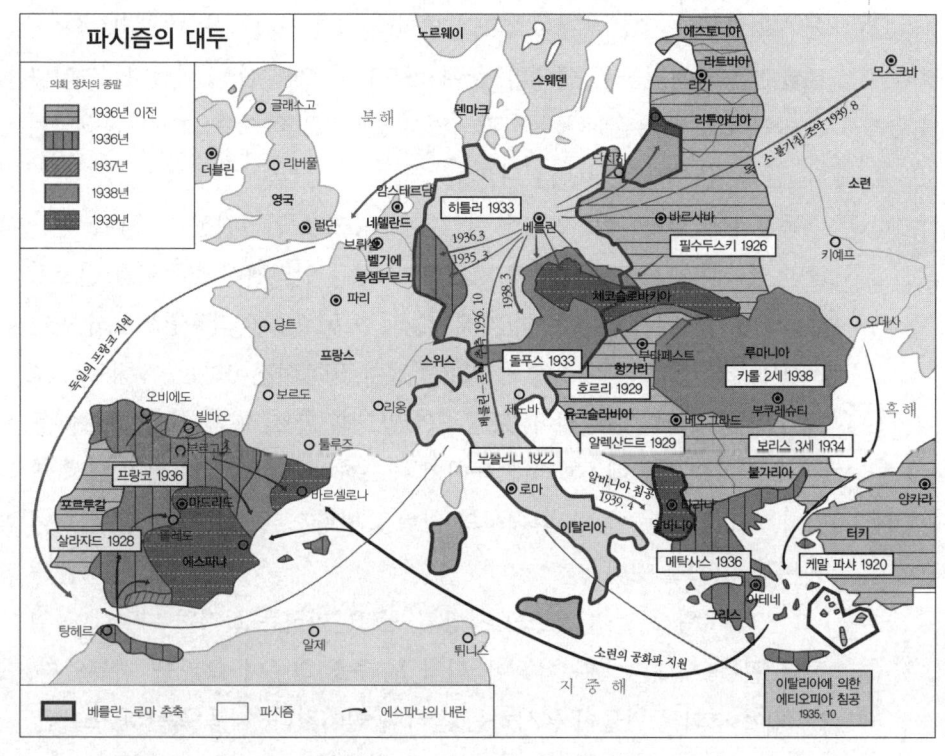

파시즘의 대두

의회 정치의 종말

- 1936년 이전
- 1936년
- 1937년
- 1938년
- 1939년

노르웨이
스웨덴
덴마크
북해
글래스고
더블린
리버풀
영국
런던
암스테르담
네덜란드
브뤼셀
벨기에
룩셈부르크
파리
낭트
프랑스
보르도
리옹
스위스
오비에도
빌바오
툴루즈
바르셀로나
프랑코 1936
포르투갈
마드리드
톨레도
살라자르 1928
에스파냐
탕헤르
알제
튀니스
지중해
로마
이탈리아
무솔리니 1922
알바니아 침공 1939. 4
알바니아
메탁사스 1936
그리스
아테네
터키
케말 파샤 1920

히틀러 1933
베를린
돌푸스 1933
체코슬로바키아
헝가리
부다페스트
호르티 1929
제노바
유고슬라비아
베오그라드
알렉산드르 1929
불가리아
보리스 3세 1934
루마니아
카롤 2세 1938
부쿠레슈티
흑해
앙카라

에스토니아
라트비아
리가
리투아니아
단치히
바르샤바
필수드스키 1926
소련
모스크바
키예프
오데사

독소 불가침 조약 1939. 8
독일의 프랑코 지원
1936. 3
1935. 3
1938. 3
소련의 공화파 지원

베를린-로마 추축 ・ 파시즘 → 에스파냐의 내란

이탈리아에 의한 에티오피아 침공 1935. 10

때 에스파냐의 국왕이 되었다. 알폰소 13세의 손자가 현재 에스파냐의 국왕인 후안 카를로스이다.

1936년 7월에 군부 지도자 프랑코가 에스파냐 령 모로코에서 쿠데타를 일으켰다. 그러자 에스파냐에서도 반란이 일어난다. 왕당파, 군부, 교회 등 상위적인 세력들이 행동을 같이했다. 러시아에서 사회주의 혁명이 일어났을 때 코르닐로프 장군이 반혁명 쿠데타를 일으키지 않았는가? 프랑코는 에스파냐의 코르닐로프였던 것이다. 코르닐로프는 실패했지만 프랑코는 성공했다. 독일의 히틀러와 이탈리아의 무솔리니가 프랑코를 도와주었다. 모로코에 주둔하고 있던 프랑코의 군대는 해군의 지지를 얻어내지 못해 지브롤터 해협을 건너지 못하고 있었다. 이때 독일과 이탈리아가 모로코로 비행기를 보냈다. 막대한 자금과 함께 8만여 명의 병사들까지 보냈다. 포르투갈마저 프랑코의 군대를 지지했다. 마드리드와 바르셀로나의 시민들은 쿠데타 군에 포위되어 2년 이상 버텼다. 그러나 1939년 1월 바르셀로나가 함락되었고 3월에는 마드리드마저 함락되었다. 결국 인민전선은 무너졌다.

독일과 이탈리아의 지원에 힘입은 프랑코가 인민전선을 무너뜨리는 동안 영국과 프랑스는 중립을 지켰다. 소련은 인민전선에 무기를 원조했다. 세계 각국에서 많은 수의 지식인들과 노동자들이 의용병으로서 인민전선에 합류했다. 3만여 명의 의용병들이 국제여단이라는 이름으로 조직되었다. 미국의 헤밍웨이, 프랑스의 앙드레 말로, 영국의 조지 오웰 등이 개인 자격으로 에스파냐에 들어가 에스파냐 공화정을 지키기 위해 싸웠다. 헤밍웨이는 에스파냐에서의 경험을 바탕으로 소설《누구를 위하여 종은 울리나》를 썼다.

1937년 4월 26일에 바스크 지방의 게르니카라는 한적한 마을에 독일 공군 콘돌 부대의 전폭기들이 사격 연습을 하듯이 폭탄을 퍼부었다. 1,500여 명의 주민들이 몰사하는 참극이 벌어졌다. 각종 폭탄과 소이탄, 심지어 어뢰까지 투하되었다. 신무기를 시험하려 했던 것이다. 이 사건에 대한 분노를 표현한 작품이 피카소의 '게르니카' 이다.

결국 에스파냐에 파시즘 체제가 들어섰다. 파시즘 체제는 동양의 중심만을 위협했던 것이 아니라 서양도 위협했다. 바야흐로 동양과 서양의 전쟁이 다가오고 있었다.

30. 동양과 서양의 대결(1)

─제2차세계대전

>>> **제2차세계대전**

드디어 세계사의 클라이맥스가 펼쳐진다. 동양과 서양 사이에 열전, 즉 제2차세계대전이 벌어진다.

히틀러는 1937년 말 군 수뇌부를 모아놓고 오스트리아와 체코슬로바키아를 합병하려는 자신의 계획을 밝혔다. 이듬해 3월 계획대로 오스트리아를 합병했다. 히틀러가 오스트리아 출신이었기 때문에 대대적인 환영을 받으면서 오스트리아를 합병할 수 있었다. 원래 오스트리아와 독일은 큰집과 작은집의 관계 아니었는가? 이어 체코슬로바키아를 해체한 다음 보헤미아와 모라비아를 합병했다.

1939년 5월에 이탈리아와 군사동맹을 맺었고, 8월 23일에는 소련과 불가침조약을 맺었다. 소련과의 불가침조약은 히틀러도 나폴레옹이나 비스마르크처럼 양면전을 피하고 싶어했다는 것을 보여준다. 히틀러는 소련과 불가침조약을 맺은 지 불과 일주일 만인 9월 1일 전격적으로 폴란드를 침공했다. 이틀 뒤 영국과 프랑스가 독일에 선전포고를 함으로써 드디어 제2차세계대전의 막이 올랐다. 개전 2주일 만에 폴란드 주력군은 격파되었다. 소련도 폴란드를 공격하였고 결국 9월 말경 폴란드는 독일과 소련에 의해 완전히 분할 점령되었다. 20여 년 만에 폴란드 국민은 또다시 나라 없는 서러움을 겪어야 했다. 독일이 한동안 잠잠했기 때문에 영국과 프랑스도 가만히 있었지만, 1940년 4월 중립국인 덴마크와 노르웨이를 독일이 공격하자 영국과 프랑스도 드디어 독일을 공격했다. 첫 접전에서 독일이 완승을 거두었다. 영국의 수상이 바뀐다. 체임벌린 대신 독일에 대해 강경한 입장을 취했던 처칠이 수상이 되었다.

처칠 내각이 성립된 1940년 5월 10일 독일은 서부전선에서 본격적인 작전을 개시했다. 당시 프랑스가 믿었던 것은 육군 장관 앙드레 마지노의 건의에 따라 건설된 마지노 선이었다. 독일과의 접경지대를 따라 두꺼운 콘크리트 벽이 건설되었던 것이다. 공기 조절 장치와 주거·휴게 시설, 보급 창고까지 갖춘 마지노 선은 제1차세계대전 때의 참호를 업그레이드시킨 것이었다. 참호는 음적인 성 아닌가? 수비적이고 상위적이다. 그러나 독일은 제1차세계대전 때와는 달리 많은 탱크를 보유하고 있었다. 스피드가 좋은 탱크로 벨기에까지 간 다음 벨기에를 통해 프랑스로 진격했다. 탱크는 현대판 말이다. 역사적으로 말이 수행했던 역할을 이어받은 것이 탱크다. 독일은 흉노족이나 몽골 족이 말을 이용했던 것처럼 탱크를 이용했다. 말은 공격적이고 하위적이다. 말을 잘 활용한 군대가 패배한 경우를 역사에서 찾아보기는 힘들다.

독일의 우회 공격은 영국군과 프랑스 군을 단절시켰다. 벨기에에서 고립된 영국군은 서둘러 본국으로 철수했다. 프랑스로 진군한 독일은 6월 14일 마침내 파리를 점령했다. 프랑스 영토의 삼분의 이를 강제로 독일에 편입시켰다. 나머지 지역은 '자유지대' 라는 이름으로 페탱이 이끄는 비시 괴뢰 정권의 지배를 받게 했다. 제2차세계대전이 시작된 지 불과 9개월 만의 일이었다.

히틀러는 1940년에 드디어 영국을 공격했다. 제공권 장악을 위해 영국의 공군기지와 전투기들에 대한 공습에 나섰으며, 9월에는 런던 시내를 폭격했다. 같은 달 독일, 이탈리아, 일본은 3국 동맹을 체결했다. 영국은 좀처럼 굴복하지 않았다. 레이더를 개발한 영국은 독일의 비행기들을 그런대로 막아냈다.

배의 한계를 극복한 비행기로써 영국을 쉽게 정복할 수 있을 것이라고 생각했던 히틀러는 뜻대로 사태가 진전되지 않자 서쪽의 영국을 이기기 위해서 동쪽의 소련을 먼저 정복해야겠다는 생각을 한다. 나폴레옹과 비슷한 생각을 했던 것이다. 역사의 흐름에는 일정한 양상이 있다. 그 양상을 일개인이나 한 나라가 뒤집기란 쉽지 않다. 역사를 이루는 부품들에 대한 이해가 필요한 이유가 바로 역사의 일정한 양상을 파악하기 위해서이다. 제국을 이루려는 세력에게는 바다보다 육지가 더 정복하기 쉬워 보이게 마련이다. 육지는 상위에 속한다. 제국도 상위에 속한다. 비슷한 적을 상대하기가 쉬운 이유는 적에 대해 많은 부분을 알 수 있기 때문이다. 적에 대해 많이 아는 것이 승패를 가르는 요인이 된다는 것은 이미 손자가 말하지 않았는가? 육지를 다 정복한 다음 바다를 정복하겠다는 생각은 틀린 생각이 아니다. 적어도 제국을 이루려고 하는 세력에게는 말이다.

나폴레옹처럼 히틀러도 서로 공격하지 않기로 한 약속을 헌신짝처럼 버리고 동쪽으로 나아갔다. 300만의 병력을 동원하여 1941년 6월 소련에 대한 대대적인 공격에 나섰다. 파죽지세로 모스크바까지 밀고 나가긴 했지만 더 이상 진군하지 못했다. 소련은 적극적으로 후퇴하지 않았다. 수비를 했다. 소련이 나폴레옹 시절의 러시아보다 강해졌기 때문이었을 수 있다. 분명한 것은 소련에는 사회주의라는 이념이 확고하게 존재하고 있었다는 사실이다. 사회주의 이념을 중심으로 전 국민이 단결되어 있었다. 전 국민의 일치단결이 전쟁을 승리로 이끄는 데 있어 얼마나 결정적인 요소인가? 이때부터 유럽의 전세는 장기전의 양상을 띠게 된다.

제2차세계대전의 분수령이 되는 사건이 발생했다. 제1차세계대전 때 독일 잠수함의 공격을 받아 루시타니아 호가 침몰했던 것과 비슷한 사건이었다. 1941년 12월 8일에 일본이 하와이의 진주만을 기습했던 것이다. 자국 여객선인 루시타니아 호가 공격받아 침몰했을 때 참전하지 않을 수 없었던 미국이었다. 자국 군함들이 파괴당한 것을 그냥 보아 넘길 미국이 아니었다. 미국은 즉각 참전했다. 이로써 태평양 전쟁이 시작되었다. 태평양 전쟁은 제2차세계대전의 일환이었다. 유럽과 아프리카에서는 영국과 소련이 독일과 이탈리아에, 태평양에서는 미국이 일본에 맞서는 형국이 펼쳐졌다.

중 · 일 전쟁이 장기전으로 들어갈 때쯤 제2차세계대전이 터졌다. 일본은 석유와 고무 등 군수물자의 원료를 확보하기 위해 남쪽, 즉 인도차이나 반도로 전선을 확대시켰다. 영국과 프랑스 등은 유럽의 전쟁에 몰두하느라 인도차이나 반도에 신경 쓸 여력이 없었다. 그러나 태평양 국가 미국은 일본의 확대를 좌시하지 않았다. 1941년 8월 1일 미국 내의 일본 자산 전면동결과 함께 대일 석유수출 전면중단이라는 경제 · 외교상의 초강경 카드를 꺼내들었다. 당시 일본은 미국으로부터 석유 총 수입량의 90% 이상을 수입하고 있었다. 일본은 산유국이 아니었다. 일본은 굴복과 전쟁 중에서 하나를 택해야 할 입장에 처했다.

일본은 1941년 12월 8일 진주만을 기습 공격했다. 결국 전쟁을 선택했던 것이다. 진주만을 공격한 다음 일본은 남쪽으로 전선을 전격적으로 확대시켰다. 인도차이나 반도는 물론이고, 필리핀, 인도네시아, 미얀마, 그리고 태평양 중부의 여러 섬들을 차지했다. 그러나 연승의 행진은 계속되지 못했다. 1942년 6월 미드웨이 해전에서 일본의 주력함대가 미군에 의해 궤멸당했다. 또한 1943년 2월 일본 육군이 진출해 있던 최남단 섬인 솔로몬 제도의 과달카날 섬에서 역시 일본군은 미군에게 결정적인 패배를 당했다. 중국에서도 일본은 서서히 밀리기 시작했다.

독일은 잘 싸웠는가? 이탈리아의 전투력은 독일에게 큰 도움이 되지 못했다. 거의 독일 혼자 양면전을 치르고 있었다. 단기전은 상위에 속하지만 장기전은 하위에 속한다. 단기전은 군수물자의 많고 적음에 큰 영향을 받지 않지만, 장기전은 큰 영향을 받기 때문이다. 물질적인 것은 하위에 속하지 않는가? 상위적인 독일은 단기전에 강했던 반면 장기전에 약했다. 독일도 일본처럼 서서히 밀리기 시작했다. '사막의 여우'라고 불리던 독일의 롬멜 장군이 탁월한 전술로써 영국군을 괴롭혔지만 막대한 물자를 앞세운 영국을 계속해서 괴롭힐 수는 없었다. 그런가 하면 동부전선에서도 독일은 소련의 방어선을 뚫지 못했다. 더욱이 모스크바 대신 공격 목표로 선택한 스탈린그라드에서 독일은 결정적인 패배를 당한다.

독일은 왜 스탈린그라드를 손에 넣으려고 했는가? 석유 때문이었다. 독일이 장기전에 대비하려면 군수물자를 확보해야 했다. 군수물자의 핵심은 석유다. 현대 병기들은 석유가 있어야 움직일 수 있다. 오

볼가 강—러시아, 볼가그라드(전 스탈린그라드)—격전의 장이었던 고지 위에서….

늘날에도 핵잠수함 정도를 제외하고는 거의 대부분의 병기들이 석유로 움직인다. 독일과 일본 둘 다 하위에 속하는 군수물자, 하위에 속하는 남쪽을 향해 나아갔던 것이다. 스탈린그라드는 카프카스 지방의 유전과 소련의 주요 지역을 잇는 석유 공급로가 지나가는 곳이었다. 카프카스는 러시아 어다. 영어로는 코카서스라고 한다.

독일이 스탈린그라드를 손에 넣으려고 했던 또 다른 이유는 보다 더 전략적인 것이었다. 스탈린그라드를 차지하면 카프카스 지방, 즉 흑해와 카스피 해 사이를 차지할 수 있게 된다. 그렇게 되면 흑해와 카스피 해 사이를 지나 중동 지역으로, 더 나아가 인도로 나아갈 수 있게 되는 것이다. 러시아를 여행했을 때 카프카스 지방에 있는 소치라는 도시에 갔었다. 흑해 연안의 휴양 도시였다. 그곳 사람들 중 일부는 중동 사람들과 생김새가 비슷했다. 조금만 더 남쪽으로 내려가면 중동 지역이 나온다는 것을 생각하고 나서 고개를 끄덕였다.

제2차세계대전 당시 중동 지역에 독일군을 막아낼 만큼 강력한 국가는 존재하지 않았다. 독일이 중동 지역을 손쉽게 차지했다고 가정해보자. 그 다음은 어떻게 되었을까? 아프리카의 롬멜 장군과 랑데부를 했을 것이다. 그러면서 이집트를 차지했을 것이고 수에즈 운하를 차지했을 것

(좌)원폭이 떨어졌던 지점-일본, 나가사키.
(우)히로시마의 원폭 돔-잔해가 그대로 남아 있다.

이다. 수에즈 운하를 통해 인도를 경영해왔던 영국은 인도가 독일에 의해 손쉽게 점령당하는 것을 바라봐야만 했을 것이다. 그 다음은 어떻게 되었을까? 당시 일본은 미얀마까지 진출해 있었다. 미얀마 옆이 바로 인도 아닌가? 랑데부를 한 독일과 일본이 중앙아시아와 중국 서부로 북상한 다음 소련을 공격했을 것이다. 나폴레옹 시절과는 비교할 수 없을 정도로 뛰어난 기동력을 갖춘 병기들, 그리고 독일과 일본의 연합 공격에 소련군의 적극적인 후퇴 작전도 소용없게 되었을 것이다. 이렇게 되어 동양의 주변에 의한 동양의 통일이 이루어졌을 것이다. 그 다음은 어떻게 되었을까? 그야말로 동양과 서양의 전쟁, 유라시아 대륙과 아메리카 대륙의 전쟁이 벌어졌을 것이다.

그런데 소련은 스탈린그라드에서 독일을 막아냈다! 대세가 굳어져갔다. 1944년 6월에 미군과 영국군이 노르망디 상륙작전에 성공했다. 이어 8월에 파리 시민들이 프랑스를 해방시켰다. 한 달 전인 7월에는 미군이 사이판을 점령한 다음 일본 본토를 폭격하기 시작했다. 1945년 4월에 무솔리니가 스위스로 도망치다 이탈리아 유격대의 손에 피살되었다. 마침내 소련군이 베를린에 진입했을 때 히틀러는 자살했다. 1주일 뒤인 5월 7일 독일은 항복했다.

바둑과 비슷했다. 독일과 일본은 소련과 중국을 포위 공격하지 못했다. 그러나 미국과 소련은 독일과 일본을 포위 공격했다. 그리고 둘 다로부터 항복을 받아냈다. 먼저 독일로부터 항복을 받아냈고 그 다음 일본으로부터 항복을 받아냈다. 미국은 독일이 항복하기 전인 1945년

미국 애나폴리스 해군사관학교 박물관에 보존된 일본 항복문서.

2월에 크림 반도의 휴양 도시인 얄타에서 영국, 소련과 함께 회담을 가졌었다. 이 회담에서 미국은 소련에게 일본을 공격해줄 것을 요청했다. 가미가제 특공대의 무서움을 알고 있었던 미국은 일본 본토의 결사대들을 걱정했던 것이다. 소련은 독일이 항복한 지 3개월 이내에 일본에 선전포고 하겠다는 약속을 한다. 독일이 항복하자 약속대로 소련군은 극동으로 이동했다. 시베리아 횡단 철도가 이미 완성되어 있었기 때문에 러·일 전쟁 때처럼 극동으로 이동하는 데 오랜 시간이 걸리지 않았다. 소련은 워낙 땅이 넓어서 일본과도 영토가 거의 맞닿아 있었다.

소련이 일본에 선전포고를 한 지 5일 만에 일본은 항복을 해버린다. 미국이 히로시마와 나가사키에 원자폭탄을 터뜨렸기 때문이었다. 천황은 자신이 사는 도쿄에 원자폭탄이 떨어졌을 경우를 생각해보았을 것이다. 천황이 항복하자 대부분의 일본인들은 전의를 상실했다. 1945년 8월 15일의 일이었다. 미국은 원자폭탄의 효과가 그토록 극적으로 나타날 것이라는 점을 예상치 못했다. 미국과 함께 태평양 전쟁의 승전국이 된 소련은 별로 싸우지도 않고 참전의 대가를 거두게 된다. 얄타 회담은 소련에게 기쁨이 되었고 미국에게 슬픔이 되었다.

역사파동표 상의 세 번째 삐죽 튀어나온 부분에 해당하는 것이 제2차 세계대전이다. 제국주의는 제1차세계대전을 통해 몰락하기 시작했다. 승전국들이었던 영국이나 프랑스도 제1차세계대전 이후 몰락하기 시작

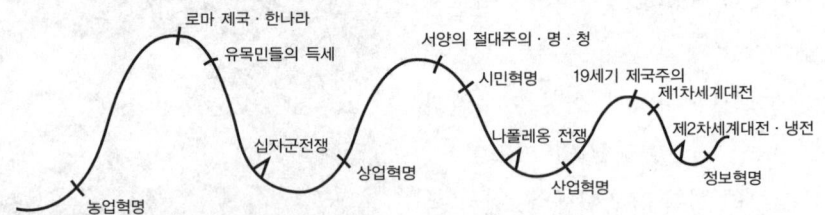

로마 제국·한나라
유목민들의 득세
서양의 절대주의·명·청
시민혁명
19세기 제국주의
제1차세계대전
십자군전쟁
나폴레옹 전쟁
제2차세계대전·냉전
농업혁명
상업혁명
산업혁명
정보혁명

하지 않았는가? 이런 세계사의 대세를 거슬렀던 것이 제2차세계대전이었다. 파시즘은 제국을 추구했다. 반동적이었다. 히틀러의 제3제국, 무솔리니의 신로마 제국, 그리고 일본 천황의 대동아 공영권은 모두 제국이었다.

>>> 냉전

제2차세계대전이 끝나면서 제국을 추구하는 일은 끝났는가? 끝나지 않았다. 동양과 서양의 대결이 두 번째 국면으로 접어들었다. 열전은 끝났지만 냉전이 시작되었던 것이다. 동양의 중심, 즉 소련이 부상했다. 동양의 주변에 의한 동양의 통일이 이루어지지 못한 반면 동양의 중심에 의한 동양의 통일이 이루어졌다. 소련은 폴란드, 체코슬로바키아, 루마니아, 헝가리, 알바니아 등에 공산정권이 들어서도록 했다. 그리고 동독과 북한에도 공산정권이 들어서도록 했다. 소련은 독일의 일부와 일본의 일부를 차지했던 것이다. 당시 열강이 보았을 때 한반도는 일본의 영토나 다름없었다.

1946년 3월에 처칠은 미국 미주리 주에 있는 웨스트민스터 대학에서의 연설에서 "발트 해 연안의 슈테틴에서부터 아드리아 해 연안의 트리에스테까지 유럽 대륙을 가로지르는 철의 장막이 쳐져 있다"고 말했다. 상위와 하위의 명확한 대결은 제2차세계대전이 끝난 직후 시작되었다. 동양과 서양의 명확한 대결이 시작되었던 것이다. 상위에 속한 소련은 제국을 추구했다. 당연히 팽창하려 했다. 서방 국가들은 당연히 소련의 팽창을 막으려 했다. 동양과 서양의 경계선을 따라 냉전 기간 중 팽팽한 긴장감이 감돌았다. 제3차세계대전이 발발할지 모른다는 두려움이 팽배했다. 제3차세계대전이 현실이 될 때 인류의 종말이 올 것이라는 생각을 많은 사람들이 했다. 내실이 꽉 찬 동양과 서양의 대결은 그만큼 명확했다.

그리스와 터키에 소련이 영향력을 행사하려 하자 미국의 트루먼 대통령은 1947년 5월 15일 트루먼 독트린을 발표했다. 트루먼 독트린은 공산 세력의 확대를 좌시하지 않겠다는 미국 외교 정책상의 원칙이었다. 미국의 공공연한 반공적 세계 정책의 선언이었던 것이다. 미국은 트루먼 독트린에 따라 그리스와 터키를 원조했다. 이어 마셜 플랜을 발표했다. 유럽에 방대한 경제원조를 제공하여 유럽을 부흥시키려는 계획이 마셜 플랜이었다. 총 125억 달러 정도의 돈이 유럽에 투입되었다.

미국은 하위적인 서쪽에서는 성공을 거두지만 상위적인 동쪽에서는 성공을 거두지 못한다. 마셜 플랜의 성공은 현저했다. 그러나 중국에 공산 정권이 수립되었다.

미국은 중국이 공산화되는 것을 막기 위해 종전 전부터 많은 노력을 기울였다. 미국은 중국이 일본을 막아준 것을 높이 평가했다. 중국이 연합국 4대 강국에 포함되었던 것은 전적으로 미국 덕택이었다. 장제스는 1943년 11월 카이로 회담에 미국의 루스벨트, 영국의 처칠과 함께 참가할 수 있었다. 미국이 국민당을 지지한다는 것은 공공연한 사실이었다.

종전이 가까워오자 국민당과 공산당은 사이가 벌어지기 시작했다. 마침내 종전이 되자 양측의 갈등은 수면 위로 떠올랐다. 공산당은 종전 직후 만주로 들어온 소련군으로부터 소련군이 압수한 일본군의 군수품을 넘겨받았다. 공산당은 만주를 선점하여 국민당과의 일전에 대비했다.

1946년 6월 마침내 국민당과 공산당의 내전이 시작되었다. 국공내전이었다. 당시 국민혁명군의 병력은 430만에 달했다. 미국으로부터 막대한 군수물자를 지원받았으며 심지어 미군의 지원까지 받았다. 1947년에

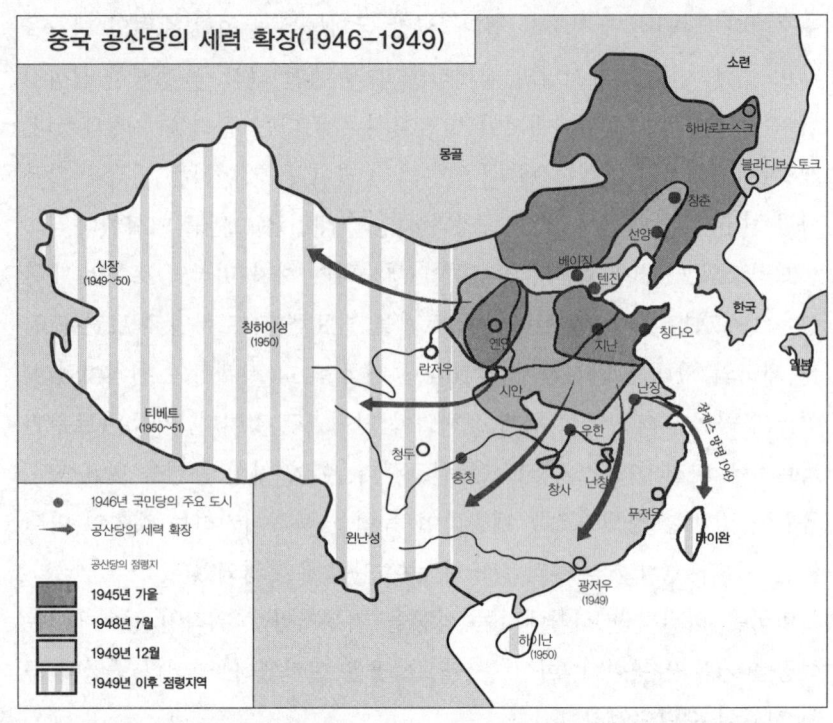

중국 공산당의 세력 확장(1946-1949)

팔로군과 신사군이 인민해방군으로 개칭된다. 인민해방군의 병력은 120만 정도였다. 초반에 국민혁명군이 압승을 거두었다. 1947년 3월에는 공산당의 수도라 할 수 있는 옌안까지 국민혁명군의 수중에 들어갔다.

마오쩌둥은 굴하지 않았다. 후퇴를 거듭하면서도 농민들의 지지를 확보해갔다. 시간은 마오쩌둥의 편이었다. 그는 농민들의 지지를 기반으로 하여 소도시들을 장악하기 시작했다. 국민혁명군이 장악하고 있던 대도시들은 자연히 고립되었다. 1948년부터 인민해방군은 대대적인 공세를 취했다. 국민혁명군과 인민해방군의 병력은 비슷해져 있었지만 주도권은 인민해방군으로 넘어가 있었다. 인민해방군은 1949년 1월 베이징을 점령했다. 1949년 4월 양쯔 강을 넘어 전투다운 전투 한번 없이 남하하면서 난징, 항저우, 상하이, 우한, 광저우 등을 차례로 점령했다. 8월 1일 장제스는 대만으로 도망하였다. 9월에 인민해방군은 중국 본토를 완전히 접수했다. 1949년 10월 1일 베이징을 수도로 한 중화인민공화국이 수립되었다.

중국이 공산화됨으로써 동양은 더욱 확고해지게 된다. 서쪽의 철의 장막에 더해 동쪽의 죽의 장막이 동양과 서양을 뚜렷이 구분시켜 주고 있었다. 중국의 명산물인 대나무에 비유하여 만들어진 말이 죽의 장막이다.

국제연합 전경—미국, 뉴욕.

이런 상황에서 한국 전쟁이 일어난다. 북한을 소련과 중국, 즉 동양이 도와주었고, 남한을 미국과 국제연합, 즉 서양이 도와주었다. 제2차세계대전 후에 국제연합이 만들어졌었다. 국제연합은 전신인 국제연맹과 달리 군사력을 동원할 수 있었다. 북한이 남침을 하였다고 판단한 국제연합은 15개국으로부터 병력을 제공받아 국제연합군, 즉 유엔군을 편성했었다. 전쟁은 쉽게 끝나지 않았다. 스타크래프트 게임을 생각해볼 수 있을 것이다. 자원이 무한한 경우 게임이 쉽게 끝나지 않는다. 강대국들이 계속해서 자원을 공급하고 있었기 때문에 결판이 쉽게 나질 않았다. 중국의 개입으로 전쟁의 양상이 원점으로 돌아가자 유엔군 총사령관이었던 맥아더 장군은 요동 반도에 원자폭탄을 터뜨리자는 주장을 했다. 하지만 그의 주장은 받아들여지지 않았다. 제3차세계대전이 일어날 수 있다는 우려를 미국의 정치인들은 하고 있었던 것이다. 휴전 협정이 체결되었다. 한국 전쟁은 동양과 서양의 경계선에서 발생한 최초의 대규모적인 전쟁이었다. 불행히도 한반도는 동양과 서양의 경계선에 위치하고 있었다. 지금도 한반도는 동양과 서양의 경계선에 위치해 있다.

한국 전쟁을 통해 서독과 일본이 다시 부흥했다. 그 전에는 독일이나 일본이 동양적인 나라들로서 서양에 맞섰지만 한국 전쟁을 거치면서 진

쿠바 위기를 불러온 쿠바의 미사일 기지.

짜 동양이 어디인지가 명확해지자 서독과 일본은 서양에 완전히 편입하게 되었던 것이다. 서양의 중심인 미국도 서양의 가장자리에 위치한 서독과 일본을 부흥시켜 동양의 확대를 저지해야 한다는 생각을 했기 때문에 서독과 일본을 적극적으로 부흥시켰다.

제3차세계대전에 대한 우려는 계속되었다. 1962년에 쿠바 미사일 위기가 발생했다. 미국 바로 밑에 있는 쿠바에 공산 정권이 1959년에 들어섰다. 동양과 서양의 경계선이 미국과 쿠바 사이에 그어진 상황이었다. 달리 말하면 동양의 항공모함을 서양의 중심 코앞에 가져다놓은 상황이었다. 항공모함에는 비행기나 미사일이 있어야 하지 않는가? 소련이 미사일을 실은 16척의 배들을 쿠바로 보낸다. 미국의 케네디 대통령은 제3차세계대전도 불사하겠다는 각오로 맞섰다. 해상봉쇄 조치를 취했다. 결국 소련의 미사일이 다시 소련으로 돌아감으로써 위기는 사라진다.

미국은 쿠바 미사일 위기는 뜻대로 풀었지만 베트남 전쟁은 뜻대로 풀지 못했다. 베트남은 프랑스의 지배를 받다가 일본의 지배를 받았다. 일본이 패망한 다음 프랑스가 다시 베트남을 지배하려 하자 베트남의 공산주의자들이 가만히 있지 않았다. 프랑스가 공산주의자들에게 대패한 다음 제네바 협정이 체결되었다. 협정의 결과 베트남도 한국처럼 북쪽과

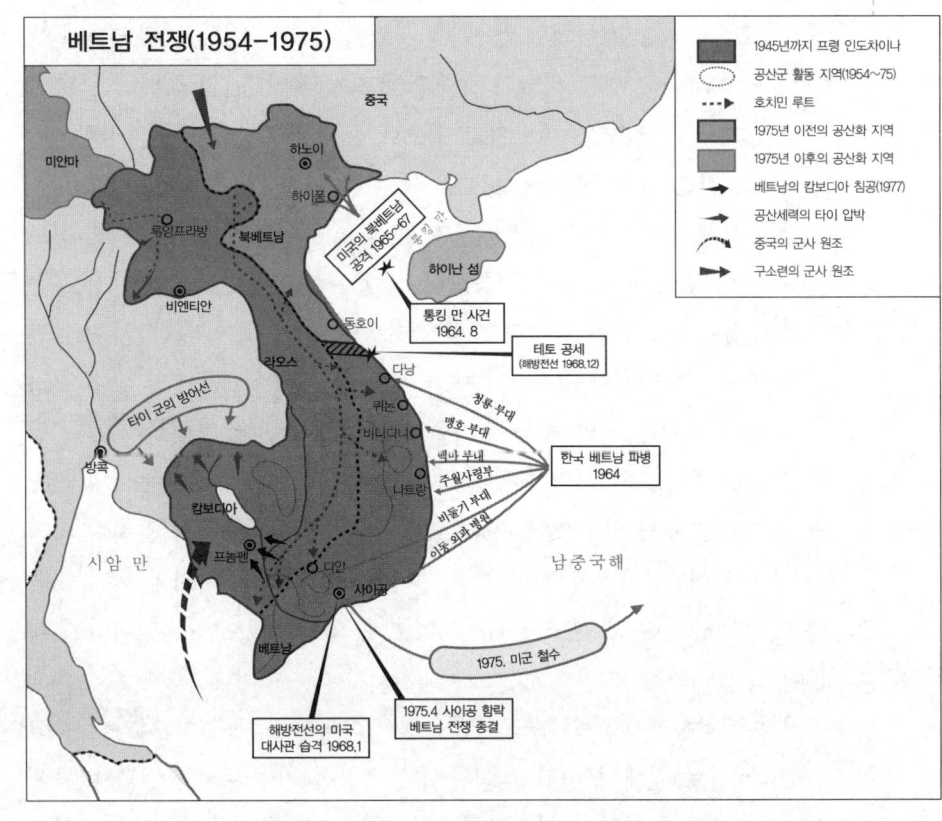

베트남 전쟁(1954-1975)

■	1945년까지 프랑스령 인도차이나
○	공산군 활동 지역(1954~75)
- - - ▶	호치민 루트
■	1975년 이전의 공산화 지역
■	1975년 이후의 공산화 지역
➤	베트남의 캄보디아 침공(1977)
➤	공산세력의 타이 압박
⟿	중국의 군사 원조
▶	구소련의 군사 원조

중국
하노이
미얀마
하이퐁
미국의 북베트남 폭격 1965~67
루앙프라방
북베트남
하이난 섬
통킹 만 사건 1964. 8
비엔티안
동호이
테토 공세 (해방전선 1968.12)
라오스
다낭
청룡 부대
타이 군의 방어선
귀논
맹호 부대
비니다니
백마 부대
나트랑
주월사령부
한국 베트남 파병 1964
방콕
캄보디아
비둘기 부대
이동 외과 병원
시암 만
프놈펜
디안
남중국해
사이공
1975. 미군 철수
베트남
1975.4 사이공 함락 베트남 전쟁 종결
해방전선의 미국 대사관 습격 1968.1

남쪽으로 나누어지게 된다. 북쪽의 공산주의자들은 1956년을 기다렸다. 제네바 협정에 따라 1956년에 선거를 치르게 되어 있었기 때문이다. 공산주의자들은 선거에서 자신들이 승리할 것이라고 확신했다. 그런데 남베트남이 예정된 선거를 치르기를 거부했다. 그러자 북베트남은 무력에 의한 통일을 지향하기 시작했다. 북베트남을 막는 것이 공산주의의 확산을 막는 것이라고 생각한 미국은 남베트남을 지원했다. 미국의 지원은 점점 커져갔다. 1960년에 900여 명이던 남베트남 주둔 미국 고문단의 수는 1962년에 1만 1,000여 명으로 늘어났다. 북베트남의 초계정 수척이 통킹 만에서 미국의 구축함 매독스 호에 사격을 가했다는 보고를 들은 존슨 대통령은 이에 대한 보복으로 북베트남을 폭격하라는 명령을 내린다. 조작되었을 가능성이 높은 이 사건을 계기로 미국은 전면전에 돌입했다. 그러나 전쟁은 미국의 뜻대로 풀리지 않았다. 결국 미국은 1976년 7월 2일 공식적으로 하노이를 수도로 하는 베트남 사회주의공화국이 수립되는 것을 바라보아야만 했다.

중동 전쟁에 대해서도 고려해보자. 중동을 풀이하면 '중간 동양' 정도가 될 것이다. 중동은 동양에 속한다. 중동은 지리적으로도 가까웠고 동양의 중심이기도 했던 소련과 친하게 지냈다. 카프카스 지역에서 조금만 더 남쪽으로 내려가면 중동이 나오지 않는가? 제1차세계대전 이후 서양에 편입된 터키는 여타 중동 국가들과는 달리 소련에 적대적이었다. 원래 오스만 투르크와 러시아는 앙숙지간이었다. 오늘날 터키는 유럽연합의 회원국이 되기 위해 많은 노력을 기울이고 있다. 유럽의 일원이 되려고 하는 것이다. 이라크나 이란, 사우디아라비아 등은 터키와 달리 소련과 사이가 좋았다. 소련도 상위적이었고 이들 나라들도 상위적이었기 때문이다.

서양은 중동에 서양의 항공모함을 가져다놓았다. 동양이 서양의 중심인 미국 바로 밑에 쿠바라고 하는 항공모함을 가져다놓은 것과 비슷했다. 이스라엘은 서양의 항공모함이었다. 이스라엘은 유태 인들의 나라다. 유태 인들이 하위적이고 서구적이라는 점은 앞에서 언급했다. 결국 이스라엘과 여러 중동 국가들 간에 전쟁이 터진다. 1차에서부터 4차에 걸쳐 전쟁이 벌어졌다. 1948년 5월 15일 이스라엘이 건국을 선언하자 제1차 중동 전쟁이 터졌다. 1956년 이집트가 수에즈 운하를 국유화하자 이스라엘이 이집트를 침공하면서 제2차 중동 전쟁이 터졌다. 제1차 중동 전쟁은 이스라엘의 승리로 끝났지만, 제2차 중동 전쟁은 이집트의 승리로 끝났다. 1967년에 제3차 중동 전쟁이 터진다. 이 전쟁을 6일 전쟁이라고 하기도 한다. 1967년 6월 5일 이스라엘의 기습으로 시작된 전쟁이 6일 만에 사실상 끝났던 것이다. 중동 국가들의 침공이 임박했다고 판단한 이스라엘이 선제공격을 감행했었다. 1973년 10월 제4차 중동 전쟁이 터졌다. 중동 국가들의 기습으로 시작되었지만 이스라엘의 전쟁 수행 능력은 탁월했다. 결국 소련의 중재로 휴전이 성사되었다.

1979년 소련이 아프가니스탄을 침공했다. 남서쪽이 여의치 않자 남쪽으로 시선을 돌렸던 것일까? 하여튼 공산주의자들의 쿠데타에 의해 수립된 공산 정권을 수호한다는 명분으로 아프가니스탄을 침공한 소련군은 그러나 10여 년 간 게릴라들에게 시달려야 했다. 게릴라들은 미국으로부터 공급받은 최신 대공 미사일을 사용함으로써 소련군의 공군력을 꺾을 수 있었다. 결국 1989년 2월 소련군은 10여 년 만에 아프가니스탄에서 철수하였다. 소련으로서는 인도양으로 진출할 수 있는 좋은 기회를 놓친 것이었다. 아프가니스탄 다음에는 파키스탄이 있었고, 파키스탄 다음에는 인도양이 있었다. 동양의 확장을 막기 위한 미국의 적극적인 노력이 결실을 거둔 것이었다.

소련은 1990년에 붕괴되었다. 역사파동표 상의 세 번째 삐죽 튀어나온 부분에 해당하는 것이 제2차세계대전이라고 했다. 제2차세계대전은 동양과 서양의 열전이었다. 열전에 이은 동양과 서양의 냉전이 1990년에 소련이 붕괴됨으로써 공식적으로 끝났다. 파시즘과 사회주의를 전체주의라는 개념으로 조심스럽게 포괄시킬 수 있다고 했다. 파시즘과 자유주의 · 사회주의의 대결은 제2차세계대전, 즉 열전으로 나타났고, 사회주의와 자유주의의 대결은 그 이후의 냉전으로 나타났던 것이다. 이런 맥락에서 역사파동표 상의 세 번째 삐죽 튀어나온 부분에 해당하는 것은 엄밀하게 말해서 제2차세계대전과 그에 이은 냉전이라고 해야 한다. 세계사의 대세를 거슬렀다는 면에서 제2차세계대전과 냉전은 둘 다 반동적이었다. 둘 다 시대착오적으로 제국을 추구했다. 히틀러의 제3제국, 무솔리니의 신로마 제국, 그리고 일본 천황의 대동아 공영권은 모두 제국이었다. 그리고 소련도 제국이었다.

중국의 정식 명칭은 중화인민공화국이다. 북한의 정식 명칭은 조선 민주주의 인민공화국이다. 그러나 소련의 정식 명칭은 소비에트 사회주의 공화국 연방이었다. 러시아 소비에트 사회주의 공화국 연방이 아니라 그냥 소비에트 사회주의 공화국 연방이었던 것이다. 세계를 정복하겠다는 의지가 담겨 있는 명칭이었다는 것을 알 수 있다. 세계를 정복하겠다는 꿈은 제국을 성립시키겠다는 꿈과 동일한 것이다. 세계를 정복하겠다는 꿈은 황제들의 것이었다.

31. 동양과 서양의 대결(2)

―냉전

>>> 팍스아메리카나

소련은 1990년에 공식적으로 붕괴되었지만 이미 그 전에 현저하게 약화되어 있었다. 역사파동표의 곡선은 이미 1990년 이전에 바닥에 도달해 있었다. 곡선이 바닥을 치고 상승할 때쯤 네 번째 하위적인 혁명이 일어났다. 정보혁명이 일어났다. 컴퓨터로 엄청난 돈을 번 빌 게이츠와 같은 사람들이 대거 등장했다. 그런데 이들은 거의 미국에 살고 있었다. 하위적인 나라인 영국에서 산업혁명이 일어났던 것처럼 하위적인 나라인 미국에서 정보혁명이 일어났던 것이다.

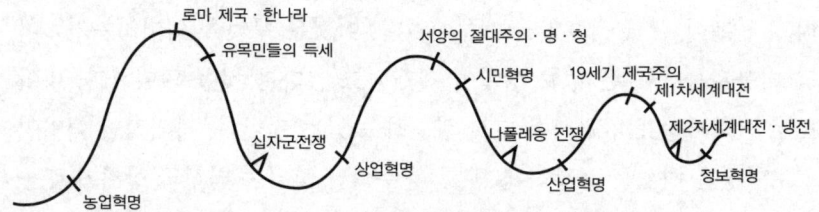

컴퓨터의 발달은 무기체계의 발달을 파생시켰다. 미국은 레이건 행정부 시절 스타워즈 계획을 발표했다. 소련 미사일이 발사되는 순간 궤도위성의 유도를 받은 미국 미사일이 이를 즉각 격추시키게 한다는 계획이었다. 컴퓨터가 발달하지 못했다면 고도의 정밀성이 요구되는 스타워즈 계획을 세울 수 없었을 것이다. 또한 하위적인 혁명이 가져온 하위의 확장이 없었다면 미국은 10년 동안 300억 달러에 달하는 막대한 군사비를 지출하지 못했을 것이다. 정보혁명은 미국 경제를 이끌었다. 오늘날 IT 산업이 선진 산업 국가의 경제에서 차지하는 비중이 어느 정도인가를 생각해볼 수 있을 것이다. 정보혁명은 소련을 확인 사살했다. 풍부한 하위의 뒷받침이 없을 때 결국 상위를 추구할 수 없게 되지 않는가? 하체가 부실했던 소련은 이미 약해질 대로 약해져 있었다. 소련은 미국의 스타워즈 계획에 대항해 막대한 군사비를 지출하다가 재정의 악화로 붕괴되었던 것이다.

사회주의와 자유주의의 대결에서 자유주의가 승리했다. 오늘날 신자유주의의 물결이 세계를 뒤덮고 있다고 하지 않는가? 하위가 판을 치고 있는 상황이다. 배낭 하나를 메고 시베리아를 횡단할 수 있었던 것도 세계에 편만해 있는 자유주의 때문이었다. 소련이 건재했다면 아마도 시베리아 횡단 열차를 탈 수 없었을 것이다. 이동은 하위에 속하며 자유 또한 하위에 속한다. 하위에 속하는 돈을 많이 가진 사람들에게는 더할 수 없이 좋은 시절이 펼쳐진 것이다.

그러나 이런 시절이 영원히 계속될 수는 없다. 러시아의 카프카스 지방을 지나 이라크와 이란을 여행하고 싶었지만 그렇게 하질 못했다. 이라크 전쟁이 끝난 직후였기 때문이었다. 이것은 무엇을 의미하는가? 마냥 자유로울 수만은 없는 상황이 전개되고 있다는 것을 의미한다. 바야흐로 역사파동표의 곡선이 다시 상승하고 있는 것이다. 하위적인 혁명인 정보혁명은 하위를 풍부하게 했고, 풍부해진 하위는 다시금 상위가 추구되게 하고 있다.

오늘날 제국을 추구하는 나라는 미국이다. 미국은 세계 유일의 초강대국이다. 팍스 아메리카나를 구현하고 있는 듯한 미국은 로마 제국과 비교되곤 한다. 많은 면이 비슷한 것이 사실이다. 미국이 로마 제국을 꿈꾸고 있기 때문이다. 팍스 로마나에서 따온 팍스 아메리카나라는 말에서 미국의 꿈을 엿볼 수 있다.

상위를 추구하는 미국이 가장 먼저 없애야 할 대상은 상위를 추구하는 나라들이다. 남자가 상위에 속하고 여자가 하위에 속한다고 했다. 상위를 추구하는 나라들은 남성적이라고 할 수 있고 하위를 추구하는 나라들은 여성적이라고 할 수 있다. 황제는 궁전에 다른 남자가 거하는 것을 허락하지 않는다. 남자가 거해야만 한다면 거세를 시킨다. 때문에 황제의 권력이 절대적이었던 동양에 환관들이 많았던 것이다. 미국이 황제라고 해보자. 이 세계라고 하는 궁전에 여자들만, 즉 하위를 추구하는 나라들만 존재하도록 하고 싶지 않겠는가? 아프가니스탄이나 이라크는 상위를 추구하는 나라들이었다. 상위에 속하는 종교가 국가의 근간이었던 남성적인 나라들이었다. 때문에 거세당했던 것이다.

미국이 북한에 계속해서 시비를 거는 것도 북한 또한 상위를 추구하는 나라이기 때문이다. 북한은 종교를 국가의 근간으로 삼고 있지는 않지만 사회주의라는 이념을 아직도 국가의 근간으로 삼고 있다. 이데올로기는 상위에 속하지 않는가? 쿠바 역시 사회주의 이념을 포기하지 않은 나라지만 쿠바는 미국 바로 밑에 위치한 나라다. 그리고 소련이 붕괴되었을 때 극심한 위기를 겪은 쿠바는 관광산업을 육성해 위기를 극복했다. 관광객 유치 성공은 달러가 유통될 수 있게 했다. 그러나 잘 사는 외국인들과 그들을 통해 부유해지는 일부 쿠바 인들은 한때 동양의 항공모함이었던 쿠바를 자본주의의 바다 속으로 조금씩 침몰시키고 있다. 어차피 쿠바는 섬나라다. 섬나라는 하위적일 수밖에 없다.

북한은 이런 쿠바보다는 상위적인 것이다. 쿠바는 하위적인 서양에 있고, 북한은 상위적인 동양에 있기 때문일까? 한때 동양의 중심이었지만 이제는 거의 서양에 편입된 소련의 후신 러시아는 사회주의 이념을 완전히 포기했지만, 전통적으로 동양의 중심이었고 서서히 오늘날의 동양의 중심으로 자리매김하고 있는 중국은 사회주의 이념을 포기하지 않고 있다. 사실 러시아는 백인들의 나라이고 중국은 황인들의 나라이다. 러시아는 서양인들의 나라이고 중국은 동양인들의 나라인 것이다. 사실상 중국이 오늘날 동양의 중심이다. 사회주의를 포기하지 않으면서 자본주의를 도입했다는 면에서 중국은 쿠바와 비슷하다. 그러나 중국은 동양의 중심이라는 면에서 상위적이다. 또한 거대한 대륙국가라는 면에서 상위적이다.

인도를 동양의 중심이라고 하기 어려운 이유는 무엇인가? 인도가 하위적이라는 점에 대해서는 앞에서 이야기한 바와 같다. 인도는 비동맹권의 맹주 역할을 해왔다. 1950년 인도의 네루 대통령이 어떤 군사동맹에도 가입하지 않는다는 뜻으로 비동맹이란 용어를 처음 사용했다. 이 용어에는 동·서 어느 진영에도 속하지 않음으로써 생존을 도모하겠다는 냉전 시대의 생존전략이 담겨 있다. 동양과 서양 어디에도 포함되지 않는 인도 특유의 모습이 인도로 하여금 비동맹권의 맹주 역할을 하게 했던 것이다. 동쪽과 북쪽이 상위적이고 서쪽과 남쪽은 하위적이라고 하지 않았는가? 하위적인 인도가 상위적인 동양의 중심이 될 수는 없는 것이다.

>>> 미국과 중국

고대 서양에 로마 제국이 있었을 때 동양에는 한나라가 있었다. 고대에는 세계가 넓었다. 그래서 로마 제국과 한나라는 각자의 길을 갔다. 그러나 시간이 많이 흘러 이제는 현대판 로마 제국인 미국과 현대판 한나라인 중국이 대결할 수밖에 없을 정도로 세계가 좁아졌다. 미국이 서양에 국한된 제국이 아니라 동·서양을 아우르는 명실상부한 세계 제국을 이루려는 생각을 가지고 있다면 중국을 제압해야 한다. 미국이 먼저 제국을 추구했다. 하위의 확장을 먼저 이루었기 때문이다. 그러나 중국도 무서운 속도로 하위를 확장시키고 있다. 가히 폭발적인 경제 성장을 구가하고 있다. 확장된 하위는 상위가 추구되게 한다. 이미 중국은 상위를 추구하기 시작했다. 미국과 중국의 물밑 대결은 벌써 시작되었다.

미국은 9·11 테러를 기화로 중동 지역을 선점했다. 중동 지역은 알렉산더부터 히틀러에 이르기까지 황제를 꿈꾼 이들이 손에 넣고자 했던 유라시아 대륙의 요충지다. 더구나 이 지역의 원유 매장량은 세계 원유 매장량의 65% 정도나 된다. 땅의 중요성은 고대나 현대나 마찬가지인 것이다. 땅이 있었기에 일어날 수 있었던 농업혁명처럼 산업혁명도 땅이 있었기에 일어날 수 있었다. 땅에서 석탄이나 석유를 얻을 수 없었다면 무엇으로 기계를 돌렸을 것인가? 땅에서 철을 얻을 수 없었다면 기계 자체를 만들 수도 없었을 것이다. 제1차세계대전이나 제2차세계대전이 석유 때문에 발생했다는 주장도 틀린 주장이 아니다. 산업혁명이 가져온 하위의 확장은 상위가 추구되게 했다. 서양 열강은 제국들이 되어갔다. 산입에 절대적으로 필요한 것은 석유다. 석유를 얻기 위해서는 땅을 차지해야 했다. 결국 서로 좋은 땅을 많이 차지하기 위해 세계대전을 벌였던 것이다. 오늘날도 마찬가지다. 정보혁명이 일어났지만 정보혁명은 산업혁명에 붙여진 날개일 뿐이기에 여전히 산업은 중요하다. 제국을 추구하는 미국이 원하는 것은 산업에 필요한 석유다. 결국 미국이 원하는 것은 석유가 많이 매장되어 있는 땅이다.

소련이 붕괴되기 전에는 미국이 함부로 중동 지역에 발을 들여놓을 수 없었다. 소련은 동양의 중심이었고 중동 지역은 동양의 일부였기 때문이다. 그러나 소련이 붕괴된 이후 중동 지역의 나라들을 보호해줄 큰 형님이 존재하지 않게 되자 미국은 노골적으로 중동 지역에 발을 들여 놓기 시작했다. 아프가니스탄, 이라크, 사우디아라비아 등이 오늘날 미군의 주둔을 허용하고 있는 중동 지역의 대표적인 나라들이다. 이란은 어떠한가? 이란은 시아 파 무슬림들의 나라다. 시아 파는 순니 파보다 상위적이라고 하지 않았는가? 상위를 추구하는 나라들은 거의 대부분 핵무기를 보유하려고 한다. 핵무기는 비유적으로 말해서 남성의 성기다. 이라크도 핵무기를 보유하려고 했다. 북한도 핵무기에 대한 미련을 쉽게 버리지 못하고 있다. 이란도 핵무기를 보유하려고 한다. 핵무기를 보유하려는 이란을 미국은 가만히 놔둘 것인가? 미국의 부시 대통령은 2002년에 이른바 악의 축에 대해 이야기했다. 부시 대통령에 따르면 악의 축에 해당하는 국가들이 이라크, 북한, 시리아, 그리고 이란이었다. 미국은 이란을 거세시킬 생각을 가지고 있다.

미국은 이렇게 중동 지역을 선점하면서 제국으로 나아가고 있다. 중국은 어떤 행보를 취하고 있는가? 중국은 오늘날의 경제적인 번영이 영원히 지속되기를 바랄 것이다. 영원은 상위에 속한다. 영원한 번영을 위해서는 궁극적으로 상위에 속하는 제국이 되어야 한다. 중국처럼 거대한 나라는 더욱이 그러해야 한다. 중국 역시 산유국이지만 어마어마한 양의 석유를 수입하고 있다. 그만큼 경제 성장이 급격하게 이루어지고 있기 때문이다. 중국은 미국에 이어 세계 2위의 석유소비국으로 부상했다. 석유가 안정적으로 공급되느냐의 여부가 이미 중국의 경제적인 번영의 관건이 되었다. 더 많은 석유를 확보하기 위해 필사적이 될 수밖에 없는 중국은 간접적으로 영토를 확장시키기 시작했다. 제국을 추구하기 시작한 것이다.

이런 맥락에서 중국이 이란과의 협력을 강화하고 있는 모습은 주목할 만하다. 이란은 중국의 대기업 중국석유화학에 자국이 새로 개발하는 한 유전의 지분 50%를 넘겼으며, 향후 25년간 모두 200억 달러어치 이상의 액화천연가스를 공급하기로 했다. 그에 대한 반대급부였을지 모른다. 2005년에 중국 인민해방군 대표단이 이란의 테헤란을 방문하여 양국간 군사협력 방안에 대해 논의했다. 미국의 이란에 대한 무력 사용 가능성 시사에 이어 이루어진 협의였기에 미국의 심기는 꽤 불편했을 것이다. 상위적인 이란이 상위적인 동양의 중심 중국과 가까워지는 모습은 상당히 자연스럽다.

중국은 중앙아시아의 카자흐스탄과도 협력을 강화하고 있다. 중국은 현재 석유 수입량의 90%를 바다를 통해 수입하고 있다. 해운 수입의 중요한 거점인 말라카 해협은 미국이 장악하고 있다고 해도 과언이 아니다. 미국의 해군력은 타의 추종을 불허하지 않는가? 전쟁이나 외교 분쟁 등의 불가항력적인 사태가 발생할 경우 석유를 수입하지 못할 수도 있다는 것을 아는 중국은 하위적인 바다가 아니라 상위적인 육지를 통해 석유를 공급받는 방법을 모색해왔다. 중국이 중동 지역이나 중앙아시아 지역으로 눈을 돌리는 중요한 이유들 중 하나가 바로 이것이다. 카자흐스탄 석유공사를 41억 8,000만 달러에 낙찰받은 중국은 다시 중국과 카자흐스탄을 잇는 3,000km 길이의 송유관을 만들기 위해 30억 달러를 쏟아붓고 있다. 상위적인 동양의 확장이라고 보아도 좋을 것이다.

>>> 미래

이렇듯 서양의 중심인 미국과 동양의 중심인 중국의 대결은 이미 시작되었다. 미국은 중국을 가상의 적으로 생각하고 있으며, 중국 또한 미국을 가상의 적으로 생각하고 있다. 시카고 대학의 존 미어셰이머 교수는 2001년 발간한 저서 《강대국 정치의 비극》에서 '급성장하는 중국이 21세기 초 미국에 대한 최대 잠재 위협'이라고 지적했다. 그는 대만 문제 등을 둘러싼 미·중 갈등 가능성을 이야기했다. 제3차세계대전, 즉 열전이 일어날 가능성보다는 냉전이 일어날 가능성이 많다. 미국이 바라는 시나리오는 소련과의 냉전에서 승리했듯이 중국과의 냉전에서도 승리하는 것일지 모른다. 부시 대통령은 2001년 대통령 취임 시 레이건 대통령처럼 되고 싶다고 말했다. 부시 행정부의 정책들은 레이건 행정부의 정책들과 많은 부분 닮아 있다. 부시는 사실상 제2의 스타워즈 계획을 추진하고 있다. 미사일 방어 MD 계획이 그것이다.

역사는 하위가 상위를 이겨왔음을 알려주고 있다. 이러한 역사의 교훈은 21세기에도 통할 것인가? 만약 통한다면 하위적인 미국이 상위적인 중국을 결국 누를 수 있을 것이다. 그러나 중요한 변수는 소련과는 달리 자본주의를 도입한 중국은 풍부한 하위를 확보하고 있다는 점이다. 아마도 서쪽의 미국은 북쪽의 러시아와 남쪽의 인도를 자기편으로 끌어들여 간신히 동쪽의 중국을 제압할 수 있을 것이다. 상위에 속하는 나라는 다른 나라들과 연합을 잘하지 못하는 반면, 하위에 속하는 나라는 다른 나라들과 연합을 잘하지 않는가? 소련이 여러 개의 나라로 해체되었듯이 중국이 여러 개의 나라로 해체될 때 미국은 승리감에 도취될 것이다. 전쟁의 위협이 더 이상 없는 평화로운 시대가 열렸다는 선언을 국제연합을 통해 하게 되는지도 모른다.

사태 진전이 이 정도에 이르게 된다면 다음 수순으로 미국은 당연히 국제연합을 중심으로 세계를 하나로 만들려는 노력을 기울일 것이다. 유럽 연합이 출범되었듯이 세계연합이 출범될 수 있다고 대대적으로 선전할 것이다. 그리고 세계 평화를 위협할 수 있는 것들이라고 미국이 생각하는 것들을 뿌리 뽑으려 할 것이다. 하위적인 미국이 뿌리 뽑고자 하는 것들은 상위적인 것들 아니겠는가? 세계 평화를 위협할 수 있는 상위적인 것들 중 가장 위협적인 것 한 가지는 종교다.

오늘날 테러를 저지르는 사람들 대부분은 종교인들 아닌가? 미국의 독주가 어느 정도 가능한 오늘날 미국이 테러와의 전쟁에 한창이라는 사실을 생각해본다면 미국의 독주 체제가 다시금 갖추어질 때, 그러니까 세계연합을 운운하게 될 때 미국을 겨냥한 테러들이 빈번하게 발생할 수밖에 없을 것임을 예상할 수 있다. 그런 테러들을 저지르는 사람들이 대부분 종교인들일 것이기에 자연스럽게 미국은 종교 자체를 없애려고 할 것이다. 사회주의 혁명이 성공했을 때도 종교가 공격받지 않았는가?

과연 역사파동표의 곡선이 네 번째 정점에 도달할 때 동양은 서양에 무릎을 꿇게 될 것인가? 상위에 대한 하위의 궁극적인 승리가 확정될 것인가? 그리하여 지구상에 단일한 정부가 들어설 것인가? 진정한 제국이 수립될 것인가? 그리하여 세계사의 대단원의 막이 내려질 것인가?

조선 말기에 한반도에 태풍이 몰아쳤다. 한반도는 태풍에 처참하게 당했다. 서양의 힘이 동양의 힘보다 절대적으로 강했던 19세기였기 때문이다. 러시아와 중국, 특히 중국의 힘이 너무 약했다. 하위의 힘이 절대적으로 강했기 때문에 조선이 강대국들 사이에서 절묘한 고립을 유지하기 어려웠다. 말하자면 태풍의 눈이 되기 힘들었다.

60여 년 전부터 한반도는 세계의 중심으로 부상하기 시작했다. 그 때부터 동양과 서양의 대결이 시작되었다. 당시 중국과 소련은 미국을 대적할 만큼 강했다. 한반도가 태풍의 눈이 될 하위적인 조건이 어느 정도 조성되어 있었다. 그러나 상위적인 조건의 형성 정도는 미미했다. 한반도는 하위에 속하고 한민족은 상위에 속한다. 한민족의 수준이 한국 전쟁을 막을 만큼 높지 못했던 것이다. 한민족의 역량이 역사를 끌고 갈 수 있을 정도가 될 때 상위적인 조건이 충족된다. 한민족의 수준은 한국사를 끌고 갈 수 있을 정도만 되어서는 안 된다. 세계사를 끌고 갈 수 있을 정도가 되어야 한다. 한반도가 세계와 세계사의 중심이 되었기 때문이다.

'한반도가 세계와 세계사의 중심'이라는 명제는 오늘날 더 뚜렷해졌다. 명실상부하게 동양과 서양의 대결이 펼쳐지고 있기 때문이다. 중국이 대표하는 동양과 미국이 대표하는 서양의 경계선이 한반도의 허리를 가로지르고 있다. 오늘날의 중국은 60여 년 전보다 더 강하다. 그리고 점점 더 강해지고 있다. 한반도가 유사 이래 최초로 명실상부하게 세계와 세계사의 중심이 된 것이다. 하위적인 조건은 무르익었다. 상위적인 조건만 더해지면 한반도는 태풍의 눈이 될 수 있다.

세계사를 끌고 갈 수 있을 정도가 되기 위해서 한민족은 어떻게 해야 하는가? 무엇보다도 세계사가 주는 교훈을 예리하게 인식해야 한다. 세계사는 상위와 하위의 조화가 얼마나 중요한 것인지를 교훈한다. 그리고 하위에 미묘하게 중점을 둘 필요성도 교훈한다.

통일은 상위에 속한다. 하나가 되는 것 아닌가? 그리고 통일은 이상적이다. 골똘히 생각해 보면 통일이 되어야만 한다. 한 민족이 한 국가를 이루는 것은 이상적이기 때문이다. 그러나 이상만을 생각해서는 안 된다. 하위에 속한 현실을 생각해야 한다. 상위적인 북한과 하위적인 남한이 서로를 인정하면서 공존하는 것이 어쩌면 상위와 하위를 조화시키는 데 도움이 될지 모른다. 하나로 통일이 되고 나면 상위와 하위의 절묘한 조화를 구현하기가 힘들게 되기 쉽다. 핀 끝 같은 조화점을 찾은 다음 그 조화점이 어느 한쪽으로 치우치지 않도록 하는 것은 보통 어려운 일이 아니다. 섣불리 통일을 하려 할 때 전쟁이 일어난다. 한국 전쟁은 그렇게 해서 일어났다. 북한과 남한이 서로를 인정하면서 상위와 하위를 조화시키다 보면 언젠가 자연스럽게 통일이 오게 될 것이라는 믿음을 가질 수 있을 것이다.

상위와 하위의 조화를 추구하면서 동시에 하위에 미묘하게 중점을 둘 수 있어야 한다. 민족의 생존이라는 현실을 중요하게 생각해야 한다. 한 민족에게 있어 상위나 하위, 좌나 우로 치우치는 것은 사치다. 북한의 인민들보다 남한의 인민들이 세계사가 주는 교훈을 더 예리하게 인식해야 한다. 남한이 하위에 속하지 않는가? 민주주의를 하는 남한이기 때문에 남한의 인민들이 어떤 인물을 정치 지도자로 뽑느냐에 따라서 상위와 하위의 조화, 그리고 하위에 중점이 미묘하게 두어지는 절묘함이 유지될 수도 있고 위태로워질 수도 있다. 동양과 서양의 대결에서 서양이 최후의 승자가 될 가능성이 더 크다는 사실을 염두에 두는 것 또한 필요할 것이다. 반중감정이 한민족에게 합당하지 않듯 반미감정도 한민족에게 합당하지 않다.

세계사가 주는 교훈을 예리하게 인식하면서 실제로 세계를 누비기까지 한다면 한민족의 수준은 세계 최고가 될 것이다. 그렇게 상위적인 조건이 충족된다면 비로소 한반도는 태풍의 눈이 될 수 있을 것이다.

한민족이 모르는 사이 세계와 세계사는 한민족에게 엄청난 것을 요구하고 있다. 세계와 세계사의 주역이 되어 세계의 평화에 결정적인 기여를 할 것을 요구하고 있는 것이다. 한반도가 태풍이 눈이 되는 것은 한민족의 생존만을 위해서가 아니다.

운명은 잔인하다. 거역하기 힘들다. 그러나 그것을 십분 인식하면서 조금씩 변화를 도모하고 개척을 해 나가려는 인간들에게 운명을 길을 터준다. 역사는 계속해서 반복된다. 그러나 역사를 창조해 나가려는 의지를 불태우는 사람들에게 역사는 반복되지 않는다.

한 권으로 보는 세계사 101장면
김희보 지음 | 신국판 | 값 8,000원

인류의 출현에서 소련의 붕괴까지 세계의 역사 가운
데 전기를 이루었다고 생각되는 101대 사건을 간명하
게 정리, 세계사의 흐름을 파악할 수 있게 했다.

한 권으로 보는 한국사 101장면
정성희 지음 | 신국판 | 값 10,000원

한반도의 구석기문화 출현에서 문민정부의 등장까지
우리 역사에서 전기를 이루었다고 생각되는 101대 사
건을 엄선, 정리했다.

한 권으로 보는 중국사 100장면
안정애 · 양정현 지음 | 신국판 | 값 10,000원

북경원인이 출현에서부터 최근의 한 · 중 수교에 이르
기까지 장구한 중국의 역사에서 100대 사건을 엄선,
다기한 중국사의 흐름을 간명하게 제시했다.

한 권으로 보는 러시아사 100장면
이무열 지음 | 신국판 | 값 12,000원

러시아 대륙에 최초로 나타난 나라 키예프 러시아에서
'인류의 위대한 실패'로 기록된 소련의 붕괴까지, 격
동의 러시아사에서 100대 사건을 간명하게 정리했다.

한 권으로 보는 미국사 100장면
유종선 지음 | 신국판 | 값 10,000원

신대륙 발견에서 LA 흑인폭동에 이르기까지, 건국 200
년 아메리카 합중국의 역사에서 일대 전기를 이루었다
고 생각되는 100대 사건을 엄선, 간명하게 정리했다.

한 권으로 보는 해방후 정치사 100장면
(증보판)
김삼웅 지음 | 신국판 | 값 9,000원

해방에서부터 김대중 집권까지 반세기 동안 격동했던
한국 현대정치사 중에서 역사의 전기를 이루었다고
생각되는 102대 정치사건을 엄선, 정리했다.

한 권으로 보는 서양철학사 100장면
김형석 지음 | 신국판 | 값 10,000원

철학의 탄생에서 20세기 현대사상에 이르기까지
3,000년 서양철학사를 에세이풍으로 시원스레 풀어나
간 노교수의 명강의.

한 권으로 보는 불교사 100장면
임혜봉 지음 | 신국판 | 값 10,000원

석가의 탄생에서부터 성철 큰스님의 입적까지 우리
불교를 중심으로 100대 사건을 엄선, 2500년 불교사의
가닥을 간명하게 정리했다.

한 권으로 보는 북한현대사 101장면(증보판)
고태우 지음 | 신국판 | 값 9,000원

김일성의 입북에서 사망, 김정일의 후계계승, 최근의
남북정상회담까지 북한의 역사에서 101대 사건을 엄
선, 북한사의 흐름을 쉽게 짚을 수 있도록 엮었다.

한 권으로 보는 세계 탐험사 100장면
이병철 편저 | 신국판 | 값 12,000원

중세의 바다를 주름잡았던 바이킹에서부터 에베레스
트를 무산소로 등정한 라인홀트 메스너까지, 이제까
지 있었던 인류의 탐험사를 100장면으로 정리.

한 권으로 보는 20세기 대사건 100장면
(증보판)
양동주 지음 | 신국판 | 값 9,500원

격동의 20세기, 어떤 대사건들이 일어났나? 20세기
100년 동안 세계사의 흐름을 뒤바꾼 대사건 100개를
엄선한, 살아 있는 세계현대사.

한 권으로 보는 20세기 결전 30장면
정토웅 지음 | 신국판 | 값 12,000원

20세기 100년간 일어난 수많은 전쟁 중 주요 전투, 곧
'결전' 30개를 뽑아 그 전개경과와 전술, 승패요인, 전
사적인 의미 등을 쉽게 풀어쓴 20세기 전쟁사의 결정판.

한 권으로 보는 전쟁사 101장면
정토웅 지음 | 신국판 | 값 9,000원

트로이 전쟁에서 대 이라크 전쟁인 걸프 전쟁까지, 인
류 역사의 물줄기를 바꾸어온 중요 전쟁 101개를 엄선
한 전쟁사 입문서.

한 권으로 보는 일본사 101장면
강창일 · 하종문 지음 | 신국판 | 값 10,000원

선사문화에서 의회 부전결의까지, 일본역사의 전기
를 이룬 101장면을 추려 시대순으로 정리하여 일본사
의 흐름을 한눈에 파악할 수 있게 한 '새로운 일본사
읽기'.

한 권으로 보는 한국 최초 101장면
김은신 지음 | 신국판 | 값 9,000원
'파마 값이 쌀 두 섬이었던 최초의 미장원'에서부터, 남자가 애 받는 '해괴망측한 산부인과 병원'까지 우리 근대문화의 뿌리를 들춰 보는 재미있는 문화기행.

한 권으로 보는 한국미술사 101장면
임두빈 지음 | 변형 4*6배판 | 올 컬러 | 값 20,000원
선사시대 원시인들의 암각화에서 현대미술에 이르기까지 101개의 주요 작품을 위주로 일목요연하게 해설, 부담없이 읽어나가는 동안 한국미술 5000년의 역사를 파악할 수 있도록 한 역작.
〈'98 한국간행물윤리위원회 제32차 청소년 권장도서〉선정.

한 권으로 보는 중국미술사 101장면
장훈 지음 | 노승현 옮김 | 변형 4*6배판 | 올 컬러 | 값 20,000원
동양미술의 첫 샘, 중국미술을 이해하지 않고서는 우리 미술을 이해할 수 없다. 반파 채도에서 제백석까지, 7000년 중국미술사로의 재미있는 여행.
〈'99 이달의 청소년도서〉선정.

한 권으로 보는 스페인 역사 100장면
이강혁 지음 | 신국판 | 값 12,000원
알타미라 동굴 벽화에서 유로화까지, 한때는 세계 제패를 꿈꾸던 강대국에서 내전의 소용돌이와 민주화를 위한 소용돌이를 거쳐 다시 부활을 꿈꾸기까지 스페인의 길고 웅대했던 역사가 펼쳐진다.

서양음악사 100장면
박을미 · 김용환 지음 | 변형 4*6배판 | 올 컬러
값 1권 18,000원, 2권 22,000원
모차르트, 베토벤 등 고전시대 이후를 다룬 책은 많아도 바흐 이전의 고음악을 쉽게 알려주는 책은 거의 없던 터라 반갑다. 고음악 애호가들에게는 좀더 지적인 감상을 위한 나침반이고, 고음악을 잘 모르던 사람에게는 호기심을 일으키는 자극제다. ─〈한국일보〉

이 책은 오랜 세월의 소리가 묻어 있는 문화예술의 결정체 음악의 자취를 더듬는다. 또한 르네상스 시대 레오나르도 다빈치가 건축과 회화 외에 음향악에도 조예가 깊었다는 새로운 사실을 발견하는 즐거움도 준다. ─〈세계일보〉

분야별 작은사전 시리즈

한국 고중세사 사전
한국사사전편찬회 편 | 신국판 | 20,000원
우리 역사의 태동기인 구석기시대부터 근대에 이르는 1800년대 중반까지, 생활과 학습, 자료조사에 있어서 꼭 필요하다고 인정되는 1,400여 항목을 가려뽑아 간명하고 적절한 해석을 가한 역작.

한국 근현대사 사전
한국사사전편찬회 편 | 이이화 감수 | 신국판 | 20,000원
진주민란에서 한 · 소 국교 수립까지 격동의 한국 근현대사 130년 중 학습과 사회생활에 꼭 필요한 기본적인 사항을 1,200여 항목을 가려뽑아 시대순으로 배열한 최초의 사전. 사건 · 인물 · 제도 · 문물 등을 고리처럼 엮어 역사의 흐름과 관련성을 파악할 수 있게 했다.

한국 현대문학 작은사전
편집부 엮음 | 신국판 | 양장 | 26,000원
한국 현대문학 탄생 100년을 맞아 신문학의 태동부터 최근의 신세대 작가군까지, 주요 작가 · 작품 · 문학용어 등을 엄선해 1,600여 항목으로 간명히 요약정리한 우리 현대문학사전의 결정판!

세계문학사 작은사전
김희보 편저 | 신국판 | 양장 | 35,000원
세계문학의 흐름을 개괄적으로 서술하되 이론적인 측면보다는 더 많은 작품을 소개하고 감상하는 데 중점을 두었다. 방대한 분량 속에는 작가와 작품, 주요 항목 및 사진을 통해 문학사는 물론 구체적인 작품감상도 용이하도록 했다.

세계사 작은사전
이무열 엮음 | 신국판 | 양장 | 35,000원
인류 문명의 발생부터 사회주의권 붕괴까지, 세계사의 영역에서 중심이 되는 사건, 인물, 지명, 용어 등 5,800여 항목을 간추려 시대순으로 배열하여 쉽게 찾아볼 수 있도록 했다.